16	3	2	13
5	10	11	8
9	6	7	12
4	15	14	1

Jonas Medeiros
Adriano Januário
Rúrion Melo
organizadores

OCUPAR E RESISTIR

Movimentos de ocupação de escolas pelo Brasil (2015-2016)

50 ANOS CEBRAP

FAPESP
Processo FAPESP nº 2014/11611-3

editora 34

EDITORA 34

Editora 34 Ltda.
Rua Hungria, 592 Jardim Europa CEP 01455-000
São Paulo - SP Brasil Tel/Fax (11) 3811-6777 www.editora34.com.br

Processo FAPESP nº 2014/11611-3.
As opiniões, hipóteses e conclusões ou recomendações expressas neste material são de responsabilidade dos autores e não necessariamente refletem a visão da FAPESP.

Imagem de capa:
Fotografia de Renata Armelin

Capa, projeto gráfico e editoração eletrônica:
Bracher & Malta Produção Gráfica

Revisão:
Beatriz de Freitas Moreira

1ª Edição - 2019

CIP - Brasil. Catalogação-na-Fonte
(Sindicato Nacional dos Editores de Livros, RJ, Brasil)

Medeiros, Jonas, *et al.* (orgs.)
M881o Ocupar e resistir: movimentos de ocupação de escolas pelo Brasil (2015-2016) / organização de Jonas Medeiros, Adriano Januário e Rúrion Melo; apresentação de Marcos Nobre — São Paulo: Editora 34; FAPESP, 2019 (1ª Edição).
352 p.

ISBN 978-85-7326-744-0

1. Sociologia. 2. Antropologia urbana. 3. Movimento dos estudantes secundaristas. 4. História social. I. Januário, Adriano. II. Melo, Rúrion. III. Nobre, Marcos. IV. Fundação de Amparo à Pesquisa do Estado de São Paulo. V. Título.

CDD - 300

OCUPAR E RESISTIR
Movimentos de ocupação de escolas pelo Brasil
(2015-2016)

Apresentação

Marcos Nobre[1]

As investigações reunidas neste volume foram feitas a quente, no calor dos acontecimentos. Buscam acompanhar as elaborações que secundaristas em movimento faziam de suas próprias experiências. Buscam encontrar nessas elaborações elementos de apoio para tentar entender os sentidos do ciclo de ocupação de escolas brasileiras de 2015-2016. E "brasileiras" aqui é um ponto de partida de grande relevância e uma característica distintiva: o volume pretende ter abrangência nacional, não se limitando ao eixo Rio--São Paulo tão comum na cobertura midiática.

Para além das características vívidas de tentar entender a quente elaborações de experiência produzidas também a quente por quem faz o movimento, de dar a palavra a quem está fazendo e pensando o que faz ao mesmo tempo, há outra característica metodológica distintiva ainda. É uma característica ligada à peculiaridade do objeto. Como não seria possível ou cabível tratar dos múltiplos aspectos dessa vivacidade do conjunto, esta apresentação se limita a uma tentativa de chamar a atenção para esses dois aspectos marcantes do livro.

O posicionamento metodológico das investigações aqui reunidas é reiterado em cada uma das descrições de ocupações. Pretende dar sentido aos acontecimentos a partir da perspectiva de quem age, é uma perspectiva de interpretação que dá a palavra a quem faz o movimento, que busca entender a mobilização segundo categorias elaboradas por quem dela participa. Para isso, combina perspectivas disciplinares diferentes, como as da história, da antropologia, do direito e da sociologia.

Esse posicionamento tem suas raízes em uma virada teórica que começou nos anos 1960 e foi concomitante a experiências de democracia de mas-

[1] Professor de Filosofia Política da Unicamp, pesquisador 1-B do CNPq, presidente do CEBRAP (Centro Brasileiro de Análise e Planejamento) e codiretor do Mecila (Maria Sibylla Merian Centre Conviviality-Inequality in Latin America).

sas e de lutas pela descolonização da segunda metade do século XX. De Frantz Fanon a E. P. Thompson, de Pierre Bourdieu a Edward Saïd, de Michel Foucault a Stuart Hall, de Paulo Freire a Cornelius Castoriadis ou Jürgen Habermas, diferentes perspectivas teóricas reelaboraram inteiramente a ideia de objetividade científica. As práticas cotidianas se tornaram pontos de apoio decisivos para a interpretação, antes exclusividade de conceitos que deveriam necessariamente se manter distantes da perspectiva de quem age. A compreensão da vida social se aproximou da compreensão da gênese das normas sociais a partir das experiências e das práticas cotidianas.

Foi uma tentativa de neutralizar pressupostos de filosofia da história cuidadosamente construídos desde o século XVIII que constituíram a base da teoria e da investigação da realidade de todo o conjunto de disciplinas que depois recebeu o nome de ciências humanas. A partir dessa virada teórica, noções que antes apareciam como antípodas, como as de ideologia ou de neutralidade axiológica, por exemplo, mostraram ter muito mais em comum do que se pensava: pressupunham que o "verdadeiro sentido da realidade" só podia ser encontrado, no linguajar próprio desses posicionamentos, "por cima da cabeça dos homens" — vale dizer, para além do (e contra o) sentido que agentes atribuem às suas próprias ações.

Essa virada teórica operada entre as décadas de 1960 a 1980 não significou, entretanto, uma confusão entre a perspectiva de quem age e a compreensão dos fenômenos — mesmo que, em algumas versões do problema (como na "pesquisa participante", por exemplo) seja difícil distinguir as duas coisas. Não apenas porque o sentido da ação muda ao longo do tempo para as próprias pessoas que agem. Também porque a ação nunca se dá em um vazio institucional ou normativo. Muito menos sem uma estrutura distributiva determinada.

Longe de significar um mero retorno à dicotomia entre "ação" e "estrutura" — quem vem primeiro, quem tem o peso decisivo na interpretação —, os novos posicionamentos reformulam os termos da questão. Para ter real poder explicativo, a estrutura tem de surgir como resultado de práticas cotidianas tornadas rotineiras, repetidas. Para se reproduzir, a rotina das práticas depende de uma ação que não pode ser tomada ela mesma como rotineira. E essa compreensão não rotineira da rotina muda inteiramente os termos da teoria e da prática investigativa.

Em fins do século passado e início deste século, essa virada teórica se aprofundou, ganhando novos contornos com o fortalecimento das chamadas lutas identitárias e das perspectivas pós- e decoloniais. Ganhou centralidade o problema da legitimidade do discurso científico. Deixou de ser uma evidência falar "sobre" a sociedade — e "sobre" as lutas sociais, em particular. Já não basta mais reconstruir o sentido das ações a partir das práticas dos participantes: *quem* reconstrói e *desde qual lugar* passou a ser não apenas decisivo, mas o objeto primeiro de debate científico. De Donna Haraway a Arlie Hochschild, de Gayatri Spivak a Axel Honneth, de Achile Mbembe a Nancy Fraser, de Judith Butler a Luc Boltanski, de Boaventura Sousa Santos a Dipesh Chakrabarty, aprofundou-se a virada em direção à posicionalidade do sujeito de conhecimento e de sua participação no processo de investigação da realidade.

São vários os problemas metodológicos que vêm com essa nova maneira de entender a produção e a circulação do conhecimento. E todos eles, não por acaso, estão ligados a dilemas políticos correspondentes. A crise da representação política, por exemplo, tem como contrapartida uma ideia de democracia direta em que cada habitante do planeta deve ter voz própria. Onde "habitante", por exemplo, não quer dizer apenas "humano", mas não humanos, igualmente. A degradação das condições de vida e dos padrões distributivos tem como contrapartida um radical questionamento de regras compartilhadas de justiça que antes surgiam como estáveis e estabelecidas.

Quem investiga a realidade não pode pretender se colocar na posição de quem observa, simplesmente. Mas tampouco pode ser participante no sentido de "representar", de ser a voz de agentes e de ações que são objeto de investigação — sendo a própria expressão "objeto" mais do que problemática nessa nova maneira de ver a produção e a circulação de conhecimento, como se tentou indicar. Nesse momento, ao lado dos métodos de agregação e de desagregação próprios da pesquisa quantitativa, surgiram propostas que podem ser pensadas em termos similares a uma "agregação qualitativa", construções de que participam os próprios objetos da investigação — que, no caso da socióloga Arlie Hochschild (apenas para dar um exemplo entre muitos possíveis) recebeu o nome de "deep story". Ao lado de métodos de produção científica estabelecidos, busca-se, de diferentes maneiras, estabelecer condições de coprodução de conhecimento entre "sujeitos" e "objetos".

A fragmentação — que assim aparece quando comparada à anterior unidade forçada da "classe operária", por suposto — própria das lutas sociais ditas identitárias e pós- e decoloniais resulta em difíceis e delicadas construções transversais e coordenações de ação. (Veja-se a esse respeito o capítulo de autoria de Maria da Glória Gohn neste volume.) Diante da situação, surgiram propostas como a da interseccionalidade, que buscam articular as diferentes perspectivas de investigação e de ação em termos de entrecruzamentos, entrelaçamentos e plataformas. Mas o fato é — ou assim me parece, pelo menos — que permanece um fosso entre uma nova problemática do conhecimento e da ação que já encontrou sua expressão em diferentes formulações, de um lado, e propostas metodológicas e de prática política que ainda não decantaram o suficiente para estar à altura da nova constelação histórica, de outro.

Essas são algumas das razões mais relevantes, a meu ver, a explicar a peculiaridade e o acerto da escolha das ocupações de escolas como objeto de investigação. Isso não quer dizer, evidentemente, que as contribuições deste volume tenham resolvido esses intrincados problemas atuais da produção e da circulação do conhecimento. Quer dizer apenas que o objeto escolhido exprime os diferentes cruzamentos dos atuais impasses teóricos e práticos. E isso está longe de ser pouco.

Porque atores e atrizes das ocupações estão como que aquém da fragmentação e das divisões próprias do conhecimento e da ação em sua configuração atual. O fato de serem agentes que estão entre o mundo infantil, adolescente e adulto faz com que sejam nós vivos de um entrelaçamento em processo mesmo de construção. Ao mesmo tempo, ainda que se encontrem em um momento social que poderia ser tomado à primeira vista como pré-interseccional, ocupantes de escolas participam de um movimento em que todos os problemas próprios à interseccionalidade emergem e têm de ser tratados de maneira direta e cotidiana. Ainda não entraram formalmente no mercado de trabalho e, no entanto, já vivem na pele todas as dificuldades que vêm com a degradação dos serviços públicos e das condições de vida dos mais pobres.

Pois é de comunidades artificiais que se trata, criadas politicamente pelas ocupações. São configurações comunitárias que se sabem transitórias, compostas por sujeitos que se encontram em posição social transicional. Do ponto de vista da pesquisa, são como que perfeitos laboratórios sociais. Do ponto de vista da formação dos sujeitos, são laboratórios de experimentação de projetos de vida e de formas de convivência. Acompanhar essas experiências é como acompanhar a gênese de um mundo em que conhecer e agir não encontraram ainda novos padrões estáveis.

A posição social de atrizes e atores das ocupações de escolas é ambígua em vários sentidos. Uma das maneiras de apresentar essas ambiguidades surge em uma passagem do capítulo sobre as ocupações em Minas Gerais, de autoria de Christian Pierre de Brito Gonçalves e Luiz Carlos Castello Branco Rena:

> "De todos os atores ligados à área educacional e excluídos do debate, os adolescentes e jovens apresentam a particularidade de serem situados pela sociedade em uma posição de neutralidade política. Isso acontece porque a adolescência e a juventude ainda são entendidas como fases de transição para a idade adulta, que seria o momento no qual o adolescente/jovem seria constituído plenamente como sujeito social, capaz de se integrar à sociedade e desempenhar os papéis para os quais se capacitou (Abramo, 2007). Dessa forma, o adolescente e o jovem vivenciam uma etapa de moratória social, uma vez que durante esse período ele se prepara para se inserir na vida social e pública (Novaes *apud* Rizzini *et al.*, 2009). A invisibilidade política dos adolescentes e jovens decorre então da moratória social que lhes é imposta. Por não terem voz nos espaços de tomada de decisões, seus interesses quase sempre são articulados ou mediados pelos adultos que os representam, o que acaba por lhes negar a possibilidade de serem sujeitos políticos plenos (Castro, 2007)."

Essa posição social transicional dos sujeitos do movimento é utilizada tanto em um sentido construtivo, auto-organizativo, como em um sentido estratégico, de confrontação política. Do lado da auto-organização, o modelo disponível não foi o de partidos políticos ou organizações estudantis estabelecidas, como se pode dizer dos ciclos de protesto secundaristas anteriores, cujo marco mais conhecido é o ciclo de 1968. Pelo contrário, as ocupações são marcadas por um explícito distanciamento desses modelos.

Como se pode ver, por exemplo, na síntese fornecida pelos organizadores Jonas Medeiros, Adriano Januário e Rúrion Melo em sua "Introdução" ao livro:

> "As juventudes partidárias tiveram um lugar particular no apoio aos movimentos de ocupação de escolas, assim como entidades estudantis (de caráter nacional, estadual ou municipal). Se as atividades voltadas para dentro da escola ocupada (como as comissões e as assembleias, mas também as oficinas) precisam ser compreendidas a partir do *princípio da horizontalidade*, as relações com atores externos à ocupação precisam ser entendidas a partir do *princípio da autonomia*. Este princípio sintetiza a relação tensa e complexa com todos os apoiadores das escolas ocupadas, mas em especial com os partidos políticos. Como documentado

no caso paulista, 'a palavra-chave utilizada pelos estudantes em todos estes episódios é "tomar a frente": respeitar o protagonismo estudantil e a autonomia dos alunos na direção do seu próprio movimento' (Campos *et al.*, 2016, p. 160). Em todos os demais estados foi possível verificar como esta demanda de manutenção do protagonismo secundarista pautou a relação com os atores externos: toda ajuda sempre foi bem-vinda, mas qualquer tentativa de intromissão ou direção exógena seria denunciada como intolerável."

Nesse contexto, um dos resultados mais surpreendentes das investigações apresentadas é o surgimento da "família" como instituição de referência organizativa mais frequente no discurso de ocupantes. Como escreveu Bruna Amaral Lanzillotti Barreto no capítulo sobre as ocupações no Rio de Janeiro:

> "Nesse processo de conhecê-la efetivamente e cuidar da escola de forma cooperativa, os estudantes criaram relações de afeto entre si e com o espaço. Há muitos depoimentos onde contam que se tornaram uma família, que passaram a se relacionar sem medo com os professores. Outra forma de perceber esse pertencimento estabelecido com o espaço é a forma como os jovens se sentiam em casa, convidando os visitantes para tomar café com eles, ou usando a sala dos professores — onde costumam ser proibidos de entrar — como espaço de lazer, como foi o caso da #OcupaCEPLIM, onde foi transformada na sala de jogos, ou da #OcupaCEPAR, onde virou a sala da comissão de comunicação."

A posição social transicional de quem faz o movimento, de um lado, e a recusa de organizações estabelecidas, de outro, parece ter feito com que ganhassem peso as instituições mais próximas, a "família" e a "casa". Ao mesmo tempo, não se trata de uma reprodução da "família" e da "casa" que os sujeitos conhecem: é algo como uma família e uma casa idealizadas, em que a autoridade e a obediência não podem ser impostas. É a tentativa de produzir uma nova sociabilidade, novos padrões de convivência que deveriam se estender a todos os espaços — à própria escola, inclusive.

Como escreveu Antonia M. Campos no capítulo sobre as ocupações em São Paulo:

> "As escolas ocupadas foram celebradas como melhores que as escolas do Estado, desde a comida servida e a limpeza até as próprias atividades educativas. Rapidamente os estudantes foram incorporando em seu discurso, além de melhores infraestruturas e menos alunos por sala, uma demanda por aulas mais 'experimentais', 'democráticas', 'estimulantes', 'críticas' etc. e uma escola que respeitasse mais as meninas e os alunos LGBT. Isso se consolidou na palavra de ordem '*Por uma educação que nos ensine a pensar e não a obedecer*' (Campos *et al.*, 2016, p. 149). Aqui, a ocupação não funciona apenas como tática de luta, mas como uma experiência política de antecipação da escola — e da sociedade — imaginada e desejável."

Que essa "experiência política de antecipação" busque apoio de alguma maneira em uma instituição como a família é com certeza algo que faz pensar. Entre outras coisas, faz pensar na enorme falta que fazem estudos sobre a família em suas configurações atuais. Talvez porque se parta de um diagnóstico por vezes um tanto apressado, em que a família — bastante transformada, por certo — deixou de ser um lugar fundamental de socialização.

A família surge no livro de maneira ambígua também porque os posicionamentos concretos em relação às ocupações ficaram longe de qualquer homogeneidade — o mesmo, aliás, pode ser dito de professoras e de professores das escolas ocupadas. De um lado, temos uma passagem como a do capítulo sobre as ocupações no Espírito Santo, escrito por Cristiana Losekann:

> "Muitos são os relatos de alunos que saíram da ocupação para buscar, em casa, junto aos pais, a autorização para estarem na escola e não conseguiram mais retornar às ocupações, o que por sua vez, alimentou as razões de muitos estudantes para desobedecerem inclusive à autoridade dos pais."

De outro lado, são muitos os exemplos de familiares que apoiaram ativamente os movimentos de ocupação. Como o registrado por Francisco Uribam Xavier de Holanda em seu texto sobre as ocupações no Ceará: "A manutenção do processo de ocupação foi garantida por meio de doações de alimentos, material de higiene pessoal e de limpeza por parte dos próprios ocupantes, familiares e pessoas da comunidade, além de pedágios". Ou no registro de Gustavo Coelho sobre o movimento no Rio Grande do Sul, em que destaca como elemento fundamental da dinâmica das ocupações "a constituição e mobilização de uma ampla rede de apoio formada por familiares, ativistas, organizações e indivíduos sem vinculação política ou associativa".

Essa diferença de posicionamentos das famílias, entre exigência de obediência e solidariedade, foi uma brecha que permitiu expressar uma nova sociabilidade em termos de uma "grande família". Ao mesmo tempo, seria fundamental poder determinar o quanto e em que medida essa referência à instituição primária de socialização representa um uso político estratégico por parte dos ocupantes. Ao se referirem à família e à casa como modelos organizativos, ocupantes de escolas também buscam legitimação social para seus movimentos, buscam se conectar a um sentimento de pertencimento mais amplo. Não por último, pela ênfase em sua condição de classe.

Vai no mesmo sentido de busca de apoio social mais amplo à causa das ocupações o apelo ao direito à educação e a uma escola pública e gratuita de qualidade. (Veja-se a esse respeito o capítulo redigido por Salomão Barros Ximenes.) E esse apoio social mais amplo está na base da síntese que propõem os organizadores no capítulo final do livro, onde escrevem: "Trabalhamos com a hipótese, portanto, de que este apoio é capaz de *transformar a ação direta em desobediência civil* através da construção política da legitimidade social da ação coletiva extrainstitucional de se ocupar escolas".

Mas para isso é preciso conquistar antes essa mencionada legitimidade social. E foi aqui de fundamental importância a continuidade natural que os movimentos de ocupação encontraram no mundo virtual, uma marca distintiva sem a qual se entende pouco o que aconteceu. Como escreveram os organizadores em sua "Introdução": "Cada escola ocupada não tinha apenas uma realidade física e presencial; a maioria das ocupações se prolongou *virtualmente* em páginas de Facebook mantidas pelos secundaristas — adolescentes cuja sociabilidade é em grande parte mediada digitalmente".

Continua a ser notável, entretanto, que essa marca geracional distintiva, do vínculo constitutivo com o mundo digital, venha combinada e conviva com uma instituição tão antiga quanto a família. A impressão que fica é que a referência constante à família e à casa desempenha um papel estratégico de fundamental importância, servindo como uma espécie de tampão protetor para a experimentação social que secundaristas realizaram no interior das escolas ocupadas.

Porque é certo que o modelo da sociabilidade familiar não pode ser estendido à sociabilidade em geral. A não ser no discurso gasto da política oficial, que faz de um país ou de uma nação "uma grande família", aquele rejeitado no secundarismo ocupante, justamente. E, afinal, seria difícil conciliar os experimentos de auto-organização com as lógicas familiares em sentido estrito, já que, como sublinharam os organizadores em sua "Introdução", no

> "[...] plano de constituição de sujeitos políticos, o grande destaque foi não apenas para o protagonismo feminino e LGBT, mas também a valorização intensa da igualdade de gênero e da diversidade sexual, associando a resistência ao conservadorismo moral com a resistência ao liberalismo econômico" (veja-se a esse respeito o capítulo escrito por Marcielly C. Moresco).

A complexidade da composição de tantos elementos surge como que condensada em um depoimento colhido por Veridiana Vilharquide Fermino e Márcio Moretto Ribeiro no capítulo que escreveram sobre as ocupações no Paraná:

> "A gente tinha um grupo já de pessoas daqui do colégio que discutia já política... coisas aí da sociedade e tal. E aí a gente ficou sabendo da PEC... da PEC não da MP, né? A princípio. Aí a gente começou a discutir sobre ela [...] E aí a gente foi discutindo. Daí a gente achou bem pesado e falou: 'Não! Vamo ter que fazer alguma coisa sobre isso né?'. Só que aí a mãe da M. [...] Ela falou assim: 'Não. Se vocês querem fazer alguma coisa sobre isso, então vocês vão pegar toda essa Medida Provisória e vocês vão ler, estudar parágrafo por parágrafo pra saber o que vocês tão fazendo. Vocês não vão sair por aí que nem uns loucos gritando e falando coisas que vocês não sabem'. Aí pegaram o advogado junto. Estudamos todos a MP e a gente falou: 'Não! Tá errado isso aí! Vamos passar pra frente. Vamos mobilizar a galera'. (C.E. Arnaldo Jansen [São José dos Pinhais], entrevista, 30/10/2016)."

A discussão acumulada disponível de que partiram os ocupantes, o debate sobre a Medida Provisória e sobre a Proposta de Emenda Constitucional, a "mãe da M." e "o advogado", todos esses elementos fazem parte de um universo de mobilização bastante peculiar. Tanto o recurso à autoridade da família (a "mãe da M.") como à autoridade do advogado parecem desempenhar função de proteção nos embates políticos. Sob o aspecto do estatuto jurídico de ocupantes e a consequência desse estatuto para a luta política, o relato de Francisco Mata Machado Tavares e Ellen Ribeiro Veloso sobre os movimentos de ocupação em Goiânia estabelece claramente o que está em jogo:

> "Afastados os argumentos do cárcere privado e das ameaças, o conflito se equacionou, novamente, em seus termos reais: um grupo de estudantes, em sua maioria secundaristas menores de idade, encontrava-se pacificamente em um prédio público, do qual se dispunha a sair caso fossem abertas negociações acerca de sua pauta de reivindicações. Uma ação militar, assim, tornava-se assaz onerosa politicamente para o Estado."

Não por outra razão, o capítulo final do livro propõe entender o sentido dos movimentos a partir de três eixos: contrapúblicos subalternos, ação direta e desobediência civil. Mostra, em suma, como atos de desobediência à autoridade mais próxima (família, escola) estão vinculados à desobediência ao poder de Estado de maneira mais ampla (polícia, Judiciário, governos de diferentes níveis). Mas também mostra o contrário: como a busca de apoio em autoridades próximas e distantes foi efetivamente utilizado em favor dos movimentos de ocupação, explorando tanto as brechas da condição social transicional dos sujeitos políticos como as contradições dessas autoridades próximas e distantes.

Mostra-se aqui como de fundamental importância o capítulo de jurisprudência comparativa escrito por Bianca Tavolari e Samuel Barbosa. Ressalte-se, por exemplo, o caráter não rotineiro de uma decisão judicial relativa à cidade de São Paulo, em que o

> "[...] juiz entendeu que as ocupações são um expediente para conseguir '*maior participação da comunidade no processo decisório da gestão escolar*'. Nesse contexto, autorizar a reintegração teria o efeito de proteger uma decisão governamental — o projeto de 'reorganização escolar'. Não seria efetivamente proteção da posse, mas proteção do governo, que deixaria de precisar discutir essa política pública com a população."

A autora e o autor do capítulo mostram como esse "conjunto de teses que fogem da rotina" significa também o acolhimento no processo judicial das vozes secundaristas:

> "Os motivos foram aceitos como relevantes porque ocorreu um aprendizado de grande significado. Na realidade construída pelo processo até então, não figuravam os estudantes. Apenas a APEOESP era indicada no polo passivo. Supunha-se que as ocupações eram lideradas por movimentos organizados. Com a audiência de conciliação, porém, o protagonismo dos estudantes veio a primeiro plano. Não por outra razão, a circunstância de que '*a maior parcela dos ocupantes é de adolescentes ou crianças*' tem peso suficiente para afastar o expediente das reintegrações de posse."

É enorme a ambiguidade presente nesse reconhecimento da legitimidade das vozes secundaristas. De um lado, são sujeitos que, do ponto de vista do direito, devem ser tutelados, já que, em sua "maior parcela", o grupo é constituído de menores de idade. De outro lado, são reconhecidos como sujeitos políticos plenos, independentemente de organizações ou sindicatos, e, portanto, como polos legítimos de contestação de uma política governamental a que se opõem.

E, no entanto, apesar dessa característica tão peculiar de carregarem com suas ocupações o futuro, "futuro" é uma palavra que praticamente não aparece neste livro. É difícil imaginar algo que diga mais sobre o caráter preocupante da situação atual do que uma ausência como essa no discurso de adolescentes e jovens. Especialmente quando se pensa na vaga autoritária que varre o planeta e que ameaça que experimentações como as descritas neste livro possam ter seguimento e se completar democraticamente. Seja como for, parte relevante do futuro que vier está nas experiências descritas neste livro. Que a leitora e o leitor possam encontrar nele as pistas de que precisamos para orientar nossa ação e nosso pensamento. Tanto para resistir ao autoritarismo como para ocupar a democracia com a prática da autonomia, sem a qual "democracia" — assim como "futuro" — não passa de uma palavra.

Introdução

Jonas Medeiros, Adriano Januário e Rúrion Melo

No final do ano de 2015, os estudantes secundaristas entraram na cena pública brasileira com estardalhaço: ocuparam por todo o estado de São Paulo mais de duzentas escolas públicas. Dentro do período de um ano, o repertório da ocupação de escolas estaduais se espraiou por todo o país, atingindo intensidades diversas: quase trinta escolas foram ocupadas tanto em Goiás quanto em Mato Grosso, cerca de sessenta no Espírito Santo, quase setenta no Ceará, cerca de oitenta no Rio de Janeiro e cerca de 150 tanto em Minas Gerais quanto no Rio Grande do Sul. O pico em um único estado foram as quase 850 ocupações de colégios estaduais no Paraná, o que pode ser considerado o segundo maior movimento de ocupação de escolas que ocorreu no mundo. O objetivo deste livro consiste em registrar, descrever e analisar de forma organizada e comparativa o protagonismo político extraordinário que estudantes do ensino médio alcançaram na esfera pública nos anos de 2015 e 2016 no Brasil.

Os antecedentes de ocupações no Brasil não envolviam até então estudantes da educação básica. Comuns poderiam ser consideradas ocupações de trabalhadores sem terra e sem teto e de estudantes universitários. Mas não havia precedentes na história dos movimentos sociais brasileiros de ocupações *secundaristas*.[1] Havia, isto sim, antecedentes desta forma de ação coletiva utilizadas em escolas públicas em outros países, como Itália,[2] Grécia,[3]

---

[1] O único caso antecedente de que temos notícia é a ocupação da Escola Estadual Prof. Luiz Carlos Sampaio em Nova Andradina (Mato Grosso do Sul); seus estudantes a ocuparam para evitar que a unidade fosse municipalizada (Campos *et al.*, 2016, pp. 57 e 344). De qualquer forma, foi um caso *isolado*, em contraste com os movimentos *massivos* de ocupação de escolas que ocorreram no Brasil em 2015 e 2016.

[2] Cf. Tarrow (1989).

[3] Cf. Giovanopoulos e Dalakoglou (2011); o movimento grego de ocupação de escolas seria o único numericamente maior que o movimento paranaense: entre 1990 e

Chile[4] e Argentina.[5] Em um outro sentido, a ocupação enquanto forma de ação coletiva também foi marca da onda de protestos globais entre 2011 e 2013 (como a "primavera árabe", os indignados espanhóis e gregos, o Occupy Wall Street e os ciclos da Turquia e do Brasil). Segundo Castells (2013), a ocupação de espaços urbanos seria característica destes movimentos sociais em rede; de modo similar, Negri e Hardt (2016) apontam o caráter "sedentário" (em oposição ao "nomadismo" do movimento antiglobalização) destas ocupações e acampamentos. Já em uma investigação empírica de fôlego acerca destes protestos, Gerbaudo (2017) nomeou-os como "movimentos das praças", pois um de seus principais repertórios seria a ocupação de praças públicas, erguendo acampamentos e realizando assembleias horizontais. Contudo, é difícil caracterizar as Revoltas de 2013 no Brasil como um "movimento das praças"; mesmo a única cidade que contou com Assembleias Populares Horizontais (Belo Horizonte) prescindiu de uma praça pública permanentemente ocupada. Assim, é interessante encarar os movimentos de ocupação de escolas no Brasil em 2015-2016 como uma continuidade indireta da prática de assembleias horizontais realizadas em "acampamentos" desde 2011 (porém, desta vez, no interior de unidades escolares).[6]

O ponto de partida das escolas ocupadas foi uma oposição, por meio da ação direta, a políticas governamentais consideradas pelos estudantes injustas ou arbitrárias. Estas políticas que provocaram o início dos movi-

---

1991, foram ocupadas mais de 2 mil escolas (ao menos uma em cada cidade do país) contra uma reforma educacional de caráter neoliberal.

[4] Cf. Von Bülow e Bidegain (2015).

[5] Cf. Núñez (2011).

[6] As ocupações secundaristas também podem ser interpretadas como desdobramentos das Revoltas de 2013 no Brasil. Em outra oportunidade, identificamos três *conexões concretas* entre os protestos de junho e a mobilização secundarista paulista em 2015: 1) uma conexão entre as organizações catalisadoras destes dois processos (o Movimento Passe Livre de São Paulo e o coletivo, também autonomista, O Mal Educado); 2) a experiência individual dos secundaristas participando nas ruas ou acompanhando pela mídia e pelas redes sociais os protestos contra o aumento da tarifa dos transportes públicos; e 3) a emergência de uma ampla disposição de luta entre os secundaristas, que participaram do apoio às greves de seus professores em 2013 e 2015 e de atos descentralizados contra o aumento da tarifa antes dos grandes atos de junho, demonstrando uma cultura política de defesa democrática de direitos. O artigo em questão, finalizado em fevereiro de 2016, concluía com a seguinte frase: "Será ainda preciso acompanhar os desdobramentos destas [lutas de secundaristas goianos e cariocas] e de outras lutas sociais para verificar se a consolidação dessa disposição de luta dos secundaristas se tornará um fenômeno de abrangência nacional" (Januário *et al.*, 2016).

mentos de ocupação de escolas públicas foram criticadas pelos secundaristas sob três aspectos: 1) o *conteúdo* (majoritariamente liberal-econômico e minoritariamente moral-conservador) de determinadas reformas educacionais (como a "reorganização escolar" em SP; as propostas de terceirização em GO, MT e RS; o projeto de lei "Escola Sem Partido" no RS; e a reforma do ensino médio nos casos de PR, MG e ES); 2) a *forma* da política educacional, marcada por imposições autoritárias e a falta de diálogo e participação democrática (em praticamente todos os estados); e 3) a *precariedade* da educação pública, agravada pelos efeitos ainda mais deletérios de medidas de austeridade fiscal (principalmente nos casos de CE, RJ e RS, mas também em SP).

É possível dividir analiticamente os movimentos de ocupação de escolas abordados nesta coletânea em três ciclos ou fases:[7] 1) *revoltas estudantis* relativamente bem-sucedidas e iniciadas no final de 2015 para barrar projetos governamentais de caráter liberal-econômico (SP sendo o movimento madrugador e GO o movimento derivado — cf. Tavares e Veloso, 2016); 2) *protestos de indignação* contra a austeridade fiscal que agravava a precarização da escola pública, durante todo o 1° semestre de 2016 (RJ, CE e RS, alcançando ganhos relativos — e também o "ciclo da merenda" em SP, uma segunda leva de ocupações que teve um forte fim repressivo); e 3) a *resistência nacional* (porém protagonizada por PR, MG e ES quando consideradas somente a ocupação de escolas estaduais) para barrar a Medida Provisória (MP) da reforma do ensino médio e a Proposta de Emenda Constitucional (PEC) do teto dos gastos públicos no final do 2° semestre de 2016, uma campanha que terminou sem que nenhuma das suas duas reivindicações fosse atendida.

A ocupação, como se poderá constatar no decorrer de toda a coletânea, é uma forma muito especial de ação coletiva, pois é portadora de um gigantesco potencial de aprendizado político. Como mostram os estudos de caso aqui reunidos, as ocupações de escolas públicas costumaram reunir algumas características em comum. A auto-organização dos estudantes na escola ocupada começa com a sua divisão em *comissões*, de composição rotativa: alimentação/cozinha, comunicação, limpeza, segurança, dentre outras. Algo recorrente em praticamente todos os estados foi o questionamento da naturalização da divisão sexual do trabalho: se os meninos tentassem monopolizar as comissões de segurança e comunicação (atividades próprias do mundo público) para relegar as comissões de alimentação e limpeza (atividades

[7] Para uma divisão também em três ondas de ocupações, porém levemente diferente da nossa, cf. Alegria e Moresco (2017).

próprias do mundo privado) para as meninas, elas se revoltavam e instauravam o exato oposto; entre diálogos e conflitos, um aprendizado político foi impulsionado, no sentido da igualdade de gênero.

Outra estrutura comum às escolas ocupadas eram as *assembleias* diárias (às vezes ocorrendo inclusive mais de uma vez ao dia), nas quais as decisões mais importantes eram tomadas. Em comparação às comissões, as descrições densas das dinâmicas destas assembleias são mais raras, pois pressupunham necessariamente uma relação de confiança dos estudantes com relação à pessoa pesquisadora, da sua aceitação na condição de observadora deste espaço. O que é possível enfatizar é a dinâmica horizontalizada destas assembleias (ou seja, a recusa de hierarquias e de lideranças formais), o compartilhamento coletivo de informações e responsabilidades e, muitas vezes, a tomada de decisões com base no consenso.

Além das comissões temáticas e das assembleias horizontais, uma terceira estrutura presente em todos os movimentos de ocupação de escolas foram as *oficinas*. Este é um aspecto importante de ser ressaltado pois implica o reconhecimento de que a escola ocupada nunca existiu enquanto um espaço autogerido pelos seus alunos de modo isolado do restante da sociedade; muito pelo contrário. A ocupação da escola só se manteve com a base da colaboração de sujeitos externos a ela, seja sob a forma da doação de materiais (como alimentos, cobertores, colchões e produtos de higiene pessoal e de limpeza) ou de atividades culturais. Estas atividades vitalizaram e dinamizaram o cotidiano da escola ocupada (sob permanente ameaça de diferentes tipos de repressão), em uma dinâmica sem precedentes de abertura da unidade escolar para a comunidade e também para outros atores. Superando a forma tradicional e passiva da sala de aula, estas atividades culturais, educacionais e políticas mobilizaram formatos diversos e até então inconcebíveis: apresentações artísticas (batalhas de rap, exibição de filmes, peças de teatro, saraus literários, shows musicais e de talentos), atividades físicas, aulas e aulões (estas últimas voltadas para o vestibular ou o ENEM), debates e cine-debates, oficinas (de artesanato, cartazes, dança, estêncil, fanzine, fotografia, lambe), palestras, prestação de serviços para a comunidade, reuniões com os pais e rodas de conversa. Os conteúdos também foram extremamente variados: defesa pessoal, dívida pública, feminismo, gênero, libras, preconceito, racismo, sexualidade, transporte público, dentre muitos outros. Em diferentes estados foi verificado, contudo, que escolas localizadas em bairros mais centrais e de maior renda tiveram uma presença consideravelmente maior de apoiadores e oficinas em comparação com bairros periféricos e populares.

Cada escola ocupada não tinha apenas uma realidade física e presencial; a maioria das ocupações se prolongou *virtualmente* em páginas de Facebook[8] mantidas pelos secundaristas — adolescentes cuja sociabilidade é em grande parte mediada digitalmente. As escolas ocupadas no estado do Rio de Janeiro foram inclusive renomeadas a partir da sua realidade digital: "#OcupaMendes" ("#OcupaIEPIC" etc.), comprovando e explicitando o hibridismo *online/offline* característico dos movimentos sociais contemporâneos (Castells, 2013). Sem contar as páginas das articulações interocupações,[9] páginas criadas por grupos apoiadores ou coletivamente pelos secundaristas[10] e, por fim, as mídias alternativas que acompanharam e cobriram as mobilizações.[11] Todas estas páginas e canais nas redes sociais *online* formaram contrapúblicos digitais que foram fundamentais para combater as narrativas oficiais dos governos e da grande imprensa tradicional.

Os oficineiros que doaram seu tempo para viabilizar aquelas atividades de forte caráter participativo e horizontalizado não foram os únicos apoiadores e colaboradores do movimento. Também tiveram participação fundamental advogados ativistas ou voluntários que prestaram assessoria jurídica aos secundaristas (na forma de coletivos, ONGs, SAJUs[12] ou mesmo individualmente); artistas; coletivos feministas; comerciantes locais; ex-estudantes da escola ocupada; juventudes partidárias; mães, pais e familiares; membros da comunidade; midiativistas; movimentos sociais, culturais e sindicais; padres; professores da rede estadual; e, com grande destaque, estudantes e professores universitários (principalmente de universidades públicas, mas não apenas). Importante ressaltar que, em metade dos estados analisados nesta coletânea (RJ, CE, RS e PR), as ocupações de escolas se deram paralelamente a greves de professores da rede pública estadual (ora catalisando-as, ora sendo por elas catalisadas; ora em relações colaborativas, ora conflitivas).

---

[8] Páginas como, por exemplo: "Ocupa E.E. Diadema" (SP), "Ocupação Lyceu de Goiânia" (GO), "Ocupa CAIC" (CE), "Ocupa Tudo Julinho" (RS), "Ocupa Dunga Rodrigues" (MT) e "Ocupa Agenor" (ES).

[9] "Comando das Escolas Ocupadas" em SP, "Secundaristas em Luta — GO", "Comando Ocupa Tudo" no RJ, "CEI — Comitê das Escolas Independentes" no RS.

[10] "O Mal Educado", "Não Fechem Minha Escola", "Escolas do RJ em Luta", "Escolas do Ceará em Luta", "Ocupa Tudo RS", "Escolas Gaúchas em Luta", "Escolas de Luta RS", "Ocupa Paraná", "CWB contra Temer", "EE — De Estudante Para Estudante", "Ocupa Tudo — Betim".

[11] Centro de Mídia Independente, Desneuralizador, Jornalistas Livres etc.

[12] Serviços de Assistência Jurídica Universitária.

As juventudes partidárias tiveram um lugar particular no apoio aos movimentos de ocupação de escolas, assim como entidades estudantis (de caráter nacional, estadual ou municipal). Se as atividades voltadas para dentro da escola ocupada (como as comissões e as assembleias, mas também as oficinas) precisam ser compreendidas a partir do *princípio da horizontalidade*, as relações com atores externos à ocupação precisam ser entendidas a partir do *princípio da autonomia*. Este princípio sintetiza a relação tensa e complexa com todos os apoiadores das escolas ocupadas, mas em especial com os partidos políticos. Como documentado no caso paulista, "a palavra-chave utilizada pelos estudantes em todos estes episódios é 'tomar a frente': respeitar o protagonismo estudantil e a autonomia dos alunos na direção do seu próprio movimento" (Campos *et al.*, 2016, p. 160). Em todos os demais estados foi possível verificar como esta demanda de manutenção do protagonismo secundarista pautou a relação com os atores externos: toda ajuda sempre foi bem-vinda, mas qualquer tentativa de intromissão ou direção exógena seria denunciada como intolerável.

Com relação especificamente a grupos políticos como as juventudes partidárias, as entidades estudantis e outros agrupamentos como coletivos, em praticamente todos os estados o movimento de ocupação de escolas se dividiu em dois campos, gerando conflitos internos à mobilização secundarista, mas sem que isto inviabilizasse a sua atuação conjunta: um *campo autônomo ou independente*[13] e um *campo democrático-popular*.[14] A grande diferença entre estes dois campos está, por um lado, na recusa ou na aposta de negociações com o Estado a partir da organização representativa, burocrática e hierárquica das entidades estudantis e, por outro, na aposta ou na recusa em ações diretas de cunho mais radicalizado (como trancamentos de ruas, avenidas e rodovias).[15]

---

[13] Houve neste primeiro campo uma forte influência de grupos autonomistas, anarquistas ou libertários e eventual participação de juventudes do PSTU, PSOL ou PCB. São representativos deste campo algumas articulações interocupações, tais como: o Comando das Escolas Ocupadas em SP; o grupo Secundaristas em Luta em Niterói-RJ; e o CEI (Comitê das Escolas Independentes) no RS.

[14] Este segundo campo é mais próximo ao PT, mas foi principalmente capitaneado pela juventude do PCdoB, a UJS (União da Juventude Socialista) — hegemônica na maior parte das entidades estudantis, como a UNE, a UBES, a UPES-SP e a UPES-PR — e com a eventual composição tática com juventudes do PPL, PSOL ou PSTU — dependendo da conjuntura local do estado em questão.

[15] Eventualmente, estes campos ocuparam outros lugares além das escolas, de modo diferencial: em São Paulo, em 2016, a UJS ocupou a Assembleia Legislativa, enquan-

A opção por ocupar escolas foi uma via de radicalização da ação coletiva: uma ação direta, de caráter, portanto, extrainstitucional. Em alguns movimentos a ocupação foi uma "medida desesperada", um "recurso de última instância": a radicalização não foi fruto de uma ideologia política específica, mas sim uma escolha ante a ausência de resultados práticos e efetivos de formas de protesto anteriormente utilizadas (menos radicais, como abaixo-assinados e manifestações de rua).

Contudo, há um aspecto relevante em todos os movimentos de ocupação de escolas analisados neste livro: a busca pela *construção política da legitimidade social* destas ações diretas, o que teve o potencial de torná-las casos de *desobediência civil*. Essa busca implicou tanto a construção de uma densa rede de apoio na sociedade civil, como a abertura institucional dos poderes públicos para as demandas dos estudantes e para esta determinada forma de ação coletiva. Tanto no caso das reformas educacionais quanto no caso da precariedade agravada pela austeridade, já está posta uma relação de antagonismo entre estudantes e Estado. De um lado, os secundaristas, como nos referimos acima, não mantiveram isoladamente sua escola ocupada do restante da sociedade, mobilizando atores sociais externos à ocupação e até mesmo setores do Estado que podiam se alinhar ou se abrir ao diálogo com os estudantes. De outro, o adversário político mais imediato da mobilização secundarista eram os governos (Alckmin, Perillo, Pezão, Camilo, Sartori, Taques, Richa e, por fim, Temer — governos estes pertencentes a diferentes partidos: PSDB, PMDB e PT) e suas respectivas Secretarias da Educação (ou o Ministério da Educação no caso das ocupações do final de 2016), um polo opositor que tendeu a se expandir, ao incluir outras parcelas da sociedade civil e da sociedade política que eram contra as ocupações.

A sociedade política se cindiu na abertura ou no fechamento com relação aos secundaristas. Alguns atores estatais tenderam a ter uma disposição de diálogo e de resolução pacífica do conflito, em especial as Defensorias Públicas. Já o Ministério Público (MP) teve uma atuação bastante diferencial, dependendo do estado examinado: em SP, GO, RJ, CE, RS e PR, os pro-

---

to o campo mais autonomista ocupou o CPS (Centro Paula Souza); da mesma forma que, no Rio Grande do Sul, uma frente plural reunindo juventudes do PCdoB, do PT e do PSOL ocupou a Assembleia Legislativa, enquanto o campo independente ocupou a Secretaria da Fazenda. Como mostram os casos de São Paulo, Goiás (Tavares e Veloso, 2016) e Rio Grande do Sul, quando estas ocupações extraescolares são realizadas pelo campo autonomista, a repressão estatal costuma ser mais pesada em comparação com as do campo democrático-popular.

motores de justiça do MP auxiliaram de formas variadas o movimento estudantil, enquanto em MG e ES atuaram incisivamente contra as ocupações. Se os Poderes Legislativos estaduais tiveram pouco protagonismo (entrando em cena apenas quando as Assembleias Legislativas foram eventualmente ocupadas, como nos casos de SP — já em 2016 — e RS), os Poderes Judiciários foram constantemente chamados a se posicionar, especialmente nos repetidos casos em que os Executivos lhes apresentaram pedidos de reintegração de posse das escolas ocupadas; de forma surpreendente, houve situações em que os Tribunais de Justiça recusaram um alinhamento automático com as Procuradorias-Gerais do Estado (que representam os governos) e reconheceram a legitimidade, estendendo um processo que já estava em curso no âmbito da sociedade civil (para o caso paradigmático de SP, cf. Tavolari *et al.*, 2018).

Contudo, não ocorreram apenas episódios de legitimação da ação direta como desobediência civil reconhecida pelas sociedades civil e política. Os governos de cada estado em inúmeros momentos buscaram justamente o contrário: a deslegitimação dos movimentos de ocupação de escolas, utilizando táticas variadas, desde a ofensa, a desmoralização e a estigmatização, até a criminalização e, em última instância, o uso da violência para agredir fisicamente ocupantes ou então para invadir a escola e forçar a sua desocupação. As duas linhas de frente desta deslegitimação e criminalização das ocupações foram as burocracias escolares e as Polícias Militares.[16] As Secretarias da Educação utilizaram de meios formais e informais para instaurar campanhas de difamação, assédio, abuso e agressões, num processo de relativo aprendizado estatal, se iniciando em SP e se aprimorando no caso do RJ até chegar no seu ápice no PR. E mesmo em casos em que a Secretaria não tinha posição contrária às ocupações, como em MG, a burocracia escolar atuava autonomamente no sentido de antagonizar politicamente

---

[16] Infelizmente não foi possível que os capítulos que compõem esta coletânea abarcassem, além da apresentação dos movimentos estaduais de ocupação de escolas, a análise do momento pós-ocupação. Depois das desocupações, as burocracias escolares retomaram o controle do cotidiano da escola e restauraram não apenas a disciplina e a obediência tradicionais, como também promoveram novas campanhas de assédio moral, perseguição e eventualmente expulsão de estudantes que haviam sido ocupantes. A PM também foi responsável por perseguições, abusos e agressões. No caso de SP, que os organizadores têm mais contato e proximidade, a escalada repressiva do Estado foi fundamental para que a mobilização secundarista arrefecesse, tendo como impacto eventual em diversos estudantes crises de ansiedade e depressão, o que tornou a saúde mental um tema recorrente em debates e balanços posteriores do movimento.

os estudantes e incentivar os pais (dos alunos que não estavam ocupando) para que esses atacassem o movimento com agressões verbais e morais. Tais agressões se deram em todos os estados no sentido da estigmatização: acusar os ocupantes de "vândalos" e "baderneiros" que só queriam usar a escola não para protestar e sim para destruir o patrimônio público, usar drogas e fazer sexo. Estudantes e pais contrários às ocupações constituíram movimentos "Desocupa", incentivados pelo Estado e contando com aliados na sociedade civil: no PR foram integrantes de movimentos como o Movimento Brasil Livre (MBL), canal "Mamãe Falei" no Youtube, Movimento Curitiba Contra a Corrupção etc.; já em SP e RJ, houve casos de traficantes (e até milicianos, no caso deste segundo estado) atuando contra as escolas ocupadas. Policiais também agiram cotidianamente nas escolas ocupadas, em geral de modo violento (ameaças, coações, agressões e cumprimentos de reintegração de posse — com ou sem mandado judicial). Houve, contudo, relatos isolados (em MG e PR) de rondas da PM (ou da Guarda Municipal) zelando pela segurança das ocupações, em especial em casos de escolas localizadas fora das capitais. Marcantes foram também as cenas de repressão da PM aos estudantes, em especial no caso dos trancamentos de ruas e avenidas em SP no final de 2015 e no dia da votação da PEC do teto dos gastos no Senado, em Brasília, no final de 2016.

As mesas de negociação entre o Estado e os secundaristas não só foram minoritárias como, quando ocorreram, lidaram com desafios inerentes a uma ação coletiva extrainstitucional que recusa diversas instâncias representativas e valorizava os princípios da horizontalidade e da autonomia. Parece-nos que nos movimentos estaduais em que havia um projeto governamental a ser barrado (como em SP e GO) havia muito menos disposição tanto do Estado quanto dos estudantes em abrir uma mesa de negociação (em uma dinâmica similar à tática da revolta popular, aprimorada pelo Movimento Passe Livre para barrar aumentos das tarifas do transporte público — cf. Martins e Cordeiro, 2014) do que nos estados em que a motivação imediata do protesto era não um projeto específico e sim uma indignação difusa contra a precarização e a austeridade fiscal, especialmente nos movimentos de RJ, CE e RS, embora o caso gaúcho tenha incluído em seguida outras pautas como os PLs das OSs (Organizações Sociais) e do "Escola Sem Partido". As Secretarias Estaduais de Educação foram geralmente provocadas por outros atores institucionais (com destaque para a Defensoria, mas também o MP e eventualmente o próprio TJ), que mediaram estes encontros e buscaram evitar que a violência e a arbitrariedade governamentais ditassem o desdobramento do processo político. Mesmo assim, desafios e paradoxos surgiram, pois em várias situações a expectativa dos atores institucionais era lidar com representantes dos estudantes, e muitos dos secundaristas não estavam dispostos a abrir mão da horizontalidade (se posicionando contrários à entrada de apenas alguns alunos nas reuniões e exigindo a participação de todos) e da autonomia (entidades estudantis e partidos políticos não possuiriam legitimidade para representar a totalidade do movimento). Por fim, em diversos casos, jamais foram abertas mesas de negociação com o governo (com destaques negativos — do ponto de vista democrático — para os casos de SP e também do ciclo nacional de resistência à reforma do ensino médio e a PEC do teto dos gastos públicos).

Com relação aos resultados ou efeitos dos movimentos de ocupação de escolas, os capítulos desta coletânea trazem análises em dois planos ou dimensões: resultados *estruturais* no plano político-institucional e resultados *subjetivos* no plano da experiência (o que poderia ser chamado de uma dimensão societal).

Em primeiro lugar, é preciso considerar até que ponto os estudantes secundaristas alcançaram suas reivindicações mais diretas e imediatas. Em alguns casos, os projetos governamentais contra os quais eles se insurgiram foram barrados ou, ao menos, adiados: a "reorganização escolar" foi suspensa em SP, da mesma forma que os projetos de terceirização via OSs em GO, e via PPPs (Parcerias Público-Privadas) em MT, foram paralisados. Em outros casos, a mobilização estudantil conseguiu arrancar alguns compromissos de seus governos estaduais no sentido de liberar verbas e mitigar o ajuste fiscal e os cortes na educação pública, além de outras pautas, como a eleição para diretores no RJ, um TAC (Termo de Ajustamento de Conduta) no CE e o congelamento da tramitação de Projetos de Leis como o das OSs e o da EsP no RS. Em metade dos movimentos estaduais (SP, RJ e RS), os secretários estaduais da educação caíram durante as ocupações de escolas. Mas também é relevante enfatizar que as mobilizações contra o teto dos gastos públicos e a reforma do ensino médio terminaram com derrotas históricas, que acabaram por alterar profundamente a forma do Estado brasileiro e da educação pública, sem que o devido debate público e democrático tenha ocorrido. Nos casos dos movimentos de PR, MG e ES, unificados nacionalmente com a ocupação de universidades por todo o país e de escolas públicas e institutos federais em outros estados com menor protagonismo, mesmo com uma mobilização massiva e intensa, o Legislativo (o Congresso Nacional) ratificou as propostas do Executivo federal e ignorou parcela significativa da sociedade civil, com a grande imprensa participando desta blindagem ao sistema político.

Simultaneamente, os capítulos desta coletânea trazem uma dimensão formativa e subjetiva, mesmo nos casos em que não houve conquistas estruturais no plano político-institucional. Os estudos de caso são praticamente consensuais no sentido de afirmar que as ocupações de escolas tiveram um impacto direto nas trajetórias de vida dos estudantes, tendo um de seus principais significados o desenvolvimento de processos de aprendizagem e de *formação de sujeitos políticos*. Pode-se dizer que, com as assembleias, os estudantes aprenderam o significado da democracia; com a luta, aprenderam o funcionamento das instituições; as oficinas e o cotidiano da ocupação trouxeram um amadurecimento pessoal: desde o aprendizado que poderia ser considerado mais banal (como, por exemplo, aprender a fazer arroz) até o empoderamento e o desenvolvimento de uma consciência crítica sobre direitos humanos e a convivência com o outro, com o diferente. A escola ocupada foi, invariavelmente, um espaço de formação: de imaginar uma outra escola possível, de se enxergar como sujeitos portadores de direitos e também como protagonistas da história. Neste plano de constituição de sujeitos políticos, o grande destaque foi não apenas para o protagonismo feminino e LGBT, mas também a valorização intensa da igualdade de gênero e da diversidade sexual, associando a resistência ao conservadorismo moral com a resistência ao liberalismo econômico. Como muitos secundaristas afirmaram por todo o Brasil: eles jamais serão os mesmos depois desta experiência.

Considerando os efeitos devastadores que a Emenda Constitucional nº 95 terá na escola pública brasileira nas próximas duas décadas,[17] a esperança de resistências, protestos, revoltas e reformas progressistas está na capacidade destes novos sujeitos (enquanto ex-secundaristas e futuros estudantes universitários, trabalhadores, pais e mães de futuros secundaristas) e seus apoiadores de partirem destas ricas *experiências* e confrontarem e transformarem as pesadas *estruturas* que continuarão ameaçando o direito à educação.

* * *

Diante de tal amplitude do movimento, que envolve não apenas aspectos regionais e nacionais, mas também uma variedade gigantesca de temas interseccionados, o presente livro está organizado de modo a reunir o resul-

---

[17] Estima-se que o teto dos gastos públicos reduzirá a aplicação máxima em Manutenção e Desenvolvimento do Ensino (MDE) de 23,0% da Receita Líquida de Impostos (RLI) da União em 2016 para 11,8% em 2036 (Callegari, 2017, p. 123).

tado de pesquisas que possuem referenciais teóricos e metodológicos diversos com o objetivo de fornecer diferentes pontos de vista sobre o movimento das ocupações. Tal como será possível perceber ao longo da leitura dos capítulos, foram utilizadas diferentes técnicas de coleta de dados, tais como: entrevistas, pesquisa-ação, etnografia em filme, grupos focais, observação participante e análise de documentos oficiais. Além disso, outro ponto importante que corrobora para tal pluralidade de abordagens consiste nas diferentes disciplinas mobilizadas pelos autores. Suas formações passam por disciplinas tão diferentes quanto antropologia, ciências da computação, ciência política, direito, educação, filosofia, história, políticas públicas, psicologia e sociologia. Reunir essa pluralidade de formações disciplinares e metodológicas em torno do tema da ocupação de escolas é um dos objetivos deste livro, pois tal acontecimento tão rico e complexo exigiria nada menos que uma abordagem multidisciplinar. Para facilitar a leitura, no entanto, o presente livro está organizado de modo a agrupar alguns temas e análises que possuem características comuns.

A primeira parte, formada pelos capítulos 1 e 2, tem como objetivo principal traçar o contexto histórico dos movimentos sociais no Brasil em torno da educação, em geral, e do movimento recente das ocupações, em particular o período entre 2015 e 2016. Os dois capítulos pretendem apresentar alguns eixos centrais em que a luta dos movimentos sociais em torno do tema educação se deram ao longo do tempo, trabalhando a partir de alguns temas de sua especificidade, tais como: greves de professores e suas organizações sindicais, atividade dos profissionais da educação, política públicas educacionais, reformas do ensino etc. A abordagem de tais questões pretende fornecer o horizonte de um contexto mais amplo em que as ocupações se deram.

Após ter traçado este quadro histórico geral, a segunda parte deste livro tem como objetivo analisar mais de perto os estudos de caso, tendo como foco principal o que se passou nos estados do Brasil. Essa parte se divide, por sua vez, em duas seções. A primeira trata mais especificamente de uma análise de ocupações ocorridas entre os anos de 2015 e 2016, tendo em vista os movimentos *estaduais* de São Paulo (capítulo 3), Goiás (capítulo 4), Rio de Janeiro (capítulo 5), Ceará (capítulo 6) e Rio Grande do Sul (capítulo 7).[18]

[18] O único estado que viveu um movimento massivo de ocupação de escolas mas que não será abordado por um capítulo específico nesta coletânea é o de Mato Grosso. A primeira escola ocupada contra o projeto de Parcerias Públicos-Privadas proposto pelo governo do PSDB foi a E.E. Elmaz Gattas Monteiro, em Várzea Grande (na Região

A segunda seção pretende reunir os textos que tratam da resistência *nacional* à MP 746 e à EC 95. Como se sabe, a MP 746 versava sobre a reforma do ensino médio nacional e a EC 95 sobre o teto dos gastos públicos, o qual atingirá diretamente o investimento em educação no país para os próximos anos. Com esse objetivo em vista, serão apresentados os casos das ocupações nos estados do Paraná (capítulo 8), Minas Gerais (capítulo 9) e Espírito Santo (capítulo 10).

Por fim, a terceira parte deste livro reúne três capítulos que possuem como objetivo explorar questões transversais que, embora não tenham sido motivos imediatos das ocupações, foram temas constantemente tocados não só no interior delas, como também na esfera pública mais ampla. O protagonismo feminino e LGBT no movimento das ocupações (capítulo 11), o papel do sistema judiciário (capítulo 12), o apoio da sociedade civil, o papel da esfera pública e da desobediência civil (capítulo 13) foram temas candentes e objetos de discussões não só ao longo das ocupações, como também depois de seu fim.

* * *

Esta coletânea começou a ser organizada a partir de lançamentos informais do livro *Escolas de luta* (Veneta, 2016), no formato de bate-papos e rodas de conversa em vários estados em que ocorreram movimentos massivos de ocupação de escolas, com secundaristas, apoiadores e pesquisadores que acompanharam de perto estas mobilizações. Por esse motivo, os primeiros agradecimentos vão para os outros autores do livro, Antonia Malta Campos e Márcio Moretto Ribeiro, para os estudantes entrevistados de trinta escolas ocupadas[19] na Região Metropolitana de São Paulo e para toda a equipe da Editora Veneta: Rogério de Campos, Letícia de Castro, Solange Reis, Isabelle Linares e Viviane Monteiro. Aproveitamos também para agradecer, *in*

Metropolitana de Cuiabá), no final de maio de 2016. Entre junho e julho foram ocupadas ao menos 29 escolas, tendo a última delas sido desocupada em agosto. Houve a constituição de um campo hegemonizado por entidades estudantis, a UBES e a AME (Associação Mato-Grossense dos Estudantes Secundaristas), e de um campo autônomo com influência libertária no método de organização. Devido às ocupações secundaristas e a greve dos professores, o governo estadual acabou não encaminhando o projeto das PPPs na educação para a votação, mas o projeto poderá ser implantado no futuro a partir de outros meios. Esperamos que novas pesquisas possam aprofundar a análise de mais esta mobilização secundarista.

[19] Para o nome das trinta ocupações, cf. Campos *et al.* (2016, p. 11).

memoriam, a Valdir Sarubbi por ter viabilizado materialmente as viagens a todos os demais estados.

No Rio Grande do Sul, as rodas de conversa com secundaristas foram organizadas por Marcelo Kunrath Silva e seus orientandos do GPACE (Grupo de Pesquisa Associativismo, Contestação e Engajamento) da UFRGS; agradecemos a Gustavo Coelho, aos secundaristas da E.E. Ernesto Dornelles, em Porto Alegre, e às professoras Cristiane Figueroa e Nina Becker, além dos ocupantes do IFSul campus Sapucaia do Sul pelos bate-papos. Em Goiás, o coletivo Camaradas gentilmente organizou diversos eventos e inúmeras conversas; agradecemos aos ex-ocupantes do Lyceu de Goiânia e ocupantes do IFG nos campi Aparecida e Goiânia, além do acampamento dos professores da UFG em greve. Em Minas Gerais, várias pessoas a agradecer: Rudá Ricci, Luciana Melo, Juarez Dayrell, Amanda Marcatti, Marina Marcondes Machado e Francisco de Assis (Chicó), professor na E.E. Ari Franca, em Belo Horizonte, que organizou um bate-papó com os seus ocupantes. Integrantes da Rusga Libertária organizaram o debate "Escolas Ocupas: Escolas de LUTA!" na UFMT em Cuiabá, que contou com a participação de um ex-ocupante da E.E. Dep. Ubaldo Monteiro da Silva (de Várzea Grande). No Ceará, o CDVHS (Centro de Defesa da Vida Herbert de Souza), o CEDECA Ceará e o PET de Ciências Sociais da UFC organizaram o seminário "Por que Lutam os/as Estudantes? Educação, Participação e Liberdade de Expressão", que contou com a participação de ex-ocupantes de três escolas no Grande Bom Jardim, em Fortaleza: CAIC Maria Alves Carioca, EEFM Júlia Alves Pessoa e EEFM Santo Amaro; agradecemos nominalmente também a Idevaldo Bodião, Marina Araújo Braz, Caio Feitosa, Dillyane Ribeiro, Uribam Xavier, Camila Marques e Salomão Ximenes. No Espírito Santo, Lívia Moraes e o PIBID Ciências Sociais da UFES organizaram uma roda de conversa com a participação de ex-ocupantes da Escola Viva de São Pedro, EEEFM Almirante Barroso e EEEM Irmã Maria Horta, todas em Vitória. Já em Niterói, Flávia Rios, Renata Gonçalves, Bruna Lanzillotti e Carolina Zuccarelli organizaram o seminário "Ocupa Tudo: Saberes e Mobilizações Secundaristas" na UFF com a participação de uma ex-ocupante do IEPIC (Instituto de Educação Professor Ismael Coutinho); e, no Rio de Janeiro, Rodrigo Nunes, Edgar Lyra e Mateus Sanches viabilizaram uma roda de conversa com ocupantes do Colégio Pedro II campus São Cristovão III (com o auxílio do prof. Diego Ramalho) e também um bate-papo na Ocupação da PUC-Rio. E, por fim, os professores Luiz Repa, André Duarte e Vinicius de Figueiredo fizeram a ponte para contatar a pesquisadora Marcielly Moresco, também da UFPR.

Para encerrar, agradecemos a Bianca Tavolari pelo auxílio na elaboração do projeto do livro para apresentá-lo à editora e pelas diversas outras assessorias no decorrer da organização do volume. A Paulo Malta, pela acolhida na Editora 34. E também a Fundação de Amparo à Pesquisa do Estado de São Paulo: esta coletânea contou com auxílio-publicação da FAPESP,[20] além de integrar o Projeto Temático "Esfera Pública e Reconstrução: Sobre a Constituição de um Paradigma Reconstrutivo no Campo da Teoria Crítica",[21] coordenado pelo prof. dr. Marcos Nobre no âmbito do Núcleo Direito e Democracia (NDD) do CEBRAP.

Referências

ALEGRIA, Paula; MORESCO, Marcielly. *"Ocupar e resistir!": as ocupações e a resistência estudantil no Brasil*. Open Democracy, 27/10/2017. Disponível em: <https://www.opendemocracy.net/democraciaabierta/paula-alegria-marcielly-moresco/ocupar-e-resistir-as-ocupa-es-e-resist-ncia-estuda>, acesso em 5/7/2018.

CALLEGARI, Caio. "Um momento de alerta para o financiamento público da educação brasileira". In: CRUZ, Priscila; MONTEIRO, Luciano (orgs.). *Anuário Brasileiro da Educação Básica 2017*. São Paulo: Todos Pela Educação/Moderna, 2017, pp. 122-6.

CAMPOS, Antonia M.; MEDEIROS, Jonas; RIBEIRO, Márcio M. *Escolas de luta*. São Paulo: Veneta, 2016.

CASTELLS, Manuel. *Redes de indignação e esperança: movimentos sociais na era da internet*. Rio de Janeiro: Zahar, 2013.

GERBAUDO, Paolo. *The Mask and the Flag: Populism, Citizenism and Global Protest*. Nova York: Oxford University Press, 2017.

GIOVANOPOULOS, Christos; DALAKOGLOU, Dimitris. "From Ruptures to Eruption: A Genealogy of the December 2008 Revolt in Greece". In: VRADIS, Antonis; DALAKOGLOU, Dimitris (orgs.). *Revolt and Crisis in Greece: Between a Present Yet to Pass and a Future Still to Come*. Londres/Atenas: AK Press & Occupied London, 2011, pp. 91-114.

JANUÁRIO, Adriano; CAMPOS, Antonia Malta; MEDEIROS, Jonas; RIBEIRO, Márcio Moretto. "As ocupações de escolas em São Paulo (2015): autoritarismo burocrático, participação democrática e novas formas de luta social". *Revista Fevereiro*, São Paulo, nº 9, pp. 166-98, abr. 2016.

MARTINS, Caio; CORDEIRO, Leonardo. "Revolta popular: o limite da tática". *Passa Palavra*, 27/5/2014. Disponível em: <http://passapalavra.info/2014/05/95701>, acesso em 5/7/2018.

[20] Processo FAPESP nº 2019/08645-7.

[21] Processo FAPESP nº 2014/11611-3.

NEGRI, Antonio; HARDT, Michael. *Declaração: isto não é um manifesto*, 2ª ed. São Paulo: n-1 edições, 2016.

NÚÑEZ, Pedro. "La política en escena: cuerpos juveniles, mediaciones institucionales y sensaciones de justicia en la escuela secundaria argentina". *Contemporânea*, nº 2, pp. 183-205, jul.-dez. 2011.

TARROW, Sidney. *Democracy and Disorder: Protest and Politics in Italy, 1965-1975*. Nova York: Oxford University Press, 1989.

TAVARES, Francisco Mata Machado; VELOSO, Ellen Ribeiro. "'A gente ainda nem começou': repertórios de confronto político nas escolas ocupadas em Goiânia (2015)". *10º Encontro da ABCP*, Belo Horizonte, 2016.

TAVOLARI, Bianca; LESSA, Marília; MEDEIROS, Jonas; MELO, Rúrion; JANUÁRIO, Adriano. "As ocupações de escolas públicas em São Paulo (2015-2016): disputas entre o direito à manifestação e o direito de posse". *Novos Estudos CEBRAP*, São Paulo, v. 37, nº 2, pp. 291-310, mai.-ago. 2018.

VON BÜLOW, Marisa; BIDEGAIN, Germán. "It Takes Two to Tango: Students, Political Parties and Protest in Chile (2005-2013)". In: ALMEIDA, Paul; CORDERO ULATE, Allen (orgs.). *Handbook of Social Movements Across Latin America*. Nova York: Springer, 2015, pp. 179-94.

Parte I
CONTEXTO HISTÓRICO

1

Movimentos sociais e educação no Brasil

Maria da Glória Gohn[1]

Apresentação

Este texto objetiva sistematizar os principais momentos e eventos das lutas e movimentos pela educação no Brasil, agrupados por décadas desde os anos 1970. O mapeamento histórico percorre momentos relevantes da história do Brasil e da história da educação do país destacando a luta dos professores e de outros profissionais da educação da rede pública ocorridas no país, com destaque para o estado de São Paulo, segundo momentos da conjuntura política brasileira. Concebemos a educação de forma ampla, extrapolando os muros da escola; sendo assim, o texto trata também de movimentos e ações coletivas no campo da educação não formal (vide Gohn, 2014b). O texto ora apresentado é uma síntese de estudos e pesquisas que desenvolvemos sobre as lutas no campo da educação.

1. As lutas e organizações a partir de 1970

Os anos 1970 deixaram tristes registros na história brasileira: ditadura militar, prisões e perseguições políticas, arrocho salarial, tecnocracia estatal no planejamento etc. No entanto, foi também um período de resistência e construção das bases para a redemocratização: retomada da organização sindical, surgimento de movimentos a partir das Comunidades Eclesiais de Base (CEBs) nos bairros, movimento pela Anistia, reorganização partidária e criação de movimentos sociais que vieram a ser marcos no processo constituinte dos anos 1980. Tudo isso delineou um cenário de lutas em que a área

---

[1] Doutora em Ciência Política, com pós-doutorado em Sociologia na New School University de Nova York, professora titular da Faculdade de Educação da Unicamp, professora visitante sênior da UFABC e pesquisadora 1A do CNPq.

da educação esteve presente tanto no campo não formal (no aprendizado político que a participação nas CEBs e movimentos sociais geraram) quanto no campo formal (pela expansão do ensino, especialmente o ensino superior, e nas lutas das associações docentes de todos os níveis). Logo no início da década, em 1971, promulgou-se uma nova Lei de Diretrizes e Bases da Educação, destinada à educação básica. Os efeitos da nova institucionalidade fizeram-se sentir na reorganização do movimento docente.

Em 1973 ocorre a transformação da Associação dos Professores do Ensino Oficial Secundário e Normal do Estado de São Paulo (APENOESP) para Associação dos Professores do Ensino Secundário e Normal Oficial do Estado de São Paulo (APEOESP) (ver Vianna, 1999; e Gomes, 2004). A Confederação dos Professores Primários do Brasil, criada em 1960, deu origem em 1980 à Confederação dos Professores do Brasil, a CPB (que só teve densidade nacional após a Constituição de 1988) (ver Lugli, 1997; Vicentini, 1997).

Novas organizações surgem nos anos 1970, tais como o Movimento de União dos Professores (MUP), em 1976. É interessante que a impossibilidade de formar sindicatos na área dos funcionários públicos, naquela época, levou à formação de vários grupos e tendências dentro do MUP. Pelo menos três se destacaram: uma de origem trotskista, a Organização Socialista Internacionalista (OSI), que deu origem ao jornal *O Trabalho*; a tendência estudantil Liberdade e Luta (Libelu); e o Movimento de Oposição Aberta dos Professores (MOAP), que passou a se organizar pela base, em núcleos nas escolas. Essas tendências nada mais eram do que reflexo do movimento mais geral dos trabalhadores que, naquele momento, debatia-se sobre as formas de organização do sindicalismo de resistência do ABC — municípios paulistas de Santo André (A), São Bernardo (B) e São Caetano do Sul (C) —, e os grupos das Comissões de Fábrica do Sindicato dos Metalúrgicos de São Paulo e outras categorias, ou seja, na segunda metade dos anos 1970, a organização dos professores aproxima-se da dos trabalhadores, deixando de ser específica da categoria para ampliar seu escopo, não apenas incluindo outros profissionais da educação, mas também se articulando com as correntes sindicais que vieram a dar origem, nos anos 1980, à Central Única dos Trabalhadores (CUT), ao Comando Geral dos Trabalhadores (CGT) e, posteriormente, à Força Sindical e outras centrais. Nos anos 2000, lideranças do movimento dos professores da época se transformaram em ministros de Estado.

O crescimento do papel do Estado na economia, durante os anos do "milagre" e do império da tecnocracia, teve como uma das consequências o aumento do número dos funcionários públicos. Embora a expansão tenha sido maior nos anos 1980, quando o Estado absorveu grandes contingentes de trabalhadores dispensados da indústria e de outros ramos na crise de 1981-1983, o final dos anos 1970 correspondeu à rearticulação daquela categoria de forma nova. A novidade ficou a cargo das alterações estruturais, na então escola pública de 1º e de 2º graus, criando uma escola massificada com grande número de funcionários, ou no ensino superior, também ampliado e massificado, dando origem às associações de docentes, de funcionários etc. (Romanelli, 1988). O novo sindicalismo do ABC Paulista influenciou as associações dos docentes e os profissionais da área da saúde.

Outro movimento social importante que surgiu na década de 1970 foi o Movimento de Lutas por Creches em São Paulo e em Belo Horizonte, criados em 1979. A origem destes movimentos também foi influenciada por fatores estruturais e conjunturais. No estrutural destacam-se: o empobrecimento das camadas populares e a necessidade de as mulheres trabalharem fora de suas próprias casas, para completar o orçamento doméstico; no conjuntural destacam-se: a organização das mulheres nas Comunidades Eclesiais de Base da Igreja Católica, a influência do Movimento Feminista e do Movimento da Anistia. Na cidade de São Paulo a Luta pela Creche pressionou o estado, por meio de ações da Prefeitura Municipal, a expandir a rede de creches públicas, então com quatro unidades apenas (1977), para um plano de quinhentas unidades (1979) (ver Gohn, 1985).

No plano da educação no meio rural, não se pode deixar de registrar no fim dos anos 1970 a criação de movimentos no campo que vieram dar origem ao MST (Movimento dos Trabalhadores Rurais Sem Terra). Registros históricos assinalam um evento de 1979 em Santa Catarina como o início desse movimento no Brasil. De peculiar destacam-se, nos acampamentos dos sem terra, as escolas para os filhos dos ocupantes, em que se procura fazer uma releitura dos ensinamentos prescritos pelos órgãos educacionais brasileiros, segundo a ótica dos sem terra. Destaca-se também a Cartilha de Formação das Lideranças dos sem terra (vide Caldart, 1997). Registrem-se ainda as escolas de formação de lideranças, com destaque para a Escola Nacional Florestan Fernandes.

Finalmente, ainda nos anos 1970, na área da educação, destacam-se a atuação de algumas entidades, a exemplo da Sociedade Brasileira para o Progresso da Ciência (SBPC), em suas reuniões de 1976 a 1980, que representaram momentos de resistência ao regime militar e de contribuição à luta pela redemocratização do país, e a criação de entidades nacionais de pesquisa na área da pós-graduação que se implantara no Brasil, de forma mais estruturada, na década de 1970. Como exemplos é possível citar a Associação Nacional de Pós-Graduação e Pesquisa em Educação (ANPEd) em 1977, e a Associação Nacional de Pós-Graduação e Pesquisa em Ciências Sociais (ANPOCS) em 1976. Em 1978, foi criada a Associação Nacional de Educação (ANDE). Entidades voltadas à pesquisa, como o Centro de Estudos Educação & Sociedade (CEDES), da Universidade Estadual de Campinas (Unicamp), desempenharam papel importante na articulação com a ANPEd e a ANDE na organização das Conferências Brasileiras de Educação (CBE).

2. As lutas pela educação na década de 1980

Em 1981 ocorreu a fundação da ANDES (Associação Nacional de Professores do Ensino Superior), nascida da união das associações docentes das universidades, principalmente públicas e comunitárias. O ano de 1984 entrou para a história do Brasil como o grande ano "da virada", de total esgotamento do regime militar, com o movimento das "Diretas Já" (vide Sader, 1988). No entanto, ele teve vários antecedentes, entre os quais a luta dos professores. No início dos anos 1980, com a crise econômica e o desemprego, ficou famosa a ação do movimento dos professores por derrubarem as grades do Palácio dos Bandeirantes, em São Paulo, em uma de suas manifestações. Em 1987 formou-se o Fórum Nacional de Defesa da Escola Pública, que teve um papel decisivo no processo constituinte e na elaboração dos artigos relativos à Educação na Carta Constitucional de 1988. O lançamento do Fórum foi acompanhado de um manifesto em defesa da escola pública e gratuita. O Fórum demandou um projeto de educação mais amplo e que não se limitasse apenas às reformas no sistema escolar. A descentralização administrativa passou a ser uma das demandas básicas no campo das políticas públicas (Hevia e Nuñes, 1989).

Em 1988 foi lançado nacionalmente o Movimento em Defesa da Escola Pública, que em parte representou, na área da educação, a retomada de movimentos ocorridos nos anos 1930 pelos Pioneiros da Educação e nos anos 1950 pelos intelectuais nacionalistas do período (Fernandes, 1966). Esse movimento surgiu da articulação em torno da Constituinte, em seu capítulo da Educação, e se fez necessário ante a exigência constitucional de elaboração de uma nova Lei de Diretrizes e Bases da Educação Nacional. Composto basicamente de intelectuais das universidades e de entidades, ou de representantes de diversas categorias do magistério, o movimento logrou o apoio de 25 entidades da sociedade civil para a defesa de seu projeto básico. Após oito anos de luta de *lobbies* e pressões junto aos parlamentares de Brasília, obteve-se a aprovação de um novo projeto de Lei de Diretrizes e Bases para a Educação Nacional em 1996.

Com a nova Constituição Federal de 1988 os funcionários públicos adquiriram o direito de se sindicalizarem. A APEOESP transforma-se em sindicato. Em 1989 ocorre a criação da CNTE (Confederação Nacional dos Trabalhadores em Educação). Esta entidade surgiu a partir da união da CPB (Confederação dos Professores do Brasil) com a FENASE (Federação Nacional dos Supervisores de Ensino) e a FENOE (Federação Nacional de Orientadores Educacionais) e a Coordenação Nacional de Servidores do Ensino Público. A CNTE articulou-se à CUT.

A luta popular por creches continuou nos anos 1980, de forma diferente. Ela é um exemplo do caráter educativo que as ações coletivas representam para seus participantes. De início, a reivindicação básica era a de creches diretas, construídas e mantidas pelo poder público. A centralidade da luta era atender a mãe, por não ter onde deixar seus filhos para trabalhar. Com o passar dos anos essa luta perdeu o caráter mobilizatório e a radicalidade inicial, pois várias militantes dos movimentos foram contratadas para trabalhar nas próprias creches. Para essas mães, as questões básicas passaram a ser suas condições de trabalho nas novas unidades de prestação de serviços à população. Entretanto, a alteração nas ênfases das políticas públicas, nos primeiros anos da década de 1980, de não priorizar as creches diretas, em razão de seus altos custos, e a retomada da política dos convênios com entidades filantrópicas e outras, levou ao ressurgimento de outro movimento social, o das creches conveniadas. Houve também um deslocamento do foco central do movimento de creches quanto à reivindicação, antes centrada na figura da mãe, passando para a figura da criança. Essa mudança explica o caráter educativo dado aos equipamentos e o tratamento que as creches, do ponto de vista da educação, passaram a dar à educação infantil de 0 a 6 anos, que deixou de ser um simples problema assistencial, como foi tratada nos anos 1960 e 1970 (ver Gohn, 1985, 2013c). Várias pesquisas sobre movimentos sociais e lutas por creches ou pelo acesso à escola pública foram realizadas nos anos 1980 durante o processo de redemocratização do Brasil, entre elas: Gohn (1985); M. Campos (1985, 1991); R. Campos (1989); Rosemberg *et al.* (1991); Sposito (1984, 1993); e Vianna (1999).

3. As lutas educativas nos anos 1990

Durante os anos 1990, o cenário sociopolítico se transformou radicalmente. Inicialmente, ocorreu um declínio das manifestações nas ruas que conferiam visibilidade aos movimentos populares nas cidades, nos anos 1980. Alguns analistas diagnosticaram que eles estavam em crise porque haviam perdido seu alvo e inimigo principal: o regime militar. Na realidade, a partir de 1990 surgiram outras formas de organização popular, mais institucionalizadas, como a constituição de Fóruns Nacionais de Luta pela Educação, pela Moradia, pela Reforma Urbana; o Fórum Nacional de Participação Popular etc. Esses fóruns estabeleceram a prática de encontros nacionais em larga escala, gerando grandes diagnósticos dos problemas sociais, definindo metas e objetivos estratégicos para solucioná-los. Nesse novo cenário, foram firmadas várias parcerias entre a sociedade civil organizada e o poder público, impulsionadas por políticas estatais, tais como a experiência do orçamento participativo, a política de renda mínima, bolsa-escola etc., criando formas de participação dos cidadãos na gestão dos negócios públicos (ver Gohn, 2013b).

Na década de 1990 registram-se vários movimentos no campo da educação não formal. Ética na Política foi um movimento ocorrido no início dos anos 1990 e teve grande importância histórica porque contribuiu, decisivamente, para a deposição, por meio do processo democrático, de um Presidente da República por atos de corrupção, fato até então inédito no país; além disso, colaborou à época para o ressurgimento do movimento dos estudantes com novo perfil de atuação, os "caras-pintadas". Eles expressaram a retomada do movimento estudantil no Brasil, de forma nova, alegre, descontraída. À moda dos índios, com seus gritos de guerra, os "caras-pintadas" fizeram escola e tornaram-se um estilo de fazer política (ver Gohn, 2013b).

À medida que as políticas neoliberais avançaram, foram despontando outros movimentos sociais, tais como a Ação da Cidadania contra a Fome, movimentos de desempregados, ações de aposentados ou pensionistas do sistema previdenciário. Algumas dessas ações coletivas surgiram como respostas à crise socioeconômica, atuando mais como grupos de pressão do que como movimentos sociais estruturados. Grupos de mulheres foram organizados nos anos 1990, em razão de sua atuação na política, para criar redes de conscientização de seus direitos e frentes de lutas contra as discriminações. O mesmo ocorreu com o movimento afrodescendente que, além das manifestações culturais, continuou a lutar contra a discriminação racial. Os jovens também geraram vários movimentos culturais, especialmente na área da música, enfocando temas de protesto, a exemplo dos anos 1960 (ver Ridenti, 2000). Serão os jovens e os afrodescendentes as categorias principais focalizadas nas políticas educativas denominadas de inclusão social. Cursos de computação e inclusão digital de ONGs para estudantes se tornaram rotina nas escolas públicas e, na década seguinte, cotas raciais seriam implementadas no ensino superior.

Devem-se destacar outros três outros movimentos sociais importantes no Brasil, nos anos 1990: dos indígenas, dos funcionários públicos — especialmente das áreas da educação e da saúde — e dos ecologistas. O dos índios cresceu em número e em organização nessa década quando passaram a lutar pela demarcação de suas terras e pela venda de seus produtos a preços justos e em mercados competitivos, após terem obtido uma grande vitória na área da educação: a de serem alfabetizados em suas próprias línguas. Essas conquistas, entretanto, têm gerado novos problemas. Os professores índios Maxakalis, de Minas Gerais, por exemplo, passaram a receber salários, o que resultou numa desorganização do grupo, pois eles cultivavam os próprios alimentos e passaram a pagar para outros o seu alimento. A merenda escolar quando chega é distribuída para todos, e não apenas aos alunos, pois eles são uma sociedade sem hierarquia, com relações de reciprocidade. O *kit* escolar também gerou conflitos, assim como o fato de as escolas serem fora das aldeias (vide Oliveira, 2006). Observa-se que no atendimento de demandas, não se respeitou a cultura dos Maxakalis. O mesmo pacote "urbano" foi implantado; no entanto, os índios ressignificaram as práticas.

Os ecologistas proliferaram após a conferência ECO 92, dando origem a muitas Organizações Não Governamentais (ONGs). Aliás, tais organizações passaram a ter muito mais importância nos anos 1990 do que os próprios movimentos sociais. Trata-se de ONGs diferentes das que atuavam nos anos 1980 com os movimentos populares, tanto que são inscritas no universo do Terceiro Setor, voltadas para a execução de políticas de parceria entre o poder público e a sociedade, atuando em áreas em que a prestação de serviços sociais é carente ou até mesmo ausente, como na educação e saúde, para clientelas como meninos e meninas que vivem nas ruas, mulheres com baixa renda, catadores e recicladores de papéis etc. A nova LDB de 1996, ao incluir temas novos, como os transversais, deu espaço à articulação, no currículo das escolas, entre práticas sociais e o ensino, e a questão do meio ambiente ganhou destaque.

Os sindicatos na área da educação básica, de uma maneira geral, alteraram muito lentamente suas práticas, apesar de terem crescido numericamente. No fim dos anos 1990, a CNTE congregava mais de trinta entidades estaduais e abrangia cerca de dois milhões de trabalhadores, dos quais seiscentos mil sindicalizados (vide Gadotti, 1998, 1999). Ações para intervir efetivamente em espaços e fóruns institucionalizados, a exemplo dos Conselhos Municipais de Educação, Conselhos da Alimentação Escolar e do Fundo de Manutenção e Desenvolvimento do Ensino Fundamental e de Valorização do Magistério (FUNDEF), foram poucas. Em geral, as atribuições dos conselhos têm sido vistas pelos sindicatos dos professores como políticas para desonerar o Estado de sua obrigação com as áreas sociais; iniciativas para privatizar a educação por meio da transferência de suas responsabilidades, principalmente de ordem financeira, para a própria comunidade administrar a "miséria" ou criar/tomar iniciativas para resolver os problemas utilizando-se de parcerias, doações, trabalho voluntário etc. Também não creem na possibilidade de os conselhos serem canais da sociedade civil para intervir na gestão pública por meio de parcerias com o Estado, objetivando a formulação e o controle de políticas sociais.

As reformas governamentais que, progressivamente, retiraram direitos sociais, reestruturaram as profissões e arrocharam os salários em nome da necessidade dos ajustes fiscais, gerando reações na área da educação (ver Gentili, 1995; Souza, Santana e Deliuz, 1999). Houve diversas mobilizações e greves contra as várias etapas da reforma da Previdência dos funcionários do setor público. Na universidade pública, os sindicatos e associações docentes não conseguiram contestar as políticas neoliberais, e as reformas foram promulgadas. A expansão do ensino superior privado, em que a organização docente é débil, contribuiu para o enfraquecimento das lutas no setor universitário.

No campo da educação básica, o maior destaque nos anos 1990 é, sem dúvida, para o processo de luta ao redor da criação de uma lei nacional da educação, já citada acima. A LDB (Leis de Diretrizes e Bases da Educação Nacional), promulgada em 1996, promoveu uma reformulação na nomenclatura e divisão do sistema escolar do país, após muitos embates nas arenas parlamentares. Cumpre destacar o papel do Fórum Nacional de Defesa da Escola Pública (vide extensa obra de Dermeval Saviani a respeito).

Para muitos, a Educação de Jovens e Adultos (EJA) configura-se como um movimento social. No passado, esse trabalho de educação focalizava bastante o processo de alfabetização, e a educação popular também era utilizada como terminologia para indicar esse processo em espaços alternativos, com métodos alternativos, como a pedagogia freiriana. O Movimento de Alfabetização de Jovens e Adultos (MOVA) é também um dos exemplos de um movimento que foi estimulado por políticas públicas implementadas em parceria com a comunidade organizada e assessoria de ONGs.

Um movimento social que data do século XX e ainda persiste em alguns estados, no Brasil, é o das escolas comunitárias. O Movimento das Escolas Comunitárias tem uma origem antiga. O seu surgimento no Recife, por exemplo, data de 1942, sob a denominação de "escolas da comunidade", em razão de um elevado crescimento populacional no período, e o fato de que a oferta pública era insuficiente para atender a demanda. Seguiam um modelo italiano que previa a grande participação dos pais e da comunidade, tinha também calendários específicos. Estas escolas se espalharam por todo o país (vide Costa, 2006).

4. As lutas pela educação na primeira década do novo milênio

No novo milênio, o movimento estudantil (ME) universitário volta à cena pública, protagonizando outras lutas que articulam questões específicas de seu cotidiano com questões éticas da sociedade brasileira. As primeiras manifestações se refletem nas condições de infraestrutura das universidades: falta de professores, salas, equipamentos, refeitórios e qualidade da comida, bibliotecas desatualizadas; a eterna luta sobre o valor das mensalidades — no caso das instituições particulares; aceitação das carteirinhas da União Nacional dos Estudantes (UNE) em cinemas, teatros etc. As questões éticas, na pauta estudantil desde a era Collor com os "caras-pintadas", tiveram seu ápice em 2008 com a ocupação da Universidade de Brasília (UnB) e a luta pela saída do então reitor, amplamente denunciado na mídia por gastos pessoais ou exagerados com o dinheiro público por meio dos "cartões corporativos", novo instrumento de viabilização de práticas clientelísticas e ilegais. A greve nas universidades públicas paulistas em 2009, com a ocupação do campus da USP por forças policiais, seguida por confrontos — fato que não ocorria desde os anos 1960, é outro registro que aponta para a retomada do movimento dos estudantes (ver Bringel, 2009).

Questões específicas também entraram na pauta das demandas estudantis no Brasil de forma nova, agora articuladas com as políticas nacionais. A questão das cotas para afrodescendentes, populações indígenas e de baixa renda, o Programa Universidade para Todos (PROUNI) e outras políticas denominadas como de "inclusão social" vão mobilizar categorias específicas, em lutas contraditórias no movimento como um todo, uma vez que promovem a inclusão mas também alavancam o ensino superior privado, com grupos empresariais se deslocando para a área da educação dado o financiamento do governo.

Os estudantes participaram ativamente dos encontros do Fórum Social Mundial (FSM). As publicações, análises, materiais visuais e relatos das edições do FSM que ocorreram em Porto Alegre, por exemplo, atestam esse engajamento. A política partidária continuou a ter grande influência na UNE, liderada por mais de uma década por lideranças estudantis ligadas ao Partido Comunista do Brasil (PCdoB). Em 2007, durante o 50º Congresso da UNE, uma mulher foi eleita pela quarta vez presidente da entidade, a qual já tem quase setenta anos de existência, um fato histórico relevante na perspectiva da análise de gênero. A nova presidente era aluna de uma instituição particular; foi a 10ª presidente filiada ao PCdoB que, desde 1981, controla a entidade.

Nos dez primeiros anos do novo século, os programas PROUNI e REUNI (Programa de Apoio a Planos de Reestruturação e Expansão das Universidades Federais), do governo federal, são responsáveis pela expansão do ensino superior e inclusão de estudantes de baixa renda ou em situação de vulnerabilidade social. Eles respondem às demandas feitas há décadas por grupos e setores populares organizados, constituindo-se em espaço de articulação de várias demandas e lutas institucionalizadas pela educação.

Na área da educação infantil o déficit de escolas voltou a crescer. Poucos estudos foram realizados com exceção daqueles que discutem a contribuição do Movimento Interfóruns de Educação Infantil do Brasil (MEIBI) para o avanço da área de educação infantil ou sobre as escolas no campo (ver Nunes, 2010).

No campo da educação, no século XXI, entraram em cena novos sujeitos sociopolíticos e culturais, muitos deles institucionais, como as fundações e entidades do Terceiro Setor. Essas entidades foram estimuladas pelas novas diretrizes governamentais, tanto nacionais quanto internacionais, e pelo suporte jurídico que obtiveram no fim dos anos 1990 com a Lei do Voluntariado, ou do Terceiro Setor, que gerou a regulamentação de novas regras para parcerias público-privadas. Foram estimuladas também pela criação de novos fundos e projetos de apoio e à articulação das entidades da sociedade civil e pelas redes públicas de escolas do ensino básico, assim como novos Fóruns, Conferências Nacionais e pelo Plano Nacional da Educação. Outros estímulos vieram também das linhas de projetos/programas lançados por entidades de apoio à pesquisa acadêmica. Como se observará a seguir, alguns desses sujeitos passam a falar e a reivindicar o nome de "movimento social" para suas ações. De fato, o conjunto das entidades, associações ou pseudo-movimentos, passaram a atuar em redes, a exemplo das análises de Castells (1996) e assemelham-se mais a organizações movimentalistas.

O "Compromisso Todos pela Educação" é um exemplo dos novos movimentos sociais na área da educação no novo milênio patrocinado por entidades privadas e representantes do Terceiro Setor. Ele é uma coalização de pessoas do mundo empresarial e/ou das elites empresariais tais como Jorge Gerdau Johannpeter, João Roberto Marinho, ou executivos de grandes bancos e personalidades do Terceiro Setor já com destacada atuação no campo da educação como Viviane Senna, Milu Villela, Ana Maria Diniz, Norberto Pascoal etc.; além do Instituto Ethos, o GIFE, e o apoio da UNESCO. A proposta é no sentido de fazer da Educação uma ferramenta básica para o próprio desenvolvimento do país, pressionando o governo para que ela se torne a principal política pública. A proposta é focalizar a rede pública da escola básica. Quando o Compromisso foi lançado, cinco metas básicas foram propostas para serem atingidas, até 2022.

Movimentos sociais já existentes no século XX também se reorganizaram no novo século, a exemplo da Campanha Nacional de Direitos da Educação (CNDE), que teve sua origem em 1999, no contexto preparatório da Cúpula Mundial de Educação no Senegal (Dakar/2000). Na ocasião, um grupo de organizações da sociedade civil brasileira lançou a Campanha, com a meta de contribuir para a efetivação dos "direitos educacionais garantidos na Constituição, por meio de ampla mobilização social, de forma a que todos tenham acesso a uma escola pública de qualidade". A Campanha surge justamente no momento em que a educação passa a ser eixo central no discurso das reformas de Estado e, ao mesmo tempo, em que se atribui à Educação um papel estratégico no novo modelo de desenvolvimento articulado pelas políticas da globalização. A Campanha alinha-se em rede com 120 instituições, movimentos ou redes internacionais, a exemplo da Campanha Global. A Campanha possui um Comitê Diretivo e Comitês Estaduais em treze estados brasileiros. Com uma coordenação localizada em São Paulo, ela realiza anualmente uma Assembleia Geral e se submete à Avaliação Técnica e à Auditoria Externa, desenvolvida por consultorias especializadas. As seguintes entidades compõem a Campanha: Ação Educativa, Action Aid, Centro de Defesa da Criança e do Adolescente (CEDECA) do Ceará, Centro de Cultura Luiz Freire, Confederação Nacional dos Trabalhadores da Educação (CNTE), Movimento Nacional dos Trabalhadores Sem Terra (MST), União Nacional dos Dirigentes Municipais de Educação (UNDIME) e União Nacional dos Conselhos Municipais de Educação (UNCME).

5. Década de 2010

Nesta nova década, um dado novo entrou na pauta das lutas e dos estudos sobre a educação: novas formas de manifestação, especialmente de jovens, advindas da sociedade civil não organizada nos moldes clássicos, demandando educação, não apenas o acesso ou "Mais Educação", mas demandando educação com qualidade, para além dos discursos e retóricas dos planos e promessas dos políticos e dirigentes. Na diversidade de demandas focalizadas, observam-se redes temáticas lutando por mudanças sociais no combate às desigualdades sociais e clamando por políticas públicas; educação de jovens e adultos; multiculturalismo e mudanças culturais; juventude e educação; educação no campo; educação popular; movimentos negros; movimentos indígenas; inclusão digital etc.

A esta altura do texto pode-se concluir que a relação entre movimento social e educação ocorre de várias formas: a partir das ações práticas de movimentos e grupos sociais em contato com instituições educacionais, no próprio movimento social, dado o caráter educativo de suas ações na sociedade, e no interior dos movimentos, pelas aprendizagens adquiridas pelos participantes e pelos projetos socioeducativos formulados e desenvolvidos pelos próprios movimentos, a exemplo do MST.

Na década de 2010 destacam-se as recentes mobilizações de jovens, especialmente a partir de junho de 2013 (vide Gohn, 2015), e as lutas e movimentos pela educação ocorridas no âmbito escolar do ensino médio, das escolas públicas de estrutura curricular do ensino básico e do ensino técnico, focalizando especialmente as ocupações de estudantes, e as reações das organizações da sociedade civil e do meio político (vide Gohn, 2017a). Estas manifestações configuram um novo ciclo político de protestos no Brasil. Neste texto não temos espaço para desenvolver mais sobre a onda de manifestações ocorridas no Brasil entre 2013 e 2016, mas registro que surgiram novos formas aglutinadas em "coletivos" e novos movimentos de jovens como o Levante Popular da Juventude, em vários estados brasileiros, especialmente no Rio Grande do Sul; ou o "Ocupa Estelita" no Recife, com outro perfil sociopolítico.

No campo da educação formal a novidade que o novo ciclo apresenta é com relação ao setor da área educacional no qual se localiza: mobilizações e ocupações de "secundaristas" (termo ainda utilizado, originário do passado, dos antigos ginásios que sucediam às escolas primárias, mas que envolviam também os cursos que davam sequência ao ginásio, que eram o clássico, o científico, o normal e o comercial/técnico). A principal entidade desta categoria de estudantes ainda utiliza o termo secundarista, que é a UBES (União Brasileira dos Estudantes Secundaristas). A configuração organizacional trouxe algumas novidades na forma de protesto dos estudantes, com ocupações das escolas e manifestações nas ruas com performances específicas (por exemplo, o "*seat down*" ao se sentarem em cadeiras e carteiras escolares em cruzamentos de avenidas de grande trânsito e visibilidade). O repertório das demandas, no caso de São Paulo, em 2015, focaram em um item: contra o plano de reorganização das escolas estaduais paulistas, que levaria, entre outras consequências, ao fechamento de inúmeras unidades (vide Piolli *et al.*, 2016). A situação de tensão social criada pelos estudantes, com a paralisação/ocupação de quase duzentas escolas, levou o Governo do Estado de São Paulo a recuar. O movimento "Não Fechem Minha Escola" participou da resistência contra a reforma do ensino paulista em 2015, tendo realizado no ano seguinte "escrachos", ações-relâmpago em locais de visibilidade ou residência de políticos.

Em 2016 ocorreram movimentos dos estudantes contra reformas no ensino médio, contra a falta de merenda nas ETECs (Escolas de Ensino Técnico) paulistas, contra o projeto "Escola Sem Partido" e contra a retirada de conteúdos sobre questão de gênero no currículo escolar, contra a PEC 241 (a qual se tornou a PEC 55 no Senado) etc. (vide Cattani, 2017; Campos *et al.*, 2016). No novo ciclo de mobilizações pela educação, tanto no caso das ocupações de escolas públicas em 2015 como no caso das ETECs em 2016, uma característica de Junho de 2013 se repete: a falta de mediadores e a ausência de lideranças, ainda que haja uma organização e divisão interna de tarefas, apenas alguns estudantes têm a atribuição de se comunicar com a imprensa, dar entrevistas etc. O elemento comum se chama: movimento autonomista. Devem ser incluídos entre os novíssimos movimentos pela forma de agir, inovações que trazem o uso intensivo das redes sociais para toda organização, embora os princípios ideológicos sejam antigos. Registre-se também que os estudantes tiveram como fonte de inspiração o movimento pela educação ocorrido anos atrás no Chile, tanto na chamada "Revolta dos Pinguins" da década de 2000 como nas ocupações que vem ocorrendo na década de 2010 no Chile e na Argentina. Cartilhas e matérias sobre como fazer e como organizar uma ocupação foram meios para difundir aqueles ideais. Certamente que se deve considerar as diferenças de contexto entre Brasil e Chile.

Segundo Camila Lanes, presidente da UBES, em 2016: "*Os estudantes não se sentem parte da escola. Nós não somos representados e a escola não é um lugar que dá vontade de ficar*". Camila explica que as ocupações têm o caráter de apropriação do espaço físico e gestão da escola, que é dos/as alunos/as por direito. "*As ocupações estão promovendo aulas de cidadania e política e se articulando. É um tapa na cara de muito governador por aí*" (vide Reis, 2016).

As reivindicações dos/as estudantes são diversas, mas as três pautas em comum que têm ganhado muita força são: a Base Nacional Comum Curricular, o debate de gênero nas escolas e a livre organização estudantil.

Considerações finais: os desafios do novo milênio

As lutas e os movimentos pela educação, apesar de serem antigos, às vezes são invisíveis para a maioria da população, tanto que só recentemente ganharam visibilidade na mídia. Os movimentos sociais sempre têm um caráter educativo (Gohn, 2017d, 2013b). Usualmente, os sindicatos dos professores e o movimento dos estudantes são os protagonistas que entram em cena com maior frequência. As demandas são históricas, pois acompanharam o processo e o modelo de desenvolvimento do país, quase sempre voltadas para os interesses da categoria profissional, mas as reivindicações ajudaram a construir as agendas de políticas públicas.

A educação, de um modo geral, e a escola, de forma específica, têm sido lembradas como uma das possibilidades de espaço civilizatório numa era de violência, medo e descrença (Touraine, 1994; Gohn, 2014b). A escola pode ser polo de formação de cidadãos ativos a partir de interações compartilhadas entre a escola e a comunidade civil organizada, e as lutas pela educação, o alicerce dessa nova história. A participação da sociedade civil nas lutas pela educação não é para substituir o Estado, mas para que este cumpra seu dever: o de propiciar educação de e com qualidade para todos.

Referências

APEOESP. *Suplemento Especial. Jornal da APEOESP*, São Paulo, set. 1997.

__________. "Reforma educacional e reforma do Estado". *Suplemento Especial. Jornal da APEOESP*, São Paulo, fev.-mar. 1999.

BRINGEL, Breno. "O futuro anterior: continuidades e rupturas nos movimentos estudantis do Brasil". *Eccos — Revista Científica*, São Paulo, v. 11, nº 1, pp. 97-121, jan.-jun. 2009.

CALDART, Roseli. *Educação em movimento*. Petrópolis: Vozes, 1997.

CAMPOS, Antonia M.; MEDEIROS, Jonas; RIBEIRO, Márcio M. *Escolas de luta*. São Paulo: Veneta, 2016.

CAMPOS, Maria Malta. "Escola e participação popular". In: MADEIRA, Felícia R.; MELLO, Guiomar N. de (orgs.). *Educação na América Latina*. São Paulo: Cortez, 1985.

_________. "As lutas sociais e a educação". *Cadernos de Pesquisa*, São Paulo, nº 79, pp. 56-64, nov. 1991.

CAMPOS, Rogério Cunha. *A luta dos trabalhadores pela escola*. São Paulo: Loyola, 1989.

CASTELLS, Manuel. *The Raise of the Network Society*. Oxford: Blackwell, 1996.

CATTANI, Antonio D. (org.). *Escolas ocupadas*. Porto Alegre: Cirkula, 2017.

COSTA, Mônica Rodrigues. *Experiências emancipatórias: alternativas políticas e políticas alternativas dos movimentos sociais no Nordeste*. Orientadora: Ana Cristina de Souza Vieira. Tese (Doutorado em Serviço Social), CCSA/UFPE, Recife, 2006.

FERNANDES, Florestan. *Educação e sociedade no Brasil*. São Paulo: Dominus, 1966.

GADOTTI, Moacir. *Sindicalismo e educação no Brasil: a visão dos líderes sindicais*. São Paulo: Instituto Paulo Freire, 1998.

_________. *Estado e sindicalismo docente no Brasil: 20 anos de conflitos*. São Paulo: Instituto Paulo Freire, 1999.

GENTILI, Pablo (org.). *Pedagogia da exclusão*, 3ª ed. Petrópolis: Vozes, 1995.

GOHN, Maria da Glória. *A força da periferia: a luta das mulheres por creches em São Paulo*. Petrópolis: Vozes, 1985.

_________. *Conselhos gestores e participação sociopolítica*, 7ª ed. São Paulo: Cortez, 2013a.

_________. *Movimentos sociais e redes de mobilizações civis no Brasil contemporâneo*, 7ª ed. Petrópolis: Vozes, 2013b.

_________. *Movimentos e lutas sociais na história do Brasil*, 8ª ed. São Paulo: Loyola, 2013c.

_________. *Novas teorias dos movimentos sociais*, 5ª ed. São Paulo: Loyola, 2014a.

_________. *Educação não formal e o educador social*, 4ª ed. São Paulo: Cortez, 2014b.

_________. *Manifestações de junho de 2013 no Brasil e praças dos indignados no mundo*, 2ª ed. Petrópolis: Vozes, 2015.

_________. *Manifestações e protestos no Brasil contemporâneo: correntes e contracorrentes*. São Paulo: Cortez, 2017a.

_________. *Teorias dos movimentos sociais: paradigmas clássicos e contemporâneos*, 12ª ed. São Paulo: Loyola, 2017b.

_________. *Educação não formal e cultura política*, 7ª ed. São Paulo: Cortez, 2017c.

_________. *Movimentos sociais e educação*, 10ª ed. São Paulo: Cortez, 2017d.

GOMES, Mara Pavani da Silva. *Que movimento movimenta os professores? O movimento dos professores do estado de São Paulo*. Orientador: Décio Saes. Dissertação (Mestrado em Educação), UMESP, São Paulo, 2004.

HEVIA, Ricardo; NUÑES, Iván. "Crisis en la relación centralismo-descentralización educacional en América Latina". In: *Sindicalismo docente, estado y educación en América Latina.* Santiago do Chile: PIIE, 1989.

LUGLI, Rosário Silvana Genta. *Um estudo sobre o CPP (Centro do Professorado Paulista) e o movimento de organização dos professores (1964-1990).* Orientadora: Denice Barbara Catani. Dissertação (Mestrado em Educação), FE-USP, São Paulo, 1997.

NUNES, Deise G. "O Movimento Interfóruns de Educação Infantil: a construção de uma identidade cultural e política". *33ª Reunião Anual da ANPEd*, Caxambu-MG, 2010.

OLIVEIRA, Luciane Monteiro. "A iconografia como desdobramento da concepção de mundo da comunidade Maxakali". *I Congresso Internacional de Pedagogia Social*, São Paulo, 2006.

PIOLLI, Evaldo; PEREIRA, Luciano; MESKO, Andressa de Sousa Rodrigues. "A proposta de reorganização escolar do governo paulista e o movimento estudantil secundarista". *Crítica Educativa*, Sorocaba, v. 2, nº 1, pp. 21-35, jan.-jun. 2016.

REIS, Marcela. "Estudantes secundaristas se mobilizam pelo país por mudanças no ensino e nas escolas". *Informes ABONG*, nº 545, 2/6/2016.

RIDENTI, Marcelo. *Em busca do povo brasileiro.* São Paulo/Rio de Janeiro: Record, 2000.

ROMANELLI, Otaíza de Oliveira. *História da educação no Brasil (1930-1973)*, 10ª ed. Petrópolis: Vozes, 1988.

ROSEMBERG, Fúlvia; CAMPOS, Maria M. Malta; HADDAD, Lenira. *A rede de creches no município de São Paulo.* São Paulo: Fundação Carlos Chagas, Departamento de Pesquisas Educacionais, 1991.

SADER, Eder. *Quando novos personagens entraram em cena.* Rio de Janeiro: Paz e Terra, 1988.

SEMERARO, Giovanni. *A primavera dos anos 60: a geração de Betinho.* São Paulo: Loyola, 1994.

SOUZA, Donaldo Bello de; SANTANA, Marco Aurélio; DELIUZ, Neise. *Trabalho e educação: centrais sindicais e reestruturação produtiva no Brasil.* Rio de Janeiro: Quartet, 1999.

SPOSITO, Marilia. *O povo vai à escola.* São Paulo: Loyola, 1984.

_________. *A ilusão fecunda.* São Paulo: EDUSP, 1993.

TOURAINE, Alain. *Crítica à modernidade.* Petrópolis: Vozes, 1994.

VIANNA, Cláudia. *Os nós do "nós": crise e perspectiva da ação coletiva docente em São Paulo.* São Paulo: Xamã, 1999.

VICENTINI, Paula Perin. *Um estudo sobre o CPP (Centro do Professorado Paulista): profissão docente e organização do magistério (1930-1964).* Orientadora: Denice Barbara Catani. Dissertação (Mestrado em Educação), FE-USP, São Paulo, 1997.

2

Contra quem os estudantes lutam? As ocupações secundaristas no epicentro das disputas sobre a escola pública

Salomão Barros Ximenes[1]

O biênio 2015-2016 viu nascer uma inesperada e inédita dinâmica de lutas em defesa da escola pública, resultado da emergência de um movimento estudantil de novo tipo, não burocrático e com novas táticas, voltado à ação direta de resistência às reformas educacionais gerenciais de caráter autoritário, tecnocrático e/ou reacionário (Campos *et al.*, 2016). Em comum nas mobilizações estudantis, complementando as pautas locais, esteve presente a denúncia da situação de agravamento das condições de ensino, da precariedade das escolas públicas no contexto das políticas de austeridade econômica iniciadas no governo Dilma (2015-2016) e radicalizadas sob o governo Temer.

As ocupações, ao menos em seu primeiro ciclo, contaram com apoio popular massivo e vitórias significativas, se não espetaculares. A maior delas se deu no dia 4 de dezembro de 2015, em São Paulo, onde um constrangido Geraldo Alckmin, governador em seu quarto mandato e principal quadro do PSDB, chamou a imprensa ao Palácio dos Bandeirantes e anunciou a revogação das medidas de "reorganização escolar" (São Paulo, 2015),[2] reconhecendo a derrota imposta por mais de duzentas escolas ocupadas e, diariamente, dezenas de ações de trancamento de ruas e avenidas.

---

[1] Professor de Direito e Políticas Públicas da Universidade Federal do ABC (UFABC), membro da Rede Escola Pública e Universidade e do Centro de Estudos Educação e Sociedade (CEDES), advogado *pro bono*, bacharel em Direito e mestre em Educação Brasileira pela Universidade Federal do Ceará (UFC), e doutor em Direito do Estado pela Universidade de São Paulo.

[2] A chamada "reorganização escolar" pretendia o fechamento de 94 escolas e a reestruturação de 754 unidades. Estas passariam a atender a um único ciclo ou etapa da educação básica (fundamental ou médio), implicando o deslocamento forçado de cerca de 311 mil estudantes e 71 mil professores no estado e na demissão de milhares de professores com contratos precários.

O sucesso do movimento em São Paulo quase que imediatamente foi reproduzido em Goiás, onde as ocupações de escolas foram determinantes na resistência ao projeto-piloto de privatização de escolas públicas impulsionado pelo governo, também do PSDB. O objetivo era transferir, já em 2016, a gestão de 23 escolas da região de Anápolis para Organizações Sociais (OSs) privadas, que passariam a contratar diretamente todo o pessoal administrativo e até 70% dos professores, sem concurso público, portanto, sem estabilidade (Goiás, 2016).

Estavam assim derrotadas ou adiadas[3] as principais iniciativas de reforma gerencial da educação propostas em 2015, com efeitos esperados para o ano letivo de 2016. Tratara-se, portanto, de movimentos e táticas de luta vitoriosos em seu propósito "negativo", ou seja, explodiram como reação a medidas educacionais autoritárias: "não se tratava de uma negociação em moldes tradicionais por caminhos institucionalizados e nem de propor uma luta ofensiva (que reivindicasse imediatamente a 'tarifa zero' ou a 'educação pública de qualidade'), mas sim de barrar medidas governamentais e quebrar seus discursos tecnocráticos" (Januário *et al.*, 2016).

Os trabalhos desta coletânea mostram que, encerrado o primeiro ciclo de ocupações, ao longo de 2016 essa tática de lutas estudantis foi disseminada pelo país. Nos movimentos de ocupação que se sucederam ao longo daquele ano, propósitos "negativos" se misturaram a propósitos "positivos", assim como se diversificaram as pautas desencadeadoras das mobilizações.

No Rio de Janeiro, dezenas de escolas foram ocupadas em apoio à greve dos professores, que se encontravam com salários atrasados, resultado dos efeitos da crise fiscal duramente sentida no estado, e em defesa de condições básicas de funcionamento das escolas e de gestão democrática. No Rio Grande do Sul, tais pautas também estiveram presentes, somadas à luta contra os projetos de lei de regulamentação estadual das OSs e do programa "Escola Sem Partido" (Campos *et al.*, 2016).

No Ceará, estado tido como referência nacional de sucesso em reformas gerenciais orientadas à produção de resultados de aprendizagem, o contingenciamento brutal de recursos anunciado pelo governo petista em 2016 e a consequente demissão de milhares de professores com contratos precários desencadeou uma greve docente e, posteriormente, a ocupação de dezenas de escolas. Assim como nos demais estados, ainda que desencadeada em

[3] O projeto de OSs em Goiás sofreu seguidos reveses no Judiciário, mas apesar disso não há mostras de desistência pelo governo, que lançou novos editais em 2016 e em 2017.

articulação com as lutas docentes, as reivindicações das ocupações estudantis iam além das pautas dos professores. No caso dos estudantes cearenses, exigiam condições básicas para as escolas e o estudo de temas de interesse da juventude, "a melhoria da merenda escolar, a reforma da infraestrutura dos prédios escolares, a maior democratização da gestão escolar e a inclusão de temáticas de gênero e o combate à discriminação nos currículos escolares". Obtiveram do governo o reconhecimento dos problemas, a liberação de recursos contingenciados e a formalização de compromissos com o Ministério Público e a Defensoria Pública (Braz *et al.*, 2017).

Em São Paulo, um segundo ciclo de ocupações envolvendo as escolas técnicas e sua administração central — o Centro Paula Souza — também teve como eixo a denúncia da inexistência ou da péssima qualidade da merenda, tendo obtido do governo um compromisso de melhoria ainda em 2016 (Campos *et al.*, 2016).

Em suma, há tempos um movimento social não expressava tanto poder de mobilização, ruptura e resistência. As marcas daquele período estão fincadas nos debates atuais de políticas educacionais, seja nas tentativas de apropriação do levante estudantil e descaracterização de suas pautas pelos movimentos empresariais que patrocinaram a reforma curricular do ensino médio (Lei nº 13.415, de 2017), seja no acirramento dos demais embates do campo educativo, com a mudança de escala e nacionalização da repressão estatal aos estudantes — desocupações sumárias, indiciamento policial massivo, espionagem e intimidação dos ocupantes, chantagem e incitação à violência (Ximenes, 2016b; Ximenes *et al.*, 2018).

Nosso desafio é compreender essas marcas e embates, contextualizar as ocupações nas dinâmicas de resistência à visão hegemônica de educação e de escola pública que hoje conduzem as políticas educacionais no Brasil e no mundo. É analisar as ações de resistência à luz de uma nova e decisiva fase de desafios para a defesa da escola pública. Período que se inicia, em nosso contexto, na usurpação do Ministério da Educação (MEC) pelo governo Temer (PMDB) e nas medidas de reformas econômicas e educacionais que se seguiram, destacadamente a implantação de um dramático Estado de Exceção Fiscal inaugurado com a Emenda Constitucional 95, de 2016, que cria o "teto de gastos" públicos e suspende por vinte anos a mais elementar garantia constitucional de financiamento público ao ensino: o gasto mínimo de 18% da receita federal de impostos em educação (Pinto, 2016).

Some-se a isso a já mencionada reforma do ensino médio, uma medida de viés elitista e reacionário, que retoma a segregação oficial no currículo da educação básica, com o intuito de conter a demanda por ampliação do acesso ao ensino superior mediante a diferenciação entre o ensino propedêutico e a formação técnica e profissional aligeirada e classista (Cunha, 2017).

Também relevante é a discussão e aprovação, em 2017, de uma Base Nacional Comum Curricular (BNCC) que padroniza e com isso reduz os objetivos curriculares, ajustando-os declaradamente às rebaixadas expectativas do mercado de serviços e do subemprego e, pela via da omissão, aos privilégios de gênero, raça e sexualidade que se reproduzem na escola. Com isso, busca-se tanto submeter as escolas aos interesses privados de todo tipo como eliminar a possibilidade de diversidade de propostas pedagógicas entre escolas públicas de diferentes contextos. Outro objetivo é eliminar, via padronização, privatização e "apostilamento", o espaço de gestão democrática do currículo e das práticas pedagógicas, não à toa o oposto do direito à participação que foi uma demanda muito presente nas mobilizações estudantis de 2015 e 2016 (Ximenes, 2017a).

Explorarei essas questões tomando como ponto de partida a compreensão das visões opostas de direito à educação, escola e reforma educacional que caracterizam nossa época. A partir disso, é possível localizar os movimentos de ocupação nos embates da política educacional, tanto na resistência aos projetos gerenciais e mercadológicos na educação como na proposição, explícita ou implícita, de novas práticas e prioridades; em suma, na produção concreta de uma visão renovada sobre o conteúdo do direito à educação que se opõe às tendências reducionistas e tecnicistas presentes nas reformas educacionais.

Nesse sentido, um direito à educação nascido das lutas e experiências concretas de gestão democrática das escolas pelos estudantes, como apontam as pautas e causas das ocupações, voltado a assegurar condições básicas de funcionamento de todas as escolas, a não segregação no acesso a escolas e universidades, o enfrentamento às desigualdades de classe, ao racismo, ao machismo e à homofobia, a participação em todos os aspectos da gestão escolar e na definição dos rumos da educação enquanto política pública, o direito à diversidade de projetos político-pedagógicos e de objetivos educacionais relevantes, uma relação de respeito, colaborativa e profissional entre gestores, educadores, estudantes e demais trabalhadores da educação, e a garantia dos demais direitos econômicos e sociais sem os quais a educação não se realiza plenamente.

Em seguida, analiso o sentido da virada de mesa operada entre 2015 e 2016, ruptura que deu impulso a uma macabra coalizão de atores políticos com incidência no campo educacional, articulando, nem sempre de forma declarada, desde reformadores neoliberais vinculados ao mercado e a seus institutos e fundações educacionais, neoconservadores e reacionários de todo tipo que opõem à escola pública uma agenda convergente de reformas: redução drástica de financiamento público, ataques ao trabalho docente, privatização, militarização e censura.

Os primeiros sinais dessa crescente sinergia de ataques à escola pública estiveram na base das medidas governamentais que levaram ao levante estudantil: cortes orçamentários, suspensão de investimentos, atrasos salariais e redução do currículo escolar. O golpe parlamentar de 2016 pôs em marcha uma política educacional orientada a rapidamente perenizar retrocessos: "teto de gastos", reformas do ensino médio e trabalhista, BNCC etc. A resistência, nesse contexto, prenunciou o que deve ser uma nova fase de lutas, em face do esgotamento dos padrões de conciliação e da ambiguidade que caracterizam as políticas educacionais nacionais do período petista e à consequente aceleração das reformas orientadas aos interesses do mercado educativo (Marques, Ximenes e Ugino, 2017) e dos setores reacionários que objetivam, no limite, extinguir o que há de público, de popular e de diverso na escola pública, transformando-a em mera agência de reprodução de valores hegemônicos, de formação e treinamento, submissa à agenda de interesses do capitalismo em crise, à desvalorização do trabalho e aos múltiplos sintomas daí decorrentes.

1. O processo de redução do direito à educação aos "direitos de aprendizagem"

Dermeval Saviani (2010) faz uma periodização da educação brasileira com base na predominância de determinadas ideias pedagógicas. Segundo ele, vivemos um quarto período histórico da educação brasileira, iniciado em 1969 e caracterizado pelo confronto entre, de um lado, a concepção produtivista de educação e sua proposta pedagógica tecnicista e, de outro, as pedagogias contra-hegemônicas, estas com múltiplas e nem sempre convergentes visões sobre o sentido da educação e da escola.[4]

Cada grande período é dividido por Saviani (2010) em fases. A primeira fase desse quarto período inicia-se em resposta à luta e resistência dos

[4] Para Saviani (2010) os períodos anteriores foram assim demarcados: entre 1549 e 1759, Monopólio da Vertente Religiosa da Pedagogia Tradicional; entre 1759 e 1932, Coexistência entre as Vertentes Religiosas e Leiga da Pedagogia Tradicional; entre 1932 e 1969, Predomínio da Pedagogia Nova.

estudantes universitários e dos postulantes ao ensino superior,[5] que em 1968 ocuparam as principais universidades do país reivindicando, dentre outras pautas, a reforma universitária, com garantia de autonomia administrativa, financeira e pedagógica, democracia interna e mais verbas para pesquisa, além da ampliação das vagas, reivindicações que chegaram a ser parcialmente atendidas mas foram em grande medida sustadas por Decreto-Lei, após o Ato Institucional nº 5, de 1969. Deste ano até 1980 destaca-se a visão produtivista, orientada a apoiar o desenvolvimento econômico dependente e a modernização conservadora que caracterizavam a ditadura militar.

As ideias produtivistas na educação são, portanto, tributárias e consequência da influência da organização do sistema produtivo sobre a escola. Como pano de fundo está a teoria do capital humano de Schultz (1967, 1973), que busca explicar as diferenças de desenvolvimento entre as nações pelo grau de investimento destas em capital humano, entendido como um fator de produção. Daí, a noção que passa a prevalecer é que os objetivos do sistema educacional devem se submeter aos objetivos da produção e acumulação capitalista e aos projetos, nacionais ou imperiais, de desenvolvimento econômico.

O tecnicismo é a expressão pedagógica do ideal produtivista. Seu surgimento, na década de 1960, representou uma novidade no embate político-pedagógico, marcado então pelo confronto entre a pedagogia tradicional e a pedagogia nova, até então a principal vertente renovadora e democratizante da educação brasileira:

> "Se na *pedagogia tradicional* a iniciativa cabia ao professor, que era, ao mesmo tempo, o sujeito do processo, o elemento decisivo e decisório; e se na *pedagogia nova* a iniciativa desloca-se para o aluno, situando-se o nervo da ação educativa na relação professor-aluno, portanto, relação interpessoal, intersubjetiva; na *pedagogia tecnicista*, o elemento principal passa a ser a organização racional dos meios, ocupando o professor e o aluno posição secundária, relegados que são à condição de executores de um processo cuja concepção, planejamento, coordenação e controle ficam a cargo de especialistas supostamente habilitados, neutros, objetivos, imparciais. A organização do processo converte-se na

---

[5] Cunha (2007) apresenta um compreensivo estudo sobre a reforma universitária brasileira e as questões enfrentadas pelos movimentos de luta estudantis do período.

> garantia da eficiência, compensando e corrigindo as deficiências do professor e maximizando os efeitos de sua intervenção." (Saviani, 2010, p. 382)

Assim, ao limitar a iniciativa dos sujeitos do processo educativo — professor e estudante —, o tecnicismo acentua os instrumentos de padronização e racionalização, esvaziando o que considera interferências subjetivas no ensino de modo a assegurar que a educação se mantenha como um subsistema alinhado ao sistema econômico. Há um crescente controle burocrático sobre as escolas e os docentes, acompanhado, consequentemente, do esvaziamento das instâncias de deliberação democrática nas escolas.

Uma segunda fase, contudo, é caracterizada pela emergência de movimentos de resistência e de redefinição do sentido da educação e da escola. Inicia-se com a redemocratização e a lenta abertura política. Nessa fase o campo educacional se reorganiza no Brasil, com o surgimento de entidades acadêmicas, sindicais e novos movimentos sociais de educação. Disseminam-se e ganham visibilidade as experiências e práticas contra-hegemônicas nas escolas e na educação popular e, na segunda metade da década de 1980, é decisiva a participação desse campo, aglutinado no Fórum Nacional em Defesa da Escola Pública, nos embates em torno da Assembleia Nacional Constituinte (Pino, 2010).

A despeito das conquistas inscritas na Constituição, a década seguinte inaugura uma nova fase no confronto de ideias pedagógicas, com a emergência do que Saviani (2010) caracteriza como neoprodutivismo e, consequentemente, neotecnicismo. Tratava-se de reorientar os propósitos tecnicistas aos arranjos da economia política neoliberal e à nova configuração do Estado daí decorrente, na qual saem de cena os projetos nacionais de desenvolvimento e emerge a globalização do capital.

Nesse contexto, marcado por medidas de ajuste fiscal permanente, restrição de gastos públicos, reiteradas reformas administrativas, trabalhistas e previdenciárias, mesmo os limitados objetivos de política educacional alinhados às políticas de desenvolvimento econômico nacional tiveram que ser revistos, já que no neoliberalismo restringe-se a própria atuação estatal sobre a economia e, segundo esta lógica, sobre a educação. Inaugura-se um período de cinismo no debate educacional: "[...] passa-se a assumir no próprio discurso o fracasso da escola pública, justificando sua decadência como algo inerente à incapacidade do Estado gerir o bem comum. Com isso se advoga, também no âmbito da educação, a primazia da iniciativa privada regida pelas leis de mercado" (Saviani, 2010, p. 428).

Ainda que tenham se mantido os pressupostos da teoria do capital humano, esta ganha uma nova aplicação sob o neoliberalismo e a economia flexível que o baseia. Se anteriormente, na proposição de Schultz (1973), o investimento em capital humano, pela educação, era um meio de atendimento a interesses coletivos na economia capitalista, com a promoção do crescimento econômico, da competitividade nacional e a consequente melhoria da renda dos trabalhadores e alcance do pleno emprego; na versão repaginada que prolifera no Brasil nos anos 1990, hoje determinante na condução das políticas educacionais, o investimento em capital humano passa a ser entendido como um ato individual, cujo foco é a "ênfase nas capacidades e competências que cada pessoa deve adquirir no mercado educacional para atingir uma melhor posição no mercado de trabalho" (Gentili, 2002, p. 51). Cabe ao indivíduo produzir sua condição de empregabilidade, o que não é o mesmo que emprego, cuja promoção deixa de ser uma atribuição do Estado no contexto do neoprodutivismo. Nesse paradigma perde sentido o direito social ao trabalho e o dever estatal de promoção do desenvolvimento. Na lógica da empregabilidade, tal direito é ônus e os trabalhadores são instigados a abandonar qualquer pretensão de regulação trabalhista e proteção social, mobilizando-se para isso novas reformas trabalhistas e previdenciárias.

Cabe a cada indivíduo, estudante, jovem e adulto, portanto, batalhar por sua empregabilidade, construir "projetos de vida", "itinerários formativos" — categorias incorporadas na reforma do ensino médio (Brasil, 2016) —, diferentes cursos de qualificação e requalificação, cada vez mais especializados, que os habilitem para a disputa dos poucos empregos disponíveis ou, ao menos, para se converterem em "precariado", em empreendedores, empresários de si mesmo e trabalhadores informais (Standing, 2014).

Essa é portanto a base econômica sob a qual são pensadas e implementadas as recentes reformas educacionais, especificamente as mudanças curriculares impulsionadas pela BNCC e, mais explicitamente, a reforma do ensino médio. Em nome de uma dissimulada valorização da "escolha" por parte dos estudantes, a Lei nº 13.415, que aprovou a Medida Provisória nº 746, de 2016 (Brasil, 2016), regride à estrutura dual de ensino médio, dividido, de um lado, entre formação propedêutica — no caso, subdividida em quatro itinerários: linguagens, matemática, ciências da natureza e ciências humanas e sociais aplicadas — e, como opção pretensamente terminal, a formação técnica e profissional, a ser moldada segundo as possibilidades e os interesses locais. Com isso, elimina a ideia de um currículo comum a todos e de uma formação técnico-profissional integrada no ensino médio. Explicitando o caráter classista da reforma, "Retorna, assim, a antiga concepção do ensino médio como preparação para o esnsino superior para uns, e formação para o trabalho para outros" (Cunha, 2017, p. 379).

Esse caráter de estratificação da oferta escolar pública também se apresenta, na reforma nacional e nas políticas estaduais, paradoxalmente por intermédio da ampliação do número de escolas de ensino médio de tempo integral. Na teoria, a transformação de uma escola em escola de tempo integral asseguraria mais inclusão, mais tempo para atividades didáticas, oferta de novas oportunidades de curso e de prática cultural e esportiva. Na prática, criam-se escolas especiais seletivas, com reduzida oferta e de difícil acesso e permanência à juventude pobre. Isso é demonstrado em estudo de pesquisadores da Rede Escola Pública e Universidade,[6] segundo a qual as unidades que são transformadas em escolas de tempo integral em São Paulo tornam-se rapidamente mais excludentes, reduzindo drasticamente o número de alunos matriculados e afastando os mais pobres e os jovens trabalhadores (Girotto e Cássio, 2017).

Os recursos públicos são canalizados para as novas escolas de tempo integral, que de fato têm em geral condições infraestruturais e de pessoal superiores às demais escolas, onde continuam a imensa maioria dos estudantes. Apesar disso, são as novas escolas de tempo integral que se tornam vitrine dos resultados educacionais de viés neoprodutivista, entendidos como taxa de conclusão e aprendizagem de português e matemática mensurada em testes padronizados. Nessa lógica, a extensão da jornada costumeiramente significa mais aulas e atividades de reforço escolar dessas disciplinas, e não o enriquecimento do currículo e da experiência escolar, o que acaba por corroborar a visão dos estudantes quanto à pouca atratividade da escola. Ou seja, em grande medida a melhoria de resultados das escolas de tempo integral em testes não se deve à melhoria da qualidade da educação em si, mas à mudança do público-alvo das escolas especiais de tempo integral, aliado à prática generalizada de ensinar para o teste.

O *tripé neotecnicista* que impulsiona as reformas educacionais recentes, iniciadas nas gestões petistas e radicalizadas após o golpe parlamentar de

[6] A Rede Escola Pública e Universidade foi constituída por um grupo de professores(as) e pesquisadores(as) de diferentes universidades públicas do estado de São Paulo (Unicamp, UFSCar, UFABC, USP, Unifesp e IFSP) em fevereiro de 2016, sendo sua criação motivada pelos acontecimentos envolvendo a proposta de reorganização da rede escolar estadual em 2015 e os movimentos de resistência à sua implementação. Desde então vem produzindo estudos e intervenções com vistas a qualificar e democratizar o debate sobre política educacional e escola.

2016, articula: empobrecimento e padronização dos currículos das escolas públicas, via BNCC e apostilamento do ensino; sucessivas e sobrepostas avaliações externas de larga escala, via Prova Brasil e avaliações anuais aplicadas pelos estados; e remuneração variável conforme os resultados alcançados nas avaliações, via bônus salarial e bonificação às escolas. O pressuposto, normatizado em 2006 e refletido no Plano Nacional de Educação (PNE), é que os testes aferem "a qualidade da educação básica [...], objetivamente" (Brasil, 2007), e que um sistema de incentivos via bonificação seria suficiente para provocar ganhos em termos de qualidade, de engajamento e de "aprendizagem", reproduzindo-se assim, na educação escolar, os pressupostos da economia flexível e da superexploração do trabalho.

Há aí uma sombria perversidade: ausente um projeto de desenvolvimento nacional inclusivo e sabendo-se de antemão da inexistência, nesse contexto, de empregos especializados para amplos contingentes de jovens com diplomas, a política educacional diz promover oportunidades de qualificação e empregabilidade. Faz isso ao mesmo tempo em que rebaixa as expectativas curriculares, distanciando os propósitos das escolas públicas acessíveis às classes populares daqueles reservados às classes médias e à elite; aligeira, especializa e desqualifica a formação técnica e profissional e, com isso, retira de parcela dos concluintes do ensino médio a possibilidade prática de continuar os estudos em nível superior.

Nessa aparente contradição, contudo, há um projeto político pedagógico funcional ao neoliberalismo: "se diante de toda essa gama de possibilidades ele [o estudante] não atinge a desejada inclusão, isso se deve a ele próprio, a suas limitações incontornáveis. Eis o que ensina a pedagogia da exclusão" (Saviani, 2010, p. 431). Esta é traduzida, nos documentos curriculares, em "pedagogia das competências" e seu corolário psicopedagógico, as chamadas "habilidades socioemocionais" — nos termos em que foi incorporada à BNCC, aprovada em 2017 (Brasil, 2017). "[O] objetivo é dotar os indivíduos de comportamentos flexíveis que lhe permitam ajustar-se às condições de uma sociedade em que as próprias necessidades de sobrevivência não estão garantidas" (Saviani, 2010, p. 437).

Além de responsabilizar os estudantes por seu eventual fracasso, objetiva-se responsabilizar professores e escolas enquanto se desresponsabiliza o Estado de seus deveres relacionados ao direito à educação. É nesse contexto que as reformas recentes querem retirar de cena toda a legislação que protege o direito social à educação, segundo o qual a escola básica deveria ser acessível a todos em condições de igualdade e com a máxima qualidade, com oportunidades abertas de continuidade dos estudos universitários, o que, por evidência, exigiria mais investimentos públicos em educação pública; substituindo-a por normas restritivas de financiamento e do direito à educação em si, reduzido aos chamados "direitos de aprendizagem" de conteúdos básicos hierarquicamente definidos na BNCC pelo Ministério da Educação em aliança com bancos e grandes empresas representados por suas fundações, institutos e assessorias educacionais.

Nesse contexto, provocado a atualizar sua periodização das ideias pedagógicas, Saviani (2010) reconhece uma nova fase do período histórico de confronto entre o produtivismo/tecnicismo e as propostas pedagógicas contra-hegemônicas, iniciada "em 2001, com a vigência do PNE e estendendo-se até a entrada em vigor do novo PNE em 2014. A característica mais saliente dessa fase é a avaliação de resultados aferida por meio de testes nacionais" (Hermida e Lira, 2018). Esta seria uma nova fase do confronto entre a concepção neoprodutivista/neotecnicista e as pedagogias contra-hegemônicas, que assim enuncia: "Advento do modelo de avaliação orientado pela formação de rankings e baseado em provas padronizadas aplicadas uniformemente aos alunos de todo o país (2001-2015)" (Hermida e Lira, 2018).

2. Hegemonia e contra-hegemonia na educação brasileira

Sendo uma característica do período histórico da educação brasileira, a resistência, a proposição e a experimentação de políticas contra-hegemônicas estiveram presentes ao mesmo tempo em que se consolidavam as políticas de padronização, avaliação e responsabilização de professores e escolas. A ambiguidade dos governos petistas abriu espaço institucional à resistência no âmbito dos currículos e da avaliação, com a criação da Secretaria de Educação Continuada, Alfabetização, Diversidade e Inclusão (SECADI), medidas de inclusão de pessoas com deficiência, mecanismos de autoavaliação participativa das escolas e de implementação da obrigatoriedade do estudo da história e da cultura afro-brasileira, instituída em Lei (Brasil, 2003). Ainda que sem precedentes em nossa história e de alta relevância em termos de reconhecimento e diversidade, além de importantes enquanto arsenal de alternativas de políticas públicas, essas iniciativas foram incapazes de alterar o sentido hegemônico tecnocrático das políticas nacionais do período (Carreira, 2015).

Ou seja, se houve ineditismo e tentativas de rupturas localizadas a partir de 2003, também é evidente a linha de continuidade quanto aos eixos centrais da política educacional nacional: a avaliação em larga escala e o subfinanciamento crônico da educação pública, ainda que, quanto a este último aspecto, melhorias relevantes tenham ocorrido entre 2006 e 2016 (Marques, Ximenes e Ugino, 2017).

A maior expressão dessa ambiguidade, em termos normativos, é o Plano Nacional de Educação (PNE) para o período de 2014 a 2024:[7] reúne, ao mesmo tempo, proposições reformistas fortes para a elevação do padrão de qualidade da educação brasileira e de seu financiamento e proposições de aprofundamento do tripé neotecnicista, acima mencionado.

Resultado de ampla mobilização de redes e movimentos educacionais, que puderam vocalizar suas demandas e propostas nas seguidas conferências nacionais de educação e, a partir de 2010, no Fórum Nacional de Educação,[8] o PNE estipula objetivos, metas e estratégias para a educação brasileira a serem progressivamente realizadas em uma década, quando se deverá aprovar o Plano seguinte, após diagnóstico sobre os resultados do atual (Brasil, 2014).

O Plano apresenta relevantes metas de ampliação do acesso à educação básica, a partir da creche, alcançando a educação profissional técnica e tecnológica e o ensino superior, além de reiterar a obrigação constitucional de universalização das matrículas na faixa etária de quatro a dezessete anos. No ensino médio, o PNE estipula a meta de matricular nesta etapa 85% da população na faixa etária de quinze a dezessete anos, contra 62,7% de matriculados em 2015 (IBGE, 2015). Determina a valorização efetiva do magistério, com a equiparação do "rendimento médio ao dos(as) demais profissionais com escolaridade equivalente" (Brasil, 2014), isso enquanto o rendimento médio dos docentes com nível superior alcança apenas 52,5% da média de remuneração neste recorte de escolarização (IBGE, 2015).

Sobre as políticas de promoção e garantia da qualidade da educação básica, o PNE carrega em seu texto diferentes visões, por vezes, contraditórias e potencialmente incompatíveis. De um lado, a meta 7 do Plano renova

---

[7] O plano foi aprovado pela Lei nº 13.005/2014, quase por unanimidade. O único tema levado a votação, por divergência, foi a decisão de autorizar a inclusão do gasto públicos com a iniciativa privada, em programas como o FIES (Fundo de Financiamento Estudantil) e PROUNI (Programa Universidade para Todos), no cálculo do percentual do Produto Interno Bruto (PIB) a ser aplicado pelo Estado em educação (Brasil, 2014).

[8] Criado em 2010 e posteriormente inserido na lei de regulamentação do PNE 2014-2024, o Fórum Nacional de Educação teve sua composição desconfigurada após o golpe parlamentar de 2016, com a exclusão unilateral de um conjunto de entidades representativas.

e formaliza legalmente as metas nacionais de desempenho no Índice de Desenvolvimento da Educação Básica (IDEB). Assim, por iniciativa do MEC, dá-se um passo na transformação de uma política de governo, iniciada em 2007 no âmbito do Plano de Metas Compromisso Todos pela Educação, em política de Estado. O IDEB, de indicador de desempenho acadêmico a ser eventualmente ponderado por outros indicadores educacionais e econômicos, transforma-se em eixo estruturante das políticas educacionais a serem promovidas, sufocando as demais perspectivas de qualidade educativa e currículo. Há também um alinhamento dos objetivos educacionais brasileiros aos parâmetros da Organização para a Cooperação e Desenvolvimento Econômico (OCDE), com metas de melhoria dos resultados nacionais no Programa Internacional de Avaliação de Estudantes (PISA), teste aplicado a cada três anos por aquela organização.

É o PNE que cimenta as bases do tecnicismo curricular e da consequente perda de autonomia de sistemas públicos de ensino, escolas, docentes, estudantes e comunidades escolares nesse ponto nodal de qualquer política educacional. É a partir das metas de resultados estipuladas na meta 7 do Plano que se desdobram importantes estratégias de ação. Em um dos eixos, alcançar os resultados pressupõe estabelecer a Base Nacional Comum dos currículos, articulada aos chamados "direitos e objetivos de aprendizagem e desenvolvimento dos(as) alunos(as)" (Brasil, 2014). Complementando o tripé padroniza/avalia/responsabiliza, na fase final de tramitação, uma emenda do legislativo incluiu no PNE a determinação de adoção de "políticas de estímulo às escolas que melhorarem o desempenho no IDEB, de modo a valorizar o mérito do corpo docente, da direção e da comunidade escolar" (Brasil, 2014).

No estado de São Paulo, onde o referido tripé está implantado há mais tempo, desde meados da década passada, com o apostilamento e o pagamento de bônus aos docentes, fica cada vez mais evidenciado o fracasso dos pressupostos tecnicistas e meritocráticos desse tipo de política educacional. Analisando os dados da avaliação do estado em 2017 e comparando-a aos resultados da década, Luiz Carlos de Freitas conclui:

> "Deixando de lado os sobressaltos momentâneos observados ao longo do tempo, as provas (apesar de não poderem ser consideradas sinônimo de boa educação) mostram uma 'planície' no desempenho paulista. São Paulo conseguiu a proeza de ter uma queda em Língua Portuguesa mesmo no ensino fundamental dos anos iniciais, em 2017, área em que o Brasil vai bem desde 2002.

No conjunto, os resultados mostram uma rede estagnada com pequenas variações para cima e para baixo ao longo dos últimos dez anos. Assim vamos no estado símbolo do PSDB, de década perdida em década perdida." (Freitas, 2018)

Diane Ravitch (2011), analisando os efeitos de políticas educacionais similares implantadas nos Estados Unidos, demonstra que políticas de incentivo e responsabilização como as que são implantadas em São Paulo, ou determinadas no PNE, foram ineficazes para alcançar os resultados de aprendizagem prescritos na própria norma. Contudo, o problema não é a mera ineficácia. Produziram, em geral, mais desigualdades e segregação nas escolas e, incentivados pela bonificação e políticas de escolha escolar pelos alunos e pais, disseminaram-se os "truques e atalhos para atingir os resultados desejados, sem melhorar a educação" (Ravitch, 2011, pp. 176-7). Tais truques e atalhos vão desde a mera "trapaça" a estratégias como restringir a admissão de estudantes de baixa performance ou transferi-los compulsoriamente para outra escola, impedir que esses estudantes se apresentem no dia da prova, não assumir as políticas de inclusão de estudantes com deficiência na sala de aula comum etc. Entretanto,

> "[...] de todas as maneiras de burlar o sistema, a mais comum é a preparação para o teste. [...] No novo mundo da responsabilização, a aquisição das habilidades e conhecimentos que os estudantes necessitam para terem mais educação e para o mundo do trabalho é secundária. O que mais importa é que a escola, o distrito e o Estado possam dizer que mais estudantes atingiram a 'proficiência'. Esse tipo de fraude ignora os interesses dos estudantes enquanto promove os interesses dos adultos que recebem o crédito por melhorias que não existem." (Ravitch, 2011, pp. 181-2)

O mesmo PNE do tripé neotecnicista, entretanto, incorpora estratégias que levam a uma noção mais ampla de qualidade educativa. É o caso da previsão de criação de um Sistema Nacional de Avaliação da Educação Básica (Sinaeb),[9] cujo propósito seria incorporar indicadores mais amplos e sensíveis às condições reais de funcionamento das escolas na política

[9] Em agosto de 2016 a nova gestão do MEC revogou a portaria de criação do Sistema Nacional de Avaliação da Educação Básica (Sinaeb).

nacional de avaliação, ainda que mantendo o IDEB (Brasil, 2014, art. 11, §1º, II).

O novo PNE também reforça a concepção de qualidade educativa relacionada à garantia de condições básicas de funcionamento de todas as escolas do país, nos termos em que a LDB define os "padrões mínimos de qualidade do ensino" (Lei nº 9.394/1996, art. 4, IX). É nesse sentido que determina o estabelecimento, por parte da União federal, em regime de colaboração com os demais entes federados, dos Parâmetros Mínimos de Qualidade dos Serviços da Educação Básica. Faz isso na mesma meta 7 em que sacraliza a definição de qualidade como melhoria de resultados em avaliações padronizadas.

Nas estratégias finais do Plano, relacionadas à meta 20, de elevação substancial dos dispêndios públicos em educação pública até o patamar de 10% (dez por cento) do PIB, há avanços normativos sem precedentes, resultados da mobilização política liderada pela Campanha Nacional pelo Direito à Educação.[10] Nessas estratégias, o PNE conecta a concepção de qualidade relativa aos insumos e condições básicas de funcionamento às políticas de financiamento, através do mecanismo do Custo Aluno-Qualidade, cuja definição e implementação progressiva deveriam ser antecedidas da implementação do CAQ Inicial (CAQi).

A meta 20, por seu caráter estrutural e sua significância em termos de economia política, é a principal vitória dos movimentos de defesa da escola pública. Esta reconhece, na prática, a situação de drástico subfinanciamento da educação, que persistiu apesar da melhoria do orçamento do MEC e dos investimentos, ocorrida a partir de 2006. Diante disso, aponta a necessidade tanto de elevar os investimentos por aluno na educação básica como de vincular tais despesas à garantia de condições básicas de funcionamento das escolas, condições hoje inexistentes, como ficou evidente nas pautas de reivindicações e palavras de ordem dos estudantes. Segundo as diretrizes do PNE, o patamar de financiamento à educação deve ser capaz de assegurar "atendimento às necessidades de expansão, com padrão de qualidade e equidade" (Brasil, 2014, art. 2, VIII).

---

[10] A Campanha Nacional pelo Direito à Educação é uma rede que reúne organizações do campo sindical, acadêmicos, ONGs e movimentos sociais com atuação em defesa do direito à educação e da escola pública. Teve incidência de destaque nos principais processos participativos e de reforma legislativa das últimas duas décadas. Mais informações: <http://campanha.org.br/>.

O ponto que ocupou boa parte das disputas em torno do Plano foi justamente a definição de qual seria o patamar necessário de elevação dos investimentos capaz de impulsionar as melhorias pretendidas. Naquele contexto praticamente não se ouviam vozes contrárias à ampliação dos gastos educacionais, o neoliberalismo econômico em sua vertente radical estava em aparente desuso no Brasil e na América Latina. O debate girava em torno da proposta original do governo Lula (PL nº 8.035/2010), que estabelecia como meta alcançar ao final da década 7% do PIB em investimento público em educação, e a meta ao final aprovada unanimemente no Legislativo, estipulando a elevação ao patamar de 7% do PIB em 2019 e o equivalente a 10% do PIB ao final do decênio, em 2024 (meta 20 do PNE).

A redação final da meta, assim, aponta a necessidade de impulsionar uma forte reforma da educação brasileira, exigindo do Estado a mudança de seu padrão de arrecadação e de gastos públicos. Exigiria para o cumprimento dos 10%, dentre outras medidas de justiça fiscal, a apresentação de novas fontes de financiamento, em suma, uma reforma tributária fortemente redistributiva. Basta registrar que, em 2014, Municípios, Estados, Distrito Federal e União aplicaram 6% do PIB em educação, contra 5,6% em 2010 e 4,7% em 2002 (INEP, 2015b). Desse montante a menor parte provém justamente da União federal, que elevou sua participação de 0,9% do PIB em 2002 para mero 1,3% do PIB em 2012, cerca de 1/5 do gasto público total em educação (INEP, 2015a, 2015b).

A despeito da pequena participação federal no financiamento da educação no Brasil, o investimento federal em educação teve notável expansão a partir de 2006, ano em que há uma evidente correção de rumo na gestão do Ministério da Educação (MEC). Estagnado em torno de R$ 40 bilhões anuais entre 2000 e 2006, o orçamento do MEC eleva-se progressivamente até 2014, quando alcança R$ 114 bilhões. Em 2015, já com a economia em crise, cai levemente a R$ 112 bilhões e a expectativa é que, em 2016, haja uma forte redução (Ministério da Fazenda, 2016).

Nesse cenário, com menor destaque midiático e maior resistência do Executivo federal, justamente por implicar elevação obrigatória de sua participação no financiamento da educação básica, é significativo que o PNE tenha articulado a expansão do financiamento à garantia de um padrão básico de qualidade nas escolas, ao estabelecer um detalhado regime de implementação do Custo Aluno Qualidade (CAQ) (Ximenes, 2016a).

No CAQ, a Campanha Nacional pelo Direito à Educação aprimorou uma metodologia de cálculo do valor necessário para que se assegure, em cada escola de educação básica do Brasil, um investimento público suficiente para se alcançar condições adequadas de funcionamento, com adequado número de alunos por sala, formação e valorização do magistério, equipamentos e espaços necessários a um processo educacional relevante e contextualizado, alimentação adequada, materiais didáticos etc. A implementação do CAQ, segundo o PNE, teria início em 2016, com o CAQ Inicial, valor capaz de assegurar o mínimo aceitável às escolas públicas, já calculado pelo Conselho Nacional de Educação desde 2010 e sistematicamente boicotado pelo MEC desde então.[11]

Tanto o CAQ como sua versão inicial dão materialidade à meta de expansão do gasto na educação básica, que deve estar voltada a assegurar as condições básicas em todas as escolas públicas do país, como requisito para a realização da igualdade e da qualidade. Segundo o PNE, cabe à União "a complementação de recursos financeiros a todos os Estados, ao Distrito Federal e aos Municípios que não conseguirem atingir o valor do CAQi e, posteriormente, do CAQ" (Brasil, 2014). Cálculos indicam que a implementação do CAQi exigiria a elevação dos investimentos educacionais em cerca de 1% ao ano (FINEDUCA, 2013).

Uma última função desse instrumento seria dar a todos uma definição do conjunto de insumos e condições organizacionais que formam parte do direito à educação, fortalecendo-se assim as lutas pela garantia de tais padrões em todo o país.

A partir de 2016, contudo, abandonou-se progressivamente a ambiguidade do período anterior, em favor de uma agenda de ruptura com os pressupostos políticos e econômicos do PNE e de eliminação de todos aqueles objetivos, metas e estratégias que contradigam a visão irremediavelmente tecnocrática, pró-mercado e reacionária que literalmente tomou a direção da educação nacional a partir daquele ano. Desde então, ainda que formalmente vigente, o PNE tem funcionado mais como uma peça de resistência do que como um plano de desenvolvimento educacional propriamente dito.

3. Resistir aos ataques, ocupar a escola pública

Localizamos as ocupações escolares e a resistência estudantil na dinâmica de embates que tem marcado a luta em defesa da escola pública no

[11] Para uma análise dos argumentos jurídicos e burocráticos utilizados desde 2010 para a não homologação do parecer do Conselho Nacional de Educação que aprova o CAQ (Parecer nº 08, de 2010), consultar: Ximenes (2017b).

Brasil, enfatizando as contradições vividas nas últimas décadas. Luta em defesa da educação pública que exigirá uma crescente conscientização sobre os efeitos destrutivos, reducionistas e classistas do neotecnicismo pedagógico que dá base às reformas educacionais brasileiras. Tais reformas buscam articular, a um só tempo, empobrecimento curricular, padronização, apostilamento, avaliações descontextualizadas, repetitivas e de larga escala, responsabilização de docentes e escolas e desresponsabilização do Estado com o financiamento e com a garantia de condições de funcionamento aceitáveis de todas as escolas.

Essas são dinâmicas hegemônicas presentes na fase de lutas que se encerrou com o golpe parlamentar de 2016. Até então, neoprodutivismo e neotecnicismo, em maior ou menor grau, marcaram as políticas educacionais da direita à centro-esquerda. No caso desta, convivendo com relevantes políticas e instâncias de resistência, ainda que não fortes o suficiente para anunciar um projeto educacional de novo tipo. Com o golpe, certamente uma nova fase se abriu, com a eliminação dos espaços de resistência e a aceleração de reformas da Constituição, da legislação social e das normas educacionais que, desde o primeiro dia da presidência de Temer, vão em um único sentido: o retrocesso. Saviani (*apud* Hermida e Lira, 2018) nos alerta que, caso se consolide o golpe e não sejamos capazes de revogar as medidas educacionais por ele impulsionadas, poderemos estar entrando não em uma mera fase da história da educação brasileira mas em uma etapa obscurantista, articulada às tentativas de destituição de direitos sociais, civis e políticos das classes populares e dos educadores que teimam em resistir e se expressar nas escolas públicas.

A BNCC é, nesse contexto, a expressão mais evidente de uma nova aliança burguesa de reformadores da educação. Esta aliança tem como propósito superar regressivamente a ambiguidade dos governos petistas. Para isso, articula os interesses do capital financeiro e dos bancos, representados por suas fundações, *think tanks* e institutos educacionais, aos desígnios neoconservadores e reacionários sobre a escola pública. A versão da BNCC ao final aprovada tem o demérito de contentar empresários, bancos, mercado editorial, Igreja católica, evangélicos e reacionários pró-ditadura. Orienta a formação para a convivência passiva com o fim do direito do trabalho ao mesmo tempo que implementa uma versão repaginada do projeto "Escola Sem Partido", ao excluir completamente dos objetivos e conteúdos curriculares nacionais a educação para o respeito à diversidade de gênero e de orientação sexual, bem como o tratamento desses conceitos na escola. Em contrapartida, a BNCC inclui o ensino religioso no ensino fundamental, contrariando a facultatividade prevista na Constituição e atribuindo a essa matéria, na transição para o ensino médio, nada menos que o objetivo de "identificar princípios éticos (familiares, religiosos e culturais) que possam alicerçar a construção de projetos de vida [e] construir projetos de vida assentados em princípios e valores éticos" (Brasil, 2017, p. 455; Ximenes, 2017a).

As ocupações de escolas ocorridas entre 2015 e 2016, nesse contexto, significaram uma potente resposta popular contra a convergência de ataques à escola pública. Algumas das palavras de ordem que marcaram aquele período bem expressam o esgotamento de uma fase histórica em que muito foi conquistado e inscrito em leis e políticas públicas, que ao final acabaram suplantadas pela renovada visão tecnocrática, os interesses do grande capital sobre a educação e o mais que tradicional discurso elitista sobre a educação pública: "Queremos uma educação padrão FIFA", "Governador, finge que eu sou a Copa e investe em mim. Ass. Escola", "Escola sem empresa", "Boicote o SARESP" etc.

Ao compreendermos as ocupações de escolas nesse quadro de rearticulação do campo hegemônico sobre a escola pública, também se compreende a radicalidade e a oportunidade histórica aberta por aquela experiência. Os atos de rua, as palavras de ordem e, principalmente, a vivência da autogestão escolar pelos estudantes, o sopro de gestão democrática durante as ocupações, o uso dos espaços escolares antes proibidos, a substituição das escalas meritocráticas pelo aprendizado colaborativo e solidário, a livre expressão identitária e política vividas pelos estudantes, tudo isso com uma intensidade que não se apaga, têm o potencial de renovar as ideias contra-hegemônicas na educação brasileira e proporcionar novas articulações político-pedagógicas.

Referências

BRASIL. *Lei nº 10.639, de 9 de janeiro de 2003*. Altera a Lei nº 9.394, de 20 de dezembro de 1996, que estabelece as diretrizes e bases da educação nacional, para incluir no currículo oficial da Rede de Ensino a obrigatoriedade da temática "História e Cultura Afro-Brasileira", e dá outras providências. Disponível em: <http://www.planalto.gov.br/ccivil_03/Leis/2003/L10.639.htm>, acesso em 28/6/2018.

_________. *Decreto nº 6.094, de 24 de abril de 2007*. Dispõe sobre a implementação do Plano de Metas Compromisso Todos pela Educação. Disponível em: <http://www.planalto.gov.br/ccivil_03/_ato2007-2010/2007/decreto/d6094.htm>, acesso em 28/6/2018.

_________. *Lei nº 13.005, de 25 de junho de 2014*. Aprova o Plano Nacional de Educação-PNE e dá outras providências. Disponível em: <http://www.planalto.gov.br/ccivil_03/_ato2011-2014/2014/lei/l13005.htm>, acesso em 28/6/2018.

_________. *Medida Provisória nº 746, de 22 de setembro de 2016*. Convertida na Lei nº 13.415 de 2017. Disponível em: <www.planalto.gov.br/ccivil_03/_ato2015-2018/2016/Mpv/mpv746.htm>, acesso em 28/6/2018.

_________. *Ministério da Educação. Base Nacional Comum Curricular*. Brasília: MEC, 2017. Disponível em: <http://basenacionalcomum.mec.gov.br/wp-content/uploads/2018/02/bncc-20dez-site.pdf>, acesso em 2/7/2018.

BRAZ, Marina Araújo; SENA, Kaliane Evaristo Medeiros; ABREU, Letícia Rodrigues Soares de; RIBEIRO, Dillyane de Sousa. "Educação e protagonismo juvenil: uma experiência de litigância estratégica em apoio ao movimento de ocupações das escolas no Ceará". *Anais do I Encontro Internacional da Rede Escola Pública e Universidade: "Reformas de ensino e movimentos de resistência: diálogos entre Brasil e América Latina"*, UFABC, Santo André-SP, 16-17/5/2017, pp. 215-8.

CAMPOS, Antonia M.; MEDEIROS, Jonas; RIBEIRO, Márcio M. *Escolas de luta*. São Paulo: Veneta, 2016.

CARREIRA, Denise. *Igualdade e diferenças nas políticas educacionais: a agenda das diversidades nos governos Lula e Dilma*. Orientadora: Roseli Fischmann. Tese (Doutorado em Educação), FE-USP, São Paulo, 2015.

CUNHA, Luiz Antônio. *A universidade reformada: o golpe de 1964 e a modernização do ensino superior*. São Paulo: Unesp, 2007.

_________. "Ensino médio: atalho para o passado". *Educação & Sociedade*, Campinas, v. 38, nº 139, pp. 373-84, abr.-jun. 2017.

FINEDUCA. *Por que a União deve complementar o CAQi no PNE?* Nota Técnica nº 01/2013. São Paulo: FINEDUCA, 2013. Disponível em: <http://www.redefinanciamento.ufpr.br/nota1_13.pdf>, acesso em 14/3/2018.

FREITAS, Luiz Carlos de. "SARESP 2017: mais uma década perdida em SP". *Avaliação Educacional — Blog do Freitas*, 27/1/2018. Disponível em: <https://avaliacaoeducacional.com/2018/01/27/saresp-2017-mais-uma-decada-perdida-em-sp/>, acesso em 28/6/2018.

GENTILI, Pablo. "Três teses sobre a relação trabalho e educação em tempos neoliberais". In: LOMBARDI, José Claudinei; SAVIANI, Dermeval; SAFELICE, José Luis (orgs.). *Capitalismo, trabalho e educação*. Campinas: Autores Associados, 2002, pp. 45-59.

GIROTTO, Eduardo Donizeti; CÁSSIO, Fernando Luiz. *A desigualdade é a meta: as implicações socioespaciais do Programa Ensino Integral na cidade de São Paulo*. Mimeo, 2017.

GOIÁS (Estado). *Aviso de Chamamento Público nº 001/2016*. Disponível em: <http://www.seduc.go.gov.br/documentos/chamamentopublico2016/01/EDITAL%20DE%20CHAMAMENTO%20P%C3%9ABLICO%20MACRORREGI%C3%83O%20VI%20-%20AN%C3%81POLIS.pdf>, acesso em 28/6/2018.

HERMIDA, Jorge Fernando; LIRA, Jailton de Souza. "Políticas educacionais em tempos de golpe: entrevista ao professor Dermeval Saviani". *Educação e Sociedade*, Campinas, v. 39, nº 143, out. 2018.

IBGE. *Pesquisa Nacional por Amostra de Domicílios*. IBGE: Brasília, 2015. Disponível em: <https://ww2.ibge.gov.br/home/estatistica/populacao/trabalhoerendimento/pnad2015/default.shtm>, acesso em 28/6/2018.

INEP. *Demonstrativo de Manutenção e Desenvolvimento do Ensino (MDE) Federal*. Brasília: INEP, 2015a. Disponível em: <http://portal.inep.gov.br/web/guest/demonstrativo-de-mde>, acesso em 3/7/2018.

__________. *Investimentos Públicos em Educação*. Brasília: INEP, 2015b. Disponível em: <http://portal.inep.gov.br/indicadores-financeiros-educacionais>, acesso em 3/7/2018.

JANUÁRIO, Adriano; CAMPOS, Antonia M.; MEDEIROS, Jonas; RIBEIRO, Márcio M. "As ocupações de escolas em São Paulo (2015): autoritarismo burocrático, participação democrática e novas formas de luta social". *Revista Fevereiro*, São Paulo, nº 9, 2016.

MARQUES, Rosa Maria; XIMENES, Salomão B.; UGINO, Camila K. "Les politiques en matière de santé et d'accès à l'enseignement supérieur sous les présidences Lula et Dilma". *Chronique Internationale de l'IRES*, nº 159, pp. 73-83, set. 2017.

MINISTÉRIO DA FAZENDA. *Sistema Integrado de Administração Financeira do Governo Federal*, 2016. Disponível em: <http://www.tesouro.fazenda.gov.br/siafi>, acesso em 28/6/2018.

PINO, Ivany R. "Fórum Nacional em Defesa da Escola Pública". In: OLIVEIRA, Dalila Andrade; DUARTE, Adriana Cancella; VIEIRA, Lívia Fraga (orgs.). *Dicionário: trabalho, profissão e condição docente*. Belo Horizonte: UFMG/Faculdade de Educação, 2010. Disponível em: <http://www.gestrado.net.br/pdf/22.pdf >, acesso em 14/3/2018.

PINTO, Elida Graziane. "Novo Regime Fiscal e a mitigação dos pisos de custeio da saúde e educação". *Cadernos de Saúde Pública*, Rio de Janeiro, v. 32, nº 12, dez. 2016.

RAVITCH, Diane. *Vida e morte do grande sistema escolar americano: como os testes padronizados e o modelo de mercado ameaçam a educação*. Porto Alegre: Sulina, 2011.

SÃO PAULO (Estado). *Decreto nº 61.692, de 4 de dezembro de 2015*. Revoga o Decreto nº 61.672, de 30 de novembro de 2015. Disponível em: <http://www.al.sp.gov.br/repositorio/legislacao/decreto/2015/decreto-61692-04.12.2015.html>, acesso em 28/6/2018.

SAVIANI, Dermeval. *História das ideias pedagógicas no Brasil*, 3ª ed. revista. Campinas: Autores Associados, 2010.

SCHULTZ, Theodore W. *O valor econômico da educação*. Rio de Janeiro: Zahar, 1967.

__________. *O capital humano*. Rio de Janeiro: Zahar, 1973.

STANDING, Guy. *O precariado: a nova classe perigosa*. Lisboa: Presença, 2014.

XIMENES, Salomão Barros. "O CAQ na meta 20 do Plano Nacional de Educação: um novo regime jurídico para a realização do padrão de qualidade do ensino". *Jornal de Políticas Educacionais*, Curitiba, v. 9, nº 17-18, pp. 26-37, jan.-jun. e jul.-dez. 2016a.

_________. Entrevista: "O objetivo do governo é desmobilizar por todos os meios o movimento de ocupação". *EPSJV/Fiocruz*, 27/10/2016b. Disponível em: <http://www.epsjv.fiocruz.br/noticias/entrevista/o-objetivo-do-governo-e-desmobilizar-por-todos-os-meios-o-movimento-de-ocupacao>, acesso em 14/3/2018.

_________. Entrevista: "Temos um documento tecnocrático e conservador, produzido sem transparência". *EPSJV/Fiocruz*, 15/12/2017a. Disponível em: <http://www.epsjv.fiocruz.br/noticias/entrevista/temos-um-documento-tecnocratico-e-conservador-produzido-sem-transparencia>, acesso em 14/3/2018.

_________. "Tão necessárias quanto menos importantes: as razões burocráticas para a não regulamentação do Custo Aluno Qualidade Inicial (CAQi)". *Anais do V Encontro da Associação Nacional de Pesquisa em Financiamento da Educação*, FINEDUCA, Natal, 2017b.

XIMENES, Salomão B.; BRAZ, Marina Araújo; RIBEIRO, Dillyane S.; SENA, Kaliane Evaristo M.; ABREU, Letícia Rodrigues de; ARAUJO, Francimara Carneiro. "'Ao vivo é muito pior': direitos, resistência e repressão aos estudantes nas ocupações de escolas no Ceará". In: COSTA, Adriana Alves Fernandes; GROPPO, Luís Antonio (orgs.). *O movimento de ocupações estudantis no Brasil*. São Carlos: Pedro & João Editores, 2018, pp. 145-74.

Parte II
ESTUDOS DE CASO

II.1
MOVIMENTOS ESTADUAIS

3

Escolas de luta, ladrões de merenda: dois momentos das ocupações de escolas em São Paulo

Antonia M. Campos[1]

Em 23 de setembro de 2015, a Secretaria de Educação do governo de Geraldo Alckmin em São Paulo anunciou em um programa de televisão que iria iniciar uma reestruturação das escolas públicas do estado, chamada "reorganização escolar", acarretando no fechamento de 94 escolas e remanejamento de 300 mil alunos. Disfarçada como uma medida que visava melhorar a qualidade da educação pela separação das escolas por ciclo,[2] a finalidade da "reorganização" que o governo pretendia instituir era em parte um corte de gastos e em parte abertura de um caminho para a implantação de mais escolas de tempo integral, uma modalidade que permite a participação de empresas privadas na gestão escolar.[3] A medida gerou revolta entre estudantes, pais e professores, e os primeiros, após a realização de diversos atos de rua durante os meses de setembro e outubro, passaram a ocupar suas escolas em novembro.

[1] Graduada em Ciências Sociais pela Universidade de São Paulo (USP), mestre em Sociologia pela Universidade Estadual de Campinas (Unicamp), doutoranda em Ciência Política também pela Unicamp e uma das autoras do livro *Escolas de luta* (2016).

[2] Para justificar a mudança, o governo se baseou em um estudo da própria Secretaria (que veio a público apenas após o jornal *O Estado de S. Paulo* entrar com um pedido baseado na Lei de Acesso à Informação) que relacionava melhor desempenho escolar e escolas de ciclo único. A seriedade do estudo foi questionada por especialistas por ele se basear em uma análise univariada (desconsiderando fatores como número de alunos por sala, infraestrutura etc.), utilizar apenas dados de 2014 e não demonstrar nenhum controle estatístico ou qualitativo, apresentando uma correlação potencialmente aleatória como causalidade certa (Campos *et al.*, 2016, p. 28; Pó *et al.*, 2015).

[3] A "reorganização escolar" deve ser vista em um contexto maior de infiltração do setor privado na educação pública por meio de privatizações e parcerias em programas de gestão especiais (além de cortes de gastos de cunho neoliberal). Este contexto está sistematizado e exposto no capítulo 2 desta coletânea.

Como veremos, as ocupações das escolas em São Paulo trouxeram inovação tanto nos repertórios de protesto (que depois se difundiram para outros estados) quanto na criação de uma conjuntura de alianças entre diferentes atores da esquerda organizada, mas sob a hegemonia daquele corpo de estudantes insurgentes, que não tinha nenhuma organização prévia. Os estudantes atuaram de maneira descentralizada mas articulada, orientados principalmente por princípios de horizontalidade, democracia direta, autonomia e apartidarismo. Como resultado de seu sucesso, as ocupações de 2015 em São Paulo também levaram a mudanças no modelo de repressão do estado, que se adaptou com o objetivo de impedir novas ações.

1. 2015: INSURGÊNCIA E DESOBEDIÊNCIA SECUNDARISTA DIANTE DA "REORGANIZAÇÃO ESCOLAR"

1.1. Anúncio da "reorganização escolar" e a reação estudantil

Os estudantes interpretaram a "reorganização escolar" como um ataque ao seu direito à educação e, desde o início, já era evidente que, embora o objetivo imediato dos protestos fosse barrar o fechamento das escolas e ciclos, a indignação fazia parte de uma revolta mais profunda e uma disposição maior de luta por educação pública (entre uma variedade de gritos de protesto, cartazes e posts de Facebook lia-se: "Educação não é gasto, é investimento!", "Não estamos aqui lutando só por uma escola", entre outros). Enquanto o governador acreditava que a revolta era devido a um "erro de comunicação" e ao apego sentimentalista de alguns estudantes às suas escolas, estes denunciavam que o fechamento de ciclos aumentaria a superlotação das salas, a distância entre as escolas e a falta de transporte escolar, o fim de períodos noturnos tiraria o direito à educação de quem trabalha e o fechamento de salas de educação de jovens e adultos, deixando muitos sem ter como terminar os estudos. Além da reestruturação em si, os estudantes também questionavam a sua implantação autoritária, sem discussão prévia com as comunidades escolares, e expressavam descontentamento com o fato de que o governo "os tratava como números".[4]

---

[4] Mais exemplos de posts e falas dos estudantes sobre a "reorganização escolar" encontram-se em Campos *et al.* (2016, pp. 31-41); uma análise detida de suas *motivações* pode ser lida em Medeiros e Januário (2017), onde os autores apontam que os estudan-

No final de setembro começa uma explosão de atos no estado: em um período de seis semanas os estudantes foram às ruas em quase duzentas ocasiões na capital e em diferentes cidades do interior do estado para protestar, eventualmente com a participação de pais e/ou professores. Estas manifestações incluíram realização de abaixo-assinados, atos em frente às unidades escolares, trancamentos de ruas, debates em praças e terminais de transporte público e passeatas percorrendo vários quilômetros na cidade e tendo como destino diferentes prédios do poder público. Além disso, perseguiram o governador em aparições públicas.

Tratava-se de atos relativamente pequenos e geralmente compostos por alunos de escolas que seriam afetadas, mas que ocorriam em grande número e espalhados em diferentes cidades ao mesmo tempo. Na capital, organizaram-se passeatas maiores com a presença de estudantes de várias escolas e também apoio do sindicato dos professores, partidos pequenos de esquerda e entidades estudantis (o maior ato, no dia 9 de outubro, contou com entre 1.200 e 5.000 pessoas, na sua grande maioria estudantes). No interior a maioria dos atos não contava com a presença de movimentos sociais organizados, senão muito minoritariamente.[5]

A terceira semana de mobilização (entre os dias 12 e 18 de outubro) começou com uma quantidade bem menor de atos, passeatas e protestos: as manifestações de rua registradas caem para um quarto do número que havia sido detectado na semana anterior. Na capital houve ainda a tentativa de organização de grandes passeatas, porém a base da mobilização (os estudantes *não* organizados em torno de entidades, coletivos ou partidos) não compareceu em peso, o que significou atos com estrutura das entidades estudantis e sindicato dos professores, mas com menos de mil pessoas. Diante da postura intransigente do governo e a pouca exposição na mídia, a mobilização foi se esvaziando, sendo que os últimos grandes atos realizados contavam mais com a presença deste ativismo já organizado do que com a base estudantil que havia se voltado contra a medida.

---

tes apresentaram tanto argumentos *lógicos* sobre como a medida iria piorar a qualidade das escolas quanto argumentos *políticos* sobre como sua implantação era autoritária, além de motivações *emocionais* ligadas à quebra de vínculos e sociabilidade escolares.

[5] A APEOESP (o sindicato dos professores da rede estadual) em alguns casos fornecia panfletos, cartazes e empréstimo de aparelhos de som para os estudantes, além de divulgar a lista de escolas que seriam "reorganizadas" ou fechadas (contribuindo para um trabalho de agitação), mas não chegou a tomar a frente dos atos.

A partir do dia 9 de novembro, porém, uma mudança de tática foi determinante para que a mobilização não apenas se mantivesse, mas crescesse e ganhasse coesão (embora permanecesse descentralizada): os estudantes deixaram as ruas e passaram a ocupar suas escolas — anunciando que impediriam a realização das aulas e tomariam controle das escolas até que a "reorganização escolar" fosse suspensa.

1.2. *Virada tática: das ruas às ocupações*

Como mencionado, além dos estudantes, diversos coletivos, partidos pequenos e militantes estavam presentes nos atos na capital. Construídas a partir do levante estudantil, as ocupações também foram fruto de uma "rede de ativismos" pouco estruturada, de oposição de esquerda ao PT e orientada à construção de um trabalho político de base junto a comunidades periféricas e à deflagração de eventos de protesto (Patta, 2017). Este universo heterogêneo de militância abriga uma variedade de cursinhos populares; movimentos culturais como *slams* e saraus das periferias; grupos de oposição ao grande complexo sindical que age em lealdade ao PT; coletivos trotskistas (geralmente universitários e das juventudes dos partidos PSOL e PSTU); e coletivos autonomistas de luta pelo transporte e pela educação.

Em São Paulo, há um trabalho constante de construção e fortalecimento dessas redes e uma prática de organização de frentes e alianças transitórias em torno de pautas concretas tais como: um corte de linha de ônibus, fechamento de unidades de saúde ou escolas, fechamento de centros de cultura etc. Estas alianças não são desprovidas de tensão, mas o que costuma prevalecer (e contribuir para o alinhamento difícil entre atores tão díspares) é a primazia da pauta e o imediatismo da ação, que não busca construir um movimento unificado, mas sim uma vitória coletiva em torno de uma pauta bem definida.

Em outubro e novembro de 2015, foi a atuação de uma dessas alianças que catalisou a virada tática em direção às ocupações de escolas.[6] Compartilhando do diagnóstico de que os estudantes estavam desesperançados e sem alternativas, aqueles atores formaram uma frente na tentativa de deflagrar uma virada tática e manter o envolvimento da base estudantil: sair das ruas

[6] Recomenda-se fortemente a leitura de Patta (2017, pp. 78-108) para uma reconstrução destas redes de ativismos, a partir da trajetória de um cursinho popular que participou diretamente de uma ocupação na Zona Leste da capital.

e ocupar as escolas. Esta frente incluía uma central de sindicatos formada a partir de um rompimento com a CUT; um movimento formado a partir de uma ruptura com o MST; um grupo formado para atuar na greve dos professores que ocorreu no início do ano, composto por professores e lideranças comunitárias independentes que romperam com o sindicato dos professores e com o PT; um coletivo de cultura e cursinho popular independente; coletivos autonomistas da luta pelo transporte; um grupo de secundaristas autonomistas que incluía alunos de escolas públicas e de escolas privadas tradicionais de São Paulo; e o coletivo O Mal Educado,[7] também composto por militantes autonomistas de escolas privadas e públicas.

Foi este coletivo autonomista que traduziu a cartilha "Como ocupar um colégio?" (utilizada por estudantes argentinos, inspirada nos movimentos de ocupação de escolas no Chile) e atuou como principal articulador dessa frente. A cartilha apresentava a ocupação da escola pelos alunos como uma alternativa de radicalização, a ser usada quando outros recursos de pressão do governo se esgotassem, e um meio de organizar a luta e unificar os focos de mobilização que estavam espalhados pelo estado, criando um "movimento dos estudantes".

Ao final do mês de outubro, quando o número de atos realizados por semana pelos estudantes das escolas que seriam afetadas já havia caído drasticamente, esta frente heterogênea de coletivos e sindicalistas — sob a liderança informal de O Mal Educado — organizou reuniões em diferentes regiões da capital com o objetivo de planejar as primeiras ocupações e também divulgou a cartilha no Facebook e nos grupos de Whatsapp criados durante os atos de rua (onde estudantes de diferentes escolas que estavam mobilizadas se conheceram). A ideia encontrou grande ressonância entre os estudantes e a primeira escola a ser ocupada — E.E. Diadema — veio graças a uma aluna que havia visto a cartilha circular em um destes grupos.[8] Enquanto isso, na manhã seguinte a primeira daquelas iniciativas planejadas

---

[7] O Mal Educado é fruto de um encontro entre a experiência de luta de alunos dentro de uma escola pública da periferia sul da cidade de São Paulo e um conjunto de grêmios de escolas privadas tradicionais da classe média e alta paulistanas e de Escolas Técnicas Estaduais. Esta conexão entre a militância juvenil de diferentes classes sociais foi facilitada por um professor, que colocou os estudantes em contato. Este professor era próximo ao Movimento Passe Livre, e O Mal Educado cultivava assim uma cultura política horizontalista e autonomista semelhante (Campos *et al.*, 2016, pp. 59-80).

[8] O relato desta aluna (feito em entrevista), assim como de alunos de outras ocupações que estiveram entre as primeiras, pode ser lido em Campos *et al.* (2016, pp. 81-102).

nas reuniões promovidas pela frente já se concretizava e era ocupada a segunda escola, E.E. Fernão Dias Paes. Ao longo desta primeira semana oito escolas foram ocupadas e até o fim da semana seguinte (dia 22 de novembro) as ocupações já haviam saltado para 89, o que significa uma média de 8,2 escolas ocupadas por dia durante este período. No dia 30, as ocupações já eram duzentas.

O volume de escolas ocupadas e a velocidade com que ocorreu mostra que a atuação da frente de militantes liderada pelo O Mal Educado não foi dirigir o processo, mas catalisá-lo, detonando uma virada tática ao apresentar uma nova forma de ação radicalizada, desconhecida ou impensável para os alunos até então. Tanto entrevistas com os estudantes quanto com os membros daquela frente apontam para isso; como diagnosticou com precisão uma secundarista de uma escola privada, militante de um coletivo secundarista autonomista que participou do processo de divulgação da cartilha e realização de reuniões de planejamento de algumas das primeiras ocupações, foram os próprios alunos que *experienciaram* o limite da tática de "ir às ruas" e portanto se sentiram motivados a arriscar um caminho novo (Campos *et al.*, 2016, p. 80).

Nesse sentido, é interessante como a insurgência secundarista contra a "reorganização escolar" foi fruto do *encontro* de uma disposição de luta que os estudantes já carregavam (e em cima da qual procuravam atuar baseados no repertório de protesto de que dispunham) com uma rede de militância construída ao longo de anos, que soube dialogar com aquela disposição e introduzir novos repertórios de enfrentamento diante de um estado que se mantinha impermeável aos apelos e contava com a simpatia da imprensa.

1.3. Autonomia e descentralização nas ocupações

Da mesma forma que a proposta de radicalização na forma de luta encontrou ressonância entre os estudantes, o caráter mais autonomista da frente de militantes também foi bem recebido e as ocupações tenderam a se organizar por esse modelo horizontalista, sendo controladas pelos estudantes da própria escola. A cartilha "Como ocupar um colégio?" recomendava que os estudantes se dividissem em comissões para a manutenção da ocupação (os responsáveis pela comida, limpeza, segurança, comunicação com a imprensa etc.) e que se organizassem em assembleias, sendo estas os órgãos mais importantes de deliberação.

Esta ênfase na horizontalidade e participação direta dentro do movimento teve diversas consequências (dentre elas o fato de que cada ocupação proporcionou uma experiência formativa intensa para os estudantes, o que discutiremos mais adiante), das quais queremos destacar a valorização do protagonismo e autonomia nas interações que os estudantes estabeleceram com outros atores externos e também a descentralização na maneira como se articularam internamente ao movimento entre as diversas ocupações, que funcionaram como focos de uma ação coordenada maior, mas sem direção centralizada.

Em dissertação fruto de um estudo de caso com uma escola ocupada na Zona Leste da capital, o autor aponta como os estudantes expressavam uma "[...] necessidade de participar 'em primeira pessoa' da política" (Patta, 2017, p. 159), algo que também verificamos em nossa pesquisa. A participação direta nos processos de tomada de decisões dentro das ocupações era fundamental para os estudantes na medida em que garantia uma autenticidade para a ação política, sendo esta *vivida* (e não contemplada) pelos adolescentes. A horizontalidade e descentralização territorial das ocupações, assim como a forte valorização dessa dimensão vivida e cotidiana do protesto, poderiam ter contribuído para uma fragmentação, mas as ocupações permaneceram unidas sem que fosse necessária uma instância centralizadora das decisões (o que poderia comprometer a democracia direta e reinstituir mediações e mecanismos de democracia representativa).

A virada tática em direção às ocupações de escolas não foi apenas fundamental na medida em que surpreendeu o estado e manteve o envolvimento estudantil na mobilização em um momento em que os estudantes já demonstravam desilusão com os atos de rua, mas ao proporcionar exatamente aquilo que se propunha na cartilha "Como ocupar um colégio?": uma coerência e coesão aos focos de mobilização descentralizados que estavam espalhados pelo estado. Isto não ocorreu porque as ocupações criaram uma estrutura organizacional centralizadora dos processos decisórios internos ao "movimento", mas porque uniram os estudantes em torno de uma só estratégia e uma só pauta: *ocupar até o governo recuar*. Se durante os atos de rua em setembro e outubro era apenas aparente uma interpretação dos estudantes de que a "reorganização escolar" precisava ser combatida por inteiro, em novembro isso se consolidou e se transformou em certeza: todas as escolas ocupadas permaneceriam unidas em torno de uma única pauta e estratégia e não seria mais possível, por exemplo, que o governo tentasse negociar escola por escola (como mais tarde tentou, absolutamente sem sucesso).

Conforme aumentavam as ocupações e palavras de ordem e fotos circulavam nas redes sociais e nos grupos de Whatsapp dos estudantes, houve uma autoidentificação que acabou por se cristalizar no que chamamos aqui de identidade coletiva[9] secundarista. Nas entrevistas realizadas, foi unânime a exaltação de que os "secundaristas" ou "jovens" haviam se unido e que o protesto era fruto da ação conjunta deles e *apenas deles*. Que uma ocupação se visse nas outras, criando essa identificação, conferia autenticidade à causa e fortalecia a confiança do movimento como um todo — quanto mais se constatava que a insurgência era "dos secundaristas", mais valorizado era esse protagonismo. Assim, a organização horizontalista e de democracia direta que as ocupações mantinham internamente no seu cotidiano acabou fortalecendo a unificação do movimento.

Ao longo do processo, houve tentativas de hegemonização das ocupações por diferentes grupos políticos, mas todas sem sucesso. As entidades estudantis (UBES, UPES e UMES), instituições cujo papel seria de representantes "oficiais" perante o governo, foram desde o início rejeitadas pelo simples fato de que eram vistas como um ator externo, pois não possuíam enraizamento nas escolas e estiveram presentes de maneira minoritária na mobilização anterior durante os atos de rua (muitos estudantes só ficaram sabendo da sua existência naquele momento). Por isso, a identidade estudantil se fortaleceu descolada das instituições que supostamente a representavam. Estas entidades chegaram a organizar uma "Assembleia dos Estudantes" no dia 24 de novembro, mas sua orientação nesta assembleia foi a de que cada ocupação redigisse documentos com suas reivindicações e retornasse para uma segunda reunião, o que contrastava com a disposição de radicalidade e pauta única do conjunto dos estudantes; o objetivo àquela altura já estava claro no movimento: a existência de uma pauta única — o fim da "reorganização escolar" — e a estratégia radicalizada de manter as ocupações até que isto fosse alcançado, sem possibilidade de negociação.

Outra tentativa de articulação do movimento veio dos setores mais autonomistas — os mesmos atores daquela frente d'O Mal Educado, em conjunto com estudantes que se aproximaram mais daquele núcleo — que tentaram organizar um "Comando das Escolas Ocupadas", que chegou a ter mais reuniões. A principal preocupação do Comando era impedir que as entidades estudantis e outros movimentos pudessem falar em nome dos estudantes. A primeira postagem da página de Facebook do "Comando das

---

[9] Utilizamos aqui a definição de Alberto Melucci de "identidade coletiva" como processo contínuo de produção de sentido por meio de interações repetidas, no qual atores constroem-se a si mesmos enquanto grupo e em relação aos outros, criando definições comuns sobre os fins, os meios e o campo de sua ação coletiva (Melucci, 1995).

Escolas Ocupadas", datada de 22 de novembro, declara que este pretendia "ser um espaço de articulação independente, horizontal e apartidário, aberto a todas as ocupações que estão na luta" (Campos *et al.*, 2016, p. 169).

Apesar de se organizar por um modelo que tinha mais afinidade com a postura geral das ocupações, o "Comando" não conseguiu se construir como instância *deliberativa* do movimento, mas atuou como um núcleo de estudantes que exerceu *influência* significativa sobre o conjunto das ocupações através da divulgação de material e palavras de ordem que fortaleciam a identidade coletiva secundarista, perante os próprios estudantes e principalmente outros atores, além de ajudar a difundir novas inovações de repertório: o boicote ao SARESP (o Sistema de Avaliação do Rendimento Escolar do Estado de São Paulo) nos dias 23 e 24 de novembro (que foi fundamental para estimular mais ocupações, sendo que muitas escolas no interior do estado foram ocupadas nesses dias em que a prova seria realizada) e os trancamentos de ruas e avenidas.

Cerca de quarenta escolas chegaram a participar do "Comando" e entre quarenta e cinquenta participaram das "Assembleias dos Estudantes" organizadas pelas entidades; isto implica que mais da metade das cerca de duzentas ocupações não participou de nenhuma destas duas articulações e a maioria dos processos de iniciar, manter e encerrar a ocupação se deu, portanto, de modo bastante independente, embora inúmeros grupos de Whatsapp cumprissem uma função de articulação informal entre as ocupações, por meio do compartilhamento de informações, ideias, táticas e interpretações da conjuntura, sem que fosse necessário se reportar a nenhum espaço "oficial" (Campos *et al.*, 2016, p. 173).

O que manteve o movimento unificado, *na prática*, foi aquela forte identidade coletiva secundarista, que impediu outros atores de falarem em nome do movimento, e uma postura radicalizada de que os estudantes apenas recuariam se a "reorganização escolar" fosse suspensa: como não houve em nenhum momento abertura de negociação com governo — nem por parte deste nem dos estudantes —, as únicas opções que se apresentaram eram *resistir ou desistir*. Os estudantes agiram de forma não previamente combinada, mas harmônica, optando pela resistência em torno da pauta única.

Externamente, na relação com que estabeleceram com outros atores, os estudantes agiram de acordo com princípios de autonomia e independência, de maneira muito semelhante aos que se propunha o "Comando", mas a opção por este caminho não era cristalizada em torno de um espaço como aquele e sim construída no plano simbólico em torno da identidade coletiva: quem era secundarista tinha uma posição no interior da mobilização, de legitimidade e protagonismo, enquanto sindicatos, movimentos sociais, partidos e entidades passaram a ocupar o lugar de "apoio". Esta postura aparecia como recomendação na cartilha "Como ocupar um colégio?",[10] que trazia consigo um tom autonomista, mas isso aconteceu menos por uma decisão combinada de seguir uma ideologia e mais por uma predisposição do conjunto dos estudantes mobilizados, que carregam consigo uma profunda descrença no sistema partidário e em instituições representativas em geral.

A postura dos estudantes era orientada sobretudo pela necessidade de preservação de seu protagonismo e da primazia da sua pauta, que não devia ser "sequestrada" por nenhum outro interesse. Eles expressavam solidariedade com as causas de outros movimentos e organizações, mas, ao mesmo tempo, preocupação de que a atuação destes confundisse o propósito das ocupações. O seguinte trecho de entrevista realizada em uma escola da Zona Sul da capital (30/11/2015) é um bom exemplo de como os estudantes lidaram com movimentos:

> "Quando a gente tava fazendo nossos planos aqui pra ocupar, a gente tinha a informação que eles [MTST] viriam aqui pra escola, mas só pra fazer um peso na rua assim, tá ligado? [...] aí os caras chegou entrando assim, abriu o portão [...] e aí mano, era tipo o segundo dia e ninguém tinha dormido, nóis tava tudo desesperado, ninguém nunca passou por um processo desse e a gente perdeu total controle do movimento assim na nossa escola [...]. A gente conseguiu trocar ideia com eles e passar toda a visão de que é um movimento secundarista, de que é um movimento autônomo e, que se eles quisessem ajudar a gente, a ajuda deles seria super bem-vinda do lado externo da ocupação, e eles entenderam super de boa e falaram 'A gente vai sair porque é isso mesmo e pela questão da segurança também', porque tipo esse sábado [...] a polícia passou o dia inteiro na frente da ocupação ameaçando entrar e falando que não tinha só estudante dentro da ocupação e a gente falou 'A nossa maior segurança é ter só estudante aqui dentro' [...]."

---

[10] Era recomendando que os estudantes permanecessem independentes ao se relacionarem com outros movimentos sociais, para "[...] evitar que organizações, grupos ou partidos se apropriem da luta, passando por cima da decisão dos estudantes" (Campos *et al.*, 2016, p. 342).

O contexto mais amplo de descrédito das instituições políticas e criminalização dos movimentos sociais também afetou a maneira como os estudantes lidaram com os apoiadores e acabou por fortalecer sua postura autônoma, na medida em que o governo usava os apoios do sindicato dos professores e outros movimentos sociais de esquerda para deslegitimar os estudantes tanto perante a Justiça quanto perante a imprensa e comunidades escolares. Em áudio vazado pelos Jornalistas Livres, de reunião entre Fernando Padula (o então chefe de gabinete do secretário de Educação) e cerca de quarenta dirigentes regionais de ensino, aquele é ouvido dizendo que era preciso "desqualificar o movimento" e que este era "político" e "partidário" (*apud* Campos *et al.*, 2016, p. 209). Ironicamente, logo após chamar o movimento secundarista de "partidário", o chefe de gabinete apresenta para os dirigentes um membro da juventude do PSDB, que poderia auxiliar nas ações das diretorias de ensino. Os estudantes perceberam desde o início como era importante estrategicamente que a sociedade visse as ocupações como exclusivamente estudantis e apartidárias, e disputaram ativamente essa imagem no Facebook e nas suas expressões estéticas em protestos e nas portas das escolas ocupadas.

1.4. Enfrentamentos com o estado e as disputas em torno dos enquadramentos interpretativos[11] do movimento

Quando as ocupações se iniciaram, o governo pediu reintegração de posse das escolas alegando que estas estariam ocupadas pelo sindicato dos professores.[12] Inicialmente, o juiz determinou na noite do dia 11 de novem-

---

[11] Por "enquadramentos interpretativos" nos referimos às maneiras pelas quais as ocupações e sua reivindicação eram vistas e retratadas tanto pela mídia quanto pelos seus apoiadores e opositores, assim como pelo público em geral. Os processos de "enquadramento interpretativo" se dão de maneira contenciosa (no caso, em especial entre os estudantes e o governo) e são tanto planejados estrategicamente quanto processos tácitos. Para uma reflexão sobre este conceito na teoria dos movimentos sociais ver Silva, Cotanda e Pereira, 2017.

[12] O pedido de reintegração de posse feito pelo governo era na verdade um pedido de extensão de um outro processo, no qual o réu era a APEOESP: em um ato de 29 de outubro a presidente do sindicato teria falado em uma possível ocupação das Diretorias de Ensino pelos professores, o que levou o governo a entrar preventivamente na Justiça para pedir um "interdito proibitório" (uma espécie de reintegração de posse preventiva). O juiz decidiu a favor do governo (determinou multar a APEOESP em 100 mil reais para cada prédio público que fosse "invadido") e, quando os estudantes ocuparam a E.E. Fernão Dias Paes — segunda escola a ser ocupada —, a estratégia do governo foi argu-

bro a reintegração de posse das escolas, dando um prazo de 24 horas e indicando na sua decisão uma "*possível* participação de crianças e adolescentes no movimento" (grifo nosso). Porém, após essa decisão do juiz o Ministério Público entrou com um pedido de reconsideração da decisão e, enquanto isso, o juiz da Central de Mandados decidiu por conta própria chamar uma audiência de conciliação antes de acatar a decisão e expedir o mandado de reintegração. No dia 13 é realizada a audiência e naquela noite o juiz muda sua decisão em favor dos estudantes, sob o impacto de ver que as ocupações haviam sido iniciadas e eram controladas por eles, na sua maioria menores de idade e protegidos pelo Estatuto da Criança e do Adolescente (Medeiros, Rodriguez e Barbosa, 2016).

O governo entrou com recurso na segunda instância e no dia 19 de novembro foi realizada nova audiência de conciliação com o secretário de Educação, dezenas de estudantes e os desembargadores responsáveis por julgar o conflito entre as partes — além do Ministério Público, Defensoria Pública e do conselho tutelar. Segundo entrevista com a defensora pública que estava presente, a audiência havia sido instalada como se fosse uma preleção e a intenção inicial dos desembargadores era realizar uma série de palestras, mas eram constantemente interrompidos pelas vaias dos estudantes, que, reunidos na plateia do auditório com faixas e cartazes, ignoravam seus pedidos de ordem e demostravam pouco interesse nas suas histórias, gritando "Mamãe mandou/ eu estudar/ mas minha escola o governo quer fechar".

Eventualmente, tendo perdido o controle do ambiente, o desembargador desistiu da preleção e pediu para que um estudante fosse à mesa conversar, mas os estudantes se recusaram: "Um não! Vamo todo mundo!". Ignorando os desembargadores, que não queriam mais de uma pessoa no palco alegando que seria "bagunça", os estudantes subiram e realizaram um jogral (Campos *et al.*, 2016, p. 163).

De acordo com a defensora pública, a intenção dos desembargadores e do secretário — que simplesmente não sabiam como proceder diante do uso do jogral — era fazer uma "reunião de cúpula no 19º andar" com "um ou dois representantes" dos estudantes e "[...] o tempo inteiro os desembargadores queriam saber: 'Mas quem é o líder?'. [...] às vezes, alguém vinha fa-

---

mentar que a ocupação da escola pelos alunos era a mesma coisa do que a suposta "invasão" das diretorias de ensino pelo sindicato dos professores, que nem sequer havia ocorrido, e pedir que as escolas fossem inclusas nesse pedido de interdito proibitório.

lando: 'Ah, então você é o líder?'. 'Eu não sou líder! Eu não sou nada! Eu não sou líder'" (*apud* Campos *et al.*, 2016, p. 162). A expectativa dos desembargadores contrastava claramente com a disposição dos estudantes, que identificavam seu movimento como horizontal e sem lideranças, além de se recusarem a realizar reuniões a portas fechadas. Quatro dias depois os estudantes obteriam uma vitória decisiva: os desembargadores votaram por manter a suspensão da reintegração de posse das ocupações. Na interpretação da defensora o contato face a face com os secundaristas, sua autenticidade e iniciativa (em contraste com a imagem que o governo queria pintar das ocupações como interesse partidário do PT e executadas pela APEOESP), teve um impacto positivo raro nos desembargadores, o que ficou expresso em seus votos que destacam o direito de manifestação.

Conforme foi impedido pela Justiça de usar a Polícia Militar para desocupar as escolas, o governo agiu principalmente através da burocracia escolar ligada à Secretaria de Educação, que lançou mão de estratégias de desmobilização e repressão de maneira sorrateira e invisível à cobertura midiática e ao debate público. Dirigentes de ensino, diretores e coordenadores, e eventualmente professores, promoveram campanhas de desinformação e difamação, principalmente com o objetivo de corroer a relação entre ocupantes e suas comunidades e, assim, criar conflitos e deslegitimar os estudantes perante o público em geral por meio do desgaste de sua imagem em uma chave principalmente moral.

A campanha de difamação visava à estigmatização dos estudantes que ocupavam suas escolas, criando boatos e calúnias para retratá-los como "baderneiros", "vândalos", "desocupados" ou "vagabundos", além de nomear a ocupação de "invasão". Direções ligavam para os pais e responsáveis para espalhar que a escola estaria sendo depredada e que nas ocupações haveria sexo e drogas e que os ocupantes só queriam "matar aula", ignorando todas as atividades educativas e culturais que estavam sendo promovidas. Diretorias também convocaram reuniões com pais e responsáveis, prometendo a volta às aulas, a entrega de notas e a rematrícula para o ano seguinte; contudo, como as escolas permaneciam efetivamente ocupadas, a estratégia dos dirigentes e diretores era a expectativa de que o aglomerado de pais na frente da escola ocupada se transformasse em uma turba que forçasse a sua desocupação, se necessário por meio da força. A eficácia desta estratégia se revelou pequena.

A campanha de desinformação se baseava em espalhar informações falsas e fazer ameaças vazias, como, por exemplo: a ocupação impediria que o ano letivo fosse encerrado, o que impossibilitaria o fechamento de notas, a realização de formaturas e a emissão de diplomas e históricos escolares. Envolvidos nas ocupações foram ameaçados de repetir de ano, suas famílias de perderem o benefício do Bolsa Família. E sobre quem boicotasse a prova do SARESP (avaliação estadual) era dito que seria punido na nota do ENEM (prova federal, sem qualquer relação com o SARESP).

Estas estratégias sorrateiras do governo de sabotar as ocupações e procurar minar o apoio que os estudantes ganhavam ficou especialmente clara no já referido áudio vazado (mencionando que o secretário de Segurança havia "puxado o freio" do que a polícia poderia fazer, o chefe de gabinete afirma que estariam "no meio de uma guerra" e que seria necessário "traçar umas estratégias" e "fazer a guerra da informação").[13]

Além destas campanhas de desinformação e difamação, houve uma campanha de assédio e violência promovida pelo estado, através da Polícia Militar e da burocracia escolar, e por pessoas não identificadas (às vezes mascaradas), com incontáveis casos de intimidação, ameaça e agressão, especialmente durante a madrugada. Policiais, diretores e professores assediavam moralmente as ocupações com uma frequência diária, fazendo rondas, agredindo verbalmente os ocupantes ou ameaçando-os de modo ilegal de invasão (forçar a entrada na escola ocupada) e de prisão. Em outras circunstâncias, ocorreram casos mais graves, como as diversas ocupações, em diferentes regiões, que sofreram ataques durante a noite com pedras quebrando vidros, um motorista jogando seu carro contra o portão da escola e até mesmo o lançamento de bombas.

Embora o governo tenha tentando deslegitimar o movimento e enquadrá-lo como "partidário" e "baderneiro", os estudantes ganharam esta batalha simbólica tanto em torno da pauta quanto da imagem do próprio movimento, mobilizando um consenso de que a "reorganização" era prejudicial à educação pública (principalmente devido ao fechamento de escolas, publicizado como uma medida injustificável) e retratando as ocupações como atos de defesa e preservação das escolas.

Durante setembro e outubro, quando os estudantes foram às ruas, a sua visibilidade na imprensa e o apoio de atores fora do circuito militante (sindical, partidário ou autonomista) eram muito pequenos, mas este cenário muda drasticamente quando se iniciaram as ocupações, em especial na capi-

[13] Para uma análise mais detalhada do conteúdo deste áudio, muito esclarecedor da visão do governo sobre o movimento e da maneira como foi articulada a repressão não policial e ações de sabotagem das ocupações por parte da Secretaria de Educação, cf. Campos *et al.* (2016, pp. 207-37).

tal. Uma parcela da sociedade passou a apoiar cada vez mais o movimento, tanto no cotidiano das ocupações (através das doações de mantimentos, assistência jurídica e promoção de atividades culturais e educativas, com grande participação de coletivos, professores e estudantes universitários) quanto na internet (Campos *et al.*, 2016, p. 257).

A segunda escola ocupada no estado de São Paulo, por ser localizada em uma região nobre da capital paulista, teve mais visibilidade do que a primeira ocupação (em Diadema, Região Metropolitana de São Paulo), além de contar com ex-alunos ilustres que se tornaram apoiadores da ocupação. Após ter pedido as reintegrações de posse nos primeiros dias, o governo estadual determinou um cerco policial em torno da escola ocupada, imagem que passou a estampar a primeira página dos principais jornais do estado, de circulação nacional. Este cerco teve um impacto de considerável dramaticidade, tanto pelo aspecto de ameaça ao direito de manifestação quanto pela oposição entre policiais fortemente armados impedindo a entrada de doações (de alimentos, colchões e cobertores) em oposição a adolescentes que protestavam pacificamente por sua escola. Um acampamento de apoiadores foi montado do lado de fora da escola e a rua permaneceu interditada até que o cerco policial foi suspenso na noite do dia 13 de novembro, por conta da decisão da Justiça em favor dos estudantes. Aquela situação contribuiu muito para a divulgação das ocupações e mobilização do apoio entre a classe média e a burguesia paulistanas.[14]

Depois de quase um mês de movimento, quando as ocupações pararam de crescer, atingindo um pico de cerca de duzentas, os estudantes recorreram a diversos trancamentos-relâmpago simultâneos de importantes ruas e avenidas da capital para que se mantivesse o *momentum* da mobilização e a atenção da mídia. Sem dúvida, o papel mais importante do "Comando das Escolas Ocupadas" foi propor esses trancamentos de avenidas e ajudar a difundir um manual de "Como trancar uma avenida", com ilustrações de carteiras bloqueando as ruas. Eles aconteciam de maneira imprevisível, com pequenos grupos carregando cadeiras escolares e impedindo o tráfego dos carros simultaneamente em diversos pontos da cidade, o que gerou muito conflito com a polícia — que atirava bombas de gás e perseguia os grupos conforme esses mudavam de local. Estas imagens estamparam as capas de

---

[14] As particularidades do apoio da sociedade civil paulista às ocupações (em comparação com o que ocorreu em outros estados brasileiros) são exploradas no capítulo 13 desta coletânea.

jornais; uma foto em particular, de um policial tentando arrancar uma cadeira escolar das mãos de uma estudante, circulou em grande escala, mostrando como os estudantes foram capazes de utilizar estrategicamente a dramaticidade da repressão policial a seu favor e reforçando ainda mais o enquadramento interpretativo de que o governo procurava reprimir violentamente adolescentes que nada mais queriam do que estudar. Nesta última semana do movimento, o apoio de parcela grande da classe média de São Paulo atingiu seu ápice com um festival de música chamado "Virada das Ocupações", organizado por uma ONG com participação de cerca de oitocentos artistas, alguns deles nomes de grande destaque nacional, como Pitty e Criolo. De acordo com os organizadores, mais de 20 mil pessoas assistiram às apresentações que ocorreram simultaneamente em dez escolas ocupadas.

Além dos trancamentos de ruas e avenidas e o amplo apoio na sociedade civil paulistana, a atuação institucional da Defensoria Pública (DP) e do Ministério Público (MP) foi fundamental para o desdobramento do processo político. No decorrer de novembro, promotores de justiça entraram no Judiciário com ações regionais para reverter ou paralisar a "reorganização escolar". O Judiciário, que já tinha se posicionado contra as reintegrações de posse das escolas ocupadas, novamente contrariou o Executivo nestas ações regionais, suspendendo o fechamento de escolas em cidades específicas. Já no início de dezembro, a escalada de repressão estatal (confirmada pelo vazamento do áudio do chefe de gabinete da Secretaria) e de violência policial motivaram promotores e defensores a forjar uma aliança incomum entre MP e DP para produzir uma ação civil pública contra a "reorganização escolar" como um todo. O objeto da ação foi o desrespeito ao processo democrático, um princípio de gestão do ensino público garantido pela Constituição Federal de 1988. MP e DP exigiam não apenas a suspensão da "reorganização" como também uma agenda de discussões por meio de amplas audiências públicas com as comunidades escolares durante 2016. Todas estas ações civis públicas de promotores e defensores, além das decisões de juízes e desembargadores contrárias ao poder executivo estadual, foram se avolumando e criando uma espécie de cerco institucional ao governo Alckmin, configurando mais um fator de constrangimento que o levou a recuar.

Finalmente, acuado e diante de uma clara derrota da disputa por enquadramentos em torno da reestruturação das escolas e da legitimidade do movimento, o governador Geraldo Alckmin (PSDB) anunciou no dia 4 de dezembro a suspensão do projeto para o ano seguinte. No dia seguinte o pronunciamento estava com destaque na capa dos jornais e um jornalista da *Folha de S. Paulo* citava um auxiliar do governador, que preferiu não se identificar, dizendo: "*Estamos disputando espaço com o impeachment da Dilma. Não tem condições de continuar assim*".[15]

O processo de desocupação das escolas se deu de maneira gradual, conforme os estudantes de cada uma delas decidiam autonomamente como lidar com o clima de comemoração e desconfiança e dependendo das negociações com os diretores (era comum por exemplo que o ato da desocupação fosse intensamente documentado, contando com a presença de representantes da Secretaria de Educação, para que se provasse que os estudantes entregavam a escola de volta sem danos ao patrimônio; isso gerou alguns conflitos e demoras em escolas cuja postura dos funcionários foi menos colaborativa com os estudantes).

A maneira com que lidaram com o recuo do governador é indicativo daquela descentralização mencionada acima: o "Comando" tentou orientar os estudantes por meio de publicações na internet e realização de um jogral para a imprensa (realizado em uma escola no centro expandido da cidade) que não desocupassem até que fosse publicada no *Diário Oficial*[16] a decisão do governador, mas a análise dos posts realizados em mais de cem páginas de ocupações imediatamente após a coletiva de imprensa realizada pelo governador mostra que, se, por um lado, os estudantes reconheciam que qualquer atitude do governador deveria ser vista com desconfiança e que portanto deveriam permanecer vigilantes, por outro comemoravam a "vitória" (ou o "começo de uma vitória") e já sinalizavam desocupações.

1.5. As ocupações enquanto experiência formativa

Conforme as ocupações avançavam, o questionamento da maneira unilateral com que o governo pretendia implantar a "reorganização" se desdobrou em um questionamento mais profundo das hierarquias escolares (diretorias, grêmios, a relação professor-aluno, associações de pais e mestres)

---

[15] *Folha de S. Paulo*, 5/12/2015 *apud* Campos *et al.*, 2016, p. 283.

[16] Um complicador que contribuiu para divergências de interpretação entre os estudantes sobre o anúncio de suspensão da "reorganização escolar" pelo governador é que esta nunca foi publicada no *Diário Oficial*, apenas um decreto autorizando transferências de funcionários entre escolas. Assim, enquanto muitos desejavam uma revogação *oficial e garantida* da medida (algo além de um pronunciamento oral do governador), ela nunca havia existido enquanto "realidade jurídica" a ser revogada. A própria maneira extraoficial e não transparente de operar do governo é que dificultava nesse caso um diagnóstico comum e claro sobre a "vitória" entre os estudantes.

e os alunos passaram a atrelar sua demanda por "educação de qualidade" a uma educação "crítica", "mais livre" etc.

Desde o início, as ocupações foram organizadas em um modelo horizontalista: as decisões eram tomadas em assembleias e comissões eram divididas para organizar o dia a dia da escola ocupada e as suas necessidades de infraestrutura, alimentação, higiene, atividades etc. Seriedade e organização foram, desde o início, valores importantes para os estudantes, pois era preciso criar uma imagem positiva das ocupações ante a caracterização que a grande mídia e o governo faziam delas como "invasões" e "vandalismo". Os estudantes se esforçavam para transformar as ocupações em uma escola aberta à comunidade com uma programação diária de atividades que divulgavam pelo Facebook e colando cartazes na fachada. Eram atividades recreativas e formativas voltadas para o estreitamento de laços e a reflexão crítica. O dia a dia de uma ocupação tipicamente incluía refeições coletivas, oficinas de dança, de yoga, de música etc., além de debates e atividades educativas sobre machismo, racismo, desigualdade etc. (o que era oferecido como forma de apoio por diversos coletivos culturais, universitários e professores independentes). Além disso, eram realizadas pelo menos uma ou mais assembleias por dia para a deliberação da agenda e das responsabilidades dos próximos dias e discussão dos problemas enfrentados (se havia falta de doações de comida ou ameaças de ação da polícia, por exemplo).

A experiência foi descrita por muitos como uma ruptura radical com a escola anterior à ocupação, onde os estudantes não discutiam nada em grupo e apenas se sentavam em fileiras sem olhar uns para os outros e copiavam da lousa; os exercícios de reflexão e argumentação exigidos pelas assembleias foram uma grande ruptura quanto à obediência exigida anteriormente e a construção do comum rompeu com o individualismo, causando surpresa nos estudantes com relação à sua própria capacidade. As escolas ocupadas foram celebradas como melhores que as escolas do estado, desde a comida servida e a limpeza até as próprias atividades educativas. Rapidamente os estudantes foram incorporando em seu discurso, além de melhores infraestruturas e menos alunos por sala, uma demanda por aulas mais "experimentais", "democráticas", "estimulantes", "críticas" etc. e uma escola que respeitasse mais as meninas e os alunos LGBT. Isso se consolidou na palavra de ordem "*Por uma educação que nos ensine a pensar e não a obedecer*" (Campos *et al.*, 2016, p. 149). Aqui, a ocupação não funciona apenas como tática de luta, mas como uma experiência política de antecipação da escola — e da sociedade — imaginada e desejável. Se o objetivo almejado é uma escola mais democrática e uma educação mais estimulante e crítica, isso já é vivido no dia a dia da ocupação. A resistência à medida imposta de maneira autoritária pelo governo é refletida na democracia radical dos estudantes; e essa coerência entre reivindicação e forma de luta fortaleceu muito o movimento. Este aspecto das ocupações enquanto experiências formativas intensas fez com que a celebração que ocorreu quando o governador suspendeu a "reorganização" fosse acompanhada também de uma certa melancolia pela volta das aulas regulares.

Após a suspensão, algumas ocupações levantaram pautas específicas de suas escolas, como reformas, acesso à biblioteca e material, mudança de conduta de professores com relação a questões de gênero e LGBT, entre outras coisas, mas o grau de sucesso variou imensamente, dependendo da disposição das diretorias e dos dirigentes regionais de ensino. Inspirados pelas oficinas que ocorriam durante o período de ocupação, em algumas escolas estudantes também tentaram organizar grêmios e atividades educativas e culturais, mas isto foi dificultado pelo boicote das diretorias, repressão e perseguição dos estudantes que haviam ocupado (transferências compulsórias, campanhas de estigmatização, isolamento social e tentativas de responsabilização financeira por supostos "danos" à escola durante a ocupação).

2. 2016: DUAS FRENTES DE COMBATE PELA MERENDA, ENDURECIMENTO DA REPRESSÃO E O ATROPELO DA CONJUNTURA

Em janeiro de 2016, as escolas haviam sido desocupadas e a "reorganização escolar" suspensa, mas permanecia uma recém-formada rede de secundaristas engajados, que mantinham contato através dos grupos de Whatsapp e páginas de Facebook. O governo, por sua vez, procurou readequar suas estratégias de corte de gastos e abertura de caminhos para a gestão privada, agora também preocupando-se mais com o controle dos estudantes. A "reorganização escolar" foi retomada de maneira sorrateira através do fechamento gradual de salas de aula, dessa vez apenas como atos administrativos de rotina e sem nenhuma publicização da medida por meio de decretos ou anúncios oficiais em programas de televisão (foi preciso um levantamento realizado pela APEOESP para que se tomasse conhecimento dos fechamentos, chamados de "reorganização silenciosa") (Campos *et al.*, 2016, p. 319). Ao mesmo tempo, procurou-se manter uma imagem de que o governo havia se aberto para o diálogo com os estudantes com o início de uma campanha por eleições de grêmios nas escolas (na sua maioria, sob forte influência e controle das diretorias). O estudantes reagiram, procurando publicizar o fechamento de salas e conscientizando os alunos da necessidade de se organizar por meio de grêmios livres e independentes (Campos *et al.*, 2016, pp. 320-6), mas foi a pauta da merenda escolar que de fato motivou uma nova onda de ocupações.

Desde o início do ano se misturavam as questões da queda na qualidade da merenda das escolas (com muitas escolas passando a receber apenas merenda seca e várias escolas técnicas ficando sem nenhuma refeição, inclusive para os alunos de período integral) e as denúncias de corrupção que vinham à tona devido à Operação Alba Branca.[17] Os estudantes realizaram grandes atos de rua que tematizavam as duas questões simultaneamente. Ao mesmo tempo, compareciam a sessões da Assembleia Legislativa do Estado de São Paulo (ALESP) em protesto, pressionando os deputados pela instalação de uma CPI. Em uma ocasião realizaram uma performance com pratos vazios e foram expulsos e detidos pela Polícia Militar, o que teve grande repercussão na mídia. Nas redes sociais postavam fotos das merendas do dia em diferentes escolas, sob o nome "Diário da Merenda" e usavam a *hashtag* #QuemVaiPunirOLadrãoDeMerenda?.

Ao fim de abril, quando a mobilização trocou os atos de rua e as performances pelas ocupações permanentes de escolas e prédios públicos, porém, as duas pautas se cristalizaram separadamente: enquanto uma rede de estudantes aglutinada em torno de uma cultura política mais autonomista, influenciada por aqueles mesmos coletivos de 2015, optou por ocupar escolas técnicas para reivindicar a construção de refeitórios (organizando "Assembleias Gerais das ETECs", semelhante ao "Comando das Escolas Ocupadas" do ano anterior), outro grupo aglutinado em torno das entidades estudantis (hegemonizadas pelo PCdoB) decidiu ocupar a ALESP com a pauta única da CPI da Merenda.

Se em 2015 o cenário era de um movimento descentralizado, que se manteve unido e autônomo graças a uma identidade coletiva forjada ao longo da própria mobilização e ao comprometimento com a pauta única, em 2016 o que se viu foram ocupações organizadas em torno de duas pautas que corriam paralelas: 1) ocupações de cerca de dezoito escolas técnicas, oito escolas estaduais, quatro diretorias de ensino e do Centro Paula Souza

---

[17] A "Operação Alba Branca" (uma atuação conjunta da Polícia Civil e do Ministério Público) investigava o pagamento de propinas, fraudes de licitações e superfaturamentos de produtos usados nas merendas da rede estadual, envolvendo nomes próximos ao governador Geraldo Alckmin e o presidente da ALESP, Fernando Capez (ambos do PSDB). A imprensa paulista começou a dar destaque para o assunto em meados de março, adotando o termo "máfia da merenda".

(CPS), cuja pauta era a construção de refeitórios e merendas para os alunos do período integral; e 2) a ocupação da ALESP, que demandava a criação da CPI da Merenda para apurar denúncias de corrupção.

As duas mobilizações permaneceram relacionadas porém distanciadas. O principal impacto que as ocupações de 2015 tiveram na esquerda organizada foi a opção por táticas mais radicais e confrontacionais de pressão do estado: em 2015, estes atores não teriam considerado ocupar a Assembleia Legislativa em um ato de desobediência civil, mas o sucesso das ocupações tornou essa possibilidade atrativa em 2016. Porém, enquanto a tática era aquela próxima aos setores autonomistas, o foco da ocupação continuava na política institucional: seu objetivo era a instalação de uma comissão de deputados e o desgaste do PSDB em um contexto político nacional em que o problema da corrupção era associado quase que exclusivamente ao PT. No caso das ocupações das escolas técnicas, o foco era em ganhos imediatos com relação à alimentação dos estudantes, que estava muito comprometida.

As ocupações das escolas técnicas, das diretorias de ensino e do CPS funcionaram de maneira semelhante às de 2015, segundo um modelo descentralizado e horizontalista, mas foram interrompidas por uma inovação e endurecimento da repressão do estado. Como apontamos, no ano anterior o governo tinha sido impedido pelo Judiciário de realizar reintegrações de posse com o uso da Polícia Militar, o que limitou o campo em que poderia atuar. Isso levou a um investimento pesado por parte da Secretaria de Educação em contracampanhas de desmobilização e difamação dos estudantes, procurando desarticular a sua base e o apoio das comunidades às ocupações. Em 2016, técnicas semelhantes foram empregadas,[18] mas o governo criou uma maneira de burlar os impedimentos colocados pelo Judiciário à ação da polícia e empregou principalmente a força para impedir a expansão das ocupações.

O então secretário de Segurança Pública, Alexandre de Moraes, pediu um parecer jurídico que justificasse a reintegração de posse sem mandado judicial com base em um artigo do Código Civil acerca da chamada autotutela, o que pressuporia igualar o estado a uma pessoa física que usa da violência para proteger sua propriedade se esta estiver ameaçada. A resposta da

---

[18] Um vazamento de e-mails mostrou por exemplo como o órgão de administração das escolas técnicas incentivava a organização de grupos de pais e alunos contrários às ocupações para comparecerem em frente às escolas e forçarem a saída dos estudantes, a realização de cortes na água e luz das escolas e o uso do Facebook pelos professores e diretores para divulgar para os pais as "consequências da perda de aulas" (Campos *et al.*, 2016, pp. 328-9).

Procuradoria-Geral do Estado buscou justificar esta mudança na estratégia repressiva, mas não pelo direito civil e sim pelo direito administrativo: com base em trabalhos de juristas da época da ditadura militar, sustentou-se que o estado poderia usar da violência da Polícia Militar para proteger qualquer imóvel público que fosse ocupado simplesmente por ser do estado, sem precisar de autorização de outro poder, em claro confronto com pressupostos do Estado democrático de direito.[19] O parecer dizia ainda que havia uma "banalização" das ocupações de imóveis públicos no estado de São Paulo sob o falso pretexto do exercício da liberdade de manifestação (Tavolari *et al.*, 2018).

Com base neste recurso, a Polícia Militar desocupou à força os principais prédios ocupados pelos estudantes no dia 13 de maio,[20] levando muitos detidos. No mesmo dia, pela noite, alunos de uma escola também foram detidos apenas por estarem fazendo uma assembleia. Com relação às escolas que permaneciam ocupadas após esse dia, a "Assembleia das ETECs" sugeriu, tendo em vista "a brusca mudança no momento político atual e a nova ofensiva repressiva",[21] que cada escola discutisse em assembleia a desocupação e pensassem em novas táticas de luta, convocando um ato para o dia 18 de maio em denúncia da violência policial. Este protesto, por sua vez, foi duramente reprimido e tanto estudantes quanto jornalistas foram agredidos pela Polícia Militar.

Estes acontecimentos, embora escandalosos, não receberam a mesma atenção que as ocupações de 2015 na imprensa, pois foram ofuscados pelo afastamento da presidente Dilma Rousseff, que ocorrera um dia antes da repressão policial aos estudantes. Da mesma forma, os setores da esquerda

---

[19] Apenas alguns dias depois da realização dessa manobra, Alexandre de Moraes seria promovido a Ministro da Justiça no governo de Michel Temer. Atualmente é ministro do STF por indicação do mesmo.

[20] Antes disso, o CPS e a ALESP já haviam sido desocupados, no mesmo dia (6 de maio), porém com mandados judiciais. No caso do CPS, ocorreu uma escalada de tensão e conflito entre Judiciário e Executivo (Tavolari *et al.*, 2018) pois o juiz da Central de Mandados estipulou exigências para a reintegração de posse (como a proibição do uso de armas pela PM e a presença física do secretário de Segurança); o governo estadual desafiou as decisões judiciais, tanto ao mandar policiais invadirem o saguão do CPS antes mesmo da audiência de conciliação quanto recorrendo na Justiça contra aquelas exigências (que foram revistas na segunda instância). Já no caso da ALESP, os ocupantes saíram voluntariamente devido à multa de 30 mil reais por pessoa estabelecida pela Justiça. Após a reintegração do CPS, novas ocupações de diretorias de ensino e escolas ainda aconteceram, mas foram interrompidas já na semana seguinte pela PM.

[21] Facebook, "ETECs Famintas", 14/5/2016.

organizada e da classe média paulista, que se dedicaram intensamente a apoiar as ocupações em 2015 (em especial profissionais liberais, professores, intelectuais, artistas e universitários), concentravam naquele momento suas energias na realização de outros protestos, motivados especialmente pela extinção do Ministério da Cultura por parte do novo governo interino e pelo fato de que Michel Temer havia nomeado apenas homens brancos como ministros.

A partir de maio, aquele polo organizado em torno das entidades estudantis redirecionava suas energias para a conjuntura nacional, enquanto a rede de estudantes engajados mais próxima àqueles coletivos autonomistas se dispersou: alguns participaram da ocupação da Funarte em defesa do MinC, de ocupações nas Fábricas de Cultura (devido a cortes realizados pela OS administradora) e outros se dedicaram a organizar um grupo pequeno para realizar uma "Caravana Secundarista" e viajar para outros estados (em conjunto com jornalistas independentes próximos), onde haviam escolas ocupadas em torno de pautas da educação.

Após uma grande euforia que marcou o fim de 2015 e o início de 2016, este foi um período de desarticulação e refluxo da mobilização secundarista, motivado especialmente pela dificuldade em lidar com a repressão estatal em um contexto de falta de visibilidade diante da conjuntura nacional. Os estudantes haviam sido forçados a desocupar as escolas e lidavam com expulsões e transferências compulsórias, boletins de ocorrência, intimações etc. Muitos já haviam sido detidos mais de uma vez e tinham seus rostos marcados pela PM. Em setembro, quando secundaristas se mobilizavam em outros estados (liderados pelas ocupações no Paraná) contra a reforma do ensino médio e a PEC do teto de gastos, houve em São Paulo cerca de 28 tentativas de ocupações em escolas estaduais e diretorias de ensino,[22] mas a maioria não chegou a durar nem 24 horas e foi reprimida sumariamente pela PM.

Referências

CAMPOS, Antonia M.; MEDEIROS, Jonas; RIBEIRO, Márcio M. *Escolas de luta*. São Paulo: Veneta, 2016.

MEDEIROS, Jonas; JANUÁRIO, Adriano. "Desrespeito, indignação ou injustiça: o que motivou os secundaristas paulistas a ocuparem suas escolas?". *18º Congresso Brasileiro de Sociologia*, Brasília, 2017.

[22] Dados colhidos na imprensa e por meio de contatos da pesquisa.

MEDEIROS, Jonas; RODRIGUEZ, José Rodrigo; BARBOSA, Samuel. "Na contramão da democracia: o Estado e as ocupações de escolas". *JOTA*, 6/6/2016.

MELUCCI, Alberto. "The Process of Collective Identity". In: JOHNSTON, Hank; KLANDERMANS, Bert (orgs.). *Social Movements and Culture*. Minneapolis: University of Minnesota Press, 1995, pp. 41-63.

PATTA, Caetano. *Contestando a ordem: um estudo de caso com secundaristas da Zona Leste paulistana*. Orientador: André Singer. Dissertação (Mestrado em Ciência Política), FFLCH-USP, São Paulo, 2017.

PÓ, Marcos Vinicius; YAMADA, Erika Mayumi Kasai; XIMENES, Salomão Barros; LOTTA, Gabriela Spanghero; ALMEIDA, Wilson Mesquita de. *Análise da política pública de reorganização escolar proposta pelo Governo do Estado de São Paulo*. Santo André: Fundação Universidade Federal do ABC, 2015.

SILVA, Marcelo Kunrath; COTANDA, Fernando Coutinho; PEREIRA, Matheus Mazzilli. "Interpretação e ação coletiva: o 'enquadramento interpretativo' no estudo de movimentos sociais". *Revista de Sociologia Política*, Curitiba, v. 25, nº 61, pp. 143-64, mar. 2017.

TAVOLARI, Bianca; LESSA, Marília; MEDEIROS, Jonas; MELO, Rúrion; JANUÁRIO, Adriano. "As ocupações de escolas públicas em São Paulo (2015-2016): disputas entre o direito à manifestação e o direito de posse". *Novos Estudos CEBRAP*, São Paulo, v. 37, nº 2, pp. 291-310, mai.-ago. 2018.

4

"A gente ainda nem começou": repertórios de confronto político nas escolas ocupadas em Goiânia (2015-2016)

Francisco Mata Machado Tavares[1] *e Ellen Ribeiro Veloso*[2]

Introdução

Desde, ao menos, o ano de 2007, ficou nítida a emergência de uma nova realidade no confronto político transgressivo brasileiro: ocupações de reitorias, marchas da maconha, marchas feministas, campanhas em redes e aplicativos baseados na internet,[3] "catracaços", ocupações lúdico-cultural-contestatórias[4] do espaço urbano e surgimento de coletivos de midiativismo[5] contam-se entre os numerosos exemplos de eventos, organizações de movimento e repertórios que inovaram sobre o cenário pretérito, compreendido entre a transição democrática e o governo FHC. Abriu-se, a partir daí, o pavimento histórico para o ciclo de confronto[6] observado no ano de 2013.

---

[1] Professor da Universidade Federal de Goiás (UFG), onde atua no Programa de Pós-Graduação em Ciência Política e no Programa de Pós-Graduação Interdisciplinar em Direitos Humanos.

[2] Mestre em Ciência Política pela Universidade Federal de Goiás (UFG) e doutoranda em Ciência Política na UnB.

[3] Temáticas tão diversas como a interrupção das obras da Usina Hidrelétrica de Belo Monte, a defesa dos direitos dos povos indígenas Guarani Kaiowá e o combate à misoginia e ao assédio sexual impulsionam rumorosas campanhas, embaladas por *hashtags* ou compartilhamentos em massa em redes como o Facebook.

[4] Dois exemplos dessa ideia expressam-se no Movimento Praia da Estação, em Belo Horizonte, e no Ocupe Estelita, no Recife.

[5] Os diversos coletivos locais do Centro de Mídia Independente — mais atuantes entre 2000 e 2008 — podem ser entendidos como o marco inicial de um repertório midiativista hoje manifestado em uma profusão de iniciativas, a exemplo do Mídia Ninja, dos Jornalistas Livres e do Desneuralizador.

[6] Este conceito é detalhadamente definido em Tarrow, 2009.

Este texto se dedica ao estudo de um caso inserido nesse processo de reconfiguração do ativismo brasileiro (Bringel e Pleyers, 2015). Trata-se de uma manifestação de confronto político na região metropolitana de Goiânia, ocorrida entre o final de 2015 e o início de 2016. Ali, deu-se uma sucessão de ocupações de escolas públicas estaduais, movidas pelo escopo de impedirem uma política governamental atinente à concessão do serviço de ensino público básico para o setor privado, por meio da forma jurídica de organizações sociais.[7] Os eventos perquiridos amoldam-se integralmente às duas características mais comumente observadas no referido processo de reconfiguração: i) dizem respeito a atores/atrizes sociais muito jovens, cuja história de vida fora forjada em um país onde o Partido dos Trabalhadores e o Partido Comunista do Brasil sempre foram sinônimo de governo e de *status quo*, de modo que não se constituem como as referências preferenciais para as suas ações de participação política confrontacional transgressiva; e ii) não invocam, preferencialmente, em sua rotina, a dinâmica de interdependência colaborativa entre Estado e sociedade civil como, tampouco, concebem como prioritário o tema da participação social nos rumos da burocracia estatal por meio de arranjos como conferências, conselhos ou a terceirização dos serviços públicos para entidades da sociedade civil.

Na primeira seção, adiante, são apresentadas as premissas teóricas e metodológicas acerca da pesquisa empírica que norteia este texto. São justificadas, em especial, as opções pela "teoria relevante para movimentos sociais" como referencial teórico e pela pesquisa-ação como tipo de estudo adotados. Na segunda seção, apresenta-se o caso perquirido na pesquisa, concernente às ocupações de escolas ocorridas em Goiânia entre 2015 e 2016, bem como os desdobramentos ulteriores da tentativa governamental de conceder a gestão das escolas públicas do estado de Goiás para organizações sociais. Na terceira seção discute-se, a propósito do caso goianiense, a ambivalente relação entre judicialização e confronto político transgressivo. A última seção, antecedente às conclusões, debruça-se sobre fatos ocorridos durante as ocupações analisadas, de modo a se conduzir uma abordagem ancorada na recente teorização sobre protestos formulada por Alain Badiou, atinente à relação entre prefiguração, controle territorial e força política das ações contestatórias.

---

[7] Para entender-se o sentido econômico e político da medida em questão, confira-se Arrais *et al.*, 2016.

1. Premissas teóricas e metodológicas: uma opção pela teoria relevante para movimentos sociais e pela pesquisa-ação

A pergunta condutora do estudo de caso aqui apresentado traduz-se na seguinte indagação: as ocupações de escolas ocorridas na cidade de Goiânia entre 2015 e 2016 encerram qual legado para o aprendizado tático dos movimentos sociais urbanos identificados com a esquerda política[8] no Brasil contemporâneo?

A pergunta acima formulada foi respondida a partir de um exercício inspirado na chamada "teoria relevante para movimentos sociais". Esta concepção identifica um traço comum entre cientistas que pesquisam movimentos sociais e identificam-se com influências tão distintas como comportamentalismo, mobilização de recursos, enquadramento, oportunidades políticas, estudos sobre novos movimentos sociais ou dinâmicas do confronto. Trata-se de um não envolvimento ou tomada de posição ostensivos em relação às lutas investigadas, assim como uma despreocupação com os impactos ocasionados pelo saber gestado sobre a realidade fática, o que implica relevantes consequências. As mais comuns são a geração de pontos cegos no universo informacional apurado (o que compromete a ciência) e a colaboração não percebida com serviços estatais direcionados ao policiamento dos movimentos sociais (o que compromete o ativismo). Quanto à última, uma comparação cega entre manuais ou textos teóricos de inteligência de Estado[9]

[8] Entende-se como esquerda política o campo associado, em geral, à menor intervenção estatal na vida privada das pessoas e à maior intervenção — com ânimo redistributivo — no domínio econômico. De um modo mais preciso e associado ao objeto deste texto, considera-se, no contexto dos protestos brasileiros atuais e na esteira da classificação cunhada por Ann Mische e Angela Alonso, que aderentes aos repertórios autonomista e socialista sejam de esquerda, ao passo que adeptos/as do repertório patriótico sejam de direita (Alonso e Mische, 2017).

[9] Assis *et al.* (2013), por exemplo, oficiais do Exército Brasileiro e mestres em Operações Militares ensinam, em um artigo sobre ações em "ambiente terrorista", que o levantamento de dados da inteligência de Estado deve coletar informações como as seguintes: "particularidades como questões étnicas, religiosas, linguísticas e regionais, o nacionalismo, a ideologia e tendência ou não ao anarquismo, a posição política (esquerdismo radical, comunismo ortodoxo, extrema direita ou extrema esquerda) [...] tipo e eficiência da repressão governamental, tradições e atitudes da sociedade em relação à autoridade e a violência, homogeneidade da população, níveis de descontentamento popular e divergências internas, nível de industrialização, urbanização, escolaridade da população, nível de desenvolvimento socioeconômico, alfabetização, desníveis sociais (distribuição de ren-

e os artigos científicos que relatam pesquisas empíricas sobre movimentos sociais conduz à inafastável conclusão de que estes se revestem do atributo de robustos relatórios amoldados aos requisitos prescritos naqueles.

Dentre as/os pesquisadoras/es no Norte Global comprometidos com o problema em questão, destacam-se Colin Barker e Laurence Cox que, em 2002, lançaram as bases para esse debate (Barker e Cox, 2002).[10] Os autores escrutinaram o irremediável estruturalismo presente em boa parte dos trabalhos sobre movimentos sociais e o modo como cientistas estabelecem uma relação que fora predicada como "parasita" sobre as/os ativistas.[11] Por meio de uma profunda discussão bibliográfica que mobilizou o legado gramsciano para se contrapor a linhagens como a *Dynamics of Contention* ou os *New Social Movements Studies*, Barker e Cox indicaram os limites da "teorização contemplativa" ou "teorização acadêmica" e discutiram o potencial da "teorização ativista". Já em 2005, dois cientistas sociais marcaram época ao sugerirem uma "teoria relevante para movimentos sociais" (Bevington e Dixon, 2005). Ali, a relação entre ativistas e cientistas sociais experimentou uma importante guinada em direção a uma prática segundo a qual estes redobram o seu cuidado metodológico, de modo a produzirem teorizações que se mostrem relevantes para os movimentos. Esse chamado se funda em inúmeros argumentos e a qualidade epistêmica da produção científico-social não é o menos importante dentre eles, uma vez que "um resultado desse engajamento é uma pesquisa melhor, uma vez que os/as acadêmicos desenvolvem compreensões mais profundas e nuançadas dos movimentos" (Bevington e Dixon, 2005, p. 200, tradução nossa).

A ideia dos autores é que, se ainda não há uma metodologia que assegure com plena confiança a impossibilidade de uso do saber empírico sobre movimentos sociais em favor dos seus adversários, ao menos é possível, sobre bases epistêmicas críticas e reflexivas, desenhar-se inquirições sociocientíficas

---

da, restrições a mobilidade social e política) e [...] identificar o surgimento de novas ideologias, insatisfações, grandes concentrações de pessoas e taxas de imigrantes legais e ilegais" (pp. 10-1).

[10] A perspectiva da "Teoria Relevante" integra uma vasta tradição de abordagens científicas não convencionais sobre movimentos sociais, dentre as quais se destacam a sociologia pública de Burawoy e as inúmeras variantes de pesquisas militantes na América Latina, tal como conduzidas por uma bicentenária tradição, que segue desde José Martí ainda no século XIX, até pensadores mais recentes, como Fals Borda na Colômbia, Paulo Freire no Brasil, Stavenhagen no México e Anibal Quijano no Peru.

[11] Para uma abordagem sobre as implicações éticas das abordagens científicas convencionais sobre os movimentos sociais, confira-se Milan, 2014.

que se voltem, desde o problema de pesquisa à escolha das técnicas, para a produção de conhecimentos relevantes e úteis em favor dos movimentos.

Coerentemente, adota-se a modalidade da pesquisa-ação.[12] Os/as autores/as do trabalho envolveram-se diretamente com os fatos escrutinados, ao tempo em que se somaram ao conjunto de apoiadores/as do movimento de ocupação das escolas públicas na região metropolitana de Goiânia. Esta opção implica perdas, como a impossibilidade de aferição de dados demográficos sobre os/as ativistas ou da coleta de opiniões segundo técnicas que permitam um tratamento estatístico posterior. Para a pergunta que informa esta pesquisa, cingida ao legado de ordem tática fornecido pelo caso estudado, revela-se, todavia, adequada, uma vez que permite o contato com dados e informações referentes à relação entre ativistas e Estado que se afiguram acessíveis somente por meio das práticas solidariamente efetivadas junto ao movimento.

Para fins da pesquisa-ação, foram adotadas as seguintes ações: i) participação em reuniões de estudantes e apoiadores/as, inclusive em escolas sob isolamento policial, tendo em vista que a ação dos/as pesquisadores/as compreendeu serviços voluntários de advocacia e assistência jurídica, os quais contam com prerrogativa legal de acesso; ii) estudo das ações judiciais atinentes às ocupações e à implementação das organizações sociais no estado de Goiás; iii) participação em negociações com diretores de escolas, funcionários da Secretaria de Educação, policiais militares e representantes da Secretaria de Segurança, geralmente em ocasiões não abertas ao público, à imprensa e a pesquisadores/as da academia; iv) acompanhamento de presos/as detidos/as no contexto das mobilizações e dos respectivos depoimentos às autoridades policiais; v) pernoitamento em ocupações de escolas e consequente observação das dinâmicas internas do movimento; e vi) participação em mesas-redondas e atividades acadêmicas referentes ao tema da concessão do ensino básico estadual em Goiás para organizações sociais.

Objetivou-se com tais ações o cotejo dos elementos observados com a produção teórica das ciências sociais, de modo a indicar oportunidades perdidas pelo movimento e, assim, contribuir para que, em ocasiões análogas, outras/os ativistas possam valer-se das conclusões aqui expressadas. Na seção subsequente, portanto, apresenta-se o caso estudado e, nas ulteriores, são

---

[12] Como afirmam Maria Stuttaford e Chris Coe: "PAR [Participatory Action Research] and critical theory may be considered as having similar aims, in that they seek to redress conventional balances of power within the researcher-researched relationship through knowledge creation" (Stuttaford e Coe, 2007, p. 194).

discutidos os seus desdobramentos teórico-críticos para o melhoramento tático da luta social.

2. "Educação não é mercadoria": as ocupações de escolas em Goiânia como táticas de oposição às organizações sociais no ensino público estadual

Nos primeiros meses de 2015, o governador goiano Marconi Perillo anunciou a decisão de implementar uma política de terceirização da gestão escolar, delegando-se a administração do ensino público para o setor privado, mediante organizações sociais (OSs). A medida tornaria o estado pioneiro nessa modalidade de gestão escolar no país.[13] Antes, Goiás já se destacava nacionalmente como o estado que mais militariza escolas públicas civis,[14] transferindo à Polícia Militar a competência para gerir e dispor sobre a rotina disciplinar e pedagógica.

A figura jurídica "organização social" emerge, no Brasil, no contexto da reforma administrativa gerencial iniciada em 1995, primeiro ano do mandato presidencial de Fernando Henrique Cardoso, idealizada pelo então Ministro da Administração Federal e da Reforma do Estado, Luiz Carlos Bresser-Pereira, revestindo-se de regulamentação normativa[15] com a promulgação da Lei nº 9.637/1998. Associadas aos serviços competitivos ou não exclusivos do Estado, as organizações sociais consistiam, nos termos do Plano Diretor da Reforma do Aparelho do Estado, em "entidades de direito privado que, por iniciativa do Poder Executivo, obtêm autorização legislativa para celebrar contrato de gestão com esse poder, e assim ter direito à dotação orçamentária" (MARE, 1995, p. 60).

No contexto de transição do modelo de administração pública burocrático a um modelo autodenominado como gerencial, as organizações so-

---

[13] Consoante se vê no seguinte elo: <http://www1.folha.uol.com.br/educacao/2015/09/1677040-goias-prepara-parceria-inedita-com-setor-privado-para-escolas-publicas.shtml>.

[14] Vide o levantamento realizado pela *Folha de S. Paulo* disponível em: <http://www1.folha.uol.com.br/educacao/2015/08/1666631-cresce-no-brasil-o-numero-de-escolas-basicas-publicas-geridas-pela-pm.shtml>.

[15] Em Goiás, a qualificação de entidades como Organizações Sociais estaduais foi disciplinada pela Lei nº 15.503, de 28 de dezembro de 2005.

ciais são desenhadas como os instrumentos aptos a viabilizar a contratação de servidores/as sem atendimento aos requisitos constitucionais (como estabilidade) e a gestão privada de serviços que são entendidos como não vinculados diretamente ao poder estatal, tais como saúde, educação superior e gestão do patrimônio cultural (MARE, 1995; Bresser-Pereira, 1996, 2008).

Malgrado o mérito da forma jurídica em questão para fins de prestação do serviço de educação básica, há uma particularidade no caso goiano. Ali, as transferências da gestão de escolas públicas a entidades de direito privado e à Polícia Militar encerram um sentido adicional de resposta governamental ao conflito político com opositores/as. A fala a seguir, proferida pelo governador, indica como o binômio terceirização-militarização se insere na dinâmica dos confrontos locais:

> "Fui num evento e tinha um grupo de professores radicais da extrema esquerda me xingando. Eu disse: tenho um remedinho pra vocês. Colégio Militar e Organização Social. Identifiquei as oito escolas desses professores. Preparei um projeto de lei e em seguida militarizei essas oito escolas." (Pulcineli, 2015)

Outra situação evidencia que a decisão anunciada reflete uma postura associada à disputa de poder, sob interesse direto do chefe do Executivo estadual, antes de uma política articulada no âmbito da Secretaria de Estado de Educação, Cultura e Esporte (Seduce). No mês de abril de 2015, a titular da referida pasta, Raquel Teixeira, apresentara em coletiva de imprensa uma série de argumentos contrários à transferência da gestão das escolas às OSs, com destaque para duas falas em que menciona que: i) enquanto na parceria público-privada (PPP) a finalidade lucrativa é explícita, na OS "é aquela coisa embutida, não há explicitação do lucro, a gente sabe que existe, mas nesse sentido eu prefiro a PPP, em que pelo menos há uma transparência maior; na OS, não"; e ii) "há muitas dificuldades e especificidades da Educação. Você não pode chegar e falar 'vamos transferir a gestão', como se isso fosse resolver o problema. Não há qualidade de escola melhor do que a qualidade dos professores. Isso é uma verdade, toda pesquisa mostra isso".[16]

---

[16] Falas transcritas a partir do vídeo da coletiva de imprensa dada pela secretária Raquel Teixeira em abril de 2015, disponível no seguinte elo: <https://www.youtube.com/watch?v=uscNeBW7Gig&feature=youtu.be>.

Naquele mês, o Governo do Estado deu início à qualificação formal das organizações sociais com atuação na área da educação. Durante o mês de novembro, uma campanha de coalizão[17] denominada "Contra a Terceirização da Educação em Goiás", composta majoritariamente por professores/as da rede pública estadual, promoveu reuniões, atos em escolas públicas e manifestações nas ruas contra a transferência da gestão escolar às organizações sociais e, obliquamente, contra a militarização das escolas públicas. No dia 8 de dezembro, publicou-se no *Diário Oficial do Estado* o Decreto nº 596/2015, por meio do qual o governador autorizava a adoção das medidas necessárias à transferência da gestão de unidades escolares da rede básica de ensino a organizações sociais.

No dia seguinte, secundaristas goianos/as, apoiados/as por professores/as e estudantes universitários/as, ocuparam a primeira escola na capital, o Colégio Estadual José Carlos de Almeida. Trata-se de uma instituição tradicional, localizada em área nobre do centro da cidade, que se encontrava fechada desde 2014, após ter seu prédio parcialmente reformado. O segundo colégio ocupado foi o Robinho Martins de Azevedo (nome conferido em homenagem a um ativista do movimento de moradia que perdeu a vida por uma bala perdida), localizado em um bairro com tradição na luta habitacional e que se constituiu em sequência a uma ocupação. A partir daí, as ocupações se alastraram por Goiânia e outras cidades do estado, somando mais de vinte escolas ocupadas em duas semanas.

A estratégia de ocupação de escolas foi claramente inspirada no movimento iniciado em São Paulo um mês antes, reproduzindo-se em solo goiano o protagonismo de jovens estudantes de escolas públicas e a prevalência de formas organizativas e repertórios de mobilização autonomistas. Protestos e obstruções de vias públicas também foram repertórios adotados pelos/as secundaristas goianos/as. O cotidiano das ocupações foi publicizado e pode ser acompanhado mediante relatos publicados na página do movimento ("Secundaristas em Luta — GO") na rede social virtual Facebook. A constatação do influxo do movimento de ocupação paulista sobre o goiano e da cooperação entre estudantes secundaristas dos dois estados se deu tanto em decorrência da observação participante, quanto pelos textos de opinião sobre os movimentos publicados em mídia ativista e mesmo por notícias divulgadas em veículos comerciais.

---

[17] Um detalhamento desse conceito pode ser encontrado em Tarrow, 2009.

Com o saldo de 28 escolas ocupadas, o movimento conseguiu significativa visibilidade midiática, alcançou com certa frequência enquadramentos jornalísticos adequados às suas pautas de reivindicação e, sobretudo, definiu-se como marco formador e educador de uma geração de estudantes ainda muito jovens.

Por um lado, o repertório em questão comporta inevitáveis limites. Como observa Ian Caetano (2016), os espaços compreendem pessoas com privação de: sono, privacidade, alimentação adequada, silêncio e rotina organizada. Ademais, o ambiente ansiogênico associado à iminência do cumprimento de ações possessórias por meios coercitivos se afigura como um desafio adicional. Por outro, como detectou Joab Silva (2017) em pesquisa dedicada à educação não formal nas escolas ocupadas em Goiânia, a simples alteração das rotinas próprias aos edifícios escolares, que passam a contar com dinâmicas colaborativas de gestão do ambiente físico, oficinas conduzidas segundo lógicas radicalmente democráticas e relações alheias aos marcadores de poder ou de estratificação próprios à institucionalidade do ensino formal, produz um impacto formador significativo sobre as pessoas que aderem às ocupações.

Diante dos ambivalentes potenciais acima mencionados, constata-se que o repertório de ocupação de escolas públicas ainda demanda, antes de hagiografias ou condenações não nuançadas, reflexões mais detidas quanto aos respectivos desdobramentos, limites e legados. Neste texto, dois aspectos particulares deste tema são tratados à luz do caso goianiense, nomeadamente os paradoxos associados à judicialização de uma luta social e as potencialidades presentes no controle de territorialidades excedentes às escolas. Estes assuntos são desenvolvidos nas seções seguintes.

3. Ambivalências da judicialização do confronto político

A judicialização do confronto político é um fenômeno recorrente no mundo contemporâneo, em que aparatos legitimados sob pretensa primazia técnica tendem a sobrepujar os mecanismos de influência ou participação política das/os cidadãs/aos. Sob o primado de uma lógica pós-democrática (Crouch, 2004), em meio à qual espaços insulados experimentam crescente relevância nos processos decisórios publicamente relevantes, corpos compostos majoritariamente por homens, brancos, egressos da classe média alta e revestidos de prerrogativas como vitaliciedade e inamovibilidade, tendem a exercer um papel cada vez mais central na esfera política.[18] Esse movimento, frequentemente, traz em si ambivalências ou mesmo contradições, tais como as que se observam quando organizações de movimento e coalizões reunidas ao redor de campanhas com ânimo reivindicatório optam por contornar a descrença em "corpos intermediários" (Urbinati, 2015) por meio de um direcionamento das demandas e das aspirações para o opaco e hermético âmbito do Poder Judiciário, ao notarem que ali, mais do que nos espaços constituídos segundo a autorização eleitoral, as definitivas decisões são efetivamente implementadas. Os governantes eleitos, igualmente, tendem, de modo cada vez mais frequente, a submeter o conflito com opositores e as tensões decorrentes do dissenso político para o campo jurisdicional, do qual esperam colher legitimidade para silenciarem protestos, em detrimento de abrirem interlocuções de ordem político-democrática diretamente com os/as opositores/as.

No caso das ocupações de escolas em Goiás, a judicialização da demanda pautada pelo movimento secundarista seguiu essas duas tendências: de um lado, o governo ingressou com pedidos de reintegração de posse das escolas ocupadas, antes de abrir um diálogo político com os grupos que objetam a gestão de escolas por meio de organizações sociais; e, de outro, ativistas reportaram-se diretamente ao campo jurídico, o que se deu, por exemplo, em 21 de março de 2016, quando um protesto teve como destino o prédio do Ministério Público, onde se protocolou um documento exigindo providências contra as OSs na educação pública estadual. Os desdobramentos dessa judicialização do conflito revelaram-se ambivalentes, conforme se explica abaixo.

No que tange ao direcionamento do conflito para o âmbito jurisdicional, o Governo do Estado experimentou algumas derrotas processuais em seu desfavor mas, em médio prazo, fez-se exitoso ao evitar uma interlocução político-democrática com os/as ativistas por meio de provimentos que determinassem a desocupação das escolas.

Na primeira instância, houve decisões discrepantes. Por exemplo, em 25 de janeiro de 2016 fora deferida em favor do Estado de Goiás tutela possessória a dispor sobre o dever dos/as ativistas de abandonarem as escolas ocupadas em Goiânia, sob pena de multa diária no valor de R$ 30.000,00 (trinta mil reais). Por outro lado, semelhante pretensão não fora acolhida em primeiro grau nas cidades de Anápolis (o juiz Carlos Eduardo Rodrigues de

[18] Sobre o déficit de legitimidade da atuação política da magistratura, confira-se Tushnet, 1999.

Sousa condicionou, em 21 de janeiro de 2016, a retirada dos/as ativistas a uma prévia realização de audiência pública), São Luís dos Montes Belos (em 18 de janeiro de 2016 a juíza Bianca de Melo Cintra indeferiu o pedido de liminar em ação possessória) e Cidade de Goiás (em 18 de dezembro de 2015 a magistrada Francielly Morais negou provimento ao pleito possessório do estado). À medida, contudo, em que as ocupações perduraram e os processos chegaram ao âmbito do Tribunal de Justiça, as decisões de primeira instância foram alvo de efeito suspensivo em agravos de instrumento interpostos pelo Estado de Goiás, tal como se deu no processo de número 1703-81.2016.8.09.0000, em que, com uma só decisão monocrática, dispôs-se sobre a imediata desocupação das três escolas mais mobilizadas em Goiânia, nomeadamente JCA, Robinho e Lyceu.

Sob a perspectiva dos/as ativistas, a judicialização do conflito também trouxe respostas ambivalentes. Por um lado, decisões determinando a ilegalidade dos atos administrativos concernentes à publicação de editais de chamamento para Organizações Sociais tiveram lugar tanto na primeira instância (caso da cidade de Anápolis, em fevereiro de 2016, bem como de Águas Lindas e Planaltina, já em outubro de 2017) como no Tribunal de Justiça (que confirmou, em um juízo monocrático inicial, a decisão referente a Anápolis). A questão, contudo, ainda não encontrou um desfecho com trânsito em julgado em nenhuma das ações ajuizadas e, considerando-se o entendimento consolidado na ADI 1923 pelo STF, a mais alta Corte brasileira, segundo o qual o Poder Público pode contratar Organizações Sociais para atividades de ensino e pesquisa, as perspectivas de uma definitiva vitória dos/as ativistas em âmbito forense revelam-se pouco alvissareiras.

Em meio às derrotas judiciais — ainda que parciais — e ao desgaste sofrido nas tentativas de implementação da gestão escolar por meio de organizações sociais, o Governo do Estado, em março do ano eleitoral de 2018, anunciou que não retomaria a iniciativa antes de 2019. A decisão seria uma decorrência do "imbróglio jurídico" e da iminência das eleições (Salgado, 2018).

A cronologia e a contextualização geográfica das decisões judiciais em desfavor do Governo do Estado não permite uma clara associação entre os protestos que tiveram lugar nos anos de 2015 e 2016 com os desdobramentos judiciais e políticos que o tema viria a receber. A ocorrência de provimentos jurisdicionais já em 2017 e com aplicação para cidades onde não houve ocupações (a exemplo de Águas Lindas) sugerem cautela na identificação de influência entre estas ações e os desfechos favoráveis à pretensão dos/as ativistas. Seria imperiosa uma pesquisa empírica mais meticulosa para se apurar eventuais liames entre os eventos daquele período e os desfechos observados já em 2018. É factível, de qualquer modo, antecipar-se que o tema dificilmente alcançaria a esfera pública e as próprias instituições de controle do modo como logrou, não fossem as ocupações de escolas e repertórios nelas referenciados, como o protesto de março de 2016 nas dependências do Ministério Público. A hipótese de que os protestos em comento influenciaram o malogro da iniciativa de se conceder a gestão das escolas de Goiás às organizações sociais merece, com efeito, detida consideração em pesquisas ulteriores.

O que este trabalho, todavia, pretende discutir, sob o prisma do legado tático para as organizações de movimentos sociais que adotam práticas transgressivas em favor das respectivas demandas, reside em um plano distinto, para o qual a técnica e a hermenêutica jurídicas não se definem como variáveis centrais. Decisões judiciais, por sua própria lógica, favorecem uma parte e desatendem ao polo litigante adverso. Assim, a constatação das oscilações nos provimentos favoráveis e contrários aos/às ativistas não encerra, por si só, nenhum elemento teoricamente digno de nota.

O contexto de judicialização e de tradução em linguagem jurídica do conflito social estudado importa à pesquisa realizada na medida em que manifestantes depositam significativas expectativas no deslinde jurídico das suas pretensões. A pesquisa participante foi capaz de detectar que toda pequena controvérsia entre agentes de estado (desde funcionários de escolas à Secretaria de Segurança) via-se rapidamente remetida à busca de auxílio jurídico e de atuação dos/as advogados/as apoiadores/as. Em suma, a judicialização da controvérsia política foi uma prioridade tática não apenas do estado mas, igualmente, dos/as aderentes ao movimento, ponto adiante discutido.

Desafiantes na cena política lutam, muito frequentemente, por direitos. Uma miríade de exemplos desde a atualidade até os "Niveladores" na Guerra Civil Inglesa durante o século XVII indicam como as lutas sociais, não obstante o seu caráter disruptivo ou reformista, remetem, com invariável frequência, ao direito. O caso estudado não é diferente: os/as estudantes secundaristas mobilizaram, intensamente, argumentos e procedimentos jurídicos durante suas lutas. Desde a defesa abstrata da gestão democrática do ensino, chegando-se aos elogios ao papel do Ministério Público em meio ao conflito, a linguagem dos direitos e a consulta incessante a profissionais integrados ao respectivo campo definiu-se como uma constante — o que perpassou ativistas identificados/as com distintas linhas ideológicas em equivalente frequência.

O quadro acima convida à reflexão sobre a característica paradoxal do direito nas complexas sociedades dos tempos atuais (Brown, 2002). Assumir a paradoxalidade das normas asseguradoras de liberdades na modernidade compreende reconhecer que ao ato de reivindicar a respectiva satisfação é inextricável à (re)afirmação da dominação que subjaz a relação entre o grupo socialmente dominante e os demais indivíduos. Mais que o paradoxo identificado na linguagem jurídica, Brown é incisiva em identificar na lei e na fundamentação normativa das demandas emanadas de grupos subalternos uma potencial legitimação dos meios de propagação da racionalidade neoliberal que, irradiando-se para além da economia, alcança os elementos constitutivos da vida democrática e impacta sobre as organizações e as energias democráticas, ao transcrever lutas sociais nas ruas em contendas jurídicas palacianas (Brown, 1995, 2002).

Em sentido similar ao esboçado por Brown quanto à necessidade de se resguardar os sujeitos democráticos e seus instrumentos de poder, o constitucionalista estadunidense Mark Tushnet, expoente do pensamento jurídico radical contemporâneo, preserva o código dos direitos e não chega a debater sua natureza paradoxal. Ainda assim, objeta com veemência a judicialização como expediente precípuo para fins de assegurar mandamentos constitucionais. O autor chama a atenção para os riscos de se mitigar direitos e a capacidade dos indivíduos de governarem a si mesmos na medida em que a judicialização (ou a revisão judicial) é fortalecida (Tushnet, 2008). Ao sugerir que "tribunais fracos" resultam em "direitos fortes", Tushnet propõe a persecução e consecução dos preceitos constitucionais por meios que não estritamente os judiciais, vislumbrando a temeridade do caráter vinculante e definitivo das decisões proferidas por juízes, usualmente limitados em sua visão do conjunto da sociedade e desprovidos de representatividade (Tushnet, 1999, 2008). Longe de agregar legitimidade à Constituição, a centralidade de sua interpretação na figura dos magistrados consolida antes um olhar parcial, enviesado e insuficiente sobre a vontade do constituinte expressa no catálogo de princípios e direitos que a compõe.

Ao apostar tão elevadas fichas em argumentos jurídicos e na composição forense do conflito, o movimento secundarista aqui estudado parece ter assumido duas linhas táticas de ação que não se revelam promissoras nas práticas desafiantes da atualidade: i) não conceberam em toda a sua extensão o caráter paradoxal do direito; e ii) subestimaram as normas de competência associadas ao próprio sistema jurídico, segundo as quais corporações compostas majoritariamente de homens, brancos, egressos de classes médias e altas, com cargos vitalícios e nenhuma legitimidade democrática — magistrados — decidem, de modo definitivo, sobre quem está ou não ao lado da legalidade em uma situação conflitiva específica.

Nos processos jurídicos, todos os elementos relevantes estão sob o rígido controle de grupos herméticos compostos por *experts* ou iniciados. A lógica esotérica dos ritos forenses reserva o direito de peticionar, argumentar, decidir, compor e questionar a atores específicos, como promotores, juízes e advogados. Assim, eventuais vitórias substantivas das partes interessadas não costumam traduzir correspondentes acúmulos político-organizativos. Uma decisão conquistada, por exemplo, em uma negociação entre ativistas e governantes, tende a indicar claramente a força, os limites e os potenciais do movimento reivindicatório. A judicialização do confronto, por outro lado, alija os atores não iniciados no campo jurídico, de modo que até mesmo o vínculo entre as suas ações e eventuais conquistas revela-se opaco ou indiscernível.

No caso das escolas ocupadas em Goiás, é digno de nota o modo como as decisões judiciais prosseguiram ao longo de 2017, quando a coalizão em oposição às organizações sociais nas escolas públicas estaduais já nem mesmo perdurava. Às conquistas no plano material não sucedem, necessariamente, aprendizados e fortalecimentos no âmbito dos processos de formação de militantes e de aprimoramento organizativo, tal como costuma ocorrer em espaços porosos aos fluxos argumentativos e às práticas sociais emanadas da esfera pública, tais como partidos, parlamentos e chefias de poderes executivos.

Ao priorizarem a luta jurídica, os/as ativistas parecem ter se descuidado de temas mais venturosos em suas lutas sociais, como a edificação de espacialidades com potencial de pressão e dinâmicas prefigurativas. Este tema é enfrentando adiante.

4. As potencialidades do lugar: territorialização e eficiência tática nos protestos urbanos contemporâneos

No início da noite de 26 de janeiro de 2016 as dependências da Secretaria de Educação e Cultura do Estado de Goiás foram ocupadas por estudantes e apoiadores/as externos/as, em um protesto dos/as ativistas contrários à transferência da gestão do ensino básico estadual por meio de organizações sociais privadas. Ali, encontravam-se o subsecretário de Estado e algumas autoridades de menor posicionamento hierárquico. A ação contou com aproximadamente trinta pessoas no interior da Secretaria, somadas a um número cerca de cinco vezes superior de apoiadores/as que chegaram ao local posteriormente e postaram-se na rua defronte o portão e a guarita de acesso, contidos pelo isolamento policial.

A tática adotada pelo estado para assegurar uma ação coercitiva instantânea e palatável para a opinião pública compreendeu um engenhoso arranjo. Nos telejornais vespertinos e nos portais dedicados a notícias locais, espraiava-se a informação oficial de que, antes de um simples movimento político contestatório de natureza pacífica, o que se passava no órgão público era um quadro delituoso de cárcere privado em desfavor do subsecretário e dos demais funcionários que o acompanhavam. A versão corrente narrava que os/as ativistas teriam retido os servidores públicos em uma sala, ameaçando-lhes quanto à integridade física e impedindo-lhes a saída das dependências da Secretaria. Centenas de PMs, helicópteros, carros blindados e todo um robusto aparato compunham a cena.

Um fato inesperado possibilitou a reabertura das negociações entre estado e ativistas. Três advogados dirigiram-se, valendo-se do acesso que possuem por prerrogativa legal de função, à porta do gabinete onde o subsecretário e outros servidores se trancaram. Ali, registraram em vídeo declarações em que se identificavam e responsabilizavam-se pela integridade e segurança dos funcionários, garantindo-lhes que podiam deixar o local em plena tranquilidade e que não sofriam nenhuma restrição à sua liberdade ou risco à sua incolumidade. O material audiovisual fora enviado imediatamente para as redes sociais e, em poucos minutos, seria assistido por mais de 10 mil pessoas.

Afastados os argumentos do cárcere privado e das ameaças, o conflito se equacionou, novamente, em seus termos reais: um grupo de estudantes, em sua maioria secundaristas menores de idade, encontrava-se pacificamente em um prédio público, do qual se dispunha a sair acaso fossem abertas negociações acerca de sua pauta de reivindicações. Uma ação militar, assim, tornava-se assaz onerosa politicamente para o estado.

Diante do encadeamento fático acima narrado, chegou-se a um entendimento: os/as estudantes desocupariam as instalações burocráticas da Secretaria. Em contrapartida, o estado autorizaria a manutenção de uma ocupação permanente no estacionamento da repartição, situado dentro dos limites de uma guarita contígua aos portões do edifício e próximo aos gabinetes. A ocupação, todavia, jamais se consolidou e não mais do que algumas dezenas de pessoas, em seu ápice, permaneceram no local. Divergências táticas no seio do movimento teriam ocasionado esse relativo abandono do território conquistado. Algumas considerações sobre esse fenômeno, à luz da teoria mais recente sobre protestos, merecem ser tecidas.

Praça Tahir, Praça Taksim, Zuccotti Park, Puerta del Sol e Praça Syntagma são, na atualidade, não apenas nomes que designam logradouros. Toda/o adulto/a razoavelmente informado/a associa esses espaços às práticas políticas ali desencadeadas em protestos recentes. A prefiguração de uma realidade mais democrática, menos austera, mais inclusiva, menos opressiva, mais diversificada e assim sucessivamente depende de um sítio, um local físico que materialize o movimento, suas demandas e seu horizonte estratégico. Como nota Costas Douzinas (2013), uma importante diferença entre as abstratas campanhas do Movimento por Justiça Global (definido pelo autor como alterglobalista) e a onda de protestos contemporânea reside no fato de que esta, em que pese resistir contra formas globais de opressão capitalista, se manifesta e se organiza localmente.

Referindo-se a revoltas tumultuosas (*riots*), o filósofo Alain Badiou discorre sobre as propriedades necessárias para toda forma de ação coletiva política de ordem transgressiva. Segundo o autor, a revolta pressupõe intensificação (o grau de mobilização percebido em momentos como o 15M, o Junho brasileiro em 2013 ou mesmo os meses de dezembro a janeiro nas escolas de Goiânia e região produz efeitos longevos, mas não perdura em seus níveis máximos), contração (uma minoria, sempre, é quem se mobiliza, ainda que, no ato de fazê-lo, incorpore e constitua uma subjetividade coletiva cuja conformação, mesmo não representando a integralidade social, prefigura um povo ou uma classe que, acaso triunfem, transformariam toda a realidade) e, enfim, de modo mais relevante para o argumento aqui proposto, localização. O controle de um espaço, não importa o quão virtuais sejam as relações estabelecidas na atualidade, revela-se primordial. Para Badiou:

> "Esta é uma norma imanente; há que se fazer visível: visibilidade como uma direção necessária, inclusive para si. Por que isso é tão importante? Porque é necessário para o ser do inexistente aparecer como existente — algo que dá início a uma transformação nas próprias regras da visibilidade. A localização é a ideia de afirmar-se no mundo a visibilidade da justiça universal na forma de restituição do inexistente. E isso requer não tanto mostrar os seus músculos, ou mesmo que vocês são fortes em termos de milhares (ou até milhões), mas demonstrar que se tornaram os mestres simbólicos do lugar." (Badiou, 2012, pp. 68-9, tradução nossa)

Quando secundaristas ocupam escolas o quadro acima apresentado é cumprido em termos apenas parciais. É certo, por um lado, que instituições de ensino geridas segundo uma lógica radicalmente democrática, onde estudantes possuem a voz e o controle sobre a gestão física e lógica do espaço estampam, em alguma medida, o aparecimento do "inexistente", a reversão dos mestres simbólicos do lugar, em conformidade com o que acima expõe Badiou. Ressalva-se, todavia, que uma escola é, de qualquer modo, o lugar onde se espera o estudante, o espaço abstrato e material onde, com maior ou menor margem discricionária, todos/as aplicam as políticas educacionais decididas em outro âmbito, este sim, alheio à presença jovem ou discente: a Secretaria de Educação.

Ao abdicarem ou não exercerem o controle territorial conquistado sobre o estacionamento localizado além da guarita e dos portões dessa repartição, os/as ativistas, por razões mais subjetivas do que estruturais, abandonaram um recurso e renunciaram ao aproveitamento de uma incomum oportunidade. Um legado que se extrai do evento, destarte, reside na relevância do controle territorial e no caráter crítico e prioritário concernente à tarefa de se exercer o domínio dos espaços conquistados, ali montando poderes duais e rivais ao *status quo*, mediante o exercício de práticas que a um só tempo desafiam o Estado como prefiguram uma realidade sem o jugo de suas elites políticas.

Conclusões

Este capítulo procurou cumprir uma primeira ambição: trazer à ciência social brasileira, por meio de um exercício empírico, o debate sobre a pesquisa relevante para movimentos sociais. Esta perspectiva tem ganhado terreno nos EUA e na Europa ao menos desde 2002 e procura aproximar a elevada abstração da teoria crítica à concretude e particularidade da ciência social empírica. Somá-la à tradição da pesquisa militante na América Latina é uma tarefa que se pretendeu iniciar aqui.

A pesquisa-ação empreendida permitiu, com efeito, em proveito dos/as ativistas, uma atuação técnica e crítica por parte dos/as autores/as deste texto que, assim, comprometeram-se com o universo pesquisado segundo vínculos de solidariedade, ao trabalharem voluntariamente em questões jurídicas das ocupações. No que tange ao incremento do rigor epistêmico e metodológico, esta opção permitiu o contato com informações, situações e documentos que, de outro modo, jamais estariam acessíveis.

O escopo da pesquisa e da análise teoricamente cotejada dos episódios residiu em buscar elementos explicativos de ordem não estrutural para as conquistas e, sobretudo, para os limites do movimento de ocupação das escolas em Goiânia e região entre 2015 e 2016. O objetivo cingiu-se a procurar na literatura especializada explicações para as dificuldades táticas encontradas pela campanha de coalizão perquirida. Por meio desse procedimento científico-social, espera-se contribuir para a autocompreensão que a sociedade, em geral, e os seus movimentos dissidentes, em particular, possuem a seu próprio respeito, de modo a transcenderem, em situações futuras, os problemas encontrados na atualidade.

Dois elementos, em especial, indicam limites a serem considerados pelas lutas sociais em sua configuração prevalente na atualidade, quando formas organizativas autonomistas e um certo rechaço a corpos intermediários são frequentes:

i) O direito e a judicialização não se definem como neutros e, apesar de permitirem vitórias pontuais e atendimentos parciais de demandas cidadãs, como as exemplificadas neste caso, não deixam de ser formas não apenas paradoxais, mas herméticas em relação à possibilidade de protagonismo por parte das pessoas não iniciadas no campo jurídico;

ii) Diversamente do momento de lutas sociais observado até 2008, nos protestos alterglobalistas do Movimento de Justiça Global, as demandas de fôlego translocal têm agora se manifestado em sítios específicos. Ademais, o binômio pressão/prefiguração passa a compor os repertórios de modo decisivo. Assim, ter o controle territorial de amplos espaços onde o movimento prefigura suas pautas e onde se alcança a um só tempo visibilidade social e imposição de desconforto aos entes demandados se define como um aspecto tático crucial no êxito ou malogro do ativismo contemporâneo.

Inobstante os dois limites acima mencionados, o repertório de política confrontacional transgressiva expressado nas ocupações de escolas públicas encerra um inquestionável aprendizado, digno de produzir um perene legado sobre o processo de formação e de constituição de subjetividades políticas para a emergente geração que o protagonizou. Quando um espaço claramente disciplinado segundo as foucaultianas categorias da fila, do quadriculamento, das taxonomias e da elaboração temporal do ato (Foucault, 1999), como a escola pública, cede terreno em favor de um ambiente pautado por assembleias em que todas as pessoas se posicionam segundo uma ordenação espacial circular; em que as atividades de limpeza e organização são cogeridas e solidariamente planejadas; em que o tempo não é objeto de compressão aprisionadora segundo uma sucessão extenuante de tarefas, de modo, por exemplo, que nenhuma discussão precisa interromper-se pelo som de um sinal que anuncia seu término, como ocorre com as aulas; e em que os papéis sociais não são fixos ou protoestamentais, mas orientam-se apenas em conformidade com a democrática decisão sobre a divisão de tarefas específicas; é certo que estão reunidas as condições para uma prefiguração da realidade social e educacional que jovens secundaristas engajados nas ocupações pretendem erigir.

Referências

ALONSO, Angela; MISCHE, Ann. "Changing Repertoires and Partisan Ambivalence in the New Brazilian Protests". *Bulletin of Latin American Research*, v. 36, nº 2, pp. 144-59, abr. 2017.

ARRAIS, Tadeu Alencar; ALENCAR, Diego Pinheiro; VIANA, Juheina Lacerda Ribeiro. "O Grand Tour da educação goiana: economia, eficiência e fracasso sobre as organizações sociais". *Élisée*, Anápolis, v. 5, nº 1, pp. 9-29, jan.-jun. 2016.

ASSIS, Renato de Oliveira; NIENDZIELA, Marco Lúcio; BOTELHO, Willian Pina. "A inteligência em apoio às operações no Ambiente Terrorista". *A Lucerna*, Escola de Inteligência Militar do Exército, ano II, nº 4, nov. 2013.

BADIOU, Alain. *The Rebirth of History: Times of Riots and Uprisings*. Londres: Verso, 2012.

BARKER, Colin; COX, Laurence. "'What Have the Romans Ever Done for Us?': Academic and Activist Forms of Movement Theorizing". *Proceedings of the Eighth International Conference on "Alternative Futures and Popular Protest"*, 2 vols. Manchester Metropolitan University, abr. 2002.

BEVINGTON, Douglas; DIXON, Chris. "Movement-Relevant Theory: Rethinking Social Movement Scholarship and Activism". *Social Movement Studies*, v. 4, nº 3, pp. 185-208, dez. 2005.

BOURDIEU, Pierre. *O poder simbólico*, 16ª ed. Trad. Fernando Tomaz. Rio de Janeiro: Bertrand Brasil, 2012.

BRESSER-PEREIRA, Luiz Carlos. "Da administração pública burocrática à gerencial". *Revista do Serviço Público*, Brasília, v. 47, nº 1, pp. 7-40, jan.-abr. 1996.

_________. "O modelo estrutural de gerência pública". *Revista de Administração Pública*, Rio de Janeiro, v. 42, nº 2, pp. 391-410, mar.-abr. 2008.

BRINGEL, Breno. "Miopias, sentidos e tendências do levante brasileiro de 2013". *Insight Inteligência*, Rio de Janeiro, nº 62, pp. 42-53, jul.-set. 2013.

BRINGEL, Breno; PLEYERS, Geoffrey. "Junho de 2013... dois anos depois: polarização, impactos e reconfiguração do ativismo no Brasil". *Nueva Sociedad*, v. 259, pp. 4-17, nov. 2015.

BROWN, Wendy. *States of Injury*. Princeton: Princeton University Press, 1995.

_________. "Suffering the Paradoxes of Rights". In: BROWN, Wendy; HALLEY, Janet

E. (orgs.). *Left Legalism/Left Critique*. Durham: Duke University Press, 2002, pp. 420-34.

CAETANO, Ian. "'Oh no, love, you're not alone!': sobre as ocupações, o 'novo' e suas decorrências". *Passa Palavra*, 17/11/2016. Disponível em: <http://passapalavra.info/2016/11/109907>, acesso em 6/8/2017.

CROUCH, Colin. *Post Democracy*. Cambridge: Polity Press, 2004.

DAGNINO, Evelina. "Construção democrática, neoliberalismo e participação: os dilemas da confluência perversa". *Política & Sociedade*, Florianópolis, nº 5, pp. 139-64, out. 2004.

DELLA PORTA, Donatella. *Social Movements in Times of Austerity*. Cambridge: Polity Press, 2015.

DOUZINAS, Costas. *Philosophy and Resistance in the Crisis: Greece and the Future of Europe*. Cambridge: Polity Press, 2013.

FOUCAULT, Michel. *Vigiar e punir*, 19ª ed. São Paulo: Vozes, 1999.

HABERMAS, Jürgen. *The Crisis of the European Union: A Response*. Cambridge: Polity Press, 2012.

MARE (Ministério da Administração Federal e da Reforma do Estado). *Plano Diretor da Reforma do Aparelho de Estado*. Brasília: Imprensa Nacional, 1995.

MILAN, Stefania. "The Ethics of Social Movement Research". In: DELLA PORTA, Donatella (org.). *Methodological Practices in Social Movement Research*. Oxford: Oxford University Press, 2014, pp. 446-64.

PULCINELI, Fabiana. "Marconi diz ser contra estabilidade do servidor público". *O Popular*, Blog da Fabiana Pulcineli, 26/11/2015. Disponível em: <https://www.opopular.com.br/editorias/blogs/fabiana-pulcineli/blog-da-fabiana-pulcineli-1.526/marconi-diz-ser-contra-estabilidade-do-servidor-p%C3%BAblico-1.995673>, acesso em 13/1/2016.

SALGADO, Caio Henrique. "Raquel Teixeira diz que não há mais tempo para OSs". *O Popular*, 4/3/2018. Disponível em: https://www.opopular.com.br/editorias/politica/giro-1.145054/raquel-teixeira-diz-que-n%C3%A3o-h%C3% A1-mais-tempo-para-oss-1.1473081, acesso em 7/3/2018.

SILVA, Joab. *Contra corrente: mobilizações secundaristas, ocupações de escolas e a defesa da escola pública no município de Goiânia (2015-2016)*. Orientador: Francisco Tavares. Trabalho de Conclusão de Curso (Graduação em Ciências Sociais), FCS-UFG, Goiânia, 2017.

STUTTAFORD, Maria; COE, Chris. "Participatory Learning: Opportunities and Challenges". In: KINDON, Sara; PAIN, Rachel; KESBY, Mike (orgs.). *Participatory Action Research Approaches and Methods: Connecting People, Participation and Place*. Londres/Nova York: Routledge, 2007, pp. 188-95.

TARROW, Sidney. *O poder em movimento: movimentos sociais e confronto político*. Trad. Ana Maria Sallum. Petrópolis: Vozes, 2009.

TAVARES, Francisco Mata Machado; OLIVEIRA, Ian Caetano. "Omissões e seletividades da ciência política brasileira: lacunas temáticas e seus problemas socioepistêmicos". *Revista Brasileira de Ciência Política*, nº 19, pp. 11-45, jan.-abr. 2016.

TUSHNET, Mark V. *Taking the Constitution Away from the Courts*. Princeton: Princeton University Press, 1999.

_________. *Weak Courts, Strong Rights: Judicial Review and Social Welfare Rights in Comparative Constitutional Law*. Princeton: Princeton University Press, 2008.

URBINATI, Nadia. "A Revolt Against Intermediary Bodies". *Constellations*, v. 22, nº 4, pp. 477-86, dez. 2015.

5

Ocupações secundaristas no Rio de Janeiro em 2016: resistências à precarização da educação

Bruna Amaral Lanzillotti Barreto[1]

"Nós, estudantes do Colégio Estadual Prefeito Mendes de Moraes, ocupamos nossa escola no dia 21 de março de 2016. [...]. Diante da crise do estado, o governo do Pezão/PMDB vem promovendo cortes e ataques na saúde e na educação, provocando atrasos salariais dos funcionários públicos e a precarização dos serviços. Nas escolas estaduais não temos inspetores, porteiros e vigias, prejudicando a segurança. Faltam professores, e em algumas escolas não tem merenda escolar, e convivemos com a superlotação das salas de aula com mais de 50 alunos. Sabemos que essa situação é reflexo dos cortes feitos também pelo governo Dilma/PT, que na 'Pátria Educadora' prioriza os empresários e empreiteiros das Olimpíadas.

A resposta dos governos, da SEEDUC [Secretaria do Estado de Educação do Rio de Janeiro], e da direção da escola para as nossas reivindicações foi de descaso, reprimindo e atacando nossa luta. Por isso não podemos esperar! Precisamos construir a luta com os professores e os funcionários públicos, contra os cortes dos governos Federal e Estadual e contra a precarização das escolas. A Juventude tem direito de estudar! Nós, estudantes do #Ocupa-Mendes, fazemos o chamado para que todos os secundaristas entrem nessa luta, vamos ocupar todas as escolas já! Construir ocupações organizadas pelos estudantes, autônomas, contra os governos de Dilma e Pezão e todas as entidades que os defendem.

---

[1] Socióloga formada pelo Instituto de Ciências Humanas e Filosofia da Universidade Federal Fluminense (ICHF-UFF), Niterói, e pós-graduanda em Ciências Sociais e Educação Básica no Colégio Pedro II, no Rio de Janeiro.

Abaixo a UBES/UNE e todas as entidades governistas! Fazemos o chamado a todos os professores e trabalhadores públicos a se unirem à gente nessa luta. Chega de ataques aos nossos direitos, chega de cortes na educação." (Manifesto #OcupaMendes, 2016)[2]

Em março de 2016 os estudantes do Colégio Estadual Prefeito Mendes de Moraes convocaram seus colegas da rede estadual a ocupar suas escolas na luta pela educação pública do Rio de Janeiro e esse chamado foi ouvido. A ocupação que começou depois de uma assembleia estudantil na escola da Freguesia, bairro da metrópole fluminense, se alastrou pelo estado integrando o fluxo de levantes estudantis que se espalharam pelo Brasil nesse ano.

Após semanas de mobilizações em atos e passeatas que não engajaram o poder público no atendimento às reivindicações dos estudantes, a exemplo dos jovens de São Paulo e Goiás, secundaristas do Rio de Janeiro ocuparam suas escolas. Foi um movimento inédito no estado que tomou grandes proporções, impressionando tanto as instâncias de poder contra as quais eles se rebelaram, quanto seus apoiadores. As ações dos estudantes ganharam o espaço público de debate e, com isso, se formou um campo no entorno das ocupações incorporando as posições do poder público em diversas esferas — como direções escolares, a Secretaria de Educação e o Ministério Público — professores, universitários, membros de partidos e de movimentos sociais, artistas, advogados e midiativistas, entre outros.[3]

---

[2] Manifesto divulgado na página do Facebook da #OcupaMendes. Disponível em: <https://goo.gl/h8y4yW>, acesso em 8/12/2017.

[3] A relevância dessa mobilização e dos debates promovidos por ela motivou a realização de um projeto elaborado através do Programa de Bolsa de Iniciação à Docência (PIBID) de Ciências Sociais da Universidade Federal Fluminense (UFF) em parceria com o Laboratório do Filme Etnográfico da mesma instituição. Com intermédio do audiovisual, universitários e professores da educação básica se relacionaram com três ocupações na cidade de Niterói, na região metropolitana no Rio de Janeiro — a #OcupaIEPIC, no Instituto de Educação Professor Ismael Coutinho, a #OcupaCEPAR, no Colégio Estadual Paulo Assis Ribeiro e a #OcupaCEPLIM, no Colégio Estadual Pinto Lima.

Esse projeto, do qual fiz parte, acompanhou o cotidiano de assembleias, debates, oficinas, audiências públicas, manifestações e conflitos nas escolas. Como fruto dessas atividades, foi feito um documentário chamado *Ocupa Educação*, exibido em cinedebates e seminários, fomentando o debate sobre as ocupações durante e depois de sua realização. Dessas experiências, somadas a levantamentos de fontes jornalísticas e bibliográficas, elaborei o trabalho *#OCUPATUDO: mobilizações secundaristas e resistências à precarização da educação*, monografia acerca das ocupações no estado do Rio que origi-

Para compreender as especificidades desse processo, o objetivo deste capítulo é apresentar um quadro geral dos levantes organizados pelos secundaristas da rede pública estadual do Rio de Janeiro que compuseram o fluxo nacional de mobilizações, tendo como foco as ocupações da região metropolitana, com destaque para a cidade de Niterói, onde foi realizado trabalho de campo. Para tal, será dividido em quatro partes. Inicialmente, uma contextualização das motivações tanto econômicas quanto pedagógicas dos estudantes. Em um segundo momento, a apresentação do antagonismo entre a Secretaria de Educação e as Ocupações, e as mediações do conflito feitas pela Justiça. Sendo a SEEDUC o órgão responsável pela administração das escolas, era junto a ela que os estudantes pleiteavam suas pautas e, por isso, a relação de ambos deu o tom do desenrolar dos acontecimentos. O perfil político desse levante também será apresentado e, por fim, seu desfecho encerra o texto junto a algumas percepções sobre o campo da educação pública no período subsequente.

1. Crise no Rio de Janeiro e mobilizações na educação pública

Os últimos anos têm sido economicamente conturbados para o Brasil e especialmente para o Rio de Janeiro. Em 2016 o governo estadual chegou a decretar calamidade, apresentando altos índices de desemprego e diminuição de suas receitas oriundas do petróleo e do ICMS, além de endividamento público. O governo estadual optou por promover cortes nos setores sociais para contornar os problemas financeiros. As consequências dessa escolha recaíram sobre os serviços e o funcionalismo. Servidores ativos e aposentados estavam com salários atrasados ou parcelados e, no caso da educação pública foram comuns os "[...] contratos [...] finalizados com empresas terceirizadas por falta de pagamento, deixando escolas sem porteiros, pessoal de manutenção e limpeza" (Nunes, 2016, p. 3).

Esse período, entretanto, não criou problemas nas escolas, ele intensificou uma situação que já era grave. Falta de professores, de merenda, de livros didáticos e até mesmo de papel era comum. Assim como a insuficiência de equipamentos e espaços para trabalhos multimídia, esportivos e cul-

---

nou este texto, apresentada no ano de 2017, como requisito para a conclusão da Graduação em Ciências Sociais no Instituto de Ciências Humanas e Filosofia da UFF. A pesquisa foi orientada pelas Profas. Dras. Flávia Rios e Renata Gonçalves.

turais impactavam negativamente a qualidade da educação. Os próprios prédios das escolas, repletos de grades, mantêm um aspecto de prisão que é agravado com a presença de policiais militares fazendo a segurança de inúmeras unidades.

Esses problemas estruturais fazem par com um modelo pedagógico que é alvo histórico de críticas. Estruturadas com foco na formação para o mercado de trabalho, as escolas têm promovido uma concepção meritocrática da educação, associando o êxito ao esforço individual, seja na própria trajetória escolar ou nas conquistas posteriores a ela, como o acesso ao ensino superior ou uma boa colocação profissional. Sob essa lógica, a escola oferece uma promessa falsa de ascensão social através do estudo, já que, na prática, nas escolas públicas estaduais, que recebem as classes sociais mais pobres, os estudantes têm sido destinados, após a trajetória escolar, aos empregos que exigem menos qualificação, apesar de seus anseios de seguir os estudos em nível superior. Um exemplo é o Sistema de Avaliação da Educação do Estado do Rio de Janeiro (SAERJ), cujo fim foi uma das principais reivindicações dos ocupantes. O caráter meritocrático de avaliações como essa distribui individualmente a responsabilidade pelo sucesso ou fracasso escolar dos estudantes, esquecendo o condicionamento social envolvido nesses resultados.[4]

Além disso, outras demandas dos jovens em relação à escola como a formação cidadã, o desenvolvimento do pensamento crítico e da criatividade ficam de lado diante da prioridade de formação para o ingresso no mercado. A vivência da escola enquanto espaço de criação de relações também fica em segundo plano. Como pode ser percebido nas relações constituídas pelos estudantes nesses espaços ressignificados pela ocupação. Os ocupantes subverteram as relações pedagógicas autoritárias presentes no ambiente escolar, concretizando um modelo de educação que desejavam não receber, mas construir, para além dessa lógica de formação para o mercado de trabalho, aos moldes neoliberais que criticaram veementemente.

Um conjunto de depoimentos de estudantes que ocuparam suas escolas exemplifica bem essa demanda por uma mudança do modelo educacional vigente. Uma estudante da #OcupaCEPLIM, quando questionada sobre sua opinião acerca da escola, respondeu: "*a escola é uma ditadura, os alunos robôs e o método de ensino uma mesmice*". Outro relato interessante que caracteriza as motivações desse levante foi feito por um estudante em reunião com pais, professores e ocupantes realizada na #OcupaCEPAR: ele afirmava

---

[4] Ver Bourdieu e Champagne (2015).

querer mudar a estrutura precária da escola para que ela se tornasse um modelo, para que ele tivesse orgulho de estudar nela. Outra aluna afirmou: "*A ocupação foi uma forma de a gente descobrir os nossos valores de ser humano, todo mundo se abriu de uma forma... Virou uma família mesmo*". Esperançosa, outra disse: "*Eu acho que tudo vai mudar, espero que mude pelo menos uma coisa, por menor que seja, pra sabermos que não foi em vão e pra que no futuro eles aprendam mais do que aprendemos hoje, pra que as pessoas se alegrem em vir para a escola*".

Figura 1
PUBLICAÇÃO DA PÁGINA DO FACEBOOK
"ESCOLAS DO RJ EM LUTA"

Escolas do RJ em luta
1 de março de 2016 · São Paulo ·

CALENDÁRIO DE LUTAS DAS ESCOLAS DO RIO DE JANEIRO

Dia 2/3 - 10h - Assembleia dos professores - Fundição Progresso

Dia 2/3 - 12h - Ato dos estudantes de Niterói - Concentração em frente ao CE Aurelino Leal - https://www.facebook.com/events/1531137763847325/

Dia 2/3 - 13h - Ato dos estudantes da FAETEC - Concentração Cinelandia - https://www.facebook.com/events/1664635403788487/

Dia 2/3 - 15h - Ato unificado pela educação - Concentração na ALERJ - https://www.facebook.com/events/752422821525841/

Dia 3/3 - 12h - Ato dos estudantes de Duque de Caxias - Concentração em frente a praça da matriz em Santa Cruz da Serra - https://www.facebook.com/events/982306231854109/

Dia 3/3 - 12h - Ato dos estudantes de São Joao de Meriti - Concentração em frente ao CIEP 114 - https://www.facebook.com/events/1749249401972119/

03/03 - 13h - Ato dos estudantes de Macaé - concentração no Colégio Luiz Reid - https://www.facebook.com/events/1724107984492398/

Dia 4/3 - 7:30h - Ato dos estudantes de Niterói - Concentração em frente ao Hilário Ribeiro - https://www.facebook.com/events/194693494231614/

Dia 4/3 - 10h - Ato dos estudantes de Itaboraí - https://www.facebook.com/events/1555891024740036/

Dia 16/3 - 11h - Ato dos estudantes de Niterói - Concentração em frente ao Colégio Liceu Nilo Peçanha ao lado da Camara Municipal de Niterói - https://www.facebook.com/events/515142842001542/

Disponível em: <https://goo.gl/xtUAc3>.

A situação da educação pública, agregando problemas pedagógicos e uma estrutura precária, compunha um quadro de insatisfação entre estudantes e professores. No início de 2016, a redução do orçamento da educação no estado funcionou como estopim para que se multiplicassem as mobilizações que culminaram, rapidamente, nas ocupações das escolas. Entre fevereiro e março foi possível encontrar os primeiros registros da organização estudantil, com cerca de cinquenta atos e passeatas em cidades espalhadas por todas as regiões do estado.

Figura 2
MAPA DAS ESCOLAS PÚBLICAS
OCUPADAS ENTRE MARÇO E JULHO DE 2016
NO ESTADO DO RIO DE JANEIRO

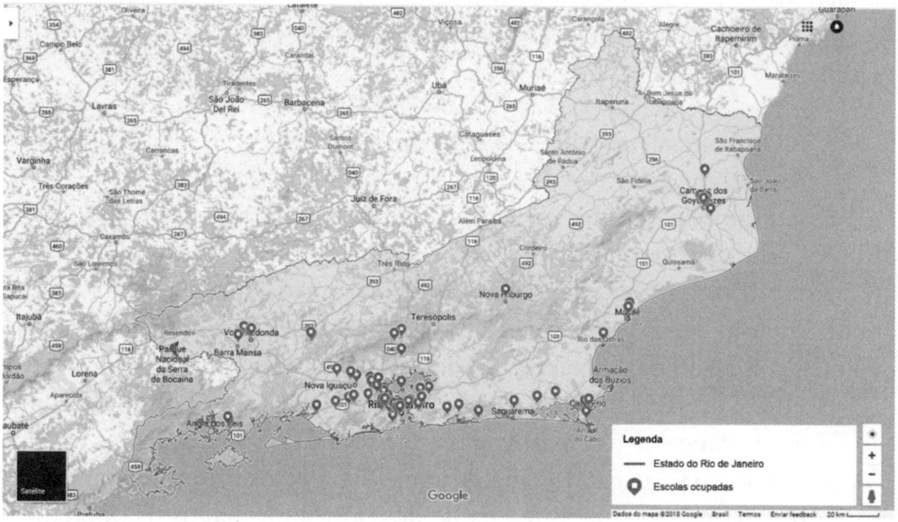

A versão interativa do mapa está disponível através do Google Maps: <https://goo.gl/maps/aMJiWGuRfuM2>.

Em uma página no Facebook chamada “Escolas do RJ em Luta”, por exemplo, eram divulgados eventos criados por secundaristas para convocar essas manifestações (ver Figura 1). Nessas redes, anunciavam seu repúdio à precarização da educação e o total apoio à luta do Sindicato dos Professores da Rede Estadual do Rio de Janeiro (SEPE-RJ), que, no início de março, inicia uma greve de grandes proporções. Nos comentários, descrições e publicações dessas páginas com eventos dos secundaristas é possível observar a disposição de luta dos jovens do Rio e referências às mobilizações e ocupações estudantis de São Paulo e Goiás do final de 2015 e início de 2016.

Quando no final de março começou a #OcupaMendes, em meio à essa conjuntura agitada, foram necessários apenas trinta dias para que cerca de oitenta colégios públicos estaduais estivessem ocupados, sendo estabelecido neles um novo cotidiano.

A maior parte das ocupações, 56, ficou concentrada na região metropolitana, onde está mais da metade da rede. Um quarto dos municípios do Rio de Janeiro (23 dos 92) tiveram ao menos um colégio ocupado. A cidade com o maior número foi a capital do estado, com 32 ocupações. Em seguida se destacaram Campos dos Goytacazes, centro urbano da mesorregião Norte Fluminense, com seis; São João de Meriti, na Baixada Fluminense, com cinco; e Niterói, município vizinho ao Rio, também com cinco. Os demais municípios concentraram entre uma e três instituições ocupadas. Na Figura 2 é possível observar a espacialização do levante.

2. Antagonismo entre a SEEDUC e as #Ocupas

Essa multiplicação das ocupações não se deu de maneira tranquila. A SEEDUC, direções escolares, estudantes e pais contrários ao movimento — e até mesmo traficantes e milicianos em escolas localizadas em bairros com grande atuação desses grupos armados — estiveram envolvidos em tentativas de impedir o início de ocupações ou de desocupar as escolas.

No dia 7 de abril, começo da ocupação no IEPIC, por exemplo, a direção da escola cancelou as aulas na data que soube que os estudantes tinham o intuito de ocupar, alegando falta de água — o que os jovens relataram ser um problema antigo no prédio. Diante dos portões fechados os estudantes disseram que precisavam entrar para carregar o RioCard,[5] mas foram barrados por funcionários. Por fim, ocuparam pulando o muro da escola. Diante da ocupação estabelecida, funcionários ligados à direção tentaram forçar a entrada no espaço e empurraram os estudantes e a câmera do Centro de Mídia Independente (CMI) que registrava a situação.

Essa resistência inicial à ocupação fez com que os estudantes da #OcupaIEPIC dormissem na quadra nos primeiros dias de mobilização, já que a direção ainda não havia dado as chaves do prédio aos ocupantes. Nesse

[5] Cartão de acesso ao transporte público. Os jovens têm direito a sessenta passagens por mês que precisam ser validadas todos os dias em um aparelho dentro da escola.

período, segundo o relato de um dos jovens, chegaram a dormir cem pessoas na ocupação. Quando conseguiram acessar os blocos, passaram a dormir nas salas de aula, mas mantendo grupos de plantão para garantir a segurança dos demais, além de restringir a entrada até 22h e a saída até 23h.

No CEPLIM os momentos iniciais foram ainda mais violentos. A ocupação começou em 10 de maio com conflito intenso, com o diretor forçando a entrada na escola, a presença da Polícia Militar dando voz de prisão a midiativistas, professores e estudantes. Os professores foram ameaçados de serem responsabilizados pelo movimento, assim como os alunos maiores de idade. A PM agrediu alguns estudantes e chegou a levar um deles detido — situação registrada em vídeos do CMI.[6]

A SEEDUC, maior opositora das ocupações, lançou mão de diferentes estratégias para desarticular o levante. Incentivaram a formação de movimentos "Desocupa Já", como ficaram conhecidos os grupos que tentavam desocupar as unidades. Até mesmo divulgaram manifestações contra as ocupações através de sua conta oficial no Twitter. O então chefe de gabinete da pasta, Caio Castro Lima, chegou a compartilhar em suas redes sociais um vídeo de um colégio cuja ocupação havia sido impedida, chamando outros jovens a fazer o mesmo movimento. Assim como ele, diretores de diversos colégios difundiram pela rede campanhas contrárias aos secundaristas e, indo além da internet, insuflaram os "Desocupas" articulando pais e estudantes descontentes.

A diretora do CEPAR, por exemplo, organizou reuniões para insuflar o movimento de desocupação em uma igreja evangélica da redondeza da escola. Uma delas aconteceu no mesmo dia em que, na #OcupaCEPAR, ocupantes, pais e professores estavam reunidos para esclarecer e debater os motivos do levante e como se dava seu funcionamento cotidiano. Ao fim dessa discussão, as pessoas reunidas na escola se dirigiram à igreja. Entretanto, após a chegada do grupo, a diretora disse que tinha o direito de convocar aquele encontro e que os jovens não estavam convidados. Logo em seguida encerrou a reunião.

Dias após esse episódio, houve um conflito na escola com o "Desocupa", com a presença de um pastor da região e um pai de estudante que a todo tempo segurava uma serra, com a qual tentou quebrar os cadeados da ocupação — o que chegou a machucar os ocupantes que o impediram. Diante da ameaça de desocupação, os secundaristas haviam chamado apoiadores, entre esses, membros do projeto Ocupa Educação, para que a situação fosse

---

[6] Ver reportagem número 35 do Anexo no final do capítulo.

registrada no intuito de resguardar a ocupação. Professores do sindicato, universitários e midiativistas estiveram no local apoiando os ocupantes. De frente para eles, os jovens contrários à ocupação seguravam cartazes com dizeres como "Dança do ventre não é a solução", "Desocupa Já — Não podemos perder esse ano letivo", "SIM à educação NÃO à ocupação — O ENEM não espera" e ainda "20 alunos não podem tirar o direito de mais de 800 estudarem".

Situações como essa, e outras ainda mais violentas, aconteceram na maioria das escolas. Boatos também foram espalhados, como os de desocupações violentas, ou de que os ocupantes de um colégio invadiriam outro, além de denúncias de consumo de drogas ou relações sexuais nas ocupações, acionadas para associar uma suposta imoralidade aos secundaristas.

Outra estratégia acionada pela SEEDUC no final do mês de abril, quando as ocupações alcançavam seus maiores números, foi a antecipação do período de férias de agosto para maio nas escolas que estivessem ocupadas e o bloqueio do RioCard, denunciado pelos estudantes. Divulgaram também que poderiam cancelar o ano letivo de 2016 se os colégios não fossem desocupados e que os alunos contrários à ocupação de suas unidades poderiam procurar a secretaria para pedir transferência para outras com vagas disponíveis.

Mas se a Secretaria de Educação se engajava em desarticular o movimento, a popularidade das ocupações, por sua vez, cresceu. Centenas de pessoas faziam doações e visitavam as escolas todos os dias. Os calendários de atividades dos estudantes eram repletos de oficinas, cinedebates, "aulões" e atividades culturais oferecidas por universitários, professores e artistas — muitos deles bastante famosos, o que deu impulso à visibilidade do movimento.

É importante relatar, entretanto, que as escolas que estavam mais distantes dos centros das cidades não tinham a mesma visibilidade ou engajamento em torno de si. Recebiam menos doações, menos voluntários para organizar atividades, menos visitantes. Essa diferença de tratamento com os ocupantes de acordo com critérios socioespaciais também pôde ser notada no tratamento diferente da PM em escolas de regiões periféricas e da Zona Sul da cidade, por exemplo.

Foi comum encontrar nas escolas dos estudantes um cenário muito diferente do cotidiano do espaço sob gestão do estado. Os alunos praticavam esportes, socializavam nos espaços comuns, faziam música, produziam cartazes e zines. Além das atividades lúdicas e educativas, faziam todas as funções necessárias ao funcionamento da estrutura da escola. Muitos relatavam tanto um encantamento pela experiência, quanto aprendizados que ela trazia. Um exemplo é uma visita à cozinha da #OcupaIEPIC, onde os jovens cozinhavam ouvindo rádio e um deles afirmou que "estar na cozinha é fantástico". O depoimento de alguns estudantes da #OcupaCEPAR é interessante para pensar os impactos desse formato de organização. Eles falam que aprenderam a respeitar muito mais o trabalho dos funcionários que cuidam da manutenção, da alimentação e da limpeza da escola depois de compreender o quanto é trabalhoso cozinhar para tanta gente e quanto tempo leva para limpar todo o espaço.

Esses secundaristas impressionaram as pessoas por sua postura oposta ao estereótipo de desinteresse e falta de zelo comumente associado a eles. Também por sua capacidade de organização. Externamente, se comunicavam bem entre as diferentes escolas, dividindo doações quando necessário, tomando banho em outra ocupação quando faltava água na sua. Internamente, divididos em comissões, organizavam o dia a dia dando conta da limpeza, da alimentação, da segurança e da comunicação. Nas escolas visitadas em Niterói, mantinham uma rotatividade de pessoas nessas funções, assim, o estudante que, em um momento, estava trabalhando na cozinha ou na limpeza, em outro fazia parte das atividades de comunicação, indo a reuniões e assembleias em outras escolas.

Eles atribuíam um papel central às lutas de negros e negras, mulheres e LGBTs, que não apenas foi o perfil dos jovens que protagonizaram politicamente as ocupações, como também um tema presente no cotidiano e nas demandas do movimento. As comissões de alimentação e limpeza, por exemplo, foram espaços onde a questão de gênero foi alvo de debate e mudanças de comportamento dos estudantes: nas escolas visitadas houve depoimentos de meninas sobre a divisão mais igualitária dessas tarefas sempre delegadas às mulheres, ou meninos afirmando que passaram a compreender que também é responsabilidade deles fazer esses trabalhos. Inúmeros pais e responsáveis de jovens que ocuparam as escolas relataram um novo comportamento em casa, com mais cuidado com o espaço e ajuda nas tarefas domésticas.

A seriedade do comportamento e das reivindicações dos ocupantes, seu zelo pelas escolas e suas denúncias sobre as condições precárias das instituições foram os pontos centrais de repercussão do movimento. Eles descobriram salas de música, de artes, de informática e laboratórios inutilizados. Pilhas de livros guardados quando, em muitas escolas, faltavam. Cadeiras e mesas quebradas acumuladas em salas. Expuseram problemas elétricos, hidráulicos e até mesmo bebedouros que eram focos de mosquito ou que os jovens dividiam com pombos.

Nesse processo de conhecer a escola efetivamente e cuidar dela de forma cooperativa, os estudantes criaram relações de afeto entre si e com o espaço. Há muitos depoimentos onde contam que se tornaram uma família, que passaram a se relacionar sem medo com os professores. Outra forma de perceber esse pertencimento estabelecido com o espaço é a forma como os jovens se sentiam em casa, convidando os visitantes para tomar café com eles, ou usando a sala dos professores — onde costumam ser proibidos de entrar — como espaço de lazer, como foi o caso da #OcupaCEPLIM, onde foi transformada na sala de jogos, ou da #OcupaCEPAR, onde virou a sala da comissão de comunicação.

Os ocupantes lutavam para poder aprender mais do que apenas o currículo mínimo, reivindicando atividades culturais e interdisciplinares, semanas temáticas, saraus, shows de talento, aulas de campo. Eles organizaram com facilidade muitas dessas atividades que, até então, a escola não conseguia organizar. Na #OcupaIEPIC, por exemplo, a rádio da escola, que não era usada há anos, foi posta em funcionamento com a compra de alguns poucos fios. A horta da escola, assim como a do CEPAR, foi revitalizada com a mesma facilidade.

Havia, também, a demanda de uma gestão democrática das escolas, onde toda a comunidade escolar efetivamente tivesse voz e as decisões fossem tomadas de maneira coletiva. Reivindicavam que suas turmas não fossem superlotadas e as salas não fossem extremamente quentes. Exigiam que, ao invés de cortes, a Educação passasse a receber mais investimento.

Engajados em dar visibilidade a seu movimento e pressionar a Secretaria de Educação a atender suas reivindicações, os secundaristas, além de manterem as ocupações, organizaram atos, passeatas e trancamento de ruas. Houve até mesmo reuniões envolvendo estudantes e a Secretaria, mas, ainda assim, no início de maio, com cerca de um mês da primeira ocupação, nem os estudantes haviam obtido resultados concretos para suas demandas, nem a SEEDUC tinha conseguido desarticular a mobilização.

Em meio a esse impasse, no dia 5 de maio a Secretaria de Educação foi ocupada pelo Comando Geral das ocupações,[7] fórum que, desde sua primeira reunião em 11 de abril, agrupava escolas no intuito de unificar o movi-

---

[7] Esse fórum também foi nomeado "Comando Ocupa Tudo". Entretanto, essa nomenclatura é encontrada apenas nos materiais ligados a ANEL (Assembleia Nacional dos Estudantes — Livre). Nas páginas das "Ocupas", tanto nos materiais divulgados, quanto nos textos escritos por estudantes, se referem majoritariamente ao fórum como "Comando Geral", forma que adotamos neste texto.

mento. Eles tomaram o prédio sede da SEEDUC, localizado no bairro do Santo Cristo, na cidade do Rio de Janeiro, e o deixaram no mesmo dia — com impasses acerca dessa decisão — mediante uma carta de compromisso que marcava uma mesa de negociações com a Secretaria para cinco dias depois, em 10 de maio. Data na qual também ocorreu uma audiência de conciliação na 2ª Vara da Infância, da Juventude e do Idoso, que passou a acompanhar juridicamente o movimento.

Esses acontecimentos do início de maio marcaram o começo do período mais intenso das ocupações no que diz respeito às negociações; também sua primeira vitória efetiva, decorrente de decisões da Justiça. Além disso, esses eventos demarcaram questões importantes acerca do perfil político de atuação que prevaleceu no movimento no Rio de Janeiro.

Na audiência do dia 10 estavam presentes jovens de seis escolas ocupadas diferentes: o Colégio Estadual José Leite Lopes, o Colégio Estadual Chico Anysio, o Colégio Hispano Brasileiro João Cabral de Melo Neto, o Instituto de Educação Professor Ismael Coutinho, o Colégio Estadual de Bangu e o Colégio Compositor Luiz Carlos da Vila. Eles apresentaram algumas de suas reivindicações, assim como a SEEDUC as suas justificativas.

Dessa audiência resultaram algumas determinações da Justiça, como o depósito do crédito do RioCard do período que a Secretaria havia adiantado as férias, o estabelecimento de multas de até dez mil reais por publicação em redes sociais que a SEEDUC fizesse incitando o movimento de desocupação, o cumprimento da regulamentação acerca dos grêmios estudantis, a regularização da merenda nas escolas, de acordo com o que estava divulgado no site da pasta, e a distribuição dos livros acumulados nas escolas para os alunos.

A juíza responsável ainda solicitou que a SEEDUC entregasse um levantamento das demandas de cada escola e as respectivas propostas de resolução. Definiu, também, que o ano letivo não seria perdido, mas ajustado após o fim das ocupações e que os jovens participantes do movimento não poderiam ser punidos. Além disso, foi definido um calendário de reuniões de mediação entre a Secretaria e os estudantes.

Nesse mesmo dia, houve uma reunião do Comando Geral com a SEEDUC, conforme combinado na rápida ocupação do dia 5, na qual a Secretaria afirmou estar comprometida com algumas das pautas dos secundaristas. Simultaneamente, a #OcupaMendes sofreu uma violenta tentativa de desocupação por parte de estudantes do "Desocupa", episódio relatado em reportagem da Escola Politécnica de Saúde Joaquim Venâncio (EPSJV), da Fiocruz:

> "O Portal EPSJV foi ao Mendes no dia seguinte ao ataque, descrito pelos alunos como 'traumatizante'. 'Eles queriam levar um aluno da ocupação para dentro de uma sala e fazer ele de refém. Disseram que só iam liberar ele quando nós tirássemos tudo que era nosso e fôssemos embora da escola. Só que conseguimos medir forças com os garotos que estavam levando ele, e puxamos de volta.' [...]
>
> [...] 'Depois que o "Desocupa" entrou, eles [os policiais] fizeram um cordão de isolamento no portão, receberam ordem para não deixar a gente reocupar. Mas por que será que eles não impediram o "Desocupa" de invadir daquele jeito, já que estavam aqui o tempo todo?' [...].
>
> Os alunos da ocupação passaram boa parte da noite e da madrugada sentados na rua, encarando o cordão de isolamento. [...] 'Começou a chegar muitos carros de polícia na frente do colégio. A gente começou a fazer hora porque a gente sabia que estava vindo um papel que legitimava as ocupações', lembra [...] [o estudante], mencionando o documento resultado da audiência de conciliação que também acontecia naquela terça, 10, [...]. 'Ficamos distraindo a polícia na frente do colégio, enquanto algumas pessoas entraram por trás, pelo portão de carga. Entramos escondidos e a partir daí a ocupação era legítima.'" (Mathias, 2016)

Poucos dias após esses episódios, em 13 de maio, houve uma reunião do Comando Geral das ocupações. O encontro desembocou no rompimento de diversas escolas com esse fórum, sob justificativas de que ele era aparelhado por entidades estudantis. Em sua página do Facebook, a #OcupaMendes convocava os demais secundaristas para o Comando desde a primeira reunião do mesmo, realizada no início de abril. Entretanto, em 15 de maio de 2016, eles e outras "Ocupas" divulgam a seguinte nota, presente na Figura 3.

3. O protagonismo político da ação direta

O conflito político entre as organizações de perfil burocrático e as de perfil autonomista tem sido recorrente nos espaços de mobilização política, como os estudantis. Nesse levante a divergência esteve presente a todo tempo e se destacou no Comando Geral das ocupações. Após o episódio de ruptura com esse fórum, as posturas autonomistas ganharam espaço em mais ocupações, dentre elas, nas duas que foram realizadas na sede da Secretaria de Educação.

Figura 3
PUBLICAÇÃO DA PÁGINA "MENDES EM LUTA"
QUE ANTES TINHA O NOME "#OCUPAMENDES"

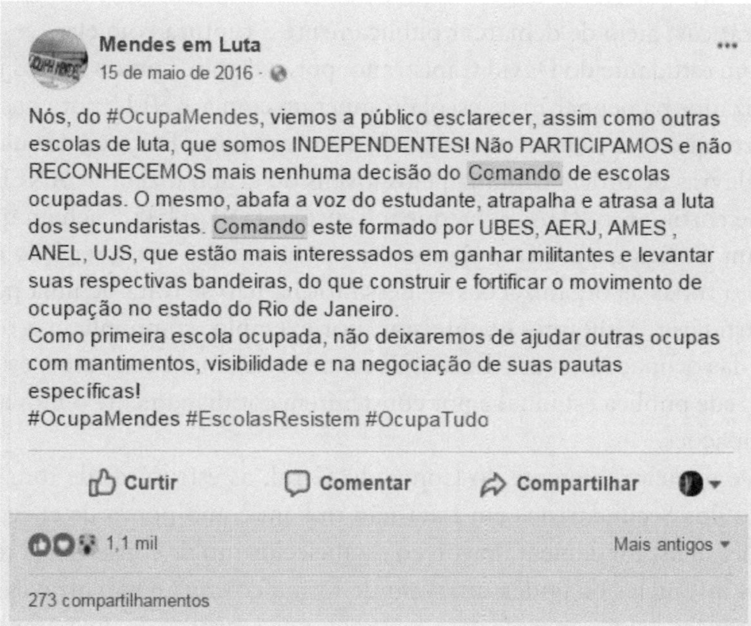
Mendes em Luta
15 de maio de 2016 ·

Nós, do #OcupaMendes, viemos a público esclarecer, assim como outras escolas de luta, que somos INDEPENDENTES! Não PARTICIPAMOS e não RECONHECEMOS mais nenhuma decisão do Comando de escolas ocupadas. O mesmo, abafa a voz do estudante, atrapalha e atrasa a luta dos secundaristas. Comando este formado por UBES, AERJ, AMES , ANEL, UJS, que estão mais interessados em ganhar militantes e levantar suas respectivas bandeiras, do que construir e fortificar o movimento de ocupação no estado do Rio de Janeiro.
Como primeira escola ocupada, não deixaremos de ajudar outras ocupas com mantimentos, visibilidade e na negociação de suas pautas específicas!
#OcupaMendes #EscolasResistem #OcupaTudo

Curtir Comentar Compartilhar

1,1 mil Mais antigos

273 compartilhamentos

Disponível em: <https://goo.gl/tYY1tS>.

O Comando se reuniu periodicamente desde o início das ocupações, no intuito de unificar o movimento e negociar com a Secretaria de Educação. Tendo sua diretriz política disputada por diversos movimentos estudantis institucionalizados e burocratizados — como os mencionados na nota da Figura 3 —, ele se organizava sob a estrutura de representação clássica nesse tipo de fórum. Esses grupos políticos tinham seus militantes presentes em algumas das ocupações e suas diretrizes políticas sobressaíam ou não no movimento, variando a cada diferente escola e região. Apesar disso, os jovens em maior quantidade nos levantes eram independentes dessas organizações políticas e a autonomia do movimento de ocupações de cada unidade era reivindicada.

No caso dos estudantes de Niterói acompanhados pelo projeto Ocupa Educação, essa ruptura com as entidades estudantis foi anterior ao processo de ocupação. Eles estavam articulados entre si pelo grupo Secundaristas em Luta, que se organizava através de assembleias. Sua unificação não se materializava na centralização de decisões ou através de representações, mas na identidade comum, na defesa das mesmas pautas, no intercâmbio de experiências e nas relações de solidariedade cotidiana. Sua característica principal era permitir que eles se conectassem de maneira independente das entidades burocráticas, além de demarcar publicamente a ruptura com elas.

Um estudante do David Capistrano, por exemplo, contou que os jovens organizados na ocupação da escola romperam com a ANEL[8] por considerá-la partidária e se uniram aos Secundaristas em Luta. Em atos de rua, uma das palavras de ordem cantada pelos jovens do grupo dizia: "A ANEL acha que me enrola. E o RUA[9] acha que me enrola. UNE e UJS[10] acham que me enrolam. Se liga governista, vê se sai da minha escola". Essa rejeição não se dirigia a todas as organizações — dessa forma não se trata de uma postura antipartidária. Militantes comunistas, por exemplo, compunham a organização das ocupações, mas o faziam de maneira orgânica, por serem estudantes da rede pública estadual e por construírem cotidianamente o movimento de ocupações.

De maneira diferente do Comando Geral, as estruturas de tomada de decisão dos Secundaristas em Luta não tinham como ponto de chegada as votações, mas, fundamentalmente, o estabelecimento de consensos. Lidando com as instâncias de poder, atuavam de forma coletiva e não através de representações, como aparece, por exemplo, nos registros de uma ampla reunião feita com uma Promotoria de Justiça e a Secretaria de Educação na #OcupaIEPIC. Quando estabeleciam algum tipo de representação, o faziam de maneira rotativa, como nas comissões através das quais organizaram as ocupações. Nesse sentido, para além de reivindicar uma gestão democrática nas escolas, no cotidiano os estudantes já colocavam seus objetivos em prática.

---

[8] Assembleia Nacional dos Estudantes — Livre. Fórum estudantil ligado ao PSTU (Partido Socialista dos Trabalhadores Unificado) que se opõe a UNE (União Nacional dos Estudantes).

[9] RUA Coletivo Anticapitalista é um coletivo de juventude ligado ao PSOL (Partido Socialismo e Liberdade).

[10] União da Juventude Socialista é um coletivo de juventude ligado ao PCdoB (Partido Comunista do Brasil).

Uma assembleia dos Secundaristas em Luta realizada na #OcupaCEPAR exemplifica bem como eram organizados os espaços de debate e decisão. Naquele dia, mais de 35 estudantes de escolas como o IEPIC, o David Capistrano, o Leopoldo Fróes, o Liceu Nilo Peçanha e o Aurelino Leal estavam reunidos para organizar uma manifestação no centro de Niterói que pudesse dar visibilidade ao movimento de ocupações de escolas. Nesse dia, debateram a necessidade de autorização dos pais, a arrecadação de dinheiro para manutenção das ocupações e a importância de mostrar o movimento para a sociedade. A ideia principal para isso era a construção de um ato para o qual levariam carteiras escolares, a exemplo do que foi feito em 2015 em São Paulo. Começariam nas barcas (local de grande fluxo de pessoas, em especial trabalhadores e estudantes) e terminariam no Liceu — escola tradicional da cidade onde encerrariam o dia com um cineclube.

Todo esse debate aconteceu de forma diferente do que é tradicionalmente feito nas assembleias e reuniões de movimentos sociais. Não havia uma mesa recebendo inscrições para que os estudantes pudessem falar, nem determinação do tempo que cada um teria. Os alunos escutavam uns aos outros com calma e, conforme levantavam as mãos, falavam. Observavam e regulavam a prioridade de fala aos que ainda não haviam se expressado. Não vi nenhum registro, nesse dia, de alguma decisão que tenha sido votada. As opiniões, inclusive as mais distintas, eram debatidas até que se chegasse a algum consenso, como por exemplo se deviam ou não interromper o trânsito com o ato, qual rua deveriam seguir, qual seria a postura que encontrariam na polícia e como agir diante dela.

A organização de assembleia descrita estava presente não só na relação entre diferentes escolas, mas também na gestão do cotidiano. Uma estudante da #OcupaCEPLIM relatou, por exemplo, que para que se organizassem entre si era necessário muito diálogo, por isso faziam as assembleias para tomar todas as decisões em conjunto. Ela afirmou que, assim, aprendiam democracia: "Lá fora dizem que há democracia, mas é na ocupação que está havendo".

Distinto do formato aplicado pelas entidades estudantis como a UNE e a UBES[11] e os grupos partidários que as controlam, essa forma de organização, horizontalizada e descentralizada e, ainda assim, intensamente articulada, foi a que teve maior espaço nas ocupações, apesar do convívio de modos distintos de fazer política. A diferença principal pode ser observada em dois eixos centrais: os métodos e os objetivos. Por um lado, esses movi-

---

[11] União Brasileira dos Estudantes Secundaristas.

mentos mais tradicionais se organizam por estruturas burocráticas que se assemelham ao funcionamento do próprio Estado, com regimes representativos e hierarquias bem definidas na organização cotidiana e tomada de decisão. Disputam poder fundamentalmente através de vias institucionais, como por exemplo, reivindicando negociações de representantes com o poder instituído ou disputando eleições. Por outro lado, os jovens mobilizados de forma independente dessas entidades rompem as estruturas de hierarquia atualmente reproduzidas, tanto no cotidiano escolar, quanto político. Dividem o poder através da rotatividade de funções e decisões coletivas, ao invés de concentrá-lo em cargos, e focam suas mobilizações em ações diretas que pressionem incisivamente o poder em detrimento da institucionalidade.

Essas diferentes formas de articulação, tanto estruturadas conforme movimentos sociais tradicionais, quanto as cada vez mais difundidas das mobilizações contemporâneas já vem sendo pensadas há alguns anos. Marilia Sposito (2014), por exemplo, analisa os elementos necessários para compreender as mobilizações contemporâneas. Segundo ela, em referência à Melucci, a contemporaneidade vivencia os movimentos em rede com protagonistas jovens que são "[...] pontas de iceberg a experimentar os dilemas advindos das intensas mudanças observadas nos últimos 40 anos" (Melucci *apud* Sposito, 2014, p. 98). Trata-se assim de formas de organizações ligadas a um modelo de sociedade da qual esses jovens fazem parte.

Esse formato de rede mencionado pela autora vai ao encontro de uma das ferramentas mais difundidas na mobilização dos secundaristas, que é um elemento recente, em termos de reflexões acerca dos movimentos sociais: as redes sociais. A grande maioria das ocupações teve suas páginas em redes como o Facebook, onde puderam, por exemplo, dar suas versões dos fatos a despeito dos discursos promovidos pela mídia sobre o movimento, onde convocavam mobilizações, onde ocorreram debates entre estudantes contrários e favoráveis. Através dessas redes também se comunicavam entre si e trocavam experiências por textos, vídeos e fotos.

Sposito aponta que essas novas mobilizações que carregam os elementos de uma sociedade que mudou intensamente não se portam necessariamente como movimentos sociais, já que não carregam mais seus elementos clássicos — que ainda encontramos presentes em organizações políticas como as estudantis mencionadas. Segundo a autora, é possível pensar mobilizações com o perfil identificado contemporaneamente — caracterizado pelos elementos centrais das ocupações, como a descentralização do poder e o foco na ação direta em detrimento das vias institucionais — como ações coletivas. Quando Sposito menciona as reflexões de Melucci, indica que:

> "[...] [A] análise das ações coletivas e dos movimentos sociais apontava para a emergência de modos diferentes de constituições dessas ações sociais, opondo os movimentos personagem, típicos da sociedade industrial centrada no mundo do trabalho, aos movimentos sob a forma de redes que marcariam os conflitos decorrentes da mutação social que trazia para a cena na sociedade planetária o conhecimento e a informação como novas formas de dominação de grupos sobre grupos e sobre indivíduos (Melucci, 1991)." (Sposito, 2014, p. 109)

4. Desfecho das ocupações no Rio

A #OcupaMendes, primeira ocupação no Rio de Janeiro, terminou em meados de maio. Os jovens organizaram uma coletiva de imprensa para anunciar o encerramento da ocupação, compreendendo que sua luta havia alcançado várias das pautas defendidas — dentre elas a exoneração do diretor da unidade após os violentos conflitos com o "Desocupa", com os quais foi acusado de ter envolvimento.

A coletiva, que aconteceu no dia 16 de maio, terminou com o chefe de gabinete da SEEDUC, Caio Castro Lima, pedindo exoneração. Na sequência, o secretário de Educação, Antonio Neto, também deixou seu cargo, e Wagner Victer, ex-presidente da FAETEC,[12] assumiu o posto — que ocupou até o fim do governo Pezão.

Em 20 de maio já haviam ocorrido diferentes negociações e a SEEDUC havia se comprometido com o cumprimento de algumas pautas, como a eleição para direção das escolas, a determinação de que nenhuma disciplina teria menos de dois tempos de aula e o fim do SAERJ. Entretanto, havia ainda muitas reivindicações importantes para os secundaristas e, por isso, eles ocuparam novamente a Secretaria.

Os jovens tiveram uma audiência com o novo secretário de Educação, mas não avançaram nas pautas e a ocupação, mais uma vez, durou apenas um dia. Entretanto, nessa ocasião, os jovens não saíram do prédio depois de conseguirem um documento de compromisso da SEEDUC. Na madrugada do dia 21, o Batalhão de Choque da Polícia Militar foi enviado ao prédio e realizou, sem mandado judicial e de maneira intensamente violenta, a deso-

[12] Fundação de Apoio à Escola Técnica.

cupação, deixando estudantes e professores feridos, sendo repreendidos pelo Ministério Público pelo uso de força de maneira desproporcional.

Apesar da agressão da PM, no dia 30 de maio, com as negociações sem avanço, os secundaristas ocuparam mais uma vez a Secretaria, exigindo uma audiência com o governador e o secretário de Educação. Dessa vez permaneceram no prédio estabelecendo a #OcupaSEEDUC, mantida por quase um mês.

Ao longo do período de ocupação, os jovens tiveram dificuldades de entrar e sair do prédio, que ficou cercado pela PM, e até mesmo a entrada de mantimentos foi dificultada, além do corte da água do prédio. Suas principais reivindicações eram pautas gerais das diversas "Ocupas", como o passe livre, a distribuição gratuita de uniformes, a climatização das unidades, a participação efetiva na gestão das escolas, o fim do currículo mínimo e a realização de atividades extraclasse.

Durante a #OcupaSEEDUC inúmeras escolas continuavam ocupadas e os secundaristas posicionaram sua luta ao lado de funcionários de diversos outros setores do serviço público, mobilizados em greves, fóruns, atos e passeatas contra os cortes promovidos pelo Governo do Estado. No dia 24 de junho, conforme registrado pelo CMI,[13] terminou a ocupação da Secretaria. O fim se deu mediante a liminar de reintegração de posse entregue pessoalmente pela juíza da 2ª Vara da Infância e Juventude no dia anterior. Os ocupantes saíram em marcha do prédio e seguiram em direção à manifestação que acontecia em frente à Assembleia Legislativa, onde atearam fogo em camisas de escolas consideradas modelo, que concentram investimentos e ficavam expostas em quadros na SEEDUC. Com esse ato, buscaram simbolizar que todos os colégios deveriam ser tratados e financiados para serem modelos e não alguns poucos.

Desde o início de junho, o movimento de ocupações apresentava indícios de que se aproximava de seu fim. A Vara de Infância havia decretado que as áreas pedagógicas das escolas deveriam ser liberadas, mas as ocupações poderiam continuar nos espaços coletivos, e muitas "Ocupas" acataram a definição. Não houve um momento que marcou o fim definitivo. O declínio do movimento foi gradativo. Se, por um lado, havia escolas sendo desocupadas no final de maio, em julho ainda era possível encontrar "Ocupas" resistindo. Com o fim da greve do SEPE no final de julho, a rotina na maior parte das escolas voltou ao que era estabelecido antes do movimento.

---

[13] Ver reportagem número 50 do Anexo no final do capítulo.

No final do ano de 2016, após o impulso que os secundaristas deram à tática de ocupação de escolas, ocorreu um novo levante de setores da educação no Rio de Janeiro, desta vez, focado em escolas federais e universidades públicas. Essa segunda mobilização acompanhei enquanto estudante de uma das unidades ocupadas — o Instituto de Ciências Humanas e Filosofia da UFF. Parte de um enorme movimento nacional, essas ocupações tiveram como pauta evitar a aprovação da PEC 55, que congelou gastos públicos em setores sociais.

Com a presença mais forte das organizações burocráticas do movimento estudantil e a reivindicação de uma pauta de abrangência nacional, esse segundo levante diferiu bastante das ações dos secundaristas. Nesse contexto distinto, onde o poder contra o qual se lutava se encontrava em uma esfera muito mais distante e essa ação direta não o impactava diretamente, a tática de ocupação não se mostrou tão eficaz para alcançar o objetivo estipulado e a emenda constitucional em questão foi aprovada. Ao contrário das ocupações das escolas estaduais, que acumularam vitórias quando se fala em capacidade de pressão do poder público e solução efetiva para reivindicações listadas.

Longe de tentar apresentar a complexidade dessa mobilização contra a PEC ou de fazer aqui uma análise comparativa entre os dois movimentos, apresento essas questões no intuito de apontar a fertilidade que o movimento tem para análises sobre os movimentos sociais contemporâneos, já que carrega consigo seus elementos principais, como, por exemplo, as dicotomias e sobreposições entre métodos de ação dos movimentos sociais tradicionais e as formas contemporâneas de organização, conforme já apresentado nas reflexões de Sposito e dos pensadores com quem a autora dialoga.

Outro ponto interessante a se refletir acerca dessas mobilizações, fundamentalmente a dos secundaristas — intensamente disruptiva — é como, no foco de suas ações, há um questionamento às formas hierárquicas. A presença dessas hierarquias no cotidiano — nas direções escolares, na relação professor-estudante, no poder público ou nos movimentos sociais — é o que define quem possui sabedoria e quais são os conhecimentos válidos, ou quem tem o direito de gerir o espaço onde todos convivem. Dessa forma, é possível associar a manutenção dessas formas hierárquicas ao processo de reprodução social, por exemplo, e, seguindo esse raciocínio, a mudança de gestão do cotidiano e das formas de relacionamento e divisão do poder em espaços como a escola como uma forma de mudança social que aponta para o rompimento com o modelo de vida neoliberal, já que se trata de um espaço de formação de indivíduos.

O sucesso do neoliberalismo, que tem sua filosofia de sociedade reproduzida hoje nas escolas, parece estar justamente nessa questão das individualidades, no fato de conseguir criar subjetividades controláveis que se adequam a suas macroestruturas, como sujeitos que se sujeitam a condições extremamente precárias de trabalho em subempregos com salários baixos. O que pode se difundir, por exemplo, através de uma lógica meritocrática quando, conforme mencionado, o sucesso ou fracasso escolar é associado ao longo de toda a trajetória escolar ao esforço individual, a despeito das condições sociais e da estrutura econômica que serão, massivamente falando, o fator mais impactante nesse resultado.

Refletir sobre essas mobilizações, ao que elas se opõem e quando são acionadas parece cada vez mais necessário diante da conjuntura política de mudanças intensas atualmente vivenciadas pela sociedade brasileira, para assim compreender esse processo de transição. No caso da educação, as recorrentes derrotas sofridas, como a reforma do ensino médio, que intensifica as características neoliberais na estrutura de ensino em nível nacional, parecem ter acarretado na diminuição do ritmo de mobilizações desde o fim desse segundo ciclo de ocupações. Entretanto, continuam os problemas em nível nacional, como o encerramento do PIBID nos moldes que é conhecido atualmente e a disputa necessária em torno da Base Nacional Comum Curricular a ser implementada. Em nível estadual, o sucateamento das escolas, os cortes de verba, a pressão para o encerramento da Educação de Jovens e Adultos e o fechamento de turnos em diversas escolas está a pleno vapor.

Se os problemas que impulsionaram os meses de mobilizações nas escolas públicas continuam a se reproduzir e, muitas vezes, passam a se multiplicar, a importância de compreender as formas de se mobilizar para solucioná-los cresce com a mesma intensidade. A questão que fica a ser respondida é: onde vão desaguar esses processos de ocupação? Na introdução do livro *Escolas de luta* fala-se das ocupações secundaristas como flores de junho, como resultado das jornadas de 2013 no Brasil (Ortellado, 2016). Germinadas as flores, quais serão os frutos dados pelas ocupações secundaristas de 2016?

Referências

BARRETO, Bruna Amaral Lanzillotti. *#OcupaTudo: mobilizações secundaristas e resistências à precarização da educação*. Orientadora: Flávia Rios. Monografia (Bacharelado em Ciências Sociais), ICHF-UFF, Niterói, 2017.

BOURDIEU, Pierre; CHAMPAGNE, Patrick. "Os excluídos do interior". In: NOGUEIRA, Maria Alice; CATANI, Afrânio (orgs.). *Escritos de educação*, 16ª ed. Petrópolis: Vozes, 2015, pp. 244-55.

CARTA CAPITAL. "Entenda a crise e as razões da revolta de servidores no Rio de Janeiro". *Carta Capital*, Política, 21/11/2016. Disponível em: <https://goo.gl/Zjn5NK>, acesso em 4/5/2018.

MATHIAS, Maíra. "Dois meses de ocupação". *Portal EPSJV/Fiocruz*, 20/5/2016. Disponível em: <https://goo.gl/gibain>, acesso em 7/5/2018.

NUNES, Luiz Fernando. "'Reintegração de posse': a ocupação das escolas estaduais no estado do Rio de Janeiro como processo de reavivamento da escola pública". *III Congresso Nacional de Educação*, Natal, 2016.

OCUPA Educação. *Produção: Projeto Ocupa Educação*. Vídeo do Laboratório do Filme Etnográfico, UFF, 2016. Disponível em: <https://goo.gl/3F2RYL>, acesso em 1/7/2016.

ORTELLADO, Pablo. "A primeira flor de junho". In: CAMPOS, Antonia M.; MEDEIROS, Jonas; RIBEIRO, Márcio M. *Escolas de luta*. São Paulo: Veneta, 2016, pp. 12-6.

SPOSITO, Marilia Pontes. "Ação coletiva, jovens e engajamento militante". In: CARRANO, Paulo; FÁVERO, Osmar (orgs.). *Narrativas juvenis e espaços públicos: olhares de pesquisas em educação, mídia e ciências sociais*. Niterói: UFF, 2014, pp. 97-130.

TJ-RJ. "Vara da Infância inicia negociação entre Estado e estudantes". *Assessoria de Imprensa do TJ-RJ*, 10/5/2016. Disponível em: <https://goo.gl/BKgBcN>, acesso em 7/5/2018.

Anexo

Este anexo consiste na compilação de dois levantamentos presentes na monografia *#OcupaTudo: mobilizações secundaristas e resistências à precarização da educação*. São 57 reportagens publicadas em 2016 acerca dos movimentos secundaristas. Os dados são provenientes de duas tabelas da monografia: a Tabela 2, "Levantamento de reportagens sobre ocupações secundaristas e mobilizações pela educação no 1º semestre de 2016", e a Tabela 3, "Cronologia das ações dos secundaristas em 2016". No caso da primeira tabela foram omitidos os registros que não se referiam ao estado do Rio de Janeiro.

Além de dar suporte à visualização cronológica dos acontecimentos, esse material é rico em fotos e vídeos que permitem ao leitor conhecer o contexto das ocupações pelos estudantes secundaristas com uma maior riqueza de detalhes:

Nº	Data	Nome da reportagem	Link de acesso
01	27/02	Vários atos de estudantes no RJ: a juventude vem quente contra os ajustes do Pezão?	goo.gl/8h5xFq
02	02/03	Niterói-RJ: Ato dos estudantes secundaristas ocupa centro	goo.gl/35Aw8k
03	02/03	Rio de Janeiro-RJ: Ato dos servidores do estado	goo.gl/RLdmJr
04	04/03	Alunos do C.E. Visconde de Cairu em luta: "Se os políticos acham que a escola está tão boa, porque não põe os filhos deles aqui?"	goo.gl/yNTzd3
05	04/03	Niterói-RJ: Secundaristas ocupam as ruas do Fonseca	goo.gl/c8Wy4n
06	07/03	São Gonçalo-RJ: Estudantes secundaristas vão às ruas pela educação	goo.gl/oZncqj
07	10/03	Niterói-RJ: Professores fazem assembleia e seguem em manifestação pelo centro da cidade	goo.gl/b7Sj3r
08	11/03	São Gonçalo-RJ: Estudantes secundaristas de Rio do Ouro ocupam rodovia em protesto	goo.gl/SzAX8G
09	12/03	A greve de professores do RJ cresce: é necessário coordenar as categorias em luta para vencer os ajustes do Pezão	goo.gl/7jcW2D
10	14/03	São Gonçalo-RJ: Estudantes de Rio do Ouro ocuparam mais uma vez a rodovia RJ-106	goo.gl/bjddBT
11	15/03	Niterói-RJ: Alunos do CIEP 449 (Brasil-França) protestam contra o sucateamento da educação pública	goo.gl/JZK3Aj
12	15/03	Niterói-RJ: Ato dos estudantes do Liceu recebe apoio de outras escolas do estado	goo.gl/d9b4wL
13	16/03	Rio de Janeiro-RJ: Caos e greve: ato unificado marca o panorama político do estado	goo.gl/kuyE1D
14	21/03	Rio de Janeiro-RJ: Colégio Estadual é ocupado por estudantes na Ilha do Governador	goo.gl/tu8PZs
15	22/03	Primeira escola ocupada do Rio de Janeiro, a faísca contra o ajuste do Pezão	goo.gl/EhU7PQ
16	28/03	Segunda escola ocupada no RJ: #OcupaGomes	goo.gl/zxvmtY
17	28/03	Niterói-RJ: Estudantes fazem manifestação em homenagem à Edson Luís e Benedito Frazão	goo.gl/4YX7Lr
18	04/04	Os estudantes vão incendiar a luta pela educação no RJ: já são oito escolas ocupadas	goo.gl/PR38CL
19	04/04	Quarta escola ocupada no Rio de Janeiro: #OcupaCairu	goo.gl/gvdVXj
20	07/04	Niterói-RJ: Estudantes do Instituto de Educação (IEPIC) fazem ocupação	goo.gl/yAxkf4

21	08/04	Niterói-RJ: Conselho Tutelar entra e conversa com estudantes do #OcupaIEPIC, mas diz para jornal que foi impedido	goo.gl/RRwajm
22	11/04	Rio de Janeiro-RJ: #OcupaMendes faz coletiva de imprensa para rebater acusações de juíza	goo.gl/bsaU37
23	13/04	Niterói-RJ: Estudantes do Colégio Estadual Paulo Assis Ribeiro (CEPAR) fazem ocupação	goo.gl/kEmqKR
24	15/04	Niterói-RJ: Estudantes do C.E. Leopoldo Fróes fazem ocupação, mas turno da noite força a desocupação	goo.gl/QRvcg2
25	18/04	Niterói-RJ: Diretor do C.E. Leopoldo Fróes descumpre acordo e cancela aulas para não haver assembleia	goo.gl/zk2Fjd
26	20/04	71 colégios ocupados no Rio: os estudantes podem apontar uma resposta à crise nacional e da educação	goo.gl/R2VYzv
27	25/04	Secundaristas protestam com intensa atividade cultural durante ocupação de escolas no Rio	goo.gl/ZfDKC6
28	25/04	São Gonçalo-RJ: Estudantes do C.E. Pandiá Calógeras fazem ocupação, mas direção e professor promovem desocupação	goo.gl/mytWYq
29	02/05	Rio de Janeiro-RJ: Estudantes e professores fazem ato pela educação	goo.gl/MtshpB
30	02/05	São João de Meriti-RJ: Ocupação do CIEP 114 segue resistindo	goo.gl/XtGMPa
31	05/05	Ato do Grande Méier	goo.gl/nUY5yu
32	06/05	Estudantes ocupam a SEEDUC por algumas horas, mas UBES e AERJ manobram para desocupar	goo.gl/g4brkU
33	07/05	Ato de estudantes no Rio demonstra espírito vivo de luta!	goo.gl/dtPtP3
34	09/05	Niterói-RJ: Secundaristas em Luta RJ fazem ato contra o autoritarismo da Secretaria de Educação	goo.gl/a4P75w
35	10/05	Niterói-RJ: Estudantes do C.E. Pinto Lima fazem ocupação e Polícia Militar tenta impedir	goo.gl/xYuCTv
36	10/05	Niterói-RJ: Estudantes finalmente ocupam o C.E. Leopoldo Fróes (#OcupaCELF)	goo.gl/CrgoPY
37	11/05	Política da SEEDUC alenta "Movimento Desocupa" que invade escola e a desocupa à força	goo.gl/oFGzPZ
38	12/05	Após incitar o "Movimento Desocupa", SEEDUC tenta tirar o corpo fora	goo.gl/AjFpmn
39	12/05	Niterói-RJ: Estudantes do #OcupaCapistrano se reúnem com o movimento de desocupação	goo.gl/fZ5pjv

40	12/05	Rio de Janeiro-RJ: Cinelândia é ocupada em forma de protesto	goo.gl/LPQGQ5
41	16/05	Rio: alunos desocupam colégio na Ilha do Governador	goo.gl/kgDgHL
42	17/05	Rio: movimento promete manter 70 unidades ocupadas	goo.gl/oWJBC6
43	20/05	São Gonçalo-RJ: Secundaristas em Luta RJ fazem segundo ato contra o autoritarismo da Secretaria de Educação	goo.gl/8amhPa
44	30/05	Rio de Janeiro-RJ: Estudantes ocupam a Secretaria de Educação do estado e exigem diálogo	goo.gl/M3c19u
45	31/05	Alunos ocupam Secretaria de Educação do Rio	goo.gl/ef4FG3
46	06/06	Rio de Janeiro-RJ: Secretário de Educação se recusa a dialogar com estudantes do #OcupaSEEDUC	goo.gl/YstPM7
47	08/06	Rio de Janeiro-RJ: Ato pela educação se une à marcha das mulheres contra a cultura do estupro	goo.gl/M1sXR8
48	16/06	Rio de Janeiro-RJ: Ato unificado pela educação termina no #OcupaSEEDUC	goo.gl/9KuNhJ
49	22/06	Rio de Janeiro-RJ: Ato unificado pela educação repudia estado de calamidade pública que prioriza Olimpíadas	goo.gl/hDCc8S
50	23/06	Rio de Janeiro-RJ: Estudantes do #OcupaSEEDUC desocupam e saem em manifestação até a ALERJ	goo.gl/NQQ5jY
51	30/06	Greve da educação no RJ: governo e justiça ameaçam e polícia reprime com violência professores e alunos	goo.gl/aXJmMr
52	06/07	Rio de Janeiro-RJ: Ato unificado dos trabalhadores denuncia precarização em prol das Olimpíadas	goo.gl/k14vUU
53	07/07	São Gonçalo-RJ: Colégio Estadual Pandiá Calógeras é desocupado após mais de dois meses	goo.gl/vUARVY
54	18/07	Rio de Janeiro-RJ: Ocupação da UERJ denuncia trabalho escravo e a precarização em prol das Olimpíadas	goo.gl/uTnm8A
55	19/07	Rio de Janeiro-RJ: Ato pela educação impede votação que permite a demissão de servidores do estado	goo.gl/tWh8Wx
56	23/07	Niterói-RJ: Ocupação do Colégio Estadual David Capistrano é surpreendida pela polícia após denúncia falsa	goo.gl/Fgt7gz
57	28/07	Escola Sem Partido ou escola do partido único?	goo.gl/ZF2Htr

6

Tirando o paletó e a máscara do príncipe: ocupações de escolas no Ceará

Francisco Uribam Xavier de Holanda[1]

O estado do Ceará ganhou destaque nacional, no início do século XXI, por apresentar bons índices de desempenho na área educacional. O resultado foi atribuído à implantação, em 2007, do Programa Alfabetização na Idade Certa (PAIC), que serviu de modelo no Governo Lula. Em relação ao ensino médio, o Ceará aparece ranqueado como um dos melhores em desempenho na região Nordeste, e, até o ano de 2015, a educação aparecia como um dos maiores trunfos do governo. O governo estadual sempre utilizou das estatísticas para exaltar os resultados quantitativos, como, por exemplo, aumento do número de alunos matriculados, construção de novas escolas e ampliação da oferta do ensino técnico no país.

No final do ano de 2015, como medida de austeridade, Camilo Santana (PT), governador do Ceará, anunciou o contingenciamento de 20% do orçamento destinado à Secretaria de Educação (SEDUC) para o ano de 2016. Além disso, a Portaria de nº 1.169/2015-GAB, que estabelece as normas para a lotação de professores nas escolas públicas estaduais para o ano de 2016 e dá outras providências, já havia sido anunciada, o que significava um impacto negativo na oferta de educação básica. A Portaria extinguia a função pedagógica do Professor Coordenador de Área (PCA), que era responsável pela manutenção do plano de cursos de áreas e influenciava diretamente na execução de projetos relacionados aos laboratórios, às oficinas de redação e às atividades fora da sala de aula. O governo editou também a Portaria nº 0299/2016-GAB, que estabelece normas e procedimentos que limitam o afastamento de professores para participar de programas de pós-graduação. Nesse mesmo pacote, foi comunicada a demissão de 4 mil professores tem-

[1] Professor do Departamento de Ciências Sociais da Universidade Federal do Ceará, tutor do PET-UFC de Ciências Sociais e autor do livro *O PT e a lenda do boto cor de rosa* (2013), entre outras publicações.

porários e o adiamento da data-base de reajuste salarial dos servidores públicos estaduais da área de educação.

Nesse cenário de medidas neoliberais, em 20 de abril de 2016, em assembleia geral, os professores da rede estadual de ensino aprovam uma greve geral cuja paralisação teve início no dia 25. Os professores reivindicavam reajuste salarial de 12,7%; melhorias nas condições de ensino e nas estruturas das escolas; liberação de processos relativos à estabilidade, ascensão funcional e progressão; manutenção e ampliação dos espaços pedagógicos; e regulação do pagamento da verba para merenda escolar. A greve afetou cerca de 44 mil estudantes, nas 709 escolas estaduais. No Ceará, na época, havia cerca de 13.800 professores efetivos e 10 mil temporários.

1. As ocupações movimentam a resistência

> "A ocupação foi uma lição melhor do que uma aula de história ou sociologia numa sala de quatro paredes."
>
> aluna da Escola Santo Amaro

Logo após a greve dos professores, os estudantes iniciam o processo de ocupação das escolas, expondo, na forma de reivindicações, o que, a olho nu, se constata nas escolas pelas várias fotografias divulgadas pelas redes sociais e reportagens de jornais: as más condições dos edifícios (problemas nas instalações elétricas, péssimas condições dos banheiros, goteira no teto das salas de aula, infiltrações de água nas paredes, infestações de pombos que sujam a escola e possibilitam a transmissão de doenças aos alunos); a baixa remuneração dos professores; a pouca quantidade e a má qualidade da merenda escolar; e o processo de coerção exercido pelos gestores juntos aos alunos. O paletó e a máscara do príncipe (governo) foram retirados, o príncipe estava nu, a quantidade numérica era desnudada pela má qualidade do ensino e pela precariedade das estruturas das escolas, principalmente as localizadas em bairros da periferia.

As três primeiras ocupações de escolas no Ceará aconteceram no dia 28 de abril de 2016. Em Fortaleza, o Centro de Atenção Integrada à Criança e ao Adolescente (CAIC) Maria Alves Carioca, no bairro de Granja Lisboa, na região conhecida como Grande Bom Jardim; e a Escola de Ensino Fundamental e Médio João Martins, no bairro do Montese. E na cidade de Juazeiro do Norte, a Escola Presidente Geisel, no bairro de Santa Tereza. Os alunos reivindicavam: reforma nas escolas; implantação do passe livre; diversificação no cardápio da merenda escolar e aumento na quantidade de alimentação fornecida pelas escolas, cujo valor de cálculo é de R$ 0,31 (trinta e um centavos) por aluno; revogação da portaria de lotação (1169/15-GAB); aumento de verbas para projetos pedagógicos e culturais; implantação na grade curricular de estudos sobre a questão de gênero e diversidade; e afirmaram o apoio às reivindicações e à greve dos professores.

Segundo um estudante do CAIC Maria Alves Carioca:

> "A educação vem sucateada há muito tempo, mas, desde o ano passado, o governo fez uma série de cortes que sucatearam ainda mais. Os professores começaram a se movimentar e foi daí que o movimento estudantil em Fortaleza começou a ressurgir. Vimos que todo esse movimento pela greve, pela educação, está em nossas mãos. A última ferramenta foi ocupar as escolas, porque foi tentado tudo: manifestações em frente ao palácio, na SEDUC." (*apud* Welma, 2016)

Em nota oficial, a Secretaria Estadual de Educação (SEDUC) afirma que está aberta ao diálogo com os estudantes e professores, que "não impedirá o acesso dos alunos à escola desde que haja respeito ao patrimônio", e, fazendo uma referência ao Código Civil, destaca que "*os pais são responsáveis legais por quaisquer atos dos filhos*". Em relação à pauta de reivindicações apresentadas pelos estudantes, a SEDUC argumenta que o valor da merenda escolar é definido e financiado pelo Governo Federal por meio do Programa Nacional de Alimentação Escolar (PNAE). Que o passe livre não é de sua competência, mas das prefeituras municipais. Quanto à implantação na grade curricular das questões de gênero e diversidade, afirma que, por meio de sua Coordenação de Diversidade e Inclusão Educacional, "está à disposição para realização de oficinas, palestras e rodas de conversa envolvendo toda a comunidade escolar sobre questões de gênero e diversidade".

O processo de ocupação nas escolas estaduais passou a ganhar força e apoio de estudantes de várias escolas, até mesmo de alunos de instituições de ensino que não aderiram ao processo de ocupação. Ganhou ainda apoio de parte dos professores, de algumas ONGs e movimentos sociais, bem como a simpatia dos pais e de ativistas políticos. Segundo dados do jornal *Tribuna do Ceará*, no dia 6 de maio, eram dez o número de escolas ocupadas no Ceará, sendo oito na capital e duas no interior. Em 18 de maio, o jornal *O Povo* registrava que o número de escolas ocupadas chegava a 49. No dia 25 de maio, já tinham 54 escolas ocupadas, sendo 36 na capital e dezoito no interior. No final, o processo de ocupação chegou a atingir 68 unidades escolares, segundo dados da página de Facebook "Escolas do Ceará em Luta". Esses números indicam a presença de ocupações em cerca de 9,5% do total das 709 unidades estaduais de ensino que possui o Ceará. Já a SEDUC contabiliza a ocupação em apenas 56 escolas estaduais, o equivalente a 8% da rede estadual.

2. Estrutura organizacional das ocupações

Depois de realizadas as primeiras assembleias que deflagraram o processo de ocupação, as escolas passaram a ser um espaço vivo de realização da cidadania ativa por meio da autogestão. Na programação das atividades, aconteceram oficinas, palestras, apresentações artísticas (saraus literários e musicais, peças teatrais), debates políticos, reuniões com os pais e atividades com a comunidade do entorno.

Nas escolas ocupadas, a ação autogestionária se materializava por meio da formação de comissões para gestação das demandas organizacionais e planejamento das atividades políticas e do processo de tomada coletiva de decisões. Entre as comissões mais comuns encontradas nas escolas ocupadas no Ceará, identificamos: a de segurança, de comunicação, de esporte e de lazer, de limpeza, de alimentação e a de cultura. Os estudantes também fizeram campanhas para estimular a doação de alimentos, produtos de higiene pessoal, produtos de limpeza e colchonetes. O CEDECA (Centro de Defesa da Criança e do Adolescente — Ceará) montou, em sua sede, no centro de Fortaleza, um ponto de coleta de doações para ajudar os estudantes das escolas ocupadas. Um aluno da Escola João Mattos, no bairro do Montese, em depoimento ao portal de notícias *UOL*, disse o seguinte:

> "Tem chegado muita doação na escola, de feijão, arroz e cuscuz. Saímos para pedir nas casas e mercadinhos outros itens que estão faltando, algumas pessoas dão, outras não. Em geral, a receptividade é boa e estamos nos mantendo com ajuda também dos nossos pais." (*apud* Gama, 2016)

O apoio dos pais foi fundamental em muitas escolas. Na mesma reportagem, encontramos o depoimento de uma senhora que tem dois filhos matriculados no CAIC Maria Alves Carioca:

> "É bom eles saberem que estamos por perto e apoiando a ocupação para melhorar a qualidade do ensino e da escola. Já dormi alguns dias, mas atualmente venho depois do trabalho e volto para casa quando encerramos o jantar e limpamos a cozinha." (*apud* Gama, 2016)

As reivindicações, as dificuldades, as propostas, a análise de conjuntura, as rodas de conversas, a participação em reuniões com a SEDUC e a Defensoria Pública, os rumos do movimento, os conflitos, as inseguranças em relação aos desfechos das ocupações, o medo de violência, tudo era debatido entre alunos, professores e apoiadores. No seminário sobre as ocupações nas escolas do Grande Bom Jardim, acontecido no auditório do Departamento de Ciências Sociais da UFC, numa parceria entre o Centro de Defesa da Vida Herbert de Sousa (CDVHS) e o Programa de Educação Tutorial (PET) de Ciências Sociais, no dia 8 de dezembro de 2016, as alunas, em seus depoimentos, revelavam que entre elas era comum existir momentos bonitos de troca de apoio emocional, choro e compartilhamento de alegrias, momentos que as fortaleciam para o processo de direção política e moral das ocupações. Foi relatado também o embate sobre a questão de gênero e respeito à diversidade sexual. O comportamento machista dos garotos aparecia já na hora da formação das comissões, pois alguns expressavam que as meninas não podiam participar da comissão de segurança, pois se tratava de atividade para homens. Por sua vez, alguns meninos se recusavam a participar da comissão de limpeza e alimentação, por acharem que se tratava de ocupação feminina. Houve relatos, ainda, de que muitos adolescentes chegaram a assumir sua condição homossexual e outros a sua negritude.

3. As negociações e mediações de conflitos

No dia 9 de maio, o governador do Ceará, Camilo Santana (PT), anunciou um pacote de investimentos nas escolas do estado. O governo se comprometeu a disponibilizar R$ 32 milhões para melhoria das escolas durante os anos de 2016 e 2017; criar um suprimento de fundos no valor de R$ 5 milhões para todas as 709 escolas do estado; adquirir 5 mil computadores para as unidades de ensino; destinar R$ 6,4 milhões por ano para aquisição de merenda escolar; acrescentar 100 horas mensais para ambientes pedagógicos e 125 horas para escolas de educação profissional; e revisar a portaria de afastamento para estudo.

No dia 25 de maio de 2016, uma quarta-feira, realizou-se uma reunião entre representantes dos estudantes e a Secretaria de Educação, mediada pelo Ministério Público Estadual (MPCE), cujo objetivo era realizar um acordo para que as escolas fossem desocupadas. Já no que diz respeito à reforma estrutural das escolas, Idilvan Alencar, secretário de Educação, esclareceu que os R$ 32 milhões não seriam utilizados para reforma de todas as escolas, uma vez que mais de duzentas instituições de ensino, por terem sido recentemente reformadas ou inauguradas, não necessitavam de benfeitorias. Porém, as escolas que apresentassem situação mais grave ou que tivessem problemas na cobertura, instalações elétricas, rachaduras e infiltrações, independentemente de serem escolas ocupadas ou não, seriam alvo de intervenção estrutural. Acrescentou o secretário que o Governo do Estado estabeleceu a criação de suprimento de fundos para reparos nas escolas, o que não existia no Ceará. Esta medida iria permitir que os diretores realizassem manutenção dos estabelecimentos sem necessidade de licitação. O secretário afirmou ainda que, no que concerne à reivindicação de equipamentos, serão investidos R$ 17,5 milhões para a aquisição de 5 mil computadores, sendo 3 mil adquiridos em 2015 e 2 mil em 2017. Disse também que serão comprados 14.653 ventiladores, sendo 5 mil em 2016 e o restante em 2017, além de bebedouros e vários outros equipamentos. Ficou acertado que os estudantes realizariam uma assembleia para indicar representantes do movimento para apreciação da proposta. Após esta deliberação, por intermédio do grupo de trabalho, que será formado pelos três promotores de Justiça da Educação de Fortaleza presentes na reunião, o MPCE foi indicado para mediar a negociação entre os representantes indicados pelos estudantes e a SEDUC.

Assessorados pelo CEDECA Ceará e diante do exposto pelo secretário de Educação no que se refere ao pacote de investimentos anunciado pelo governador a serem aplicados na educação, os estudantes argumentaram que o Governo Camilo Santana (PT) não estava cumprindo com as exigências do Programa Nacional de Alimentação Escolar. Ficou definido que o estado complementaria a verba federal de R$ 0,31 centavos por aluno. Todavia, o montante de R$ 6,4 milhões anunciados para complementar os custos com a merenda escolar representaria, na verdade, um aumento de apenas R$ 0,08 centavos por aluno, ou seja, passariam dos atuais 0,31 centavos para 0,39 centavos, o que significaria um valor inferior ao preço de um ovo por aluno. Os R$ 32 milhões anunciados para a reforma das escolas (o que, na prática, implicaria um valor de R$ 45 mil por unidade escolar) foram considerados insuficientes para realizar todas as obras necessárias. Além disso, os estudantes exigiam que o secretário Idilvan Alencar, junto com o governador, visitasse as escolas para tomar conhecimento das demandas particulares de cada unidade de ensino.

4. A criminalização das ocupações

Em julho, algumas escolas ocupadas passaram a ser alvo de investidas policiais. Matéria do jornal *O Povo* registrou que policiais teriam feito revistas e agido de forma a repreender as ocupações. Na Escola Estadual de Ensino Médio Aldaci Barbosa, localizada no bairro Jangurussu, houve o relato de que policiais entraram na escola às duas horas da madrugada do dia 27 de julho, ordenando que os estudantes se ajoelhassem. Além de agressões verbais, um estudante teria recebido um tapa. A mesma matéria registrava a fala de um aluno:

> "A ação chocou todo mundo na escola. Eles entraram sem mandado, sem justificativa. Chamaram-nos de vagabundos, apontaram armas, ameaçaram dizendo que se achassem alguma coisa a gente tava ferrado." (*apud* "Estudantes denunciam...", 2016)

A matéria do jornal complementa ainda que, durante a semana, as escolas situadas no Grande Bom Jardim haviam passado por revista policial.

Ao final do processo de ocupação das escolas, no dia 5 de agosto de 2016, a SEDUC já havia protocolado 25 notícias-crime referentes a 25 escolas que teriam passado por processo de ocupação. Essa ação vinha com a justificativa de que teria havido ocorrência de dano ao patrimônio público perpetrado pelos estudantes. Para fundamentar cada notícia-crime, foi anexado um relatório produzido pelos gestores das devidas escolas. Recebidas pelo delegado geral de polícia e encaminhadas à Delegacia da Criança e do Adolescente (DCA), os alunos citados nos relatórios dos gestores escolares passaram a ser intimados, juntamente com seus pais, para prestarem esclarecimentos. No total, 320 jovens e seus pais foram convocados a prestar esclarecimentos na DCA, porém, apenas 28 alunos e seus pais chegaram a prestar depoimentos.

No dia 25 de agosto de 2016, a juíza de direito Rita Emília de Carvalho Bezerra de Menezes, da 1ª Vara da Infância e Juventude da Comarca de Fortaleza, concedeu *habeas corpus* preventivo coletivo para os estudantes da Escola Liceu do Ceará, localizada no bairro Conjunto Ceará, atendendo, assim, ao pedido da Defensoria Pública do Ceará para que fossem suspensos os procedimentos instaurados que apontavam supostos danos ocorridos durante as ocupações nas escolas. A juíza acolheu o pedido da Defensoria Pública afirmando que não era possível enquadrar as condutas dos estudantes como ato infracional, pois a apuração policial fazia referência "ao uso de cinco extintores, além de alguns utensílios de cozinha e copa, como facas, armários e outros".

Para a Defensoria Pública, o objetivo de ter impetrado um *habeas corpus* era o de "cessar o constrangimento a que vem sendo submetidos os mais de 320 jovens e seus pais e mães, até o momento, posto que estão sendo levados a depor na Delegacia da Criança e do Adolescente (DCA) por sua movimentação em prol de uma educação de qualidade" (*apud* G1 CE, 2016b). Para a Defensoria Pública, "as notificações de adolescentes que ocuparam as escolas não especificam o suposto dano provocado, além da ausência de individualização da conduta".

5. O fim da greve dos professores

No dia 9 de agosto de 2016, no Ginásio Paulo Saraste, numa assembleia com a participação de aproximadamente 2 mil professores, a greve foi declarada encerrada. A assembleia foi marcada por conflitos e tumultos, e o presidente da APEOC (Sindicato dos Professores e Servidores da Educação e Cultura do Estado e Municípios do Ceará), Anízio Melo, só conseguiu sair do local sob escolta policial, em virtude da revolta de parte dos professores contrários à suspensão da greve. Os professores que fazem oposição à direção da APEOC acusam o seu presidente de ter decretado o fim da greve antes da contagem final dos votos, uma manipulação que colocou dúvidas sobre o resultado declarado pelo presidente que conduzia os trabalhos da assembleia geral. Anízio Melo, em entrevista em nota oficial publicada pela entidade, afirma que a categoria dos professores obteve aumento de 10%, mas permanecia na luta e em diálogo com o governador no tocante às outras reivindicações. No entanto, o conflito entre a direção e a oposição dentro da APEOC, que já era tenso, ficou mais acirrado, e a oposição passou a se mobilizar para alterar o resultado da assembleia geral na Justiça, mas não alcançou êxito.

Em relação ao fim da greve dos professores, a SEDUC, em nota oficial pública, informou que o semestre letivo havia sido retomado desde o dia 1º de agosto em 91,8% das escolas e que apenas 2,2% das unidades escolares do estado continuavam ocupadas por estudantes. Dizia, ainda, a nota:

> "Que aos professores ativos e aposentados, foi proposto aumento de 5% na gratificação de regência de classe. Para os que estão no início de carreira, um acréscimo de 50% de PVR (parcela variável redistributiva). Também foi garantida a promoção especial para todos os professores embarreirados há mais de cinco anos no nível I para o J, com impacto de 5% sobre os vencimentos."

A greve dos professores teve uma duração de 107 dias. Com o fim da greve, apenas quatro escolas permaneceram ocupadas pelos estudantes (G1 CE, 2016a).

6. O termo de ajustamento de conduta (TAC)

No dia 28 de julho de 2016, estudantes, representando as escolas ocupadas, membros do CEDECA e representantes da SEDUC foram convocados para uma reunião para discutir um Termo de Ajustamento de Conduta (TAC). O documento, que seria o TAC, foi elaborado pela Defensoria Pública ao ouvir os estudantes secundaristas e contemplava as reivindicações destes. No entanto, as partes não chegaram a um consenso e não foi possível chegar a um acordo. O documento não foi assinado e a versão desse documento ficou conhecida como "TAC dos sonhos".

No "TAC dos sonhos" estavam acordados ajustamento da merenda e prazos para: reformas nas estruturas das escolas; compra de equipamentos e comutadores; restabelecimento do funcionamento dos laboratórios; e implantação de uma gestão democrática. Além disso, nessa reunião, os estudantes aproveitaram para denunciar a presença de policiais nas escolas. A Secretaria de Educação, no entanto, não apresentou contraproposta e nem quis se comprometer com o documento.

Depois de muita pressão e negociação, no dia 30 de agosto de 2016 finalmente foi assinado o TAC. As partes: os compromitentes (a Defensoria Pública Geral do Estado do Ceará e o Ministério Público do Estado do Ceará) e o compromissário (Estado do Ceará, representado pelo secretário de Educação, Antonio Idilvan de Lima Alencar) chegaram a um acordo. No documento, além de um conjunto de treze considerações, que se referem desde o movimento de ocupação de escolas da rede pública de ensino até o que estabelece a Constituição Federal de 1988 sobre gestão democrática da educação, chega-se às obrigações acatadas pelas SEDUC, quais sejam: reforço no abastecimento da merenda escolar; elaboração, no prazo de dois anos, de um plano de conservação e manutenção das edificações das escolas; disponibilização de 5 milhões de reais, a serem distribuídos entre as escolas para gastos com a gestão de problemas de rotina; apoio e aperfeiçoamento da gestão democrática das escolas; realização, no prazo de um ano, do diagnóstico sobre a situação dos espaços escolares, tais como: os laboratórios de redação, informática, química, física e biologia, as salas de multimeios e as academias esportivas; aquisição de 5 mil computadores no período de 2016 a 2017.

Até o meio do ano de 2017, pouca coisa mudou nas estruturas das escolas e na sua forma de gestão. O TAC assinado não foi o formulado na primeira versão, considerado pelos estudantes o TAC dos sonhos, por incorporar a maioria de suas reivindicações, mas foi uma grande conquista, talvez o único estado da federação em que as ocupações tenham conseguido um compromisso firmado e com tantas vitórias. No entanto, algumas escolas registraram apenas a realização de pequenos reparos, enquanto outras, a melhoria na qualidade da merenda. Algumas promessas assumidas pela SEDUC no TAC estão sendo anunciadas como em andamento, mas não na velocidade esperada pelos estudantes.

7. Estudos de casos

Nesta seção, apresentamos o estudo de caso de cinco escolas ocupadas na região do Grande Bom Jardim, na periferia de Fortaleza. Trata-se de ocupações que tiveram o apoio e o acompanhamento do CDVHS, uma ONG que atua nesse território. Os materiais que tomamos como fonte de informação foram: o *Relatório sobre as ocupações das escolas públicas no Grande Bom Jardim: educação, participação e liberdade de expressão* (produzido e organizado pelo CDVHS, CEDECA e PET-CS-UFC); as transcrições dos áudios dos ciclos de conversas; e as reflexões produzidas, durante dois seminários, sobre as ocupações no Grande Bom Jardim, que foram realizados em parceria com o PET-CS-UFC e o CDVHS (o primeiro seminário aconteceu no dia 8 de dezembro de 2016 no auditório do curso de Ciências Sociais da UFC; o segundo, no auditório do CDVHS, no dia 6 de maio de 2017). A exposição dos casos não se fará por ordem de ocupação, pois, em alguns casos, não se tem o registro certo da data, mas por ordem de realização dos ciclos de conversas elaborados pelo CDVHS.

MAPA DOS CICLOS DE CONVERSAS

Nome da escola	Data	Nº de estudantes
1ª) EEFM Santo Amaro Rua Nova Conquista, 871, Parque Santo Amaro	29/06/2016	10 estudantes
2ª) EEFM Júlia Alves Pessoa Rua São Francisco, 71, Bom Jardim	29/06/2016	2 estudantes
3ª) EEFM Senador Osires Pontes Rua Divina, 150, Canindezinho	05/07/2016	15 estudantes
4ª) EEM Professora Eudes Veras Av. Siqueira Campos, 60, Maracanaú	14/07/2016	2 estudantes
5ª) CAIC Maria Alves Carioca Rua Sargento Barbosa, 851, Granja Lisboa	04/08/2016 10/08/2016	3 estudantes 12 estudantes

7.1. Escola Santo Amaro

A Escola de Ensino Fundamental e Médio Santo Amaro foi ocupada no dia 24 de maio de 2016, por volta das 17 horas. Segundo os alunos que participaram do ciclo de conversas, um total de dez estudantes esteve presente no ato. Os motivos que levaram ao processo de ocupação foram: a falta de melhoria na qualidade de ensino, as condições precárias da estrutura do prédio onde funciona a escola, a baixa qualidade da merenda escolar e o descontentamento com a forma pela qual a escola estava sendo gerida pelos professores que exerciam a função de direção e administração.

A principal reivindicação dos estudantes era em relação ao prédio. O imóvel onde funciona a escola era alugado e, na avaliação dos alunos, ele deveria ser demolido, pois não adiantava mais gastar dinheiro com reformas. Então, os estudantes exigiam a construção de um prédio novo com uma estrutura adequada para práticas pedagógicas. A escola funcionava com salas sem ventilação, com sol entrando pelo teto, lousas improvisadas, banheiros com esgotos estourados, quadra de esporte alagada, ausência de aula de campo (educação física) e de laboratório (química, biologia e física).

Além de um prédio novo para estudar, os estudantes solicitavam um novo modelo de educação e de gestão da escola. O segundo maior problema apontado pelos estudantes era a relação deles com a direção da escola. Eles apontam casos de alunos que eram barrados pela direção por estarem sem farda[2] ou por chegarem atrasados, além da falta de flexibilidade por parte dos gestores para o diálogo e a negociação de soluções.

É importante frisar que a organização da ocupação foi estruturada por meio da formação de quatro comissões: segurança, limpeza, cozinha e comissão de terra (responsável para ir a atos, assembleias e atividades fora da ocupação). Pelos relatos das conversas, não é possível saber quantas pessoas participaram da ocupação. Um dos falantes informa que foram mais ou menos trinta estudantes. No entanto, eles afirmam que, quando a comissão de terra saía, deveria permanecer uma quantidade mínima de três ou quatro estudantes na escola, o que pode significar que a participação era pequena. A escola, durante o processo de ocupação, era aberta para qualquer pessoa, e não se realizava revista ou se pedia identificação.

Os estudantes indicam como apoiadores alguns professores, o CDVHS, o movimento Levante Popular da Juventude e dizem que a comunidade ficou dividida em relação ao ato. Uma parte apoiava e outra não. Houve também o apoio de ex-estudantes, porém, do meio para o final da ocupação, eles se sentiram abandonados. Alguns professores, que no início deram apoio, passaram a condição de observadores; outros, chegaram até a reprimir o prolongamento da ocupação.

A manutenção do processo de ocupação foi garantida por meio de doações de alimentos, material de higiene pessoal e de limpeza por parte dos próprios ocupantes, familiares e pessoas da comunidade, além de pedágios. Os recursos sempre foram escassos; em alguns momentos, até mesmo insuficientes para alimentação dos ocupantes. Além disso, outras dificuldades foram registradas, como: a pressão do proprietário do prédio para que fosse encerrada a ocupação; as tentativas de criminalização, por parte da direção da escola, mediante boatos e mentiras, em razão da suposta menção de roubo dentro da instituição; o clima de conflitos ocasionados pela convivência entre os ocupantes; as divergências de ordem racial, de gênero e de orientação sexual; e a definição dos rumos da ocupação.

Para os estudantes que participaram do ciclo de conversas, o resultado maior do processo de ocupação foi o amadurecimento pessoal, pois acreditam que saíram mais politizados e menos preconceituosos, menos racistas, menos machistas e menos homofóbicos. Afirmaram ainda que passaram a

---

[2] No Ceará, a roupa escolar, nas escolas públicas e privadas, é denominada farda e não uniforme, como em outras escolas da federação.

ter uma visão mais ampla do jogo político que se verifica na sociedade, apontando a relativa melhoria na qualidade da merenda escolar, bem como o processo de formação de um grêmio estudantil na escola, como sendo uma de suas conquistas mais concretas.

7.2. *Escola Júlia Alves*

A ocupação na Escola Júlia Alves, segundo os participantes do ciclo de conversas, foi muito influenciada pela participação dos secundaristas nos atos realizados conjuntamente entre professores e alunos em protesto à política de austeridade anunciada pelo governo do Ceará para o setor de educação. A greve dos professores foi decretada no mês de abril e a ocupação da Escola Júlia Alves no início de maio. A ocupação na escola iniciou-se com a adesão de apenas quinze estudantes. No dia em que foi realizado o ciclo de conversas, apenas três estudantes resistiam na ocupação. O processo de ocupação foi estruturado por meio da formação de três comissões: segurança, limpeza e cozinha. A comissão de segurança só funcionava durante o dia; a de limpeza, apenas no início da ocupação, pois houve resistência dos meninos em assumir tarefas como lavar louças e banheiros; e a comissão de cozinha foi a que obteve melhor desempenho.

A ausência de um maior número de estudantes participando do processo de ocupação criou muitas dificuldades, entre elas: o envolvimento dos professores, da comunidade e a doação de alimentos e de material de higiene e limpeza. O relato feito no ciclo de conversas indica que o movimento de ocupação na Escola Júlia Alves foi feito de forma muito débil e nos leva a questionar se o processo foi conduzido da melhor maneira. No entanto, os estudantes que se colocaram na direção da ocupação tinham uma pauta de reivindicações: melhorias e adequações no cardápio da merenda escolar; benfeitorias na estrutura da escola; e garantia de acessibilidade para pessoas com necessidades especiais. Entre as reivindicações, a de benfeitorias na estrutura da escola é a mais importante. Alguns acham que o prédio deveria ser demolido, e apontam que o muro é muito frágil e pode cair a qualquer momento. Além disso, os alunos ressaltam que: o mato toma conta da escola; a quadra está interditada faz tempo; e os banheiros não apresentam condições de funcionamento adequadas. No depoimento de um estudante, ele pontua:

> "Como a gente é de uma área, vamos dizer assim, não tão valorizada, a gente quer só o básico, uma sala bem ventilada, ma-

terial escolar disponível para o professor, uma boa escola, boa merenda e que não falte nada."

Embora durante o ciclo de conversas não tenham sido registrados conflitos entre os estudantes e a direção da escola, eles relatam a discordância com a direção em relação à exigência do uso obrigatório do fardamento. Registram, ainda, a grande quantidade de alunos em sala de aula, com turmas que ultrapassam o número de quarenta, além da falta de aula de campo (educação física) e da aula em laboratórios (química e física) por falta de material.

Durante o ciclo de conversas sobre a ocupação os estudantes já expressavam, física e verbalmente, cansaço e desânimo em seguir com o processo de ocupação, o que fica evidente no desabafo de um aluno:

> "Para ser bem sincero, a gente já tá perto de acabar, porque no começo a gente conseguia suportar, mas agora não tem mais como, pois já se passaram dois meses e os órgãos que eram para ter visto nossos esforços e nossas causas não fizeram nada, pois se eles fizessem alguma coisa a gente ficava mais sossegado. Em relação ao grande problema que nós temos, são muitas coisas que precisamos melhorar, mas estamos cansados."

Em relação aos resultados alcançados com o processo de ocupação, os estudantes assinalam que ganharam uma maior consciência política, foram esclarecidos sobre os direitos humanos, aprenderam a conviver em grupo, e um estudante disse que desenvolveu a habilidade para fazer arroz.

7.3. Escola Senador Osires Pontes

A Escola Osires Pontes passou por um processo de ocupação em duas tentativas. A primeira, no dia 4 de maio de 2016; a segunda, no dia 1º de junho de 2016. A ocupação foi realizada por alguns alunos e ex-alunos. Na primeira tentativa, durante a noite, foi criado um grupo com a missão de organizar o movimento. Essa primeira tentativa foi barrada pela direção da escola em virtude do envolvimento de alguns estudantes no consumo de bebida alcoólica dentro da escola. Assim, a tentativa de ocupação foi melancolicamente finalizada.

A segunda tentativa de ocupação aconteceu no dia 1º de junho de 2016. No entanto, os estudantes criaram um conjunto de regras e foi proibido o uso de bebidas alcoólicas dentro da escola. Mesmo assim, a segunda tentativa foi feita de forma muito conflituosa. O maior desentendimento foi com a direção da escola. Os estudantes, no ciclo de conversas, relatam que sofreram, por parte da direção da escola, ameaça de despejo por ordem judicial, coação por meio do registro de um Boletim de Ocorrência Policial (BO), intimidação com a possível presença de um major da Polícia Militar para expulsá-los. Além disso, eles reconhecem que a ideia que a comunidade tinha deles era negativa: seriam "*vagabundos que só querem usar o espaço da escola para fumar maconha e fazer sexo*".

Os estudantes relataram durante o ciclo de conversas que se sentiram cerceados nos seus direitos de organização e luta. Um fato exemplar citado foi à criação de uma página no Facebook com o nome "Encontros das Ocupações", o que motivou a convocação deles, por parte da coordenação da escola, para uma reunião na qual foram coagidos a retirarem a página do ar.

Na Escola Osires Pontes não foram definidas as comissões nem houve planejamento das atividades. As três pessoas que comandavam a ocupação eram as mesmas que delegavam as tarefas. No meio de tantos conflitos e dificuldades, os poucos estudantes que lideraram o processo conseguiram organizar reuniões com outras escolas e organizar uma batalha de rap na unidade, levando assim para o interior da escola as temáticas da situação das favelas, da periferia e da liberdade. Essa atividade, segundo os estudantes, seria normalmente barrada pela direção da escola, mas como houve uma boa participação dos alunos, a direção não se manifestou contra.

A principal reivindicação dos estudantes era a melhoria na infraestrutura da escola e a mudança no sistema de ensino. Eles almejam um modelo de ensino que desperte no estudante a vontade de aprender e que responda às necessidades e dificuldades de aprendizado das turmas. Diante do conflito com a direção da escola e por não serem bem-vistos por parte da comunidade, eles relatam que tiveram apoio, principalmente, do CEDECA, com assessoria jurídica, e do CDVHS. Para os estudantes que participaram do ciclo de conversas, o maior aprendizado das ocupações foi o convívio com pessoas de ideias e comportamentos diferentes e a experiência de perceber a importância de lutar pela garantia de seus direitos, a necessidade de ter cuidado com a escola, a participação política, o respeito à diversidade sexual e a tomada de consciência da necessidade de organização da cultura e do lazer dentro da escola.

7.4. Escola Eudes Veras

Inicialmente, por iniciativa de alguns alunos, foi criado um grupo virtual no qual os estudantes da Escola Eudes Veras conversavam sobre a situação da escola, a greve dos professores e sobre as ocupações que estavam acontecendo em várias partes do país. Numa conversa virtual eles marcaram uma assembleia para deliberar sobre a ocupação na escola, como relata um estudante:

> "A gente fez um grupo secreto no Facebook, com todos os alunos da escola que a gente tinha no Facebook, marcamos várias assembleias para decidir como ia ser, aí, em uma delas a gente decidiu ocupar, primeiramente nós falamos com a secretária, com a coordenação, aí a gente ocupou."

A Escola Eudes Veras teve um processo de ocupação com duração de quase dois meses. O início se deu no dia 9 de maio de 2016 e o processo de desocupação foi no dia 6 de julho de 2016. O processo de ocupação foi articulado, a princípio, pela troca de ideias e informações entre os estudantes, por meio das redes sociais, e, em seguida, pela realização de uma reunião com a coordenação da escola e a realização de uma assembleia de estudantes para deliberar sobre a ocupação. No dia 9 de maio, às 17h30, a escola foi ocupada com a participação de mais ou menos quarenta pessoas, entre elas, estudantes, moradores da comunidade e membros de uma entidade estudantil denominada Núcleo Popular.

O principal motivo para a ocupação foi a situação de sucateamento da escola: precarização das salas de aula; falta de espaços para vivência; inexistência de biblioteca; ausência de rampa para o acesso de estudantes portadores de necessidades especiais; e o propósito de retirada das poucas árvores existentes. Contudo, o modelo pedagógico da escola, segundo os participantes do ciclo de conversas, foi considerado positivo, assim como o processo de comunicação entre estudantes, gestores e funcionários da escola.

No processo de ocupação, destacou-se, na sua forma organizativa, o bom funcionamento das comissões de limpeza e de cozinha, a realização de rodas de diálogos, as oficinas e a exibição de filmes. Para marcar um mês de ocupação, foi realizado um evento denominado de "Dia O", que reuniu mais de duzentas pessoas e envolveu a comunidade com a promoção de atividades culturais e a prestação dos seguintes serviços: emissão de segunda via da carteira de identidade; oficina de zumba e de capoeira; distribuição de preservativos; cortes de cabelo; e averiguação da pressão arterial. Foi um dia de ação social, articulada mediante apoio de várias instituições, em que a comunidade foi chamada a ocupar a escola. Esse dia foi importante porque, segundo uma estudante que participou do ciclo de conversas, "*a comunidade tirou a visão de que quem ocupava era um bando de desocupados*".

O processo de desocupação se deu pela dispersão dos alunos, pela escassez de alimentos e de material de limpeza, e pelas críticas que passaram a circular nas redes sociais por parte dos estudantes que não aderiram ao processo de ocupação e que queriam a volta às aulas. Entre as vitórias apontadas pelos estudantes, destacam-se: a aquisição de dois bebedouros; a visita de um engenheiro na escola para avaliar a infraestrutura do prédio e encaminhar relatório técnico sobre as reformas necessárias; e a assinatura do Termo de Ajustamento de Conduta (TAC). Além disso, eles ressaltam como uma conquista relevante a realização de diálogos e oficinas sobre questões de gênero e preconceito, que contribuíram, sobremaneira, para a conscientização dos estudantes e melhoria do relacionamento interno na escola.

7.5. Escola CAIC Maria Alves Carioca

A Escola Maria Alves Carioca foi ocupada no dia 28 de abril de 2016 e desocupada no dia 16 de junho do mesmo ano, com um período de um mês e quinze dias de ocupação. Essa foi uma das escolas que conseguiu maior apoio externo e maior visibilidade na mídia de Fortaleza. Os alunos tiveram o apoio do CDVHS, do Levante Popular da Juventude, do coletivo RUA, do CEDECA, de alguns professores e do padre Marcos. Inicialmente, houve adesão de quarenta estudantes de um universo de 1.200 alunos matriculados. Sobre a organização e seu funcionamento, durante o ciclo de conversas, uma estudante relata:

> "A gente conseguiu mobilizar algumas pessoas e essas pessoas nos ajudaram. A gente teve até a presença de algumas advogadas, a gente foi vendo quais comissões eram necessárias... A princípio a gente fazia formação política durante a manhã. A gente tinha alguma coisa à tarde e à noite. A gente fazia saraus culturais, trazia peças de teatro e fazia palestras. A gente trouxe artistas aqui do bairro, o Pingo de Fortaleza e o Maracatu Solar."

O CAIC Maria Alves, quando foi inaugurado, em 1995, como escola de ensino médio, impactou pelo amplo espaço de sua estrutura física, pela extensa área para prática de esporte e lazer, pelos equipamentos pedagógicos de ensino e pela política de abertura para o diálogo com a comunidade. Uma década depois, a falta de cuidado e manutenção deixou a escola em estado de degradação, cuja necessidade de reforma se soma à contaminação da água e a falta de condições do exercício do magistério por parte dos professores.

A principal reivindicação dos estudantes era a melhoria estrutural da escola, pois as salas são quentes e sem ventilador funcionando. Faltam ainda computadores, projetores, recursos para merenda e o mato toma conta da escola. Para agravar a situação, os professores temporários foram demitidos por causa dos cortes de recursos anunciados pelo pacote de austeridade anunciado pelo governador.

A organização da ocupação se efetivou por meio da formação de comissões de limpeza, de alimentação, de segurança e de promoção de eventos e agenda. No início, as comissões funcionaram sem dificuldades, pois os membros do grêmio estudantil tomavam as decisões e as tarefas eram atribuídas às comissões. No primeiro dia de ocupação, os gestores, surpreendidos, tiveram uma reação negativa e exigiram que os estudantes obedecessem às regras normais de um dia de aula. Houve um momento, segundo relato no ciclo de conversas, que a diretoria da escola tentou mobilizar os pais para pôr fim ao processo de ocupação.

Algumas dificuldades enfrentadas ao longo do movimento dos secundaristas, principalmente a insegurança no ambiente escolar, foram determinantes para o fim da ocupação. Sobre os principais problemas, uma estudante deu o seguinte depoimento:

> "Como é uma escola muito aberta, centrada no meio de três grandes favelas do Bom Jardim, a gente estava sujeito a certas situações. Entraram na escola, conseguiram assaltar, o que fez a gente se perguntar se valia a pena ocupar, por conta da questão da segurança. Outra vez mataram um cara no estacionamento da escola, a gente estava aqui, o que a gente fez? Se escondeu... Eu acho que isso foi a nossa maior resistência, a questão da segurança, a gente passou por muita situação de perigo."

A ocupação foi um grande aprendizado para os estudantes. Eles destacam que houve companheirismo; alguns acreditam que se tornaram mais responsáveis; outros dizem que aprenderam a fazer comida; e a maioria aprendeu a respeitar as diferenças, a conviver com a diversidade sexual, além de entender como se dão os direitos humanos e como se organizam os movimentos sociais. E como diz uma estudante:

> "Dentro da ocupação muitos tabus foram quebrados, como, por exemplo, esse negócio de homem e mulher dormir em quartos diferentes. A famosa frase 'lugar de mulher é na cozinha', esse tabu também foi quebrado, tinha muito homem na cozinha e mulher na segurança."

E como diz uma estudante, em depoimento no ciclo de conversas:

> "O que mais me atingiu foi eu ter colocado na cabeça da minha mãe que tudo isso vale a pena. Quando eu saí de casa ela falou assim: 'Menina! Isso não vai dar em nada, não'. E com o passar do tempo eu estava em casa, ela perguntava assim: 'Tu vai dormir na escola hoje?'. Pra mim dormir a primeira vez na escola foi uma luta, eu tive que pedir para a advogada falar com minha mãe que eu estava segura. Então, para mim, o que eu mais aprendi foi conseguir a confiança de minha mãe. Eu mostrei para ela que eu sou capaz, eu acho que foi o que eu mais aprendi em relação às ocupações."

A Escola CAIC foi a primeira escola a ser desocupada pelos estudantes. Em uma entrevista ao jornal *O Povo Online*, uma estudante deu o seguinte depoimento sobre o processo de ocupação: "*O CAIC é um espaço muito aberto, é difícil manter a segurança. Houve furtos, e também uma menina que estava na ocupação foi assaltada na saída da escola*" (*apud* "Estudantes desocupam...", 2016).

Em relação aos quase 45 dias de ocupação na escola, o balanço feito por uma estudante foi o seguinte:

> "Estamos nos organizando desde o começo do ano para pedir melhores condições de ensino. A ocupação foi um aprendizado muito grande. As formações e os debates nos fizeram abrir os olhos e a mente para muitas questões. Saímos sabendo pensar por nós mesmos. Saímos nos entendendo como coletivo, com o sentimento de que juntos, com todas as diferenças, somos mais fortes. Aprendemos nesses dias o que anos de escola não nos ensinaram, e que é possível, sim, fazer uma outra educação. Não ocupamos

> mais, mas a resistência continua, com outras ferramentas." (*apud* "Estudantes desocupam...", 2016)

Cerca de vinte estudantes resistiram ao fim da ocupação, porém, parte dos alunos, mesmo com o fim da ocupação no CAIC, passaram a integrar a ocupação da Escola Santo Amaro. Diz um estudante:

> "Escolhemos o Santo Amaro porque é no mesmo bairro. O momento tem sido muito importante para a gente sair da zona de conforto. A gente quer que o governo articule com a prefeitura e com os representantes do transporte urbano esse passe. O movimento pode ter começado em paralelo à greve dos professores, mas agora está autônomo e tem suas pautas próprias."

Conclusões

> "Se eu não tivesse ocupado a escola, hoje eu estaria apoiando o Bolsonaro."
>
> estudante da Escola CAIC

Os conflitos sociais, além de serem um meio de fortalecimento da participação política, de refletir as diversidades de interesses e os antagonismos sociais, servem para vulnerabilizar e desestabilizar os modelos epistemológicos dominantes, assim como para desnaturalizar os processos de exclusão e os mecanismos de inferiorização e violação dos direitos humanos. Ao desestabilizar e vulnerabilizar os modelos epistemológicos dominantes, os conflitos sociais contribuem para o fortalecimento de uma consciência crítica e para a insurgência de novos modelos e saberes. O processo de ocupação das escolas estaduais por estudantes secundaristas é um exercício rico dessa afirmação. As ocupações no Ceará tiraram o paletó e a máscara do príncipe (governo), e as estatísticas quantitativas do estado foram desmontadas juntamente com o suporte epistemológico que as fundamentavam. Isso foi conseguido por meio da denúncia da precariedade estrutural das escolas e da baixa qualidade de ensino e gestão, fenômenos invisibilizados pelos números e pelo discurso oficial da SEDUC. O governo petista, vulnerabilizado, teve que ceder algo, um mínimo, diante da sua postura de impor um conjunto de medidas neoliberais cujo resultado seria o aprofundamento do quadro de precarização e desqualificação do ensino.

Um modelo epistemológico que enfrenta a questão dos direitos políticos e sociais, que defende a democratização do Estado por meio de um maior controle por parte dos cidadãos e usuários dos serviços públicos, que enfrenta o racismo, a homofobia, as questões de gênero e a defesa do meio ambiente, foi afirmado e experimentado por todo o período de ocupação e vai reverberar por um bom tempo no imaginário social das escolas e na vida individual de cada estudante que participou desse processo.

Os processos que mexem com o imaginário, que desconstroem valores e ideologias sedimentadas na colonização dominante das mentes e dos comportamentos, e que estimulam novas formas de sociabilidade, de consciência política e de organização social, são visíveis e difíceis de quantificar, mas são poderosos instrumentos de afirmação emancipatória e podem ser mais importantes que determinadas conquistas materiais, que muitas vezes são efêmeras e têm apenas o objetivo de manter um determinado grupo no poder, como a anunciada transformação dos pobres em classe média durante o Governo Lula. As conquistas conseguidas pelos estudantes que conduziram o processo de ocupação das escolas cearenses servem como um triunfo simbólico, para dizer, especialmente àqueles que não consideram importantes a mudança de comportamento político ou o despertar de uma consciência crítica, que lutar tem seu valor, que podemos conquistar nossas reivindicações materiais.

Os estudantes que protagonizaram as ocupações no Ceará são, na realidade, adolescentes que pertencem à geração que tem parte de sua sociabilidade estruturada por meio do uso da internet, ou seja, que passa muito tempo conectada às redes sociais, o que faz com que muitos acreditem que sejam jovens alienados ou totalmente deslocados do mundo.

O processo de ocupação das escolas públicas estaduais, que atende a um contingente de adolescentes que pertencem a famílias que se situam na linha abaixo da pobreza e parte da classe média baixa, serviu como um indicador para demonstrar que nem todos são acomodados, despolitizados e deslocados da realidade, mesmo que estejam distantes das grandes questões que afligem a conjuntura política nacional. Parte desses adolescentes vem se conscientizando e confirmando que não são desinteressados, que sabem o que querem e quais são os seus direitos. O uso de ferramentas, como as redes sociais, permitiu: a troca de informações e de ideias entre estudantes da mesma escola, mesmo quando estes foram proibidos pelos diretores de suas unidades de se reunirem; as mobilizações ao longo das ocupações; a criação de sites e páginas para divulgar a luta, fazer denúncias e reivindicações; e a articulação entre as escolas ocupadas em todo o país.

É possível identificar uma estrutura comum na organização do processo de ocupação, como a formação de comissões. São iniciativas criativas que surgiram e que merecem uma reflexão por ensinar, em termos de mudança de prática do movimento estudantil, a forma como a Escola Eudes Veras envolveu a comunidade no "Dia O", com a prestação de serviços, e que não pode passar despercebida. É muito importante também refletir mais sobre a capacidade logística de uma ação como as ocupações, pois, em muitas escolas, o longo período foi um fator de desgaste entre os estudantes que, muitas vezes, eram poucos para muitas tarefas, e, assim, passaram a ser abatidos pelo cansaço e pela falta de estrutura material para manter até mesmo a alimentação. Embora o desejo de autonomia esteja presente e seja praticado, a condução do movimento se deu de forma centralizada e autoritária em alguns casos.

O processo de ocupação das escolas, enfim, deixa-nos como um grande indicativo que as escolas são instituições sociais, moldadas por vontades dominantes, que funcionam nos moldes sedimentados pelos que controlam o poder, porém, como é uma construção social, pode ser mudada. E a mudança implica desaprender o modelo epistemológico dominante e pensar modelos novos que sejam possíveis de operacionalizar outros projetos pedagógicos nos quais professores, alunos, servidores e a comunidade se emancipem. Precisamos de uma escola que seja nossa, comunitária, em que o professor não tenha medo de falar de política e os gestores não sejam um dispositivo de perseguição e controle de comportamentos não submissos.

Referências

"Estudantes denunciam agressões policiais em escolas ocupadas". *O Povo Online*, 28/7/2016. Disponível em: <https://www20.opovo.com.br/app/fortaleza/2016/07/28/noticiafortaleza,3641242/estudantes-denunciam-agressoes-policias-em-escolas-ocupadas.shtml>, acesso em 12/7/2018.

"Estudantes desocupam CAIC do Bom Jardim". *O Povo Online*, 15/6/2016. Disponível em: <https://www.opovo.com.br/noticias/fortaleza/2016/06/estudantes-desocupam-caic-do-bom-jardim.html>, acesso em 12/7/2018.

GAMA, Aliny. "CE: pais se revezam em escolas ocupadas e cobram por melhorias na educação". *UOL Educação*, 18/5/2016. Disponível em: <https://educacao.uol.com.br/noticias/2016/05/18/ce-pais-se-revezam-em-ocupacoes-de-escolas-e-cobram-melhorias-na-educacao.htm>, acesso em 12/7/2018.

G1 CE. "Mesmo com fim da greve, quatro escolas seguem ocupadas em Fortaleza". *G1 Ceará*, 11/8/2016a. Disponível em: <http://g1.globo.com/ceara/noticia/2016/08/

mesmo-com-fim-da-greve-4-escolas-seguem-ocupadas-em-fortaleza.html>, acesso em 12/7/2018.

_________. "Justiça concede *habeas corpus* para alunos de escola ocupada no Ceará". *G1 Ceará*, 27/8/2016b. Disponível em: <http://g1.globo.com/ceara/noticia/2016/08/justica-concede-habeas-corpus-para-alunos-de-escola-ocupada-no-ceara.html>, acesso em 12/7/2018.

WELMA, Jéssica. "Onda de ocupações de escolas no Ceará indica politização de jovens". *Tribuna do Ceará (UOL)*, 06/5/2016. Disponível em: <http://tribunadoceara.uol.com.br/noticias/educacao/onda-de-ocupacoes-de-escolas-de-fortaleza-indica-politizacao-de-jovens/>, acesso em 12/7/2018.

7

O movimento das ocupações de escolas no Rio Grande do Sul: dinâmicas e tensões internas

Gustavo Coelho[1]

1. Algo realmente significativo...

Sexta-feira, 13 de maio de 2016. Quando a ocupação do Colégio Júlio de Castilhos (tradicionalmente conhecido como Julinho) enfrentava suas primeiras horas, já eram três as escolas ocupadas na capital do Rio Grande do Sul: Emílio Massot, Padre Réus e Agrônomo Pedro Pereira — todas elas ocupadas no dia 11 de maio. No Julinho, Bruna, presidente do grêmio estudantil da escola, e Denise recebiam as pessoas que visitavam a ocupação naquela tarde fria. Enquanto Denise ouvia e fazia adendos, Bruna relatava brevemente como tivera início a ocupação da escola.[2]

Ainda em sua organização inicial, as estudantes da ocupação demonstravam certa ansiedade e até uma eventual confusão devido ao grande número de visitantes. Parte dessa ansiedade e confusão provinha da necessidade que as jovens sentiam de identificar as intenções políticas de todos e todas

---

[1] Mestre em História, doutorando em Sociologia pela UFRGS e professor na Rede Municipal de Porto Alegre.

[2] A realização deste capítulo é parte integrante do processo de pesquisa de doutorado sobre o impacto da ocupação do Colégio Júlio de Castilhos na trajetória de jovens estudantes, desenvolvido junto ao PPG em Sociologia da Universidade Federal do Rio Grande do Sul, sob orientação do Prof. Dr. Marcelo Kunrath Silva — a quem agradeço imensamente pela revisão final do presente artigo. Sendo o foco específico do estudo a ocupação do Julinho, é de sua realidade que partirão muitos dos exemplos trazidos neste artigo. Porém, a análise de reportagens e as conversas com jovens ocupantes e militantes de outras ocupações nos proporcionaram também uma visão mais ampla do movimento das ocupações no estado. Saliente-se, no entanto, que a caracterização apresentada está focada centralmente em Porto Alegre e, assim, tende a não abordar as especificidades das ocupações de escolas ocorridas no interior. Como forma de preservar a privacidade das jovens pesquisadas, todos os nomes citados a partir de nossa observação participante foram alterados.

que procuravam a ocupação:[3] nas próprias palavras de Bruna e Denise, toda ajuda "era sempre bem-vinda", mas a entrada de representantes de partidos políticos seria vigiada e até — se possível — evitada.[4] A fala das jovens já indicava o que seria uma de suas preocupações constantes: a relação do movimento de ocupação com partidos e movimentos sociais. Esta foi, aliás, uma preocupação constante de um determinado conjunto de escolas ocupadas — como se verá adiante.

Naquele momento, porém, em meio às incertezas dos primeiros dias e diante do temor de uma possível repressão por parte da Brigada Militar, Denise chegou a considerar o contato com Pedro Ruas e Fernanda Melchionna, parlamentares do PSOL. Mesmo assim, ela enfatizava: o contato seria apenas no sentido de ter as presenças físicas dos parlamentares como meio de "blindar" os estudantes contra uma possível invasão policial. Na noite anterior, segundo relato das jovens, a Brigada Militar teria feito policiamento ostensivo em frente ao colégio, como forma de intimidação.[5] Entretanto, apesar dos receios de Bruna e Denise, até o final da ocupação, em 30 de junho, nem a invasão e consequente repressão por parte da Brigada, nem a presença dos parlamentares do PSOL haviam se efetivado naquela escola. De qualquer forma, ainda naquele dia de maio, as jovens da ocupação mostravam-se atentas a todos os detalhes e traziam no olhar o brilho da certeza de que faziam algo realmente significativo.

2. Os primeiros passos das ocupações no Rio Grande do Sul

No próprio relato do início das ocupações é possível perceber a complexidade das relações entre os estudantes e as organizações políticas. Na

---

[3] O caderno em que eram anotados os dados de todos que entravam na ocupação registrava, ao final daquela primeira tarde, mais de duzentos visitantes. O registro funcionava como medida de segurança e, ao mesmo tempo, de organização: os dados requisitados (nome, telefone, documento e ocupação — trabalho e/ou militância) proporcionariam aos jovens o controle e o conhecimento sobre as pessoas que buscavam se relacionar de alguma forma com a ocupação.

[4] Naquela primeira tarde em que estivemos no Julinho, presenciamos uma deputada e liderança partidária do Partido dos Trabalhadores (PT) ter sua entrada barrada na ocupação.

[5] Na madrugada do dia 16 para o dia 17 de maio, acompanhando os estudantes da ocupação que faziam a vigia noturna, pudemos presenciar o trânsito de policiais nos arredores da escola, fato que causou apreensão aos presentes.

semana iniciada em 2 de maio, uma reunião ocorrida no Colégio Paula Soares, no centro de Porto Alegre, trazia como pauta a possibilidade de ocupações nas escolas estaduais do Rio Grande do Sul.[6] Nela, com a presença de representantes de diferentes grêmios e de entidades estudantis como a União Brasileira dos Estudantes Secundaristas (UBES), a União Gaúcha dos Estudantes Secundaristas (UGES), a União Metropolitana dos Estudantes Secundários de Porto Alegre (Umespa) e a União da Juventude Socialista (UJS, coletivo jovem ligado ao PCdoB), se discutia e incentivava a ocupação de escolas. Os membros do grêmio estudantil do Julinho, que, inicialmente, estavam incertos quanto à ocupação, decidiram por não realizá-la naquele momento.[7]

Entretanto, na tarde do dia 12 de maio, atendendo a uma sugestão dada na referida reunião, o grêmio do Julinho convocava uma assembleia com os estudantes da escola para discutir a possibilidade de uma ocupação simbólica de 24 horas. Aprovada pelos alunos e alunas presentes, a ocupação teve início na mesma noite, contando com cerca de cinquenta participantes. Na manhã seguinte, uma nova assembleia reforçou a opção pela ocupação: neste momento, cerca de cinquenta novos estudantes aderiram.

Na reunião da semana anterior à ocupação, o desacordo entre os membros do grêmio do Julinho e as entidades estudantis presentes foi evidente e gerou conflitos, conforme o exposto por Bruna em uma roda de conversa ocorrida em 28 de maio. Em função do caráter independente do grêmio do Julinho e de desacordos já existentes — e apenas expressos na referida reunião —, ficou decidido em assembleia que tais entidades não teriam acesso à ocupação do colégio. Também o coletivo UJS, por sua vinculação com o PCdoB, foi barrado por decisão do conjunto de alunos e alunas ocupantes.

---

[6] Segundo reportagem do jornal *Zero Hora*, as ocupações já vinham sendo discutidas pelas entidades estudantis desde o início do mês de abril, mas divergências entre tais entidades teriam retardado seu início (<http://zh.clicrbs.com.br/rs/vida-e-estilo/educacao/noticia/2016/05/o-que-move-as-ocupacoes-de-escolas-no-estado-5804779.html>, acesso em 25/7/2017).

[7] É interessante notar que, diferentemente do caso paulista, entidades estudantis tiveram papel relevante na origem das ocupações no Rio Grande do Sul. No entanto, diversas reportagens (como a citada na nota acima), destacam o "efeito demonstração" da experiência paulista entre os estudantes gaúchos (mesmo aqueles não vinculados a entidades estudantis). Tal "efeito demonstração" teria ocorrido tanto no que se refere ao uso da ocupação como repertório de ação quanto no que se refere ao sucesso deste repertório na conquista dos objetivos dos estudantes de São Paulo.

Independentemente do alinhamento ou não a entidades estudantis, a pauta de reivindicações do conjunto das ocupações secundaristas do RS incluía pontos ligados à precarização das escolas estaduais e ao processo político do estado. Por um lado, os estudantes denunciavam as precárias estruturas físicas de suas escolas, que há meses — e até anos — demandavam reformas, a falta de materiais básicos como papel para cópias, a má qualidade da merenda, o atraso do repasse de verbas para manutenção dos prédios escolares e a falta de professores nos quadros das unidades de ensino. Por outro lado, a pauta política dos estudantes opunha-se a dois projetos específicos que, a seu ver, representavam ataques dos políticos conservadores do estado: o Projeto de Lei (PL) 44/2016, que abria a possibilidade de transferência da administração das escolas para Organizações Sociais (OSs) — visto pelos estudantes como uma possibilidade de avanço da privatização do ensino público, através da ingerência de fundações privadas nas escolas — e o PL 190/2015, que implantaria o programa "Escola Sem Partido", abrindo um processo de cerceamento do debate no meio escolar, seja sobre assuntos ligados abertamente à política ou a questões de gênero e/ou etnia.

Além destes pontos, o movimento dos estudantes prestava solidariedade à situação dos professores que, além de receberem baixos salários, vinham tendo os mesmos parcelados desde o ano anterior. Logo no início das ocupações, inclusive, eclode uma greve dos professores estaduais que é prontamente apoiada pelos estudantes. Pode-se dizer, portanto, que a agenda de reivindicações dos jovens transitava da denúncia e luta contra o processo de precarização do ensino público ao enfrentamento da agenda política neoliberal e conservadora no estado.

A opção pela ocupação como forma de luta, conforme referido anteriormente, teve como referência direta o exemplo das ocupações secundaristas de São Paulo no ano de 2015.[8] Entretanto, a decisão partiu também do entendimento de que novas formas de enfrentamento se faziam necessárias na conjuntura em que os estudantes se encontravam. Em uma reflexão feita retrospectivamente, um dos jovens ocupantes chega a colocar a opção pelo método da ocupação como algo relacionado a um sentimento de urgência, à necessidade de medidas mais radicais de luta: "A gente fez passeata, pro-

---

[8] Embora a ocupação de escolas tenha sido utilizada, enquanto tática de luta, no estado de Mato Grosso do Sul em 2012, o episódio não deu origem à onda que o caso paulista provocou em função de sua visibilidade. Depois de SP, GO, RS, CE, MG, PR e outros estados assistiram também a ocupações em escolas, institutos e universidades públicas entre 2015 e 2016.

testo, e não conseguia resposta. A ocupação foi a resposta para a gente conseguir".[9] Assim, nos intensos dias que se seguem ao 13 de maio, as ocupações espalharam-se como um contágio pela capital e pelo interior do estado: no dia 19 de maio já eram contabilizadas 94 escolas ocupadas, em 39 municípios gaúchos.[10] Apesar da dificuldade na identificação do número preciso de escolas envolvidas no processo das ocupações, estima-se que tenha chegado a quase 150 o total de escolas ocupadas ou, ao menos, com alguma ação relacionada ao processo de ocupações.

De qualquer forma, a eclosão do movimento nas escolas gaúchas coincidiu com um momento de atritos entre o então secretário de Educação do estado, Vieira da Cunha (PDT), e o governador José Ivo Sartori (PMDB). Ainda em maio, segundo a imprensa local, Vieira da Cunha teria pedido sua demissão devido a questões orçamentárias da pasta: ao ter a solicitação negada, partira então para um período de férias.[11] No mesmo dia de seu afastamento temporário, 11 de maio, tinha início o movimento de ocupações das escolas, na EEEM Emílio Massot. Iniciava-se também, via imprensa, um período de especulações quanto ao futuro de Vieira da Cunha no secretariado estadual. Por fim, no início de junho, o pedetista se desligaria da pasta, devido ao desgaste provocado pelas ocupações e pela greve do magistério estadual, mas também devido a discussões internas de seu partido, com vistas às eleições municipais da capital, que ocorreriam nos últimos meses do ano.[12]

[9] "Um ano depois, estudantes celebram reformas e conscientização como legados das ocupações" (<http://www.sul21.com.br/jornal/um-ano-depois-estudantes-celebram-reformas-e-conscientizacao-como-legados-das-ocupacoes/>, acesso em 4/7/2017).

[10] Cf. <http://www.radioguaiba.com.br/noticia/rio-grande-do-sul-tem-mais-de-80-escolas-ocupadas-por-estudantes/>, acesso em 25/7/2017.

[11] "Vieira da Cunha pede para deixar o cargo, mas Sartori rejeita" (<http://www.correiodopovo.com.br/Noticias/Politica/2016/5/586762/Vieira-da-Cunha-pede-para-deixar-o-cargo,-mas-Sartori-rejeita>, acesso em 2/7/2017).

[12] "Vieira da Cunha deixa Secretaria da Educação no RS para ser candidato" (<http://g1.globo.com/rs/rio-grande-do-sul/noticia/2016/06/vieira-da-cunha-deixa-secretaria-da-educacao-no-rs-para-ser-candidato.html>, acesso em 2/7/2017). Convém observar que, apesar das especulações em torno da candidatura de Vieira da Cunha a prefeito, seu partido acabou por indicar o nome de Juliana Brizola como vice-prefeita, compondo chapa com o PMDB — uma coligação que já ocupava a prefeitura de Porto Alegre desde 2009.

3. A dinâmica interna das ocupações

Como já foi dito, a questão da presença de entidades, partidos ou organizações nas ocupações era de grande relevância para os estudantes e foi responsável pelo estabelecimento de duas grandes vertentes entre as quais se dividiam as escolas ocupadas no RS. Desde o início do movimento, diversas escolas ocupadas contavam com a atuação de entidades estudantis como a UBES, a UGES e a Umespa.[13] Em contraposição a este conjunto de escolas, outras ocupações organizaram, no decorrer do movimento, o Comitê das Escolas Independentes (CEI), coletivo informal que reivindicava autonomia em relação às referidas entidades estudantis — bem como a partidos políticos.

Entretanto, o que havia nas escolas do CEI não era uma aversão a partidos e organizações tradicionais — característica que tem sido levantada como uma das marcas das novas formas de fazer política. A iniciativa de ocupar escolas no estado surgira, aliás, de um chamamento por parte das próprias entidades estudantis. Nesse sentido, quando se observa a dinâmica das ocupações independentes, é possível entender o que parece ser uma aversão a partidos ou uma recusa das organizações como sendo, na verdade, um desejo de autonomia. Isto porque, nas escolas que formavam o CEI, os estudantes não fechavam suas portas a *qualquer* organização, mas apenas àquelas que lhes tirariam o protagonismo (ou às que julgassem capazes de fazê-lo). A recusa, portanto, voltava-se a práticas marcadas pela hierarquia verticalizada e pelo aparelhamento, e não às organizações em si. Um acontecimento específico pode ilustrar bem esta questão.

No final de maio, uma série de rodas de conversa com a participação de um jovem secundarista atuante nas ocupações de escolas em São Paulo ocorreria em escolas ligadas ao CEI. Tais encontros eram intermediados por integrantes da Federação Anarquista Gaúcha (FAG) e pretendiam funcionar como uma troca de experiências entre estudantes das ocupações paulistas e os estudantes das ocupações gaúchas que, então, se encaminhavam para o fechamento de sua primeira quinzena.

Acreditamos que a presença da FAG e d'O Mal Educado[14] nesta e em outras ocupações servia justamente para que problematizemos a relação

[13] As referidas entidades apresentam vinculação com partidos políticos. No caso da UBES, com o PCdoB e, nos casos de UGES e Umespa, com o PPL.

[14] Coletivo ao qual o jovem secundarista era engajado e que teve grande protagonismo nas ocupações de SP. Para um maior entendimento sobre O Mal Educado, indica-

entre o movimento dos estudantes articulados no CEI e as organizações políticas. O reconhecimento da legitimidade d'O Mal Educado e seu acolhimento pelos estudantes da ocupação é facilmente compreendido, uma vez que a jovem organização era formada por estudantes autonomistas que tiveram grande envolvimento no movimento paulista de ocupações. Entretanto, na roda de conversa em que o jovem estudante compartilhou suas experiências havia mais do que uma possibilidade de aprendizado tático para o movimento gaúcho. Havia uma clara *identificação* política e geracional entre ele e o grupo do Julinho. Já em relação à FAG, os motivos de seu acolhimento não são tão autoevidentes, mas vinculam-se à *tradição autonomista* à qual a organização é filiada. O fato de uma professora do Colégio ser integrante da FAG certamente ajudou na sua entrada na ocupação, mas sua permanência só foi possível devido à prática de respeito à autonomia e espontaneidade dos movimentos própria da política libertária dos anarquistas.[15] O mesmo pode ser dito em relação às demais escolas que recebiam a visita do jovem: se o contato de estudantes, professores e determinados militantes propiciava sua visita, eram apenas a identificação e a postura de respeito à autonomia das ocupações que garantiam seu bom acolhimento.

Outro elemento marcante do funcionamento interno das ocupações é a *horizontalidade*. De fato, a questão do poder decisório configurou uma importante preocupação no movimento: em muitos momentos, ouvimos de estudantes a caracterização do movimento de ocupação como "horizontal". Tal caracterização foi também expressa e reforçada nos espaços da mídia, sempre que se tentava identificar "líderes-dirigentes". Diferentemente de organizações mais tradicionais, nas ocupações não havia estruturas hierár-

---

mos o livro *Escolas de luta*, primeira obra mais sistemática sobre o levante secundarista de São Paulo publicada no Brasil (Campos *et al.*, 2016).

[15] É interessante notar que outro professor também respeitado pelos estudantes da ocupação era, à época, filiado ao PSTU. No entanto, sendo um partido com organização e dinâmicas de funcionamento e atuação mais rígidas, a agremiação não teve espaço para incidir sobre o andamento da ocupação. Já nas escolas estaduais Alberto Torres, da Zona Sul de Porto Alegre, Padre Rambo, da Zona Leste, e Cândido Godói, da Zona Norte, foi marcante a presença do coletivo Alicerce que, embora sendo de orientação marxista (não tendo, portanto, a mesma filiação política da FAG), tem sua atuação marcada por um considerável esforço de horizontalidade e pelo respeito à autonomia e ao protagonismo das bases nos movimentos dos quais participa. Foram, portanto, as práticas de respeito à autonomia dos estudantes presentes nestas organizações (FAG e Alicerce) que permitiram seu acolhimento nestas ocupações que, de forma significativa, estavam agregadas no CEI.

quicas formais ou dirigentes e todas as decisões *relevantes* eram tomadas coletivamente.

Entretanto, quando acompanhamos o desenvolvimento do movimento, fica claro que jovens como Bruna e Denise, em função de suas experiências organizativas e políticas prévias,[16] tomavam a iniciativa em certos momentos de impasse. Embora as decisões mais relevantes fossem tomadas *em assembleia*, a prática militante acabava por estabelecer lideranças informais, em uma distinção que era percebida, aceita e respeitada — mesmo que, às vezes, sem total clareza — por todos. Em momentos de tensão, em atos ou mesmo na organização cotidiana, o destaque e a influência desses indivíduos é considerável.[17] De qualquer forma, a preocupação com a distribuição do poder decisório era constante e autêntica no movimento e o papel de liderança informal não era transformado no papel de dirigente. E mesmo o próprio cuidado com as tomadas de decisão e a exposição de determinadas pessoas ante a mídia era debatido nas assembleias.[18] A própria realização das assembleias, além de reforçar o elemento da horizontalidade, atesta também o aprendizado político que os jovens estudantes foram desenvolvendo ao longo do movimento de ocupações, sobretudo se compararmos o desenvolvimento de sua dinâmica, como no episódio narrado a seguir.

No início da noite do dia 13 de maio, por volta das 19h, pudemos acompanhar a realização de uma assembleia dos estudantes da ocupação do Colégio Júlio de Castilhos — a terceira feita pelo coletivo até ali. Na ocasião, encerravam-se as primeiras 24 horas da ocupação. A reunião contava com cerca de 35 estudantes e dez visitantes — entre pais, observadores e apoiadores. Por motivo de segurança, o conjunto dos estudantes decidiu por realizar a assembleia no pátio, entre o portão de entrada da escola e a porta de acesso ao saguão do primeiro prédio, de onde era possível ver quem se aproximava na praça em frente ao Julinho. Bruna coordenou a reunião e fez a fala de abertura, informando aos presentes que a assembleia dos professo-

---

[16] A primeira é — como já foi dito — presidente do grêmio estudantil, enquanto a segunda é uma ex-militante do Juntos, coletivo jovem vinculado ao PSOL.

[17] Nos atos de rua, quando membros das ocupações se faziam presentes, havia uma divisão de tarefas na qual parte do grupo mantinha-se na escola ocupada, garantindo sua segurança. Entretanto, no caso da ocupação do Julinho, podemos perceber que alguns jovens estavam mais presentes nos atos de rua. Assim, pode-se questionar se tal divisão de tarefas não configuraria uma "representação informal".

[18] Em determinada assembleia, a necessidade de um rodízio para o atendimento de veículos de mídia era debatida como forma de evitar que a ideia de que havia "lideranças do movimento" se cristalizasse para o público externo.

res estaduais realizada naquela tarde decidira pela deflagração de uma greve. Tal decisão, em sua avaliação, poderia influenciar a dinâmica do movimento de ocupação: por um lado, a ocupação poderia perder visibilidade junto à opinião pública; por outro lado, a greve iniciada poderia colaborar para a construção da unidade entre estudantes e professores. Encerrando sua fala inicial, Bruna saudou o movimento dos estudantes e os presentes puxaram uma salva de palmas.

Nibele, uma das estudantes que estiveram envolvidas com a vigilância do portão de acesso durante quase toda a tarde, destacou-se para falar. Ela pediu ao conjunto dos estudantes atenção à questão da segurança, ao controle da entrada de pessoas na ocupação. Nesta assembleia, o tema da segurança da ocupação — representado no controle do portão de acesso — foi a preocupação de maior destaque. De forma mais específica, a discussão sobre o cadeamento ou não do portão gerou um princípio de polêmica. Isso ocorreu, pois, em paralelo à ocupação, a equipe de vigilância privada responsável pela segurança do prédio seguia presente na escola. Através de um painel eletrônico situado em um balcão no interior do saguão de entrada, os vigilantes tinham a possibilidade de destrancar o portão, liberando o acesso ao pátio do colégio.

Nas primeiras 24 horas da ocupação, os estudantes realizavam a triagem das pessoas que chegavam à escola, dando um sinal aos vigilantes que, por sua vez, destrancavam o portão. Em todos os momentos em que estivemos presentes, nenhum atrito entre estudantes e vigilantes ocorreu. Entretanto, como se verá adiante, os estudantes acabaram por tomar para si o controle total do acesso à ocupação, através do cadeamento do portão.

Desenvolvendo sua fala, Nibele pedia "mais coletivo" nas tarefas de segurança, uma vez que ela teria ficado sobrecarregada, em função de falhas no revezamento dos estudantes responsáveis pela vigilância. Após a manifestação de Nibele, ocorreu a discussão sobre o cadeamento do portão. A jovem sustentava a necessidade de mantê-lo cadeado. O que Nibele defendia, em outras palavras, era a colocação de todo o poder de regulação do acesso à ocupação nas mãos dos estudantes. A polêmica instaurou-se quando uma das secundaristas presentes na assembleia afirmou ter sido informada por um dos vigilantes que a instrução dada pela diretora da escola à equipe de vigilância privada seria de que a mesma chamasse a polícia caso os estudantes obstruíssem a entrada com correntes e cadeados.[19] Diante do prolonga-

---

[19] Naquela mesma tarde, Bruna relatara — com os devidos adendos de Denise — a forte resistência da direção em relação à ocupação. Segundo elas, a diretora teria tenta-

mento da discussão, *os estudantes pediram a opinião* do grupo de professores que, até então, apenas assistia à assembleia. Uma das professoras pronunciou-se, dizendo haver na escola uma cultura de "ter professor junto sempre". Segundo ela, esta cultura deveria ser tensionada em prol da legitimidade e da autonomia do movimento dos estudantes. Com esta fala, a professora eximiu o grupo docente de emitir um posicionamento, devolvendo a decisão da questão para o coletivo de jovens.[20] Nibele, então, referiu-se ao portão como "um furo na segurança". Sua proposta, enfim, era vetar o acesso de todos os estranhos à ocupação nas dependências da escola. A discussão em torno do cadeamento do portão e do controle dos acessos foi retomada, em um impasse, até que a professora que havia se pronunciado antes pediu a palavra e *questionou* se, diante da resistência da direção em relação ao cadeamento do portão, "comprar a briga" naquele momento seria interessante para um movimento que se iniciava.[21]

Após o prosseguimento da discussão, Bruna encaminhou a votação, lembrando antes que o acordo firmado entre os estudantes até então era de que os portões estariam cadeados apenas entre a meia-noite e as 6h da manhã. O coletivo dos estudantes definiu, por fim, manter o acordo inicial: os portões seriam cadeados apenas durante a madrugada.

A assembleia descrita nos parágrafos acima, por ser uma das primeiras do movimento, refletia a própria ansiedade e energia dos estudantes. Em vários momentos, falas simultâneas atropelavam-se e, embora todos e todas se ouvissem, as argumentações eram seguidamente interrompidas. Em uma

---

do, em diferentes momentos, boicotar o movimento dos estudantes, até com a restrição ao acesso de certos espaços da escola. Segundo Bruna, apenas quando a ocupação mostrara-se irreversível, a resistência diminuíra — sem nunca, contudo, deixar de existir. Em momentos que pudemos presenciar, os acertos e negociações dos estudantes davam-se diretamente com funcionários presentes na escola (responsáveis pelo acesso e vigilância da escola ou pelo refeitório). Cabe ressaltar que, no ato simbólico de entrega das chaves da escola ao final da ocupação, nenhum membro da direção se fez presente. Tal ausência, inclusive, atrasou a entrega, que só foi feita quando representantes da Secretaria de Educação chegaram à escola. Ver "Saída do Julinho marca fim das ocupações no Estado: 'outra escola vai surgir'" (<http://www.sul21.com.br/jornal/saida-do-julinho-marca-fim-das-ocupacoes-no-estado-outra-escola-vai-surgir/>, acesso em 18/7/2017).

[20] Tratava-se de uma professora vinculada ao anarquismo. Sua postura inicial de devolver a decisão para os estudantes é coerente, portanto, com a ênfase anarquista na autonomia das bases em movimento.

[21] É interessante notar que, mesmo intervindo, a professora o fez na forma de um *questionamento*, e não de uma determinação, o que demandava dos jovens uma reflexão acerca do problema, e não uma aceitação passiva.

dinâmica acelerada de discussão, as falas não eram inscritas, nem organizadas por alguém específico. Em determinado ponto, Bruna manifestara-se afirmando que era preciso que todos exercitassem o debate e a votação das questões coletivas utilizando-se de falas com volume e expressão adequados. Tal comentário — assim como o andamento da assembleia — deixava claro que parte considerável dos presentes não havia passado ainda por uma experiência como aquela.

Já ao final do dia seguinte, foi possível perceber o rápido aprendizado que os jovens iam construindo através da própria experiência da ocupação.[22] As comissões, então, já se encontravam identificadas por faixas de TNT de diferentes cores que seus integrantes utilizavam atadas ao braço, como forma de facilitar a organização entre os estudantes. Também a assembleia que se realizou ao final da tarde deste segundo dia mostrou-se melhor organizada: as falas eram feitas por inscrição e cada manifestação era ouvida até o final, sem interrupções, tendo sido uma estudante destacada para fazer tal controle.

Em um clima de maior segurança e autoconfiança, os jovens realizavam a assembleia dentro do saguão do prédio de entrada da escola — local onde a maior parte das assembleias passaria a ocorrer a partir de então. O portão, neste momento, já se encontrava cadeado.[23] Na reunião, representantes do Serviço de Assessoria Jurídica Universitária (SAJU) da UFRGS e advogados de coletivos tinham um momento específico para se apresentarem aos estudantes da ocupação e fazerem propostas de apoio e atividades. Portanto, não apenas a dinâmica entre os próprios estudantes mostrava-se mais bem organizada como também a relação com visitantes e possíveis apoiadores externos já era mais bem trabalhada pelos jovens.

A busca dos estudantes por uma orientação dos professores em meio à discussão sobre a segurança da ocupação e o já citado destaque da partici-

---

[22] Pelo menos *duas* assembleias eram realizadas a cada dia na ocupação, o que permitia aos jovens uma maior apropriação deste tipo de experiência de participação.

[23] Ao longo da tarde deste dia, um incidente envolvendo um pai de um aluno da escola e um homem que se dizia policial fez com que o coletivo de estudantes decidisse pelo cadeamento constante do portão, independentemente do horário. A confusão teria ocorrido no momento em que um homem desconhecido tentara entrar sem apresentar a documentação requisitada pelos estudantes da ocupação. Autodeclarando-se policial, o homem questionava a legitimidade do controle dos estudantes sobre a entrada no colégio. Acompanhando um pai de aluno contrário à ocupação, o homem desconhecido desencadeou uma discussão que gerou certa insegurança entre os estudantes, que optaram então pelo cadeamento do portão.

pação de determinadas estudantes no debate e no andamento do movimento são duas questões pontuais que se relacionam com uma maior: o caráter horizontal do movimento de ocupação — também expresso e reivindicado na própria assembleia. Embora este ponto não tenha gerado nenhum tipo de polêmica ou questionamento aberto da parte dos estudantes, a horizontalidade configura um importante elemento que era lembrado, afirmado e reforçado constantemente, tanto em falas quanto em práticas. A construção deste "caráter horizontal e autônomo", contudo, não era um processo livre de tensões internas.

A busca pelo "parecer" dos professores como forma de resolução do impasse no debate da segurança e a discussão quanto ao destaque de representações para o encontro com o secretário de Educação que veremos na próxima seção são duas expressões desta tensão. Neste sentido, as ocupações podem ser vistas como um movimento que pretende construir, de maneira marcadamente experimental, novas formas de ação política. Nesta construção, afloram impasses e desafios que marcam seu próprio caráter experimental.

Outro elemento importante a destacar na dinâmica interna das ocupações foi a constituição e mobilização de uma ampla rede de apoio formada por familiares, ativistas, organizações e indivíduos sem vinculação política ou associativa. Através desta rede, foram mobilizados recursos e suportes fundamentais para a manutenção do longo processo de ocupação. Além da contribuição com alimentos, colchões e cobertores,[24] essa rede de apoio propiciou às ocupações uma extensa e intensa oferta de atividades bastante diversificadas: shows musicais, performances teatrais, palestras, oficinas, atividades físicas, entre outras. Em certos momentos, a quantidade de eventos se tornou tão grande que algumas ocupações passaram a recusar novas atividades oferecidas pela rede de apoiadores.

4. Dinâmica externa das ocupações e a ida às ruas

Em fins de maio, o Ministério Público do RS orientou o Governo do Estado a abrir um calendário de negociações com os estudantes ocupados, intensificando ações de mediação e conciliação através da Secretaria Estadual

[24] É importante destacar que as ocupações ocorreram em um período marcado por baixas temperaturas no Rio Grande do Sul, tornando a permanência nas escolas (particularmente durante as noites) um desafio para os ocupantes.

de Educação (SEDUC).[25] A orientação do MP surgia como resposta a casos de agressões mais intensas ocorridos em ocupações no estado.[26]

Tendo transcorrido mais de duas semanas desde o início das ocupações, foi agendado para o dia 31 de maio o que seria a primeira reunião de negociação entre a SEDUC e representantes das escolas ocupadas. Esta reunião, entretanto, foi marcada pelo esvaziamento. Estavam presentes apenas três lideranças do PSOL (a vereadora Fernanda Melchionna, o deputado estadual Pedro Ruas e o dirigente partidário Roberto Robaina), uma professora e três estudantes ligadas ao coletivo Juntos, movimento jovem vinculado ao mesmo partido.[27] O encontro acabou girando em torno do caso de agressão a duas estudantes ocorrido na ocupação do Colégio Protásio Alves. As estudantes agredidas eram integrantes do coletivo Juntos, o que reforçava o envolvimento de membros do PSOL na reunião.

A baixa adesão ao encontro — que teria surpreendido inclusive a SEDUC, embora o secretário titular da pasta não estivesse presente — indica que a maior parte dos estudantes das ocupações não considerava o momento como apropriado para sentar-se à mesa de negociações. Segundo a própria reportagem de *Zero Hora*, a reunião teria sido inclusive questionada por

---

[25] "MP pede plano de negociação do estado com escolas ocupadas no RS" (<http://g1.globo.com/rs/rio-grande-do-sul/noticia/2016/06/mp-pede-plano-de-negociacao-do-estado-com-escolas-ocupadas-no-rs.html>, acesso em 16/7/2017).

[26] No dia 30 de maio, após a pressão de alunos dos cursos técnicos noturnos do Colégio Protásio Alves para entrada na escola a fim de assistir às aulas, um conflito deu origem à agressão de duas estudantes da ocupação por jovens contrários à mesma. "Alunas denunciam agressão após 'invasão' de escola ocupada em Porto Alegre" (<http://www.sul21.com.br/jornal/alunas-denunciam-agressao-apos-invasao-de-escola-ocupada-em-porto-alegre/>, acesso em 16/7/2017). Na manhã do mesmo dia, outro caso bastante noticiado foi o de um homem que invadiu a ocupação da Escola Estadual Apolinário Alves dos Santos, na cidade serrana de Caxias do Sul, portando uma corrente e uma barra de ferro. Com elas, ameaçou os estudantes presentes e agrediu um jovem e uma professora que gravava o acontecimento. "Homem invade escola ocupada em Caxias com corrente e barra de ferro para bater em alunos" (<http://www.sul21.com.br/jornal/homem-invade-escola-ocupada-em-caxias-com-corrente-e-barra-de-ferro-para-bater-em-alunos/>, acesso em 16/7/2017). O vídeo gravado pela professora está disponível em "Homem invade escola ocupada no RS e faz ameaças com barra de ferro" (<http://g1.globo.com/rs/rio-grande-do-sul/noticia/2016/05/homem-invade-escola-ocupada-no-rs-e-faz-ameacas-com-barra-de-ferro.html>, acesso em 16/7/2017).

[27] "Reunião entre Secretaria da Educação e alunos de escolas ocupadas tem pouca adesão" (<http://zh.clicrbs.com.br/rs/vida-e-estilo/educacao/noticia/2016/05/reuniao-entre-secretaria-da-educacao-e-alunos-de-escolas-ocupadas-tem-pouca-adesao-5822267.html>, acesso em 16/7/2017).

Marcos Adriano Prestes, então presidente da UGES — entidade ligada a muitas ocupações no estado —, que afirmava não ter sido comunicado sobre a ocorrência de qualquer reunião entre governo e escolas ocupadas.

Na mesma reportagem, é citado o posicionamento de uma integrante da juventude da Construção Socialista (CS), corrente interna do PSOL. O pronunciamento teria sido feito na ocupação do Colégio Júlio de Castilhos — ligada ao CEI — e era contrário à aproximação com as entidades estudantis. Embora a reportagem dê a entender que o referido posicionamento correspondia ao de uma corrente partidária, convém notar que esta era a posição dos integrantes da ocupação desde o início da mesma. Outro ponto digno de nota é a relação das correntes internas do PSOL com as entidades estudantis: enquanto a CS mostrava-se contrária à aproximação, o coletivo Juntos[28] — como se verá adiante no episódio da ocupação da Assembleia Legislativa — apostava na ação conjunta com as mesmas. Tal divisão, mais o fato de que Ludimilla Alves Fagundes — a integrante da CS ouvida pela reportagem de *Zero Hora* — sairia posteriormente da ocupação do Julinho, mostram que, mesmo dentro das duas grandes "vertentes" do movimento de ocupações gaúcho (a das entidades estudantis e a dos independentes) estavam presentes nuances e divergências.

A partir de então, teria início uma série de reuniões — ou tentativas de — entre a SEDUC, estudantes de escolas ocupadas e, eventualmente, representantes de organizações políticas. Neste momento, os estudantes passaram a avançar pelas ruas, em atos que visavam a pressionar o governo nas mesas de negociação. Neste processo, não foram poucos os impasses. Os diferentes atos acabariam por mostrar diferentes facetas do movimento das ocupações.

As ações das ocupações ligadas a entidades estudantis e as manifestações das ocupações do CEI não coincidiam. Assim, posteriormente à reunião ocorrida no dia 31 de maio, referida acima, as ocupações vinculadas às entidades estudantis teriam uma reunião com representantes da SEDUC para apresentar sua pauta de reivindicações. Na semana seguinte (de 6 a 10 de junho), as escolas do CEI realizariam uma sequência de manifestações com o objetivo de pressionar o governo e marcar sua postura de independência dentro do movimento das escolas ocupadas.[29]

---

[28] Convém ressaltar que o coletivo Juntos configura a juventude de outra corrente interna do partido, o Movimento Esquerda Socialista (MES).

[29] "Alunos de cerca de 15 escolas preparam ato na próxima segunda" (<http://zh.clicrbs.com.br/rs/vida-e-estilo/educacao/noticia/2016/06/alunos-de-cerca-de-15-escolas-preparam-ato-na-proxima-segunda-5826087.html>, acesso em 17/7/2017).

O primeiro ato das escolas do CEI ocorreu na tarde da segunda-feira, 6 de junho, com concentração na Esquina Democrática, tradicional ponto de manifestações de esquerda no centro de Porto Alegre.[30] Nele, estavam presentes representações de estudantes das escolas ocupadas, professores, militantes de partidos, como o PSTU e o PCdoB, e de coletivos organizados. Após às 16h, com palavras de ordem como "Pula, sai do chão! É o Bonde da Ocupação!", o ato passou a se deslocar rumo ao Palácio Piratini, sede do governo estadual.

Chegando lá, vaias e palavras de ordem buscavam pressionar o governador José Ivo Sartori. Concentrados em frente ao Palácio, jovens cantavam em uníssono: "Ô, Sartori, fala a verdade! Educação nunca foi prioridade!" e "Sartori Mãos-de-Tesoura! Cadê o salário da minha professora?". Iniciando o deslocamento rumo ao prédio da SEDUC, onde seriam entregues as reivindicações das escolas independentes, gritos de "Sartori safado!" foram acompanhados por "Umespa safada!", em uma tomada de posição de alguns dos estudantes contra a Umespa, entidade próxima à UGES e também presente em ocupações na cidade.

Chegando à SEDUC, os estudantes depararam-se com os portões fechados e a guarda particular responsável pela segurança do prédio. Nos arredores, a Brigada Militar encontrava-se também a postos. Após alguns momentos de tensão, quando estudantes tentaram pressionar o portão para que sua passagem fosse liberada, um funcionário da Secretaria surge para negociar o encontro entre os estudantes e o secretário de Educação. Depois de uma conversa inicial entre o funcionário e uma estudante, a jovem pega o megafone e, em forma de jogral,[31] informa ao grupo de manifestantes presentes que apenas os representantes das escolas ocupadas poderiam entrar no pátio da Secretaria, sendo que dois integrantes de cada escola entrariam para a reunião. Algumas vozes, então, passam a protestar contra a proposta, afirmando que "O movimento é horizontal!" e reivindicam: "Entram todos!".

O impasse que se colocava indica as tensões e dificuldades de administrar a característica de *horizontalidade* do movimento e o fato de as deman-

[30] As informações que embasam o relato que se segue partiram da observação participante que fizemos no ato em questão. Quando a fonte for outra, será especificada em nota.

[31] "Jogral" é uma técnica utilizada para comunicação em coletivos onde sistemas de som não estão disponíveis. Nesta técnica, um indivíduo comunica pausadamente uma mensagem e, em seguida, um conjunto de outros indivíduos a repete com maior volume e em uníssono, permitindo a audição e compreensão dos demais presentes.

das serem feitas a uma instituição burocratizada e voltada às formas tradicionais de se fazer política. Em seguida, a movimentação das tropas de choque da Brigada Militar alerta alguns estudantes sobre a possibilidade de acabarem cercados em frente à entrada da Secretaria, o que dá início a um novo momento de tensão. Com o prolongamento do impasse, o funcionário que aguardava a resposta dos estudantes entra novamente no prédio da Secretaria e os manifestantes do lado de fora começam a se dispersar.

No dia seguinte (7 de junho), o novo secretário de Educação, Luís Antônio Alcoba de Freitas,[32] enviou uma carta de propostas como parte das negociações com os estudantes. Na carta, constavam medidas como a convocação de novos professores e a liberação de verbas para as direções das escolas.[33] No dia seguinte, em uma longa reunião que contou com a mediação do Tribunal de Justiça, os estudantes conseguiram uma importante definição da SEDUC, que se comprometia a não demandar a reintegração de posse ou a desocupação forçada das escolas. Anteriormente, o governo aventava a possibilidade de exigir um prazo de 48 horas para as desocupações em meio ao processo de negociação e circulava, na imprensa, a possibilidade de reintegrações forçadas — possibilidade que teria sido negada pelo próprio secretário na reunião em questão.[34]

---

[32] Neste momento, a demissão de Vieira da Cunha já havia se concretizado.

[33] "Estudantes de escolas ocupadas fazem protesto em Porto Alegre" (<http://g1.globo.com/rs/rio-grande-do-sul/noticia/2016/06/estudantes-de-escolas-ocupadas-fazem-protesto-em-porto-alegre.html>, acesso em 17/7/2017).

[34] "Estudantes entregam contrapropostas e governo se compromete a não desocupar escolas à força" (<http://www.sul21.com.br/jornal/estudantes-entregam-contrapropostas-e-governo-se-compromete-a-nao-desocupar-escolas-a-forca/>, acesso em 17/7/2017). Entretanto, ao mapearmos as informações sobre a questão da ação jurídica para desocupação das escolas, é possível perceber que os relatos na imprensa são conflitantes. Em reportagem do *Portal G1* publicada já nos últimos dias do movimento das ocupações, é citado o despacho do juiz Fernando Carlos Tomasi Diniz, da 4ª Vara da Fazenda Pública de Porto Alegre, segundo o qual o governo não precisaria da autorização do Judiciário para a realização da desocupação das escolas, uma vez que o mesmo poderia exercer o poder de autotutela "para desocupar prédios escolares tomados abusiva e ilegalmente por estudantes" (<http://g1.globo.com/rs/rio-grande-do-sul/noticia/2016/06/apos-acordo-justica-do-rs-acolhe-acao-por-desocupacao-de-escolas.html>, acesso em 12/11/2017). Porém, a partir da análise do mesmo despacho, reportagem do *Diário de Santa Maria* afirma que a ação de desocupação teria sido negada, reforçando, ao mesmo tempo, a necessidade da retomada das aulas nas escolas ocupadas. Tal liminar chegou a ser distribuída nas ocupações. A reportagem ainda afirmava que a decisão orientava a retomada da negociação entre as partes com as devidas mediações jurídicas (<http://diariodesantamaria.clicrbs.

Dentre as contrapropostas entregues pelos estudantes — algumas das quais seriam atendidas ao final das ocupações —, estavam a criação de uma comissão de fiscalização da aplicação dos recursos destinados tanto à merenda quanto às reformas das escolas, o aumento dos valores a serem repassados, a disponibilização de um cronograma de preenchimento do quadro de professores, um posicionamento público do governo contrário ao projeto do programa "Escola Sem Partido" (PL 190/2015), bem como o comprometimento do mesmo com o veto da proposta caso fosse aprovada na Assembleia Legislativa. A retirada de tramitação do projeto que previa a entrega da administração das escolas para organizações sociais (PL 44/2016) também estava na pauta de reivindicações, assim como a exigência de que nenhuma retaliação ou criminalização do movimento e de seus participantes fosse realizada. Por fim, os estudantes deixavam claro que estavam "discutindo soluções concretas para suas demandas, e não negociando datas para desocupar as escolas".[35]

No dia seguinte à reunião, um novo ato das escolas independentes buscava pressionar o governo. Entretanto, a partir do momento em que um impasse se desenhava nas negociações e o movimento já fechava mais de um mês, um processo de radicalização teve início — e demonstrou mais uma vez a divisão entre entidades e independentes.

5. Radicalização e desfecho

Na segunda-feira, 13 de junho, estudantes de escolas ocupadas ligados à UBES, aos coletivos UJS (vinculado ao PCdoB) e Kizomba (vinculado ao PT), ao já citado Juntos (PSOL) e estudantes de dez escolas da Região Metropolitana de Porto Alegre realizavam ato na Praça da Matriz, local onde se encontram a sede do Executivo gaúcho e a Assembleia Legislativa. O protesto, além de buscar pressionar o governador quanto às negociações,

---

com.br/rs/geral-policia/noticia/2016/06/justica-julga-liminar-que-pedia-desocupacao-das--escolas-estaduais-5992636.html>, acesso em 12/11/2017). Agradeço ao colega sociólogo Jonas Medeiros pela indicação desta narrativa conflitiva na imprensa. Como se verá adiante, entretanto, o desfecho do movimento das ocupações se deu no terreno da negociação política, e não no terreno judicial.

[35] "Estudantes entregam contrapropostas e governo se compromete a não desocupar escolas à força" (<http://www.sul21.com.br/jornal/estudantes-entregam-contrapropostas-e-governo-se-compromete-a-nao-desocupar-escolas-a-forca/>, acesso em 17/7/2017).

chamava também a atenção para o enfrentamento dos projetos de lei que tramitavam no parlamento estadual.[36] Segundo reportagem do *Portal Sul21*, o ato também respondia ao início de ação judicial do governo que, a despeito da fala do secretário na reunião de 8 de junho — relatada nas páginas anteriores —, ingressava no Judiciário exigindo a desocupação das escolas em um prazo de 48 horas para a retomada das aulas.

Por volta das 16h, após palavras de ordem ditas ao microfone, estudantes entravam no saguão da Assembleia com instrumentos, bandeiras, faixas e cantos, ocupando-a e exigindo a retirada dos projetos de tramitação. A situação chegou a um impasse quando o governo estadual anunciou, através de seu líder de bancada (deputado Gabriel Souza, do PMDB), que não retomaria reuniões de negociação enquanto a Assembleia não fosse desocupada.[37] Entre a segunda e a terça-feira, os estudantes permaneceram no local, cercados pela Polícia Militar que, em um primeiro momento, teria bloqueado a entrada de familiares, apoiadores e até mesmo alimentos ou qualquer tipo de ajuda. Após negociação, a entrada de alimentos teria sido permitida. Entretanto, estudantes relataram que o sistema de ar-condicionado teria sido programado para baixas temperaturas, deixando-os com frio durante toda a noite.[38]

Ao longo do dia 14 de junho, após negociações entre o governo estadual e os estudantes, intermediadas por deputados da oposição, um acordo verbal fez com que os estudantes dessem início à desocupação da Assembleia. Pelo acordo, o governo e sua base se comprometiam a passar a votação do PL 44/16 — que transferiria a administração das escolas para as organizações sociais — para o ano seguinte, garantindo maior tempo de discussão. Junto a isso, houve a proposta de apresentação de um cronograma de obras nas escolas e melhorias na merenda. E, embora os estudantes afirmassem que a desocupação das escolas só ocorreria após a decisão de suas respectivas assembleias internas, o líder do governo, deputado Gabriel Souza, anunciava

---

[36] "Estudantes ocupam Assembleia Legislativa pedindo retirada de projetos" (<http://www.sul21.com.br/jornal/estudantes-ocupam-assembleia-legislativa-pedindo-retirada-de-projetos/>, acesso em 17/7/2017).

[37] "Sartori recusa-se a atender reivindicações de estudantes que ocupam Assembleia" (<http://www.redebrasilatual.com.br/educacao/2016/06/sartori-recusa-se-a-receber-estudantes-que-ocupam-a-assembleia-para-dialogo-7738.html>, acesso em 17/7/2017).

[38] "Estudantes prometem passar a noite na AL e devem se reunir com presidente pela manhã" (<http://www.sul21.com.br/jornal/estudantes-prometem-passar-a-noite-na-al-e-devem-se-reunir-com-presidente-pela-manha/>, acesso em 16/7/2017).

à imprensa que o processo de desocupação das escolas teria início após a assinatura do acordo estabelecido naquele dia.[39]

A este acordo entre as representações das ocupações ligadas às entidades estudantis e o governo, as ocupações do CEI responderam com uma ação ainda mais radicalizada. Na manhã do dia 15 de junho, o prédio da Secretaria Estadual da Fazenda (SEFAZ) foi ocupado por cerca de quarenta jovens. Ao mesmo tempo em que buscavam mostrar que a negociação do dia anterior não contemplava todas as vertentes do movimento das ocupações, os estudantes escolhiam o prédio que simbolizava o controle financeiro e patrimonial do Executivo como forma de pressionar o Governo do Estado a melhorar a proposta.[40]

Se a ação do CEI foi mais confrontacional do que a das entidades, a reação governamental foi também mais truculenta. A ausência de lideranças partidárias e de organizações de grande porte como as presentes na ocupação da Assembleia Legislativa, o número reduzido de envolvidos e o fato do prédio da SEFAZ ser um imóvel mais isolado no centro da cidade são também fatores que ajudam a entender a reação mais violenta das forças policiais.

Por volta das 9h30, a tropa de choque da Brigada Militar passou a bloquear os acessos ao prédio e a seu entorno. Coincidentemente, próximo ao local, no prédio da Secretaria Municipal de Administração (SMA), da Prefeitura de Porto Alegre, ocorria um ato que integrava as atividades da greve dos municipários que começara ao final do mês de maio. Ao tomarem conhecimento da ocupação e do cerco da PM, os trabalhadores municipários deslocaram-se para o prédio da SEFAZ, a fim de prestarem apoio e solidariedade aos estudantes.

A ação da Polícia Militar na desocupação do prédio foi marcada pela truculência e pela arbitrariedade, sendo inclusive caracterizada em relatório

---

39 "Após negociação com governo, estudantes decidem desocupar escolas e Assembleia do RS" (<http://zh.clicrbs.com.br/rs/vida-e-estilo/noticia/2016/06/apos-negociacao-com-governo-estudantes-decidem-desocupar-escolas-e-assembleia-do-rs-5992377.html>, acesso em 17/7/2017).

40 "Contrários a acordo com governo, estudantes independentes ocupam Secretaria da Fazenda" (<http://www.sul21.com.br/jornal/estudantes-ocupam-a-sefaz-em-busca-de-melhores-propostas-do-governo-do-estado-para-a-educacao/>, acesso em 18/7/2017). As informações que se seguem sobre os desdobramentos da ocupação da Secretaria da Fazenda são resultado da observação e do acompanhamento diretos feitos durante os acontecimentos. Os registros de tal observação foram sistematizados apenas nos dias seguintes, devido à intensidade dos acontecimentos, como se verá no relato. Sempre que a fonte for outra, a indicação será feita em nota de rodapé.

do Comitê Estadual Contra a Tortura como prática de tortura e tratamento cruel, desumano e degradante contra os jovens ocupantes.[41] Enquanto proibia a entrada de advogados apoiadores do movimento e sem a presença de conselheiros tutelares — que chegariam depois —, policiais militares entraram no prédio, renderam os jovens e fizeram uso indiscriminado do spray de pimenta, atingindo olhos e boca de estudantes que se encontravam sentados no chão. Ainda na mesma ação, a identificação do jornalista Matheus Chaparini, que acompanhava os jovens para a realização de uma reportagem sobre a ocupação, foi ignorada e o mesmo foi preso juntamente com militantes maiores de idade que acompanhavam a ocupação.[42] Do lado de fora, municipários que protestavam e denunciavam a ação da Brigada eram também alvo de sprays de pimenta, além de bombas de efeito moral utilizadas para abrir espaço para a chegada e, posteriormente, saída de camburões para o transporte dos jovens presos no interior da SEFAZ. A partir dali, o grupo dos jovens menores de idade faria uma peregrinação entre o Departamento Médico Legal (DML) — para o registro de lesões corporais — e a Delegacia do Departamento Estadual da Criança e do Adolescente (DECA), sendo liberados aos responsáveis ao longo da tarde do mesmo dia. Já os maiores de idade, após também registrarem lesões corporais no DML, foram encaminhados à 3ª Delegacia de Polícia de Pronto Atendimento (3ª DPPA) da Polícia Civil — local para onde se convencionou encaminhar militantes e manifestantes detidos em manifestações nos últimos anos. Ao início da noi-

[41] "Relatório aponta que houve tortura a estudantes em desocupação da SEFAZ" (<http://www.sul21.com.br/jornal/relatorio-aponta-que-houve-tortura-estudantes-em--desocupacao-da-sefaz/>, acesso em 18/7/2017).

[42] Além de relatos dos estudantes e militantes envolvidos feitos posteriormente em reportagens, as informações sobre o que ocorreu no interior do prédio da SEFAZ estão presentes no relato do jornalista Matheus Chaparini disponível em <http://www.jornalja.com.br/da-ocupacao-ao-presidio-central-o-relato-do-reporter/> (acesso em 18/7/2017). O jornalista ainda daria outro relato complementar em "'Tu sai para trabalhar às 7h, não acha que vai sair do Central algemado às 2h do outro dia'" (<http://www.sul21.com.br/jornal/tu-sai-para-trabalhar-as-7h-nao-acha-que-vai-sair-do-central-algemado-as-2h-do--outro-dia/>, acesso em 18/7/2017). Além dessas fontes, o vídeo "BM retira estudantes da SEFAZ com spray de pimenta", com imagens feitas pelo jornalista, encontra-se disponível no canal de Youtube do *Jornal Já*, veículo para o qual Matheus Chaparini trabalhava (<https://www.youtube.com/watch?v=wdG_GNsfNFs>, acesso em 18/7/2017). Sobre os militantes maiores de idade — cujas idades iam dos 18 aos 21 anos — e o jornalista, foram impostas as acusações de dano qualificado ao patrimônio público, associação criminosa, esbulho possessório e corrupção de menores. O processo dos envolvidos segue em tramitação na Justiça.

te, seriam transferidos ao Presídio Central e ao Presídio Feminino Madre Pelletier, de onde sairiam durante a madrugada, após expedição do relaxamento de prisão pelo juiz de plantão no Fórum Central da capital. Um conjunto de advogados que acompanhavam o caso desde o início do dia manteve o acompanhamento do processo pelos meses seguintes. Até o fechamento deste texto, os processos dos maiores de idade seguiam sua tramitação com os jovens em liberdade.[43]

A força das duas ações — na Assembleia Legislativa e na SEFAZ — e sobretudo o desgaste político sofrido pelo governo em relação à ação repressiva no segundo caso, quando os direitos de menores de idade e de um membro da imprensa foram agredidos, fizeram com que uma definição em torno das negociações fosse acelerada. Ainda assim, quase uma semana se passaria até o desfecho final das ocupações. Em sua saída, os estudantes das diversas escolas organizaram mutirões de limpeza para a entrega simbólica das chaves às respectivas direções e, em alguns casos, a representantes da SEDUC.[44]

6. Resultados

Transcorridos mais de três anos das ocupações secundaristas do RS, é possível dizer que uma parte limitada de sua pauta foi concretamente atendida. Além do já citado adiamento na tramitação do PL que transferia a administração das escolas para organizações sociais,[45] a liberação de verbas às unidades de ensino permitiu finalmente o início de reparos e reformas nas estruturas físicas das escolas.

Por outro lado, a precarização do ensino público gaúcho segue aguda, com a continuidade da falta de professores e da política de parcelamento de salários aliadas a uma persistente carência infraestrutural. Já em relação à pauta política das ocupações, o PL 190/2015, que instituía o programa "Escola Sem Partido", seguiu sua tramitação até ser retirado e arquivado pelo

[43] Após o arquivamento do processo que envolvia os menores de idade, atos que contavam com a participação de estudantes ligados ao CEI e de militantes de organizações diversas marcavam solidariedade aos militantes processados, mesmo após o final das ocupações.

[44] "Saída do Julinho marca fim das ocupações no Estado: 'outra escola vai surgir'" (<http://www.sul21.com.br/jornal/saida-do-julinho-marca-fim-das-ocupacoes-no-estado-outra-escola-vai-surgir/>, acesso em 18/7/2017).

[45] Até o fechamento deste artigo o projeto encontrava-se ainda "estacionado" na Comissão de Constituição e Justiça da Assembleia Legislativa.

próprio autor (Marcel van Hattem, então do PP) em outubro de 2016. Tal retirada, contudo, não foi noticiada e a repercussão do recuo se perdeu nos debates políticos do estado. Embora isso contemple as reivindicações das ocupações, não é possível avaliar o quanto as mesmas pesaram para este resultado.

Mas talvez seja no plano subjetivo que podemos encontrar os resultados mais significativos das ocupações. Um ano depois, conforme balanço feito por jovens das quatro primeiras ocupações do estado, o sentimento de crescimento político é um ponto marcante.[46] Seja na visão concreta das reformas iniciadas, seja na proliferação dos debates em sala de aula, o que parece prevalecer é um sentimento de empoderamento entre os estudantes.[47] Embora ainda seja cedo para definirmos com alguma precisão o "legado das ocupações", é possível dizer que as mesmas foram *um evento realmente significativo* nas vidas destes estudantes. Algo que os olhares das jovens Bruna e Denise já nos indicavam, lá no primeiro dia da ocupação do Julinho.

Referências

CAMPOS, Antonia M.; MEDEIROS, Jonas; RIBEIRO, Márcio M. *Escolas de luta*. São Paulo: Veneta, 2016.

---

[46] "Um ano depois, estudantes celebram reformas e conscientização como legados das ocupações" (<https://www.sul21.com.br/jornal/um-ano-depois-estudantes-celebram-reformas-e-conscientizacao-como-legados-das-ocupacoes/>, acesso em 31/7/2017).

[47] Convém ressaltar o destacado protagonismo feminino nas ocupações e, relacionado a isso, o avanço das discussões sobre questões de gênero, demandado pelas próprias estudantes no processo de ocupação.

II.2
RESISTÊNCIA NACIONAL À MP 746 E À EC 95

8

Ocupações no Paraná: a luta dos estudantes contra a reforma do ensino médio e a PEC do teto dos gastos públicos

Veridiana Vilharquide Firmino[1] *e Márcio Moretto Ribeiro*[2]

> "É como uma primavera estudantil, gente. É uma revolução. Pode ser que não dê em nada ou pode ser que a gente mude tudo."[3]

Introdução

Este capítulo apresenta de maneira panorâmica o movimento de ocupação de escolas que ocorreu entre outubro e novembro de 2016 no estado do Paraná. Começamos contando a gênese do movimento em São José dos Pinhais e seu rápido espalhamento por todo o estado. Em seguida tratamos das estratégias e dificuldades na comunicação entre ocupações e, então, relatamos brevemente o cotidiano das ocupações analisando a relação dos estudantes com outros atores. Por fim, discutimos os fatores que levaram ao enfraquecimento do movimento e os saldos da luta e, finalmente, concluímos.

O artigo é fruto de duas viagens de campo.[4] Na primeira, entre os dias 28 de outubro e 3 de novembro de 2016, os autores entrevistaram estudantes de catorze escolas ocupadas em Curitiba, Almirante Tamandaré e São

---

[1] Bacharel com licenciatura em História pela Faculdade de Filosofia, Letras e Ciências Humanas da Universidade de São Paulo.

[2] Doutor em Ciência da Computação pelo Instituto de Matemática e Estatística da Universidade de São Paulo, e desde 2013 professor da Escola de Artes, Ciências e Humanidades da USP, onde cocoordena o Grupo de Políticas Públicas para o Acesso a Informação (GPoPAI) e o Monitor do Debate Político no Meio Digital, e um dos autores do livro *Escolas de luta* (2016).

[3] Entrevista com uma estudante do C.E. Hildebrando de Araújo em 31/10/2016.

[4] Para as entrevistas foi utilizada uma adaptação do roteiro elaborado por Jonas Medeiros e Antonia Malta Campos para o livro *Escolas de luta* (Campos *et al.*, 2016).

José dos Pinhais.[5] Nas últimas cinco noites dormimos nas ocupações do Colégio Estadual (C.E.) Silveira da Mota e do CEEBJA em São José dos Pinhais a convite de um estudante maior de idade, período em que cultivamos uma relação de amizade e troca com os estudantes. A segunda viagem de campo ocorreu entre os dias 10 e 20 de dezembro,[6] depois que as escolas já haviam sido desocupadas. Nesta viagem foram feitas quinze entrevistas em Jacarezinho, Londrina (sete), Cambé, Ibiporã, Assaí, Maringá (três) e Sarandi. Optamos por manter anônimas as contribuições extraídas das entrevistas para preservar os estudantes, em sua maioria menores de idade. Agradecemos a todas e todos os estudantes que contribuíram direta ou indiretamente para o trabalho.

Nas duas viagens de campo observamos diferenças significativas nos contextos e nas experiências relatadas pelos estudantes. Essas diferenças apontam limitações da análise baseada na visita de apenas duas das quatro regiões do estado. Tentamos compensar essa limitação completando os dados com outras fontes citadas ao longo do texto.

1. Primeiras ocupações

Em outubro de 2016, estudantes ocuparam centenas de colégios em todo o estado do Paraná. As ocupações começaram em resposta à Medida Provisória (MP) 746, que reformaria o ensino médio, para depois incluírem como pauta a luta contra a Proposta de Emenda Constitucional (PEC) 55 (antes 241), que determinaria um teto para os gastos públicos. Os primeiros colégios a serem ocupados neste período foram os da cidade de São José dos Pinhais, localizada na Região Metropolitana de Curitiba. A decisão de ocupar a primeira escola, o C.E. Arnaldo Jansen, foi tomada de maneira coletiva por estudantes de 27 escolas da cidade e uma de Colombo,[7] que participaram de um ato na última sexta-feira de setembro de 2016, seguido por

[5] Colégios entrevistados em Curitiba: Hildebrando de Araujo, C.E.P., João Bettega, Brasilio Vicente, Lysimaco Ferreira da Costa, Xavier da Silva, Ivo Leão e Pedro Macedo. Em São José dos Pinhais: Arnaldo Jansen, Lindaura Ribeiro, Unidade Polo, Costa Viana e Afonso Pena. Em Almirante Tamandaré: Edimar Wright. Alguns colégios foram visitados durante as ocupações, sem que tenhamos entrevistado seus estudantes.

[6] Participaram desta viagem o autor Márcio Moretto Ribeiro e Antonia Malta Campos, que elaborou o roteiro de entrevistas e conduziu a maior parte delas.

[7] Informação retirada de entrevista realizada com estudantes do C.E. Arnaldo Jansen em 30/10/2016.

uma assembleia. A decisão envolvendo estudantes de vários colégios indicava a pretensão destes em criar uma mobilização que extrapolasse os limites físicos de uma única escola ou local, envolvendo o maior número possível de estudantes pela pauta. O relato a seguir foi dado por um dos estudantes que organizou o ato:

> "Daí a gente foi e aí a gente já tinha ideia de ocupação desde o começo. O movimento foi super ótimo. Várias pessoas de vários colégios. Daí no final do movimento, depois da gente ter trancado rua, ter trancado terminal, aí a gente... o pessoal perguntou: 'Galera, a gente tem ideia de ocupação. Vocês aprovam a ideia?' [...] Daí o pessoal concordou em ocupar, cada um ocupar seu colégio." (C.E. Costa Viana [São José dos Pinhais], entrevista, 2/11/2016)

Alguns dias antes, esse estudante havia expressado preocupação quanto ao anúncio da Medida Provisória e os efeitos que ela traria para os estudantes com uma colega que trabalhava na mesma empresa. Ele procurou essa amiga, uma estudante do C.E. Arnaldo Jansen, porque acompanhava seu envolvimento em uma série de movimentos. De fato, os anos anteriores haviam sido agitados em São José dos Pinhais. Além da longa e intensa greve dos professores em 2015, um protesto contra o aumento das passagens em 2014 mobilizou um número significativo de estudantes, alguns dos quais participaram posteriormente das ocupações.

> "Eu tava ainda naquela indecisão do meu ideal político, mas eu vi aquilo da MP e me revoltou muito, a PEC também. Daí eu falei: 'Eu preciso fazer alguma coisa'. Eu sempre via meus amigos em movimento, a M. em movimento e tudo mais. Eu falei: 'Eu preciso fazer alguma coisa como estudante'. Cheguei na M. e falei: 'Vamos fazer um movimento de rua ou ocupar escola', porque eu vi as ocupações do ano passado em São Paulo. 'Vamos ocupar escola' [...] Daí a gente fez essa reunião. Nessa reunião a gente tinha ideia já de fazer ocupação, mas a gente tava com medo ainda e aí a gente pensou num movimento... num ato de rua mesmo. Um debate em praça pública. Tanto que a gente fez dia 30 de setembro. Foi nosso primeiro movimento que a gente conseguiu organizar. [...] O pessoal do Arnaldo e eu aqui do Costa chamamos todos os colégios, entregamos panfletos." (C.E. Costa Viana [São José dos Pinhais], entrevista, 2/11/2016)

Neste mesmo período, alguns estudantes deste pequeno grupo participavam de um curso de formação política chamado "Como funciona a sociedade?". O curso organizado pelo Núcleo de Educação Popular 13 de Maio segue o modelo dos esforços de educação popular do final da década de 1970 e começo da década de 1980, provocando o pensamento crítico sobre a condição social dos participantes. Em 2016, participaram do curso alguns estudantes secundaristas, incluindo duas filhas de uma sindicalista local. Durante o curso elas tiveram contato e trocaram experiências com estudantes universitários da UTFPR (Universidade Tecnológica Federal do Paraná) e chegaram a conhecer um militante do coletivo O Mal Educado, que havia tido papel relevante no movimento de ocupações em São Paulo. Esse contexto possibilitou o contato dos estudantes com a ideia de ocupação de escolas, assim como com a informação sobre a existência da MP e da PEC e a discussão crítica de seu teor:

> "A gente tinha um grupo já de pessoas daqui do colégio que discutia já política... coisas aí da sociedade e tal. E aí a gente ficou sabendo da PEC... da PEC não da MP, né? A princípio. Aí a gente começou a discutir sobre ela [...] E aí a gente foi discutindo. Daí a gente achou bem pesado e falou 'Não! Vamo ter que fazer alguma coisa sobre isso né?'. Só que aí a mãe da M. [...] Ela falou assim: 'Não. Se vocês querem fazer alguma coisa sobre isso, então vocês vão pegar toda essa Medida Provisória e vocês vão ler, estudar parágrafo por parágrafo pra saber o que vocês tão fazendo. Vocês não vão sair por aí que nem uns loucos gritando e falando coisas que vocês não sabem'. Aí pegaram o advogado junto. Estudamos todos a MP e a gente falou: 'Não! Tá errado isso aí! Vamos passar pra frente. Vamos mobilizar a galera'." (C.E. Arnaldo Jansen [São José dos Pinhais], entrevista, 30/10/2016)

A tática de ocupação figurava no repertório dos movimentos estudantis pelo Brasil desde 2015, quando secundaristas de São Paulo forçaram o Governo do Estado a adiar o projeto de "reorganização escolar", circulando também paralelamente em outras regiões do Paraná. Em Maringá, em maio de 2016, alunos do C.E. Gerardo Braga e estudantes vinculados à União Paranaense dos Estudantes Secundaristas (UPES) organizaram uma ocupação reivindicando uma CPI para apurar a queda na qualidade da merenda escolar. A ocupação durou doze dias e se encerrou com a determinação pela Justiça de reintegração de posse do colégio.

2. Crescimento e auge

Conforme a ideia de ocupação se espalhava pelo estado ela encontrava ressonância nos estudantes que, além do desejo de impedir o avanço de medidas que consideravam injustas, guardavam um sentimento de indignação quanto à forma como o governador paranaense Beto Richa (PSDB) tratava a educação desde o episódio de 29 de abril de 2015.[8]

Uma grande quantidade de relatos nas entrevistas evidenciam como o episódio esteve intensamente presente no imaginário dos estudantes no ano seguinte. Em um colégio os professores foram dar aula vestidos de preto, indicando o luto no dia em que o "Massacre do Centro Cívico" completou um ano, e em outro um professor teve uma crise ao ouvir o barulho dos trovões e lembrar do episódio traumático que vivera em Curitiba.[9]

A memória do ocorrido no dia 29 de abril do ano anterior foi central para o rápido crescimento no número de ocupações. Essa avaliação é compartilhada pelos estudantes que entrevistamos em Maringá. Para eles, apesar das reivindicações serem pautas federais, não é possível entender o movimento sem levar em conta o contexto local. Nesta mesma entrevista a estudante menciona um ato em Brasília no dia da votação da PEC 55 (241) no Senado. Embora a atuação da polícia contra os manifestantes naquele dia tenha sido flagrantemente violenta e a estudante entrevistada tenha vivido tal violência na pele, ainda assim ela se recusa a comparar o episódio com o que sofreram

---

[8] Em 2015 um movimento de educadores — cujo estopim foi uma manobra contábil do Governo do Estado do Paraná que retiraria anualmente cerca de R$ 1,5 bilhão dos recursos economizados pelos servidores para suas aposentadorias para cobrir um rombo na conta do estado — culminou em um ato no Centro Cívico de Curitiba no dia 29 de abril. Antecipando uma manifestação, a Assembleia Legislativa acionou a Justiça e conseguiu um interdito proibitório para impedir o acesso dos servidores ao interior do prédio da Assembleia. Para garantir a decisão judicial foram deslocados cerca de 1,6 mil policiais que formaram um cerco no entorno da Assembleia Legislativa para onde se deslocaram cerca de 20 mil servidores. Os ânimos se acirraram às 15h quando os manifestantes foram informados que a votação que decidiria sobre o uso do dinheiro da Paraná Previdência começara. Durante as duas horas seguintes a polícia atacou os presentes com todo tipo de armas menos letais: balas de borracha, bombas de estilhaço, gás lacrimogêneo e jatos de água. Oficialmente 231 civis e 25 policiais foram atendidos com algum tipo de ferimento naquele dia (Gozzi, 2016).

[9] Entrevista realizada em Ibiporã em 13/12/2016.

seus professores no ano anterior. Essa fala indica a dimensão que o episódio ocupava no imaginário dessa geração:

> "O Paraná ele teve essa questão que... Cresceu muito o número de escolas ocupadas não só em nível federal, por causa de coisas que estão acontecendo no Brasil inteiro. As coisas que estão acontecendo aqui no Paraná faz um tempo e por isso que explodiu. [...] Então assim, eu acho que os estudantes eles já estavam revoltados, né. [...] Eu acho que principalmente por isso assim, que no Paraná foi tão grande. A gente tinha as pautas do Brasil, mas tinha também as nossas próprias pautas, que era com o Beto Richa. [...] Foi bem horrível o que aconteceu [no 29 de abril], né? A gente viu as filmagens e tudo mais... E a galera toda machucada. Teve professora aqui de Maringá que, tipo, ficou mesmo machucada, e que sumiu... [...] Falaram assim que 'Pô, dia 29 foi horrível'. E foi mesmo, gente. E não tem comparação. Brasília foi louco. A gente teve gás na nossa cara, mas não foi como no dia 29." (C.E. João XXIII [Maringá], entrevista, 17/12/2016)

Nos dois dias que se seguiram à ocupação do C.E. Arnaldo Jansen, outras catorze escolas, quase metade das 29 do município, foram tomadas pelos estudantes.[10] As ocupações rapidamente ultrapassaram as fronteiras da cidade: na quinta-feira, dia 6 de outubro, elas chegaram a Curitiba, Ponta Grossa e suas respectivas regiões metropolitanas. No dia seguinte, enquanto as ocupações chegavam às regiões de Londrina e Cascavel somando mais de quarenta escolas, o Ministério Público emitiu um Ofício Circular[11] ponderando que se atentasse ao direito de livre manifestação dos adolescentes. No dia 11, passados apenas oito dias da primeira ocupação, 150 escolas de todas as regiões do Paraná já haviam sido ocupadas,[12] concretizando a intenção dos primeiros ocupantes de espalhar a mobilização por todo o estado. No dia 14 o movimento conquistou sua primeira vitória jurídica com a suspensão dos mandados de reintegração de posse de treze escolas em São

---

[10] Informação da Secretaria de Educação do Estado do Paraná. Disponível em: <http://www.consultaescolas.pr.gov.br/consultaescolas-java/pages/templates/initial2.jsf?windowId=8b4&codigoMunicipio=2570>, acesso em 13/11/2017.

[11] Ofício Circular nº 569/2016. Disponível em: <https://www.educacao.mppr.mp.br/modules/noticias/ article.php?storyid=17300>, acesso em 15/11/2017.

[12] Segundo publicação da página "CWB Resiste" no Facebook.

José dos Pinhais[13] e a Associação de Conselheiros Tutelares do Estado do Paraná (ACTEP) emitiu ofício com tom similar ao do MP.[14] No dia 17, quando o número de escolas ocupadas se aproximava do seu ápice, os professores deflagraram greve.

A disseminação das ocupações contou também com o uso de redes já existentes, assim como a construção de novas redes entre os estudantes. Um estudante que participou da ocupação do C.E. Hildebrando de Araújo em Curitiba descreve esse processo viral de espalhamento:

> "Igual eu. Eu tenho contato direto com várias pessoas de São José, porque eu já morei lá. Em Borda do Campo, Afonso Pena, Cidade Jardim... Eu morei em vários lugares ali. Então eu já fiquei sabendo pelos alunos de lá, pelos amigos meus que eu perguntei o que que tá acontecendo em São José. Neguinho falaram de ocupação. E depois disso a gente já começou a se informar. E depois disso já foi aquela explosão de ocupações em São José, que daí veio para Curitiba e veio pra região metropolitana e foi se espalhando." (C.E. Hildebrando de Araújo [Curitiba], entrevista, 31/10/2016)

A ideia seguiu por meios virtuais ou presenciais através da rede já existente de estudantes ou reaparecendo em locais distantes em que já havia predisposição para esta forma de resistência. Assim, vários pontos fracamente coordenados formaram epicentros de uma dinâmica de comunicação viral.

O maior número de ocupações se concentrou nas regiões metropolitanas de Curitiba, Ponta Grossa, Londrina, Maringá, Cascavel, Foz do Iguaçu, Guarapuava e Paranaguá (Figura 1). O ápice do número de ocupações ocorreu por volta do dia 20 de outubro, quando um levantamento da página de Facebook "Ocupa Paraná" listou 836 ocupações (Figura 2).[15] Considerando

---

[13] "Juiz suspende reintegração de posse contra 13 escolas ocupadas no Paraná", *Brasil de Fato*, 14/10/2017. Disponível em: <https://www.brasildefato.com.br/2016/10/14/juiz-suspende-reintegracao-de-posse-contra-13-escolas-ocupadas-no-parana/>, acesso em 16/11/2017.

[14] Ofício Circular nº 01/2016. Disponível em: <https://www.facebook.com/ACTEP.PR/posts/ 1285655121468037>, acesso em 15/11/2017.

[15] Uma matéria da *Folha de S. Paulo* de 26/10/2016 afirma que um levantamento da Secretaria de Educação teria computado um ápice ligeiramente menor, de 831 ocupações no dia 21/10/2016: <http://www1.folha.uol.com.br/educacao/2016/10/1826542-

esses números, 38% das escolas estaduais ativas chegaram a ser ocupadas. Esse grande número de ocupações estava espalhado de modo heterogêneo pelo estado: a densidade de ocupações variou de quase 13% na mesorregião do norte pioneiro, até mais de 50% na região metropolitana de Curitiba.[16]

Figura 1
CONCENTRAÇÃO DE OCUPAÇÕES NO PARANÁ

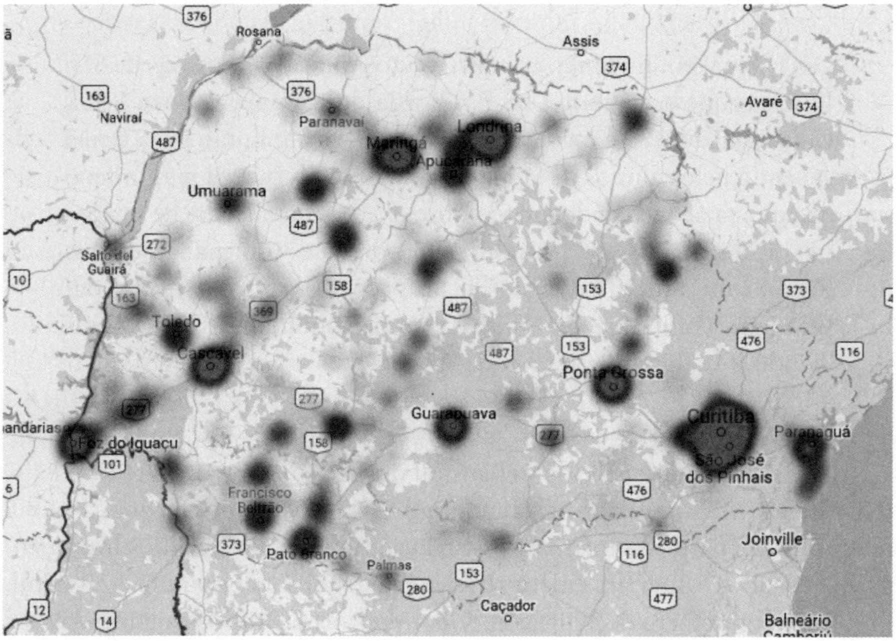

Fonte: Elaboração própria.

3. Pautas e comunicação

Como os alunos das primeiras ocupações, os demais também reconheciam a importância de conhecer a fundo as medidas contra as quais lutavam e compartilhavam de um entendimento comum sobre elas: a MP 746, cha-

-estudantes-do-parana-decidem-continuar-com-ocupacoes-nas-escolas.shtml>, acesso em 28/10/2017.

[16] O número de escolas por região do Paraná considera o censo do INEP de 2015.

mada de reforma do ensino médio,[17] e a PEC 55 (241),[18] que estabelece um teto dos gastos públicos por um período de vinte anos. Em linhas gerais, o argumento é centrado nos seguintes pontos: a MP torna opcional as matérias que desenvolvem o pensamento crítico (artes, filosofia e sociologia), sendo que alguns apontam que essa medida foi tomada para cortar gastos e outros sugerem que há um projeto para manter a população acrítica e sem reivindicar seus direitos; estimula a formação voltada para o mercado, que foi entendida em várias ocupações (e regiões) como o desejo do governo de formar "mão de obra barata" ou "robôs"; viabiliza a implantação do ensino integral; e torna possível a contratação de professores com "notório saber". O último é apontado como evidência do sucateamento da educação promovido pela reforma, pois permite a contratação de professores sem a devida formação. Já a implementação do ensino integral inviabilizaria a conclusão do ensino médio por aqueles que precisam conciliar os estudos com trabalhos formais ou informais. A constatação da precariedade da estrutura de suas escolas contrasta com os planos de ampliação do período de aulas, especialmente considerando o congelamento dos gastos públicos por meio da Emenda Constitucional contra a qual eles também lutavam. Por esses motivos, eles apontam a reforma como uma medida equivocada que teria sido importada de países com contextos muitos distintos do brasileiro. Finalmente, apontam que esse equívoco poderia ter sido evitado se o governo tivesse aberto diálogo com as partes que seriam afetadas pela reforma — estudantes e professores da rede pública —, algo que nunca aconteceu.

Em regiões tão distantes do estado como Maringá e São José dos Pinhais as reivindicações eram as mesmas e os motivos apontados muito similares. A constante comunicação por páginas no Facebook alinhava o discurso: "Ocupa Paraná", "CWB[19] contra Temer" e "De Estudante Para Estudante" eram três das páginas de apoio às ocupações mais ativas, sendo a última criada pelos estudantes de São José dos Pinhais logo nos primeiros dias de ocupação. Um aluno do C.E. Costa Viana descreve a história de criação da página:

---

[17] Depois de aprovada, convertida para Lei nº 13.415 de 16 de fevereiro de 2017. Disponível em: <http://www.planalto.gov.br/ccivil_03/_Ato2015-2018/2017/Lei/L13415.htm>.

[18] Depois de aprovada, convertida para Emenda Constitucional nº 95, de 15 de dezembro de 2016. Disponível em: <http://www.planalto.gov.br/ccivil_03/constituicao/Emendas/Emc/emc95.htm>.

19 CWB é uma sigla usada para se referir à cidade de Curitiba.

> "Ela tinha a ideia de criar [uma página] com o nome 'MEI' (Movimento Estudantil Independente). Daí foi onde começou a minha briga com a M. A gente brigou muito por causa disso porque eu... Assim a gente em São José tem um grande problema com a união estudantil. A gente não quer nenhuma união estudantil porque eles levantam bandeira. Então a gente prefere ficar meio que... estudante por estudante mesmo. A gente quer ser independente. Daí ela queria colocar uma página com o começo 'Movimento Estudantil'. Eu não concordei porque gente que não sabe disso acha que é uma união, um movimento mesmo, uma organização estudantil e não é. Daí eu dei a ideia de criar o 'DEPE' (De Estudante Para Estudante). Daí ela falou que o 'de' e o 'para' não abreviava então ela colocou EE que é 'De Estudante Para Estudante'. [...] A gente tentou viralizar porque não é só nosso." (C.E. Costa Viana [São José dos Pinhais], entrevista, 2/11/2016)

Com postagens de alcance modesto, a importância da página estava ligada mais à sua organização descentralizada. A senha de administração da página era compartilhada por representantes de ocupações em lugares tão distantes quanto Curitiba e Terra Rica. Esses administradores alimentavam a página com informações para e sobre o movimento,[20] relatos de atividades nas ocupações e processos judiciais relacionados. No começo, a preocupação maior era catalogar o número de ocupações para dimensionar o rápido crescimento do movimento. Em poucos dias, quando o número de ocupações excedeu cinco dezenas, o esforço dos estudantes de São José dos Pinhais e de seus colaboradores não foi mais capaz de manter esse histórico e a página se voltou para o cotidiano das ocupações, enquanto a tarefa de contar o número de ocupações passou a ser exercida pela página "Ocupa Paraná", ligada às uniões. Através da formação de redes entre os secundaristas (materiais ou virtuais), construiu-se um discurso quase unificado acerca da MP e da PEC. Isso possibilitou aos estudantes a construção de um imaginário de unidade entre as ocupações, percebido em muitas delas.

Quando questionados sobre as principais diferenças entre as ocupações, a maioria dos entrevistados dizia não enxergar muitas diferenças, fossem de

[20] Por exemplo, a cartilha "Como ocupar um colégio?" — traduzida pelo O Mal Educado e que circulou muito nas ocupações em São Paulo em 2015 — foi publicada na página no dia 5 de outubro.

pautas ou de organização,[21] fazendo ressalva apenas a algumas singularidades de cada realidade. As desigualdades entre centro e periferia figuravam entre as singularidades que eram destacadas na fala dos estudantes:

> "Os colégios aqui mais de centro tinham mais informação, então eles tinham mais oficinas, a galera da UEM vinha mais pra cá. Tinha um pouco de déficit nos bairros, obviamente. Como sempre. Que acontece em todas as coisas, né, o bairro acaba ficando pra trás. As diferenças [entre as ocupações] eram pequenas assim... Porque acabou que tudo foi organizado em um movimento só. Eram poucos os colégios que não eram organizados pelo movimento." (C.E. João XXIII [Maringá], entrevista, 17/12/2016)

A percepção dos estudantes de Maringá, porém, estava circunscrita à realidade vivida naquela cidade. O "movimento" a que a estudante se refere é o movimento estudantil organizado em torno da União Brasileira dos Estudantes Secundaristas (UBES), muito presente nas ocupações que ocorreram na cidade. Se em Maringá a percepção da estudante era de que "poucos colégios não eram organizados pelo movimento", o mesmo provavelmente não é verdade para Curitiba, e certamente não é verdade para São José dos Pinhais. A preocupação do estudante que descreveu a criação da página "De Estudante Para Estudante" em não usar o termo "movimento" no Facebook é um indício desse descompasso que reflete uma profunda diferença sobre a percepção do papel das uniões estudantis na luta em cada ocupação:

> "Os sindicatos, as uniões são muito bem-vindos a ajudar. Mas pra ajudar, não se intrometer. Não pra erguer bandeiras. Não pra falar que tá no colégio. [...] Nossa luta é de estudante. Não tem nada a ver com UBES, UMES, UJS, todas essas uniões... A luta é nossa, é uma organização nossa, é uma ideia nossa. Veio de quatro estudantes que fizeram o movimento começar. Não veio de união estudantil. Veio de estudantes autônomos que eram sem... cara, sem se filiar em porcaria nenhuma. Que falaram: 'A gente vai fazer' e a gente fez. E o movimento no começo já, a ideia central era não

[21] Apesar da percepção dos estudantes, observamos notórias diferenças entre as ocupações, especialmente com relação às formas de tomada de decisões. Em algumas ocupações as principais decisões eram tomadas por líderes, outras pelo grêmio e outras em assembleias horizontais.

se filiar, não erguer bandeira. Só que é que nem eles falaram, os caras são muito bem-vindos a ajudar, são muito bem-vindos a trazer alimentos, são muito bem-vindos a defender." (C.E. Costa Viana [São José dos Pinhais], entrevista, 2/11/2016)

O desacordo expresso nessas últimas citações sobre o papel das uniões estudantis no movimento de ocupações de escolas no Paraná ficou explícito no dia 26 de outubro, quando estudantes de todo o estado se reuniram em uma assembleia em Curitiba organizada pelas entidades estudantis. O chamado para a assembleia foi feito através do site "Ocupa Paraná"[22] e indicava que cada ocupação realizasse uma assembleia local definindo o posicionamento sobre as pautas nacionais, quais as formas de intensificar a luta, sobre a tentativa ou não de diálogo com o governo do Paraná sobre as pautas específicas do estado e qual a melhor forma de negociação se esta fosse a posição tomada, assim como um representante para ir a Curitiba. Um dos motivos para o encontro seria a possibilidade de negociação das pautas do estado através de mediação com a Defensoria Pública. O encontro ocorreu em um momento considerado crítico, exigindo uma ação coordenada e criativa. Assim, o encontro tinha como objetivo definir coletivamente os próximos passos do movimento, algo que não havia sido feito até então — pelo menos não com representantes de colégios de tantas regiões distintas. O desacordo sobre o papel da UBES para o movimento impediu, porém, que a assembleia fosse frutífera.

Para representantes da UJS de Maringá, o conflito na assembleia nasceu da compreensão equivocada de alguns estudantes sobre a representatividade das entidades;[23] já para a entrevistada na ocupação do C.E. Arnaldo Jansen a assembleia foi marcada por uma "briga de uniões" que impediu a decisão sobre "os próximos passos dos estudantes".[24]

Uma terceira estudante descreveu sua frustração com o encontro como decorrência também de má organização. O atraso e estudantes que usavam

---

[22] O site encontra-se fora do ar, sendo consultado seu cache.

[23] Resumidamente, eles equipararam a identificação como secundarista com a identificação com a entidade estudantil: se a entidade representa os secundaristas, ser secundarista — e construir o movimento — é "ser UPES e UBES". Logo, não haveria problemas de não representatidade das entidades nas ocupações em que estas não estiveram presentes, considerando que essa é a noção de representatividade por eles considerada. Entrevista com membros da UJS em Maringá, 18/12/2016.

[24] Entrevista no C.E. Arnaldo Jansen, 30/10/2016.

suas falas para relatarem o cotidiano de suas ocupações teriam atrapalhado a decisão de ações conjuntas. Seu relato acerca do conflito também manifesta descontentamento:

> "Aquela reunião foi inútil assim em termos de decisão, mas foi bom para unir os estudantes, teve mais de quinhentos estudantes lá, pelo que eu saiba, seiscentos... Entre quatrocentos e seiscentos. [...] Era frustrante! Porque pô, a gente tava reunindo seiscentos alunos no mesmo lugar, com a mesma porcaria de objetivo, a gente tinha decisões a ser tomadas e a galera ficava tretando por causa de UBES e UPES? Sabe, era frustrante demais, sabe. [...] Faltou muita comunicação nessa reunião. Mas se tivesse acontecido outra, menor, planejada, eu acho que funcionaria." (IEEL [Londrina], entrevista, 15/12/2016)

4. Cotidiano

O cotidiano das ocupações exigia organização por parte dos estudantes. Em muitos colégios, a estratégia de organização inicial foi a divisão de tarefas por meio de comissões. Porém, esse modelo exige uma quantidade mínima de pessoas com uma rotatividade relativamente baixa. Conforme as ocupações esvaziaram, muitas se adaptaram, passando das comissões para turnos autoatribuídos e anunciados em avisos nas paredes. Em outras, como relata uma estudante do C.E. Costa Viana, a organização passou a ser feita de maneira mais orgânica por aqueles que frequentavam o colégio:

> "No início era feito por comissão. Quando tinha mais gente tinha comissão de limpeza, de comida, o geral — que é o relações públicas, que eu faço parte... que eu fazia parte —, logística e segurança. [...] Mas agora não, agora não tem mais comitê. Porque não tem mais tanta gente na ocupação. E aí a gente vai se organizando, entendeu? Cada um faz uma coisa. Vê que tá sujo, limpou. Porque não tem mais por que ter comitê. A gente já sabe a nossa responsabilidade. [...] E agora a gente já é tipo família. Não tem mais isso de ter que ter uma ordem certa. Não, cara. Vê que tá sujo, vai lá e faz." (C.E. Costa Viana [São José dos Pinhais], entrevista, 2/11/2016)

Além de instrumento de reivindicação, as ocupações foram espaços de formação para aqueles que as frequentaram, através da divisão de tarefas, das assembleias, da comunicação com as outras ocupações e com apoiadores, entre outras experiências. Professores, estudantes universitários e apoiadores em geral se ofereceram para organizar oficinas sobre diversos temas nas ocupações. Com essa oferta, os estudantes organizaram diversas atividades: oficinas de vários tipos de dança, cartazes, estêncil, lambe, fanzine, artesanato, libras, fotografia, exibições de filmes, peças de teatro, shows de música, luaus, saraus, rodas de conversa, aulas e palestras sobre a MP 746 e a PEC 55 (241), feminismo, racismo, o transporte público, a dívida pública[25] etc. Para muitos estudantes a riqueza e a diversidade das atividades lúdicas experimentadas nas ocupações mostrou que o ensino formal pode ser muito diferente das práticas tradicionais das aulas expositivas que eles estão acostumados:

> "Eu acho uma parte interessante a maneira como a gente teve as oficinas sobre dança, defesa pessoal, essas coisas. Pra mostrar que as matérias que a gente tem no colégio, elas podem se expandir muito além só do que a filosofia e a coisa básica que é ensinada, sabe, essa coisa que é só artificial. A gente pode perceber que as artes vão muito além do que só a gente pintar o papel. É a maneira que você pode expressar o seu corpo, suas ideias. [...] A sociologia não é só uma forma de a gente estudar só um ser político, mas a gente também aprender a fazer parte de todas essas ações políticas, sabe? Então eu acho que cada oficina que teve, foi uma maneira diferente de ensinar filosofia, sociologia... Pra gente ver que pode expandir muito mais do que só na sala de aula, sabe?" (C.E. Polivalente [Londrina], entrevista, 15/12/2016)

5. Outros atores

Os secundaristas do Paraná contaram com apoio de professores, estudantes universitários e outros membros da comunidade não apenas com as oficinas. Diversas ocupações possuíam páginas no Facebook que, assim como

[25] Lista extraída de postagens de um levantamento de páginas das ocupações no Facebook.

as páginas "EE" e "Ocupa Paraná", eram usadas para externar pedidos de ajuda, doações de alimentos e outros materiais, organizando o apoio da sociedade civil. Porém, não é verdade, como veremos, que a maior parte da população estava a favor das ocupações. Os professores refletem essa ambiguidade da sociedade civil. A greve da categoria certamente contribuiu para o movimento dos secundaristas e foram vários os professores que apoiaram — na maioria das vezes de maneira velada — as ocupações, mas não foram poucos os que se opuseram ao movimento dos secundaristas.

A relação com os diretores foi ainda mais complicada. O cargo de diretor das escolas estaduais no Paraná é definido por uma consulta pública com a comunidade em que funcionários, professores, responsáveis legais dos alunos e alunos maiores de 16 anos tem direito a voto.[26] Assim, mesmo que subordinados aos Núcleos de Ensino — e, consequentemente, à Secretaria Estadual de Educação —, as diretoras e diretores das escolas no Paraná são representantes eleitos pela comunidade, tendo uma relação mais próxima se comparado com outras redes estaduais. Por outro lado, como relata uma estudante: "*A opressão vinha lá de cima e passava pro núcleo, o núcleo repassava pros diretores e os diretores pra gente*".[27]

Em uma escola de Assaí, por exemplo, a diretora se antecipou ao movimento convocando e mediando uma assembleia para dissuadir os estudantes a ocuparem a escola. Entretanto, a posição da maioria dos diretores das unidades foi de se eximir de responsabilidade perante as ocupações. A assinatura de uma ata formalizando a transferência de responsabilidade da diretoria para os alunos se tornou um ritual repetido em quase todas as escolas. Os estudantes acreditavam que, de alguma forma, a assinatura desse tipo de documento os protegesse de possíveis ameaças. Na prática, porém, o documento foi utilizado no momento propício para intimidar aqueles que se dispuseram a assiná-lo.

Em Ibiporã os estudantes que entrevistamos relataram que, em um primeiro momento, a diretora despejou a responsabilidade da decisão de

---

[26] A Lei Estadual nº 18.590 de 13 de outubro de 2015 designa as regras para a consulta, as atribuições das comissões eleitorais, os critérios para os eleitores e para os candidatos. Estes devem pertencer ao quadro da escola ou do executivo, devem ter curso superior com licenciatura e ter participado de um curso específico de gestão escolar oferecido pela Secretaria de Educação. Disponível em: <http://www.legislacao.pr.gov.br/legislacao/listarAtosAnodo?action=exibir& codAto=147837>, acesso em 4/11/2017.

[27] Entrevista em Jacarezinho no dia 11/12/2016.

ocupar o colégio em uma aluna bastante ativa. Os presentes rechaçaram essa atribuição de liderança e exigiram que fosse respeitada a autonomia do movimento, cujas responsabilidades eram partilhadas. Em um segundo momento, foi feito um Boletim de Ocorrência e uma ata foi assinada pelos presentes eximindo a diretoria de qualquer responsabilidade:

> *Estudante 1*: "E ela já começou dizendo que a P. era a culpada de tudo. Daí foi onde eu peguei e falei para ela, eu falei: 'Diretora, não. Aqui é um movimento. Nada do que acontecer aqui é culpa da P. Aqui a culpa é do movimento'. [...] Daí a gente falou para ela que a gente sabia o que a gente tava fazendo, que a gente não tava ali para brincar, que ninguém tava ali para ficar sem aula, que a gente tava mesmo para lutar, sabe?"
>
> *Estudante 2*: "Daí eles fizeram o Boletim [de Ocorrência]. Graças a Deus o PM, tipo, ficou super do nosso lado. Ele disse assim que ele só ia agir contra a gente se a gente fizesse alguma coisa ao patrimônio, né, que a gente não podia fazer nada contra a escola. Ficaram muito a favor da gente."
>
> (Vários colégios [Ibiporã], entrevista, 13/12/2016)

Na segunda semana de novembro, a polícia cumpriu uma série de reintegrações de posse nos colégios que permaneciam ocupados. Até lá a relação com a polícia não foi de confronto. Em alguns lugares, especialmente nas pequenas cidades do interior do estado, a polícia assumiu o papel de zelar pela segurança dos estudantes que ocupavam as escolas.[28]

6. Declínio

Outra parte da população se organizou contra o movimento dos estudantes: no dia 20 de outubro, quando o número de ocupações no estado chegava a seu ápice, o apresentador do canal de Youtube "Mamãe Falei" gravou dois vídeos no CEP com a intenção de desmoralizar o movimento dos estudantes, apontando o que seu apresentador entende como "inconsis-

[28] Em Jacarezinho, policiais faziam ronda à noite por segurança a pedido dos alunos. Informação proveniente de entrevista com estudantes em 11/12/2017.

tências". Os vídeos tiveram 579 mil[29] e 1,5 milhão[30] de visualizações no Youtube. Dois dias depois um integrante do Movimento Brasil Livre (MBL) organizou uma "aula pública contra a ocupação de escolas" com presença de algumas poucas dezenas de pessoas, mas cuja filmagem foi assistida por cerca de 7 mil pessoas.[31] Os órgãos estatais construíram uma relação de apoio mútuo com os grupos insatisfeitos com as ocupações: tanto o estado usava os grupos descontentes com o movimento dos secundaristas para respaldar suas ações, quanto os grupos contra as ocupações impulsionaram as ações do estado. Assim, o estado construiu pontes de diálogo com esses grupos mesmo quando eles não eram numericamente significativos, atribuindo-lhes maior importância e utilizando-os enquanto força política para agir contra as ocupações.

No dia 21 de outubro o site da Casa Civil do estado anunciou a desocupação do C.E. Homero Baptista de Barros em Curitiba. A nota enfatiza o papel "fundamental" do "envolvimento dos pais" no processo de desocupação.[32] Dois dias depois, o Movimento Curitiba Contra a Corrupção e militantes do partido Patriota realizaram um ato na praça Santos Andrade em Curitiba. Cerca de trezentos manifestantes foram recebidos pelo chefe da Casa Civil Valdir Rossoni e pelos secretários de Educação e de Segurança Pública, que prometeram ações para impedir as ocupações. Na ocasião foi anunciada a criação de um gabinete formado por profissionais da Segurança Pública, da Educação, Casa Civil e Procuradoria-Geral do Estado (PGE) para "*orientar pais, diretores e cidadãos sobre como agir de modo legal contra as invasões e também fazer denúncias*". Também foram ameaçados de punição por omissão os conselheiros tutelares que permitissem a permanência de estudantes menores de idade nos colégios.[33]

---

[29] Disponível em: <https://www.youtube.com/watch?v=slprU7DPpqY>, acesso em 8/11/2017.

[30] Disponível em: <https://www.youtube.com/watch?v=BQCBEI40qfQ>, acesso em 8/11/2017.

[31] Disponível em: <https://www.facebook.com/ederborgesoficial/videos/159363 4487609499/>, acesso em 8/11/2017.

[32] "Família, professores e alunos se unem contra ocupação e escola abre as portas", 21/10/2016. Disponível em <http://www.casacivil.pr.gov.br/2016/10/91306,10/Familias--professores-e-alunos-se-unemcontra-ocupacao-e-escola-abre-as-portas.html>, acesso em 15/11/2017.

[33] Portal de Notícias do site da Casa Civil do Estado do Paraná, "Pais e diretores pedem apoio e governo anuncia novas medidas contra invasões". Disponível em: <http://

Os Núcleos de Ensino instruíram as diretoras e diretores das escolas ocupadas a organizar e mediar assembleias com pais e estudantes. As reuniões ocorreram em locais próximos às escolas, como igrejas, ou nas próprias salas de aula e foram registradas tanto em ata assinada pelos presentes, quanto com fotos. Dentre os assuntos tratados, o que teve mais destaque nas reuniões que presenciamos[34] foi a prova do ENEM, que ocorreria no dia 5 de novembro,[35] e a pressão pela desocupação ou concessão temporária das escolas para a prova. Os estudantes já tinham a experiência coletiva de terem realocado o segundo turno das eleições em Curitiba e não tinham confiança na proposta de concessão.

Essas reuniões variavam de acordo com o contexto de cada ocupação e da relação com os diretores e a comunidade. Em Curitiba, o diretor do C.E. Lysimaco Ferreira da Costa organizou uma reunião em uma paróquia próxima à escola. Intimidados, os estudantes não compareceram. Ao final da reunião o diretor, os pais contrários à ocupação e membros do Movimento Brasil Livre foram até o colégio para forçar sua desocupação. Três estudantes que ocuparam o colégio nos relataram a ação poucos dias depois do acontecido:

> *Estudante 1*: "[O] diretor bateu aqui pra tentar fazer um acordo com a gente. Entrou aqui na escola e tava conversando com a gente como se a gente tivesse aceitado o acordo dele. Como se a gente fosse realmente sair da escola. E nisso que a gente tava conversando com ele, ele acabou... Acho que foi uma distração para entrarem por aqui. Porque daí os pais começaram a entrar do nada. Aí a gente ouviu a janela quebrando. E aí correu e se trancou aqui dentro do prédio pra não acontecer nada com a gente. [...] Eles chegaram até as portas assim. O diretor deu total acesso pra

---

www.casacivil.pr.gov.br/2016/10/ 91312,10/Pais-e-diretores-pedem-apoio-e-governoa-nuncia-novas-medidas-contra-invasoes.html>, acesso em 14/11/2017.

[34] Presenciamos duas dessas reuniões. Uma no C.E. Edimar Wright em Almirante Tamandaré no dia 28/10/2016 e outra no C.E. Silveira da Mota em São José dos Pinhais no dia 01/11/2016. A fotografia da reunião foi recusada no C.E. Edimar Wright, o que a direção acatou.

[35] No dia 19 de outubro o ministro da Educação e a presidente do INEP anunciaram o cancelamento das provas nas escolas ocupadas. O anúncio foi a única resposta federal ao movimento e foi usada como argumento por movimentos e indivíduos contrários às ocupações (Dombrowski *et al.*, 2017).

eles, pra eles poderem entrar aqui mesmo. Mas eles não conseguiram. Ainda bem."

Estudante 2: "Cara, eles realmente iam bater na gente."

Estudante 1: "A gente ficou mais ou menos umas duas horas trancados aqui dentro da escola, sem poder sair nem nada."

(C.E. Lysimaco Ferreira da Costa [Curitiba], entrevista, 29/10/2016)

A articulação do movimento acionou uma grande quantidade de apoiadores, o que intimidou os manifestantes contrários à ocupação e os levou a desistirem.

Esses manifestantes estavam ou não organizados em grupos pela internet, tendo identidade mais definida enquanto movimentos — MBL, Movimento Desocupa Paraná, Movimento Curitiba Contra a Corrupção — ou, em sua maioria, apenas atendendo a chamados destes grupos por ações de desocupação. No Colégio Pedro Macedo, que também sofreu tentativa de invasão, duas estudantes definem os manifestantes do Desocupa Paraná como "*as pessoas contra assim, do nosso próprio colégio, professores, pais de alunos*", ponderando que "*tem uns que são bem de boa que vem aqui conversar, mas tem uns que são muito violentos*".[36]

Uma explicação para essa relação entre as instituições governamentais, pais contrários às ocupações e grupos de direita organizados pela internet foi oferecida em uma declaração à *Folha de S. Paulo* por um membro do Movimento Curitiba Contra a Corrupção que participou de um protesto em frente a um colégio ocupado: "*A gente sabe que o governo está de mãos atadas desde o 29 de abril*". Ou seja, seria preciso que a sociedade civil se mobilizasse contra as ocupações, uma vez que a possibilidade de uso da violência policial contra os estudantes estaria descartada.[37]

No dia 24 de outubro um garoto de 16 anos, Lucas, foi morto a facadas dentro do C.E. Santa Felicidade, que estava ocupado há dez dias. A morte de Lucas foi amplamente divulgada e utilizada na construção de discursos contra as ocupações, tanto do estado, quanto da mídia e das redes. O secretário estadual de Segurança declarou oficialmente que a vítima e o acusado

---

[36] Entrevista colhida em 29/10/2016.

[37] O governo abriu inclusive o disque-denúncia para receber informações sobre crimes em escolas ocupadas. Informação retirada do Portal de Notícias da Secretaria de Segurança Pública do Paraná. Disponível em: <http://www.seguranca.pr.gov.br/modules/noticias/article.php?storyid=10401>, acesso em 14/11/2017.

do crime, outro estudante, estavam sob efeito de drogas — tendo sido desmentido posteriormente pelo laudo toxicológico.[38] Colunistas de direita[39] culparam a esquerda pela morte do adolescente. A resposta veio por meio do eloquente discurso da estudante Ana Júlia à Assembleia Legislativa do Estado. Em sua fala, celebrada por inúmeros portais de notícia de esquerda, a estudante rebate as críticas e despeja a responsabilidade nos políticos ali presentes. Mesmo os que não acompanhavam as disputas discursivas nas redes sociais souberam do caso pela televisão. Deixar os filhos nas ocupações passou a ser enxergado como um risco por uma quantidade crescente de pais. A pauta continuava em disputa, mas claramente a forma de reivindicação perdia força com a opinião pública.

Uma pesquisa feita pela empresa Paraná Pesquisa entre os dias 1 e 3 de novembro indicou que 69% dos paranaenses desaprovavam as ocupações, mas 62% consideravam suas reivindicações válidas. Ou seja, a maioria concordava com suas pautas, mas não com seus métodos. De fato, ao serem perguntados se os estudantes deveriam buscar outra forma de se manifestar, 84% dos entrevistados concordaram. Sem o apoio da sociedade civil, com o medo dos pais e sem conseguir combinar ações coordenadas — o encontro promovido pela UBES ocorreu no dia 26, dois dias depois da morte de Lucas —, o movimento começou a declinar sem ter conquistado nenhuma de suas principais pautas.

Com uma frequência quase diária, a Secretaria de Educação do Estado passou a divulgar o número decrescente de ocupações em diversos meios de comunicação. Segundo declarações da Secretaria de Educação, em nove dias o número de escolas ocupadas caiu 72,6% — de 792 para 217.

O fim da greve decidido por ampla maioria dos professores em assembleia no dia 31 de outubro foi outro duro golpe contra os estudantes que tentavam resistir. A manutenção da greve votada uma semana antes com presença de cerca de 3 mil docentes havia vencido com uma margem bastan-

---

[38] O laudo é datado de 3/12/2016, sendo sua divulgação aproximadamente uma semana depois; o G1 publicou uma matéria no dia 10/12/2016. Disponível em: <http://g1.globo.com/pr/parana/noticia/2016/12/ laudo-da-policia-aponta-que-garoto-morto-em--ocupacao-nao-usou-ecstasy.html>, acesso em 14/11/2017.

[39] Entre os mais compartilhados estão a coluna do Reinaldo Azevedo na revista *Veja* e um post do blog *Implicante*: <http://veja.abril.com.br/blog/reinaldo/invasoes-no--parana-8211-o-lixo-moral-dos-comunistas-com-as-maos-sujas-de-sangue-tenta-atribuir--a-culpa-a-quem-combate-invasoes/> e <https://www.implicante.org/vitima-e-assassinado--consumiam-drogas-em-escola-do-parana-invadida-por-esquerdistas/>, acesso em 17/11/2017.

te estreita: cinco votos de diferença, indicando que a força de mobilização dos professores também estava se esgotando.

Figura 2
EVOLUÇÃO DO NÚMERO DE OCUPAÇÕES NO PARANÁ[40]

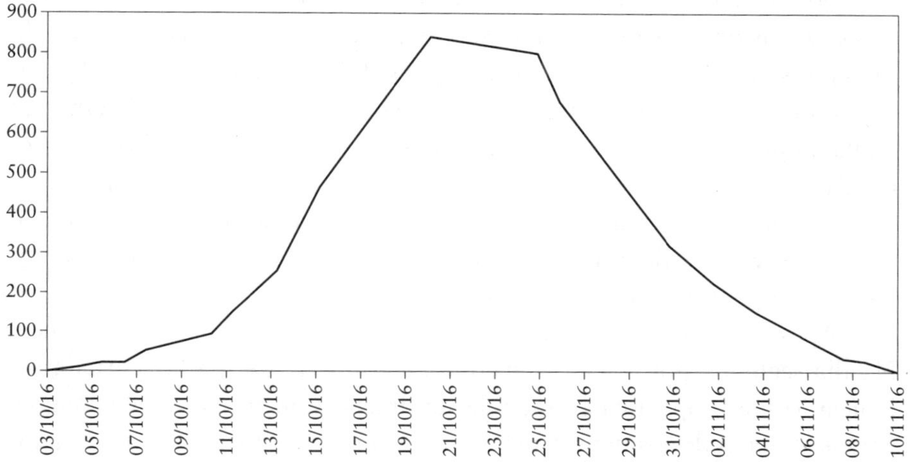

Fonte: Elaboração própria.

Poucos dias antes da assembleia dos docentes alguns estudantes de Curitiba e São José dos Pinhais haviam planejado uma ação tida como mais radical, para tentar reacender o movimento. A ideia era ocupar os Núcleos de Ensino, forçando a interrupção de suas atividades administrativas. Na manhã do dia 31, vários estudantes se deslocaram para o Núcleo de Ensino de Curitiba e um pequeno grupo foi para a assembleia dos professores com a missão de anunciar a ocupação e convencer os presentes a manter a greve. Na parte de informes o presidente do Sindicato dos Professores deu a palavra para um representante da UPES falar em nome dos estudantes. Os estudantes autônomos reclamaram e pediram direito de fala argumentando que a UPES não representava o movimento de ocupações. Depois das reclamações,

[40] Até o dia 20/10 os dados foram extraídos das páginas do Facebook de apoio ao movimento: de 3/10 a 7/10 do "EE", de 10/10 a 13/10 do "CWB contra Temer", e de 15/10 a 20/10 do "Ocupa Paraná". A partir do dia 20/10 os dados foram extraídos de declarações da Secretaria de Educação do Estado a vários veículos de comunicação (no dia 20/10 há uma pequena diferença entre as fontes: o "Ocupa Paraná" divulgou neste dia 836 ocupações, e a SEED, 831). As fontes consultadas foram: *Folha de S. Paulo*, *El País Brasil*, Rádio Gazeta, *Gazeta do Povo* e Band News.

um estudante de Curitiba teve direito à fala. Inconformado, o estudante criticou a UPES e não teve tempo de anunciar a ocupação do núcleo conforme combinado. Com a chegada de um grupo de estudantes de São José dos Pinhais foi solicitada outra oportunidade de fala, mas a mesa negou argumentando que já estavam em regime de votação. Os estudantes estavam sentados no chão entre o palanque em que se dispunha a mesa da assembleia e as cadeiras onde os professores estavam sentados, e demonstravam publicamente sua insatisfação a cada fala que defendia o fim da greve. Apenas depois que a decisão de suspensão da greve havia sido tomada, foi permitida a fala a uma estudante de São José dos Pinhais. Ela se diz "muito envergonhada" com os professores porque apanhou junto com estes no dia 29 de abril e agora eles os abandonavam em um momento difícil, em que as ocupações estavam sendo ameaçadas de invasão, e conclui convocando os professores a apoiá-los no núcleo ocupado.[41]

Apesar dos apelos da estudante, a ocupação do núcleo durou pouco. No dia seguinte, por cerca de cinco horas, o prédio teve a luz cortada e a Polícia Militar impediu a entrada de suprimentos, inclusive água e comida, para as dezenas de estudantes que o ocupavam. Os estudantes decidiram sair no final da tarde depois que a Justiça autorizou um pedido de reintegração de posse solicitado pela PGE. Nos dias que se seguiram outras liminares de reintegração de posse foram expedidas para vários colégios do estado. Algumas foram decididas pelo Ministério Público e Conselho Tutelar com a justificativa de que os estudantes corriam perigo, mas a maioria veio da Vara da Fazenda Pública, normalmente com ameaças de multas em nome daqueles que se dispuseram a assinar as atas no momento da ocupação, com valores muito acima do que os estudantes, suas famílias e seus apoiadores poderiam arcar.[42]

7. Saldo

No final de novembro a PEC 55 (241) foi aprovada no Senado definindo um teto para os gastos públicos, o que significaria uma lenta degradação dos serviços prestados à população. Nos dias que precederam a votação,

---

[41] Discurso disponível em: <https://www.youtube.com/watch?v=pHP0RPtRSb0>, acesso em 16/11/2017.

[42] Informações retiradas de entrevista por e-mail com Fernando Tozi, do Coletivo Advogadas e Advogados pela Democracia, concedida em 11/11/2017.

inúmeros ônibus saíram do Paraná levando os secundaristas que participaram das ocupações para se juntarem a outros manifestantes em um grande ato em frente ao Palácio do Planalto. Uma foto realizada por Gisele Arthur viralizou na internet: tirada de dentro da Câmara em um coquetel de encerramento da cerimônia de quinze anos da Comissão de Legislação Participativa,[43] a imagem repercutiu como sendo de parlamentares no momento do ato.[44] No primeiro plano há um pequeno grupo de pessoas e ao fundo uma grande janela da qual é possível ver centenas de manifestantes envoltos por uma nuvem de gás lacrimogêneo. Dois estudantes que entrevistamos em Maringá descrevem do seu ponto de vista os eventos do dia da votação:

> *Estudante 1*: Foi muito rápido. O ato nem tinha terminado de chegar lá no Palácio do Planalto e o ataque por parte da PM já começou. [...] Eles começaram a jogar as bombas num caminhão de som. O povo que tava no caminhão de som começou a gritar, eles tavam em desespero. E era muito helicóptero, era cavalaria, era bomba. Foi bem tenso, eles não paravam. Isso começou umas cinco horas da tarde, era dez horas da noite ainda a gente escutava barulho de bomba. Não tinha pra onde a gente correr. A gente corria pra um lado eles atacavam, a gente corria pro outro eles atacavam.
>
> *Estudante 2*: A minha opinião, né? Eu acho que a galera que tava lá, a gente tinha que ter conseguido invadir o Palácio, né? Fiquei bem triste por não ter acontecido porque a galera tava tomando champagne e olhando pra gente pela janela e eles não tavam nem aí, e a gente não conseguiu fazer o que a gente queria fazer e a PEC passou...
>
> (C.E. João XXIII [Maringá], entrevista, 17/12/2016)

A Medida Provisória também foi aprovada na Câmara e no Senado, passando por uma série de mudanças, mas mantendo o cerne do projeto

---

43 "Coquetel no Congresso em meio a ato reprimido por PM era prêmio a ONGs", *Folha de S. Paulo*, 01/12/2016. Disponível em: <http://www1.folha.uol.com.br/poder/2016/12/1837258-coquetel-no-congresso-em-meio-a-ato-reprimido-por-pm-era-premio-a-ongs.shtml>, acesso em 15/11/2017.

44 "A foto histórica da PEC do Fim do Mundo", *Revista Fórum*, 30/11/2016. Disponível em: <https://www.revistaforum.com.br/2016/11/30/a-foto-que-simboliza-a-votacao-da-pec-55>.

contra o qual os estudantes se mobilizaram. O texto determina aumento da carga horária de oitocentas para mil horas em um prazo de cinco anos, mantém a possibilidade de contratação de profissionais com "notório saber" e coloca as disciplinas de sociologia e filosofia como conteúdos obrigatórios para a Base Nacional Comum Curricular, sem contudo terem obrigatoriedade enquanto disciplinas. A lei manteve o caráter de formação voltada para o mercado, o que está expresso nos 7° e 8° parágrafos do artigo 3° — a educação para que o estudante construa "seu projeto de vida" e que o educando possua "domínio dos princípios científicos e tecnológicos que presidem a produção moderna" ao fim de sua formação.[45]

Apesar da derrota, os estudantes que participaram das ocupações carregarão consigo as experiências vividas. A construção e o fortalecimento de laços, assim como a experiência de se enxergarem enquanto sujeitos políticos e a percepção de que diferentes grupos possuem diferentes perspectivas e intencionalidades, certamente mudaram sua forma de ler o mundo:

> *Estudante 1*: "[Antes da ocupação] eu não fazia questão de perguntar: 'Será que aquilo é verdade? Será que é realmente aquilo mesmo que aconteceu? Ou será que a pessoa talvez esteja certa e é a mídia que está jogando alguma coisa para mim'. Entendeu? Antes eu não parava para pensar assim e agora eu paro. [...] A gente sabe das coisas agora. Porque a gente tá presenciando uma coisa que tá acontecendo com a gente. Entendeu?"
>
> *Estudante 2*: "E como... A gente tá saindo da caverna, cara."
>
> (C.E. Hildebrando de Araújo [Curitiba], entrevista, 31/10/2016)

Conclusão

Em 2016, estudantes secundaristas ocuparam mais de oitocentos colégios estaduais no Paraná contra a MP da reforma do ensino médio e a PEC do teto dos gastos públicos. O movimento começou com um pequeno grupo de estudantes em São José dos Pinhais que participavam de um curso de formação política e se espalhou rapidamente e de maneira pouco coordenada alimentando-se do sentimento de indignação que os estudantes cultivaram

[45] Lei n° 13.415/2017 (conversão da MP 746/2016).

desde o "Massacre do Centro Cívico" em 29 de abril do ano anterior. Se por um lado os estudantes construíram um discurso elaborado e alinhado em relação às pautas do movimento, por outro os contextos locais refletiram diferenças relevantes entre as ocupações, que vieram à tona na primeira tentativa de se encontrarem. Em cada ocupação os estudantes souberam se organizar e se adaptar às dificuldades particulares de cada momento. Contaram com o apoio de pessoas que ofereceram oficinas e doações, mas também sofreram pressão de pais e de membros da comunidade contrários ao movimento que, articulados em torno de grupos de direita, promoveram diversas ações contra as ocupações. Com a morte de um estudante dentro de uma escola ocupada, grande parte da opinião pública passou a condenar a tática da ocupação. Pressionados pelos pais, diretores e pelo poder público, e desgastados pelo dia a dia do movimento, os estudantes deixaram as escolas ocupadas sem conquistar suas principais pautas, mas levam consigo a experiência de lutar por seus direitos e de se verem como protagonistas de um importante momento histórico.

Referências

CAMPOS, Antonia M.; MEDEIROS, Jonas; RIBEIRO, Márcio M. *Escolas de luta*. São Paulo: Veneta, 2016.

DOMBROWSKI, Osmir; MINUCELLI, Conrado Pereda; SANTOS, Jaqueline Aparecida Alves dos. "#OcupaParaná: a primavera paranaense". *18° Congresso Brasileiro de Sociologia*, Brasília, 26-29/7/2017.

GOZZI, Ricardo. *Educação sob ataque: resistência e luta dos educadores do Paraná*. São Paulo: Campos, 2016.

9

O movimento de ocupação das escolas em Minas Gerais: formação política através da ação coletiva[1]

Christian Pierre de Brito Gonçalves[2]
e Luiz Carlos Castello Branco Rena[3]

Introdução

Minas Gerais é o estado brasileiro com o maior número de municípios (853) e onde residem 21 milhões de habitantes. Deste total, aproximadamente 85% vivem em áreas urbanas e 5 milhões são jovens, com idades entre 15 e 29 anos. Em 2015, havia no estado 787.359 pessoas matriculadas no ensino médio.[4]

O movimento secundarista de ocupação das escolas públicas de Minas Gerais teve seu início no começo de outubro de 2016 e, segundo a Secretaria de Estado de Educação de Minas Gerais (SEE-MG), alcançou um total de 157 escolas estaduais ocupadas. Somando-se a este número a extensa área territorial do estado (586.520,732 km²), o levantamento de dados sobre as ocupações se colocou como um enorme desafio a ser encarado, o que demandaria grande esforço para sua execução. Diante de nossas limitações, abdicamos de qualquer pretensão de apresentar um retrato fiel do que foram as ocupações no estado de Minas Gerais, buscando então através do presente trabalho apresentar e refletir sobre algumas experiências locais de ocupações de seis municípios mineiros.

---

[1] Contribuíram para a coleta de dados três estudantes do 6º período do curso de Psicologia da PUC Minas/Betim: Gedeão Ferreira de Carvalho, Laylla Carolina Silva Gendiroba e Rafael de Souza Leal.

[2] Graduado em Psicologia pela PUC Minas/Betim.

[3] Pedagogo e mestre em Psicologia Social pela UFMG e coordenador do Serviço de Atenção Psicossocial e Pedagógica da Associação Mineira de Desenvolvimento Humano.

[4] Cf. <https://cidades.ibge.gov.br/brasil/mg/panorama>.

Os dados que serão apresentados na sequência foram coletados através de pesquisa bibliográfica, da realização de entrevistas semiestruturadas e grupos focais, além do preenchimento pelos próprios adolescentes e jovens que participaram das ocupações de um formulário quanti-qualitativo online. A experiência dos estudantes de Betim foi mais bem absorvida por conta da proximidade dos autores com o município e, por este motivo, é narrada com maior riqueza de detalhes no texto.

O período em que aconteceram as ocupações coincidiu com o governo de Fernando Pimentel, do Partido dos Trabalhadores (PT) em Minas Gerais, oposição ao então governo de Michel Temer, do Partido do Movimento Democrático Brasileiro (PMDB) no âmbito federal, que era o alvo dos protestos dos estudantes. Dada essa conjuntura política, a SEE-MG abriu canais para facilitar o diálogo com os estudantes. A orientação da SEE-MG para as Superintendências Regionais de Ensino (SREs) e direções das escolas era para que atuassem na defesa dos direitos dos estudantes, que mantivessem as escolas funcionando e buscassem garantir a segurança dos mesmos nas manifestações pacíficas.[5] O governo trabalhou ainda de forma a priorizar o diálogo e buscar formas de evitar a reintegração de posse das escolas.

1. As ocupações de escolas em Minas Gerais

Após decisão em assembleia convocada pelo grêmio estudantil, a Escola Estadual Governador Milton Campos (Colégio Estadual Central) foi ocupada no dia 6 de outubro de 2016.[6] Localizada na capital, Belo Horizonte, a escola foi a primeira do estado de Minas Gerais a ser ocupada. Tomando o movimento secundarista de ocupação de escolas de São Paulo como exemplo, Belo Horizonte já havia contado com ocupações de escolas públicas anteriormente. Em 2015, o Instituto de Educação de Minas Gerais (IEMG) foi ocupado por estudantes secundaristas no dia 23 de novembro, com o objetivo de reivindicar melhorias na infraestrutura da escola[7] e em

---

[5] Cf. <http://g1.globo.com/minas-gerais/triangulo-mineiro/noticia/2016/11/alunos-divulgam-carta-para-esclarecer-sobre-ocupacoes-em-uberlandia.html>.

[6] Nesta escola estadual cursaram o ensino médio o atual governador Fernando Pimentel e a ex-presidente da República Dilma Rousseff.

[7] Cf. <https://www.em.com.br/app/noticia/gerais/2015/11/24/interna_gerais,711046/estudantes-ocupam-instituto-de-educacao-de-minas-e-exigem-reformas-ime.shtml>.

solidariedade aos estudantes de São Paulo.[8] Foi realizada uma reunião da SEE-MG com os estudantes e informado que um processo de licitação para a escolha da empresa que seria responsável pela restauração e reforma do prédio da escola já estava em andamento. Após três dias de ocupação, os estudantes desocuparam o IEMG. Já a Escola Estadual Professor Ricardo de Souza Cruz foi ocupada no dia 5 de janeiro de 2016, como forma de protesto contra a divisão da escola com alunos do Colégio Tiradentes da Polícia Militar. A proposta que previa a ocupação do mesmo espaço físico pelas duas escolas foi rechaçada pelos estudantes, que não concordavam com a militarização de sua escola.[9] Após negociações com as partes envolvidas, a SEE-MG assinou um documento garantindo que não haveria a divisão do espaço escolar com o Colégio Tiradentes. Com a decisão divulgada, os alunos desocuparam a escola no dia 15 de janeiro de 2016.[10]

As principais pautas que levaram ao movimento de ocupação das escolas mineiras em 2016 foram a de protesto contra a PEC 241/55/2016 do teto dos gastos públicos e contra a MP 746/2016 da reforma do ensino médio, além da oposição ao programa "Escola Sem Partido" (PLS 193/2016) e a busca pelo fortalecimento do movimento de ocupações que estava acontecendo pelo Brasil.

Segundo a SEE-MG, o município mineiro que contou com o maior número de escolas ocupadas foi Uberlândia, com 25 ocupações; seguido por Belo Horizonte (24); Unaí (nove); Betim e Poços de Caldas (seis); Alfenas, Almenara, Araguari, Divinópolis, Janaúba, Januária, Santa Luzia (quatro); Arinos, Conceição do Mato Dentro, Varginha (três); Chapada Gaúcha, Diamantina, Espinosa, Ituiutaba, Monte Azul, Paracatu, Patos de Minas, Ribeirão das Neves, Salinas, Ubá (duas); Araçuaí, Botelhos, Buritis, Buritizeiro, Campestre, Catas Altas, Contagem, Curral de Dentro, Esmeraldas, Governador Valadares, Grão Mogol, Guarda-Mor, Indianápolis, Ipatinga, Juruaia, Mamonas, Mariana, Montes Claros, Nepomuceno, Padre Carvalho, Pedras de Maria da Cruz, Pirapora, Presidente Kubitschek, Sabará, São José da Lapa, São Lourenço, Serrania, Três Corações, Urucuia e Virgínia (uma).

---

[8] Cf. <http://averdade.org.br/2015/11/estudantes-mineiros-realizam-ocupacao-de-escola-do-estado/>.

[9] Cf. <http://g1.globo.com/minas-gerais/noticia/2016/01/alunos-ocupam-escola-na-regiao-noroeste-de-belo-horizonte.html>.

[10] Cf. <http://portal.aprendiz.uol.com.br/2016/01/18/governo-desiste-de-dividir-escola-com-colegio-militar-apos-ocupacao-em-belo-horizonte/>.

Uberlândia se destacou ainda por ter sido o município mineiro onde houve maior repressão ao movimento de ocupação de escolas. Além do desgaste sofrido a partir do enfrentamento à ordem social vigente, uma liminar expedida pelo promotor da Vara da Infância e Juventude do Ministério Público de Minas Gerais (MPMG), no dia 7 de novembro de 2016, impôs o fim das ocupações em Uberlândia. A liminar em questão ordenava ao estado de Minas Gerais que em 24 horas a contar a partir da intimação, promovesse de forma pacífica a retomada das escolas estaduais que se encontravam ocupadas no município e das que viessem a ser ocupadas futuramente, sob a ameaça de aplicação de multa diária de cinquenta salários mínimos, até o limite de quinhentos salários mínimos[11] (Junqueira, 2017).

A coleta de dados quanti-qualitativos se deu a partir de um formulário online, que foi respondido por vinte adolescentes e jovens que participaram do movimento de ocupação de escolas públicas de Minas Gerais no ano de 2016. Destes, dez são moradores de Betim, seis de Governador Valadares, dois de Uberlândia, um de Ipatinga e um de Divinópolis. Tal como observado nas ocupações de Betim e Belo Horizonte, onde a maior participação foi feminina, mais de metade das respostas ao formulário também são de estudantes do sexo feminino. Os dados mostram ainda que a força do movimento provinha de fato das estudantes do ensino médio.

Mais de metade dos respondentes já possuía um histórico de participação política, anterior a seu envolvimento nas ocupações, principalmente em movimentos sociais, grêmios estudantis, movimento estudantil e juventudes partidárias.

Metade dos respondentes afirmou que a ocupação de sua escola não aconteceu por influência de outras ocupações. Nas escolas onde houve influência externa, esta veio principalmente das experiências ocorridas nos estados do Paraná, de São Paulo e do Rio Grande do Sul. Após a decisão pela ocupação, as principais atividades realizadas pelos estudantes como forma de planejar e organizar a ocupação das escolas foram a realização de: reuniões para discussão do movimento de ocupação; pesquisas sobre o movimento de ocupação; reuniões com a diretoria da escola; e assembleia para deliberação em conjunto com todos os estudantes da escola.

A matriz discursiva, assim como a prática adotada pelas ocupações de Minas Gerais, foi majoritariamente autônoma e apartidária. Cada escola

---

[11] Cf. <http://www.correiodeuberlandia.com.br/cidade-e-regiao/liminar-determina-que-estado-retome-escolas-ocupadas-em-uberlandia/>.

ocupada apresentou um discurso e uma prática que, apesar de alinhados ao movimento de ocupações em nível nacional, tinham características que lhes eram próprias. Entretanto, a matriz discursiva de cada ocupação era perpassada por discursos provenientes de fora, principalmente dos movimentos sociais, movimento estudantil e juventudes partidárias situados ideologicamente à esquerda.

Segundo os respondentes, os principais fatores de ampliação das escolas ocupadas em Minas Gerais foram a atuação militante por parte dos próprios estudantes, a divulgação e mobilização através das redes sociais e a visibilidade do movimento alcançada nos meios de comunicação de massa, nos níveis local e regional.

A maioria das escolas permaneceu ocupada por um período superior a dois meses. Os principais fatores apontados pelos respondentes como motivadores do término das ocupações foram as pressões externas sofridas pelos ocupantes, a perda de força do movimento e a aprovação da PEC 55/2016.

Ao longo das ocupações, as principais formas de ação coletiva utilizadas foram a realização de oficinas e palestras, a abertura da escola para a comunidade, a divulgação das atividades nas redes sociais, e a realização de eventos culturais, aulas e assembleias. Muitas destas ações aconteceram a partir de articulações com atores externos às ocupações, sendo os principais atores pessoas vinculadas a faculdades e universidades, pais e familiares de estudantes, profissionais voluntários, sindicatos e a comunidade.

A maioria das escolas ocupadas contou com articulações com outras ocupações, sendo principalmente ocupações do mesmo município. Houve ainda articulações com ocupações de outros municípios de Minas Gerais e de outros estados do Brasil. Os principais objetivos dessas articulações eram a troca de informações teóricas e práticas, a criação de uma rede de apoio para auxílio na solução de problemas e em casos de emergência, e a unificação do movimento e o alinhamento de ações coletivas.

Em quase todas as ocupações alcançadas pelo estudo, houve mobilizações visando à desocupação das escolas, principalmente por parte de estudantes e pais de estudantes que não aderiram ao movimento. As principais estratégias utilizadas pelos que queriam a desocupação foram a deslegitimação do movimento e o direcionamento de ofensas aos estudantes.

Já com relação às respostas do estado às ocupações, boa parte preferiu não responder à questão. De acordo com os relatos, as respostas mais frequentes por parte do Governo do Estado de Minas Gerais foram as negociações institucionais e a repressão, o que contradiz o discurso oficial da SEE-MG. Além da SEE-MG, outros atores e instituições se dispuseram a negociar com os ocupantes, tais como diretoria das escolas, professores, demais estudantes e sindicato dos professores, entre outros.

2. As ocupações de escolas em Betim

Betim é um município do estado de Minas Gerais, localizado na Região Metropolitana de Belo Horizonte (RMBH), onde residem 427.146 pessoas.[12] Distante 31 km da capital Belo Horizonte, o município possui forte vocação industrial, abrigando grandes empreendimentos industriais, tais como a Refinaria Gabriel Passos e a unidade industrial da Fiat Chrysler Automobiles (FCA).

O movimento secundarista de ocupações de escolas públicas em Betim teve seu início em meados do mês de outubro de 2016 e foi influenciado, principalmente, pelo movimento de ocupações do estado do Paraná, que se iniciou no dia 3 desse mesmo mês. Com o objetivo de lutar contra a reforma do ensino médio e contra a PEC 55, além de fortalecer o movimento que acontecia pelo Brasil, os estudantes membros dos grêmios estudantis da Escola Estadual Tito Lívio de Souza (EETLS) e Escola Estadual Nossa Senhora do Carmo (EENSC) passaram a conversar sobre a possibilidade de ocupação de suas escolas e a realizar reuniões para discussão e organização das mesmas.

> "A gente antes de ocupar, antes de mexer com, com essa questão da compra do material, a gente fez muitas viagens pro Nossa Senhora do Carmo, ainda como grêmio, como presidente do grêmio e o Marcelo[13] como vice-presidente. Como a gente estudava de manhã, e o grêmio de lá coincidentemente era muito forte no período da tarde, a gente saía do Tito e ia pro Nossa Senhora. Lá a gente encontrou a Aline e a Luana. E aí que elas entram. A gente teve inúmeras reuniões, que foi muito legal porque foi às escondidas. Porque os diretores já estavam sabendo dos murmurinhos, né. E nenhum diretor quer esse problema pra eles. Porque é um grande problema, principalmente com os superiores.

---

[12] Cf. <https://ww2.ibge.gov.br/cidadesat/xtras/perfil.php?lang=&codmun=310670&search=minas-gerais%7Cbetim>.

[13] De forma a preservar as identidades dos adolescentes e jovens que colaboraram com o presente estudo, todos os nomes apresentados ao longo deste texto são fictícios.

> Fui lá muitas vezes junto com o Marcelo e a gente conversou com a Aline e com a Luana. E as conversas sempre eram muito secretas. Teve dias que eu fui expulso de lá num dia, e dois dias depois, três dias depois, eu estava voltando lá de novo, mas assim entrando escondido, porque o pessoal não queria que a gente estivesse lá dentro mais. Eles não queriam e também no final do horário não dava mais tempo, então eles estavam fazendo muita coisa já pra fragmentar. Na minha escola mesmo, eles não queriam que ninguém entrasse de fora pra conversar sobre isso. Então eles estavam já aí, querendo impedir que isso acontecesse." (Lucas, Betim, 18 anos)

Durante o período de preparação da ocupação das escolas, os estudantes buscaram informações acerca do movimento e de como funcionava uma ocupação, assim como das pautas defendidas pelos estudantes que já estavam ocupando suas escolas. Ao longo desse período, uma das lideranças da EETLS manteve contato com uma ocupante do Colégio Estadual Central, de Belo Horizonte, que lhe passou as coordenadas para a ocupação. Através dela, ele teve acesso à cartilha "Como ocupar um colégio?", construída a partir das experiências do Chile e da Argentina. Estas informações foram fundamentais, no sentido de mostrar que era possível ocupar.

Com a aquisição e socialização das informações necessárias, foi realizada uma reunião no horto municipal de Betim na terceira semana de outubro, contando com lideranças da EETLS e EENSC, além de lideranças de outras escolas e membros do projeto social Café Inteligente, que busca proporcionar um espaço de discussão e reflexão em Betim sobre temas relevantes para a sociedade. A reunião tinha por objetivos a tomada de decisão sobre se iam ou não ocupar e como fariam isso.

No dia 30 de outubro de 2016 se deu a ocupação da EETLS, que foi a primeira escola de Betim a ser ocupada. Isso aconteceu porque as lideranças que estavam articulando a ocupação da EENSC de forma simultânea, optaram por esperar a aplicação do Exame Nacional do Ensino Médio (ENEM), que aconteceria também em sua escola, nos dias 5 e 6 de novembro de 2016. Dessa forma, a EENSC só foi ocupada no dia 7 de novembro de 2016, juntamente com a E.E. Conselheiro Afonso Pena e a E.E. Juscelino Kubitschek de Oliveira (EEJKO). Na EETLS não seria aplicado o exame e por este motivo ela foi ocupada antecipadamente. De acordo a SEE-MG, no dia 31 de outubro de 2016 o número de escolas ocupadas em Minas Gerais era de 103. A adesão dos estudantes de Betim ao movimento de ocupação de escolas se dá então em um momento em que o movimento se encontra consolidado e em expansão no estado de Minas Gerais.

As escolas de Betim foram ocupadas de forma democrática, mediante a convocação e realização de assembleias, que eram abertas à participação de todos os estudantes. Nestas, eram apresentadas a proposta de ocupação e os motivos pelo qual deveriam ocupar, ressaltando o protesto contra a Medida Provisória 746/2016 e a então PEC 55/2016. Ao final das assembleias era realizada uma votação e todos os participantes tinham direito a voto. Havendo maioria de votos a favor, a escola era ocupada. A última escola a ser desocupada no município foi a EEJKO, o que aconteceu no dia 2 de fevereiro de 2017. Ao longo deste período, mais duas escolas foram ocupadas no município, sendo elas: E.E. Cecília Meireles e E.E. Cândido Portinari.

A ampliação do movimento em Betim se deu a partir da iniciativa dos estudantes da EETLS e EENSC pela ocupação de suas escolas. Após a ocupação da EETLS, estudantes de outras escolas do município voltaram sua atenção para essa escola e buscaram se aproximar dos ocupantes, com o objetivo de entenderem melhor o que estava acontecendo. Aos poucos, foram surgindo então lideranças de outras escolas, que passaram a articular novas ocupações a partir do contato estabelecido com as lideranças dessas duas escolas. Muitos visitaram a escola ocupada durante um dia inteiro, de forma a conhecer melhor o que era o movimento e como funcionava uma ocupação. Após reunirem o conhecimento necessário através da participação, do diálogo e de pesquisas individuais, estas novas lideranças mobilizavam os estudantes de suas escolas e convocavam uma assembleia, na qual era decidido se sua escola seria ou não ocupada.

Oito dias após a ocupação da EETLS, pelo menos mais quatro escolas do município já estavam ocupadas. Houve mais tentativas de ocupações, porém algumas foram frustradas, seja pela falta de infraestrutura de algumas escolas para abrigar os estudantes, seja pela maior parte de votos contrários à ocupação. Dessa forma, a ocupação da EETLS foi o estopim para que as ocupações se alastrassem por Betim. Contribuiu também para essa propagação uma reportagem publicada em O *Tempo/Betim*, jornal local de grande circulação, no dia 3 de novembro de 2016,[14] na qual foi relatado que, até essa data, os estudantes de Betim já ocupavam duas escolas do município. A reportagem contribuiu para despertar a atenção dos estudantes de outras

---

[14] Cf. <http://www.otempo.com.br/o-tempo-betim/estudantes-ocupam-duas-escolas-em-betim-em-protesto-1.1394720>.

escolas, que passaram a buscar conhecimento acerca do movimento, através de pesquisas e do contato direto com os ocupantes. Cada escola de Betim que era ocupada se tornava propagadora do movimento das ocupações, acolhendo estudantes de outras escolas, transmitindo conhecimento e prestando assessoria para que novas escolas pudessem ser ocupadas. Além disso, os estudantes que estavam com suas escolas ocupadas buscavam também mobilizar estudantes de outras escolas para que fizessem o mesmo, de forma a fortalecer o movimento.

O intercâmbio entre os ocupantes de Betim foi intenso. De forma periódica eram marcadas reuniões, que aconteciam alternadamente em uma das escolas, para onde se deslocavam alguns estudantes das demais escolas ocupadas. Nessas reuniões, os estudantes conversavam e discutiam o movimento, socializavam conhecimento e alinhavam ações. Essa prática extrapolou os limites de Betim, acontecendo também um intercâmbio com ocupantes secundaristas de outros municípios da RMBH, tais como Contagem e Esmeraldas. Houve ainda um intercâmbio com ocupações de universidades públicas do estado, entre elas a Universidade Federal de Minas Gerais (UFMG).

Cada escola ocupada criou uma página no Facebook, com o objetivo de divulgar e mobilizar os estudantes, pais e comunidade para participarem das atividades realizadas na ocupação. Foi criada ainda uma "página central" no Facebook com o nome "Ocupa Tudo — Betim", para onde convergiam informações de todas as ocupações do município. Criou-se ainda um grupo no Whatsapp, que funcionou como uma central de apoio das ocupações. Neste grupo de apoio se encontravam as lideranças das ocupações, pessoas da comunidade, professores das escolas ocupadas, advogados voluntários, estudantes e professores de faculdades e universidades, e membros de movimentos sociais, entre outros atores que auxiliavam os estudantes. Quando havia algum problema ou demanda em alguma das escolas, as lideranças acionavam o grupo e as pessoas se mobilizavam para ajudar. As páginas do Facebook serviam ainda para mostrar para os estudantes e a comunidade a essência do movimento, de forma a driblar a crítica de que se tratava de um grupo de "baderneiros" e "vagabundos" que havia "invadido a escola". Nessas páginas eram publicados, por exemplo, cronogramas, textos e fotos das atividades realizadas nas escolas, publicações da mídia, material informativo e convites para que estudantes e pessoas da comunidade fossem até a escola para conhecerem pessoalmente as ocupações e participarem das programações.

As atividades a serem realizadas em cada escola eram decididas em assembleia, o que conferia a cada escola ocupada uma identidade própria.

Os estudantes tinham uma rotina pactuada no coletivo com horários a cumprir, desde a hora de acordar até a hora de dormir. A escola tinha horário para abrir e para fechar, com os próprios estudantes controlando o acesso à escola durante todo o dia. Foram criadas comissões, as quais eram responsáveis pela limpeza da escola e da cozinha, pela preparação das refeições, pelo controle de entrada e saída de pessoas nos portões, e pela segurança, entre outras. A organização era tamanha que os visitantes tinham que se identificar na portaria e utilizar um crachá durante o período em que permaneciam na escola. Havia ainda os momentos em que eram realizadas aulas, palestras, rodas de conversa e oficinas sobre temas diversos, além das atividades culturais. Todos os eventos eram programados e o cronograma era divulgado com antecedência, através das redes sociais. A maioria dessas atividades era realizada por pessoas voluntárias, que cediam seu tempo para transmitir conhecimento e cultura aos estudantes. Eram realizados também estudos e pesquisas sobre Constituição Federal, PEC 55, reforma do ensino médio, programa "Escola Sem Partido", entre outros, cujos resultados eram levados para discussão nas rodas de conversa e demais espaços de discussão. Ao final de cada dia era realizada uma assembleia para tomada de decisões, planejamentos, resolução de pendências e repasse de informações.

As lideranças das ocupações de Betim eram em sua grande maioria do sexo feminino, surgiram de forma espontânea e se mantiveram como referência ao longo das ocupações. Porém, apesar da existência de lideranças, o que se viu em Betim foi a tendência a uma organização horizontal, na qual todas as decisões eram tomadas em assembleia. Após a ocupação das escolas, as lideranças que haviam conduzido o processo permaneciam como uma referência, porém desfazia-se qualquer forma de hierarquia, eliminando-se o lugar formal do líder. A horizontalidade funcionava até mesmo como uma estratégia, que buscava evitar a exposição de determinado ocupante por ser líder, além de visar à coesão do movimento. As assembleias diárias funcionavam como uma espécie de balanço do dia, e a partir do diálogo e votações decidiam o rumo do movimento nos dias seguintes. Enquanto órgão deliberativo máximo, sendo então soberana para a tomada de decisões, a assembleia se colocou como instrumento de garantia da horizontalidade do movimento.

Apesar da existência de várias lideranças com histórico de militância política, ficou decidido em todas as ocupações de Betim, a partir das assembleias, que o movimento seria apartidário e autônomo. A União da Juventude Socialista (UJS), juventude partidária do Partido Comunista do Brasil (PCdoB); a União Municipal dos Estudantes Secundaristas de Betim (UMES-

-Betim) e alguns sindicatos até tentaram politizar e tomar a frente do movimento de ocupações do município, mas foram barrados pelas lideranças e demais ocupantes. Mesmo os ocupantes com vínculos institucionais e partidários participaram da ocupação como autônomos, uma vez que não foi permitido o aparelhamento do movimento.

As ocupações de Betim contaram com o apoio de diversos atores situados nas comunidades e de todo o município. O Sindicato Único dos Trabalhadores em Educação de Minas Gerais (Sind-UTE) e o Sindicato dos Metalúrgicos contribuíram com alimentos, folhetos informativos acerca das consequências da aprovação da PEC 55 e da reforma da Previdência, com o esclarecimento de dúvidas, assessoria nas negociações com professores e direção de escolas, carro de som para utilização em ato público, palestras etc. O apoio de advogados voluntários foi fundamental para o enfrentamento de episódios de repressão e assédio, provenientes da Polícia Militar, da SRE e da direção de algumas escolas, entre outros. Professores se revezaram para pernoitar nas escolas com os estudantes, de forma a garantir a segurança deles. Pais e demais pessoas da comunidade ajudaram com a doação de alimentos e, em alguns momentos, na preparação de refeições e limpeza da escola. Pessoas da comunidade, de movimentos sociais e culturais, ex-alunos e professores das escolas ocupadas e também alunos e professores das faculdades e universidades de Betim contribuíram com a realização de palestras, oficinas, rodas de conversa e atividades culturais nas escolas ocupadas. A UJS ajudou com a doação de materiais e pequenos reparos, tais como conserto de chuveiros e troca de fechaduras, além da realização de palestras. Padres de comunidades católicas explicaram em suas homilias a importância das ocupações, de forma a mobilizar a comunidade para apoiar o movimento. Estabelecimentos comerciais locais também ajudaram com a doação de alimentos.

Havia um diálogo permanente entre as lideranças das ocupações, que acontecia pessoalmente, pelo grupo de apoio no Whatsapp e pelo Facebook. Quando uma das ocupações recebia muitas doações, estas eram compartilhadas com as outras que estavam precisando. Havia também o direcionamento dos voluntários, para que realizassem as atividades propostas também nas demais escolas ocupadas, que demandavam contribuições intelectuais e artísticas. Quando alguma ocupação sofria repressão ou assédio mais efetivo, o grupo de apoio se mobilizava enviando estudantes, advogados e demais atores para fortalecer a ocupação que se encontrava fragilizada.

Não houve uma negociação direta entre os ocupantes de Betim e a SEE-MG. Entretanto, algumas ocupações do município sofreram assédio da SRE, que pressionou os estudantes para que desocupassem as escolas e para que fossem retomadas as aulas. Como argumento, alegaram que os estudantes seriam prejudicados pela interrupção do calendário escolar. Realizaram ainda ameaças aos estudantes, alegando que não seria possível a reposição das aulas e que isso acarretaria na reprovação de todos os alunos. Os estudantes por sua vez buscaram o diálogo, que acontecia nas próprias escolas, uma vez que representantes da SRE iam até lá. O assédio da SRE era mais incisivo nas escolas onde a direção era contra o movimento de ocupação, uma vez que estes atores se uniam contra os estudantes.

As negociações com as direções das escolas se iniciavam a partir do momento em que ficava decidida a convocação de assembleia para se pleitear a ocupação. Em algumas escolas de Betim o apoio da direção foi parcial, havendo um discurso de apoio direcionado aos estudantes e um discurso contrário direcionado à SRE. Em outras escolas os estudantes tiveram total apoio da direção, que colocou os recursos da escola à disposição dos estudantes e articulou até mesmo o apoio da Polícia Militar e da Guarda Municipal para a realização de rondas no entorno da escola no período noturno, de forma a garantir a segurança dos estudantes. Em outras não houve nenhum apoio da direção, que não mediu esforços para pôr fim à ocupação, colocando até mesmo a comunidade e os pais contra os estudantes e os estudantes uns contra os outros.

Os ocupantes de algumas escolas tiveram que negociar ainda com a Polícia Militar, que inicialmente tentou intimidar os estudantes, de forma a forçar a desocupação de algumas escolas. Tais negociações eram mediadas e/ou apoiadas por advogados voluntários, que se encontravam no grupo de apoio das ocupações. Por conta da recorrência das ameaças e intimidações sofridas, foi necessário ainda convocar os pais, professores e estudantes contrários à ocupação das escolas para lhes explicar os motivos do movimento e buscar a solução de alguns conflitos.

Apesar dos esforços de conciliação e de se tratar de uma manifestação pacífica, algumas pessoas contrárias às ocupações passaram a agir com violência. Foram jogadas pedras e bombas dentro de algumas escolas. Faixas e cartazes afixados pelos ocupantes no muro das escolas foram arrancados. Houve tentativas de arrombamento dos portões. Surgiram pichações com textos ofensivos às ocupações nos muros das escolas. Houve ainda tentativas de invasão. Alguns pais iam até as escolas para brigar com os estudantes que estavam ocupando, alegando que eles estavam subtraindo o direito de seus filhos estudarem. A maior parte das ameaças e agressões era virtual, principalmente nas redes sociais. Os estudantes que estavam ocupando eram constantemente chamados de "vagabundos". De forma a garantir sua segurança, os ocupantes realizaram boletins de ocorrência dos incidentes e passaram a montar escalas para realização de rondas nas escolas. Em algumas ocupações, assustados com as ameaças e agressões, os estudantes passaram a se trancar nas salas na hora de dormir e tinham traçadas rotas de fuga para o caso de uma emergência.

Toda essa vivência intensa de negociações e insegurança diante de ameaças, assédio, repressão e agressões levaram a um desgaste psicológico enorme dos estudantes que se encontravam ocupando algumas escolas. Os ocupantes da EETLS chegaram a emitir um alerta na página central do movimento no Facebook, no dia 15 de novembro de 2016, relatando o assédio da SRE, de inspetores e da direção da escola, que não mediam esforços para encerrar a ocupação. Alguns relataram que a diretoria da unidade estava incentivando estudantes e pessoas da comunidade que eram contrários à ocupação a se revoltarem contra o movimento, além de ameaçar constantemente os secundaristas.

Já em dezembro, após sucessivas investidas, a direção dessa mesma escola conseguiu que os ocupantes assinassem uma ata, concordando com a realização de uma reunião para decidir se a ocupação continuaria.

> "[O diretor] ele fez um jogo terrível com a gente. Ele fez a gente assinar... Falar assim 'Ah, ele fez a gente assinar' parece bobo, mas, no desgaste que a gente estava vivendo, na, no estado de exceção que a gente estava vivendo, na desconfiança que a gente estava vivendo, a gente assinou uma ata e ele fez uma pressão horrorosa. Pegou a gente e trancou, fechou a sala. Estava ele e os meninos assim, e ele pegou as pessoas mais novas da ocupação, e era só eu que estava batendo de frente com ele naquele momento. E ele via que eu estava perdendo força já. Que eu estava com muita responsabilidade pra cima de mim, que eu estava perdendo força. O pessoal também que iria bater de frente com ele, não estava lá na hora. Pegou os meninos mais novos, fechou a porta e falou assim: 'Olha, vocês vão estar assinando isso porque tal dia vai ter uma reunião com os pais e a comunidade, onde estaremos distribuindo um bilhete tal, tal e tal, e nós iremos, *nós* iremos decidir se a escola vai ou não desocupar'. Eu falei: 'Não! Não é assim, não! O movimento estudantil é um movimento que nós jovens estamos decidindo, por que que são os pais e vocês que vão decidir isso?'. Ele falou: 'Não! Vocês estão sendo autoritários, vocês es-

tão desrespeitando o direito do outro, né!'." (Lucas, Betim, 18 anos)

A realização da reunião articulada e imposta pelo diretor da escola, aliada ao desgaste físico e psicológico dos ocupantes, acabou por levar ao encerramento da ocupação da EETLS, cujos ocupantes resistiram enquanto foi possível, contando com o apoio de estudantes das demais ocupações.

> "Aí ele [diretor] fez essa reunião em que eles iriam decidir se iria desocupar ou não. E foi assim, um dos momentos mais assustadores da minha vida. Porque, foram cinquenta pais ou mais, devia ter aí quase cem pais, muito mais do que cinquenta. Que chegaram lá e começaram... O diretor foi muito, foi muito esperto. Ele montou um discurso falando assim... Dividiu-se, estava aqui a porta das salas que iam pro segundo andar, uma professora, até minha avó estava nesse dia. Alguns alunos do Afonso Pena, do Nossa Senhora do Carmo, do JK, a gente chamou todo mundo pra esse dia, pra ajudar. E os pais, furiosos! E a direção no meio. O diretor falou assim: 'Esses meninos aqui, olha, tem menino que nem é daqui, está dormindo aqui e que nem é daqui, está aqui na escola'. Nossa Senhora! Pra quê!? Os pais saíram furiosos. 'Isso é um absurdo! O que é isso!? Que bando de vagabundo!'. Aí o diretor falou assim: 'Isso aqui olha, é isso aqui que vocês estão vendo, é isso aqui olha, eles nem deviam estar aqui'. E os pais: 'Nossa! Nossa!'. E aí o diretor muito assim parcial, falou assim: 'Se resolvam'. Os pais vieram pra cima da gente e os pais começaram a agredir verbalmente e chegou a pegar no braço, a ameaçar de bater. Chegou até um cara da... E foi assim um dia de fúria, fúria! Chegou até o cara do Conselho Tutelar." (Lucas, Betim, 18 anos)

Com exceção da EEJKO, que só foi desocupada no dia 2 de fevereiro de 2017, as desocupações em Betim se iniciaram após a aprovação da PEC 55. Os estudantes se encontravam esgotados e sofrendo muitas ameaças e pressão de pais, estudantes, direção das escolas e SRE, e entendiam que já tinham feito a parte deles. Como o objetivo principal era a luta contra a PEC do teto dos gastos, eles entenderam que não fazia sentido continuar ocupando após a aprovação da mesma, pois havia outras formas de luta dali em diante. Além disso, no período que seriam as férias escolares, o número de estudantes na ocupação havia diminuído bastante, o que levou à decisão em assembleias pela desocupação da maior parte das escolas, o que se intensificou próximo ao Natal.

> "A gente queria continuar. Só que o pessoal, alguns alunos da ocupação já estavam muito cansados. Eu iria até o fim e fui até o fim, até o último quadragésimo sétimo dia, mas uns já estavam cansados. Os pais deles também já estavam perdendo confiança, né. Então foi uma série de desgastes que se deu e tal, porque a ocupação é o que eu sempre falo e falei durante aquele processo: a ocupação ela não é feita pra durar, ela não é um projeto, ela é uma consequência, ela é uma ação de resistência. Ela não é um projeto que dura, ela não é feita, 'Ah, vai durar até tal dia'. Ela se desenrola." (Lucas, Betim, 18 anos)

Além do ato político de ocupação das escolas, os ocupantes de Betim realizaram também atos de panfletagem nas ruas e pontos de ônibus de Betim, informando e explicando para a população os prejuízos da aprovação da PEC 55 e da reforma da Previdência. Realizaram ainda duas manifestações nas ruas do município, contra a proposta de reforma do ensino médio e contra a PEC 55. O primeiro ato público contou com a participação de aproximadamente quinhentas pessoas e foi realizado na tarde do dia 10 de novembro de 2016, contra a aprovação da PEC 55 e da reforma do ensino médio. Contou com o apoio de sindicatos, entre eles a Central Única dos Trabalhadores (CUT) e o Sind-UTE, além da UJS. Ao longo da passeata, os secundaristas tomaram a frente do ato, entoando palavras de ordem que levantavam suas bandeiras. Entretanto, o carro de som disponibilizado pela CUT para ser utilizado no ato não se tornou tão acessível aos estudantes secundaristas. Lideranças da CUT e da UJS tomaram a frente do ato, chegando até mesmo a afirmar que a UJS estava ocupando as escolas de Betim. Em uma das poucas oportunidades de fala, uma liderança do movimento secundarista agradeceu o apoio, mas deixou claro que o movimento era dos secundaristas e que eles é que deveriam dar a direção para o processo político em curso.[15]

Em um segundo momento, os estudantes realizaram atos públicos contra a aprovação da PEC 55, no mesmo dia em que os senadores votariam sua aprovação em segundo turno. Os atos foram realizados no dia 13 de

---

[15] Cf. <http://www.esquerdadiario.com.br/Secundaristas-de-Betim-constroem-e--protagonizam-ato-contra-a-PEC-55-e-a-MP-746>.

dezembro de 2016, em horários e locais diferentes, com o objetivo de dialogar com a população sobre as consequências da aprovação da PEC 55. Dessa vez, os atos foram organizados e executados pelos estudantes das várias escolas ocupadas de forma totalmente autônoma, com o objetivo de assegurar seu protagonismo.[16]

3. Principais resultados das ocupações: a constituição de sujeitos políticos

O movimento secundarista de ocupação de escolas deixou claro que os estudantes estavam cientes dos ataques e prejuízos que as reformas propostas pelo governo Temer iriam infligir aos estudantes e à população em geral. A ocupação de escolas foi a alternativa encontrada pelos estudantes à falta de diálogo por parte do governo, que impunha reformas prejudiciais à população brasileira, de forma incisiva e autoritária.

De todos os atores ligados à área educacional e excluídos do debate, os adolescentes e jovens apresentam a particularidade de serem situados pela sociedade em uma posição de neutralidade política. Isso acontece porque a adolescência e a juventude ainda são entendidas como fases de transição para a idade adulta, que seria o momento no qual o adolescente/jovem seria constituído plenamente como sujeito social, capaz de se integrar à sociedade e desempenhar os papéis para os quais se capacitou (Abramo, 2007). Dessa forma, o adolescente e o jovem vivenciam uma etapa de moratória social, uma vez que durante esse período ele se prepara para se inserir na vida social e pública (Novaes *apud* Rizzini *et al.*, 2009). A invisibilidade política dos adolescentes e jovens decorre então da moratória social que lhes é imposta. Por não terem voz nos espaços de tomada de decisões, seus interesses quase sempre são articulados ou mediados pelos adultos que os representam, o que acaba por lhes negar a possibilidade de serem sujeitos políticos plenos (Castro, 2007).

Entretanto, apesar da invisibilidade política vivenciada socialmente, os jovens não deixam de ser sujeitos sociais, uma vez que diversos atores sociais os reconhecem como sujeitos. Além disso, o jovem interpreta o mundo e lhe confere significações, assim como a si mesmo, ao seu lugar no mundo e às suas relações com os diversos outros que compõem o tecido social. Enquan-

---

[16] Cf. <http://www.esquerdadiario.com.br/Juventude-betinense-continua-na-luta-contra-os-ataques-a-educacao>.

to sujeito, o jovem se apropria do social e lhe confere sentido, o que lhe possibilita agir sobre o mundo. A partir de suas ações e relações sociais, o jovem produz e é produzido, ou seja, constituído sujeito pelo outro (Dayrell, 2007).

Ao abrir mão da representação dos adultos para articular e mediar o processo de ocupação das escolas, os jovens assumiram o protagonismo do movimento e se tornaram visíveis politicamente. Com essa postura, os jovens se afirmaram não apenas como sujeitos sociais, mas também como sujeitos políticos, uma vez que

> "[...] um sujeito político não é apenas a constituição de um 'nós' ou o reconhecimento de um ator social, mas passa pela subjetivação política, que 'é o processo de construção de si como sujeito a partir da pressuposição de igualdade e da apropriação dos instrumentos para afirmá-la'." (Ruby *apud* Machado, 2013, p. 276, n. 12)

Para Rancière, toda vida social produz um dano na distribuição hierárquica dos lugares e funções ocupadas pelos indivíduos, o que acaba por originar relações de opressão. Essa distorção presente na vida social é ocultada pela ordem policial, de forma a naturalizar a divisão das partes e potencializar a fixação de identidades. Ao ser compreendida como algo natural, a ordem social não é questionada, uma vez que o dano produzido permanece oculto ou naturalizado (Rancière *apud* Machado, 2013).

A polícia regula então as divisões existentes na vida social, dividindo os modos de fazer, de ser e dizer, o que acaba por distribuir os indivíduos em diferentes lugares e tarefas. Tal regulação estabelece uma configuração que possibilita que uma atividade seja visível e outra não, que um discurso seja compreendido e outro não passe de um ruído (Rancière, 1996).

A atividade política, por sua vez, desfaz essas distorções e divisões sensíveis da ordem policial, a partir da pressuposição da igualdade existente entre os seres falantes. A partir da verificação da igualdade e da nomeação polêmica do dano, institui-se também uma parte dos que não têm parte. A política, que existe a partir do encontro entre o processo policial e da igualdade, busca deslocar os indivíduos dos lugares e tarefas que lhes foram estabelecidos, através da possibilidade que esses indivíduos passem a ser vistos e ouvidos (Machado, 2013; Rancière, 1996). Dessa forma, a política busca interromper a lógica policial, que sustenta as relações de dominação e a distribuição desigual dos lugares e funções, que são tidas como naturais. Tal interrupção ocorre a partir de lutas e conflitos que buscam atualizar o princípio da igualdade no interior da ordem policial (Pallamin, 2010).

Assim, ao se perceberem afetados pelas reformas propostas para o sistema educacional brasileiro e excluídos do debate, ocorre por parte dos estudantes o que Rancière (*apud* Machado, 2013) chama de nomeação polêmica do dano. As ocupações surgem então como atividade política, instituindo uma parte dos que não têm parte, ou seja, a parte composta por estudantes secundaristas que não tinham parte nem voz nos espaços deliberativos, sobre o seu futuro e o futuro da educação no Brasil. A partir da instauração do conflito acerca desse objeto de discussão (Pallamin, 2010), as ocupações se colocam enquanto atividade política, como uma proposta de interrupção da ordem policial que estava posta, possibilitando que os estudantes passassem a ser vistos e ouvidos.

Através da atividade política, os estudantes puderam questionar a ordem policial, o que se torna possível através de um processo que Rancière denominou "subjetivação política". Esse processo acontece na medida em que o sujeito questiona a ordem policial e a desnaturaliza, ao mesmo tempo em que vislumbra novas configurações do comum (Machado, 2013). Trata-se de uma sucessão de atos conflituosos em torno de um objeto de discussão comum, que busca uma reconfiguração da ordem social, uma vez que a naturalização da divisão das partes e da fixação de identidades é posta em causa (Pallamin, 2010). Percebe-se que a partir das ocupações, adolescentes e jovens que outrora se encontravam em uma posição de neutralidade passaram a se posicionar como sujeitos políticos. E essa postura de sujeito diante dos conflitos, de luta diante das opressões, extrapolou os limites do espaço e tempo das ocupações, se consolidando como um resultado alcançado por esta juventude:

> "Eu vi o resultado, porque tinha muitas pessoas que não falavam. Foi muito difícil ouvir elas. E aí a gente tentou uma forma de induzir, pra fazer com que elas falassem. E aí teve menino que demorou um mês pra falar, pra gente ouvir um posicionamento dele, mas que quando a gente ouviu, saiu coisas fantásticas! E aí uma coisa que me marcou muito, por ser uma menina, por ser negra, porque a militância das mulheres negras não é fácil, viver em sociedade... E aí, quando eu ouvi da boca dela, ela falando assim: 'Eu nunca mais vou calar a minha boca, eu nunca mais vou aceitar as coisas calada, sempre vou questionar e perguntar'. E aí eu olhei pra ela e disse: 'Por que você está falando isso agora?'. E

ela disse: 'Porque eu fiquei muito tempo indiretamente nas coisas, e sempre quando uma coisa acontecia, eu [me] abstinha da situação. Agora não, agora me posiciono seja contra ou a favor, concorde ou não, goste ou não, mas eu falo. Falo com essa ideia do respeito, eu não gostei por causa disso e daquilo'. E eu achei isso muito interessante." (Juliana, Betim, 18 anos)

Dessa forma, ainda que as vozes dos estudantes tenham sido ignoradas por aqueles que detinham a responsabilidade pela tomada de decisões, elas foram ouvidas. Foram várias as instituições que tiveram que negociar com os estudantes, ou seja, ouvir o que eles tinham a dizer. Motivados pelo dano produzido pela vida social, através da subjetivação política, os estudantes se posicionaram a partir do conflito como sujeitos políticos, ou seja, não aceitaram sofrer o dano passivamente e se comprometeram, enquanto agentes do dissenso, a lutar contra a ordem social de opressão que estava posta.

Apesar de não terem alcançado seus objetivos principais de mudança da ordem social, os estudantes entendem que resultados foram alcançados a partir do movimento de ocupações. Dentre todos os resultados alcançados e relatados pelos adolescentes e jovens ouvidos através da enquete eletrônica, três se destacaram pela recorrência em suas falas: desenvolvimento da visão crítica da realidade, formação política e aprendizado proporcionado pelos processos grupais vivenciados.

A qualificação desse olhar crítico sobre a realidade brasileira ocorreu principalmente através das aulas, palestras e rodas de conversa que foram realizadas. Muitas destas atividades eram conduzidas por pessoas convidadas, que sendo especialistas ou tendo o domínio dos temas trabalhados, ajudavam os ocupantes a analisar e pensar a realidade. Foram muitos os temas trabalhados, entre eles a PEC 55, a reforma do ensino médio e o programa "Escola Sem Partido". Apesar da eventual presença de especialistas nas ocupações, os ocupantes não se acomodavam e iam eles próprios em busca de conhecimento, que era posteriormente socializado com todos nas aulas, reuniões, assembleias e rodas de conversa.

À medida que se ampliava e se aprofundava a visão crítica dos fatos sociais em curso no país, os estudantes foram se fortalecendo e se unindo cada vez mais em torno das pautas e dos objetivos das ocupações. Nesse caso, a visão crítica da realidade ofereceu os recursos necessários ao questionamento da ordem policial, configurando então um processo de subjetivação política:

> "As ocupações causaram em cada aluno, ou em qualquer pessoa que tenha estado perto de uma escola ocupada, apoiando ou não o movimento, uma visão diferente, e uma forma distinta de receber informação, fazendo com que os mesmos percebessem que a verdade não vem ou tem que vir da Globo e de outras emissoras. Pudemos amadurecer mais como militantes e formadores de opiniões. Na minha escola, posso dizer que os alunos evoluíram, perceberam que suas opiniões são válidas e têm de ser escutadas. A conversa e a relação entre os docentes e os discentes evoluíram muito. O espaço para o grêmio atuar também. As mudanças podem ter sido pequenas para alguns, mas para quem sabe observar e valorizar, foram enormes! Aos poucos vamos edificando nossas forças por uma militância melhor." (Aline, Betim, 16 anos)

Percebe-se então que a visão crítica da realidade se encontra entrelaçada com a atividade política, uma vez que os adolescentes e jovens não se limitam ao questionamento da ordem social, mas buscam também atuar sobre ela de forma a provocar mudanças.

> "Quando falava em política comigo, eu gostava de política, mas se falava 'Ah, vamos conservar sobre política?'. Eu já entendia que era uma política partidária, que era algo voltado pra isso. E na ocupação eu aprendi que não é isso que é uma política. Um diálogo é uma política, uma assembleia é uma forma de política, o ter uma oportunidade de fala, de ouvir e de falar é uma política. Tudo no nosso dia a dia é uma política. Isso é muito importante, e o tanto que a gente banaliza isso muitas vezes, por causa dessa questão partidária..." (Juliana, Betim, 18 anos)

Portanto, podemos afirmar que estes coletivos de estudantes vivenciaram um ensaio da educação libertadora freiriana, quando cai o véu da ideologia hegemônica, favorecendo que estudantes se tornassem então protagonistas de seu próprio processo educativo. Ao rejeitarem a educação bancária, os estudantes rejeitaram também a visão da sociedade que lhes recusa o lugar de sujeitos, que os enxerga como seres passíveis de adaptação à ordem social vigente. Ao ocuparem o lugar de sujeitos em seu processo educativo, os estudantes puderam, a partir da educação libertadora, ter acesso à formação de consciência crítica que capacita o sujeito a desvendar a realidade social e a superar a ideologia da opressão (Menezes e Santiago, 2014).

> "E a gente falava 'Não, não é...'. O discurso principal 'Não é ocupação se tiver aula tradicional dentro de sala de aula. Não é ocupação. Vai ter aula fora de sala. Vai ter oficina e vai trazer todo dia uma oficina diferente, mas não vamos aceitar aula dentro de sala de aula. Porque eles vão tentar desarticular a gente'." (Lucas, Betim, 18 anos)

Nesses moldes, a educação se faz ato político (Menezes e Santiago, 2014), uma vez que a formação de consciência crítica possibilitou a compreensão das distorções e divisões sensíveis da ordem policial e a emergência da política. A formação no âmbito das ocupações se deu então para a política, uma vez que buscava capacitar os estudantes para essa compreensão da ordem policial e sua consequente interrupção, através do ato político de ocupação das escolas.

A formação política enquanto resultado alcançado remete então à aquisição de uma consciência crítica, que possibilita a visão crítica da realidade. A aquisição dessa formação possibilita ao adolescente/jovem ser sujeito político nas diversas dimensões da vida social, uma vez que possibilita a subjetivação política e o consequente posicionamento com relação aos conflitos, enquanto agente do dissenso. Enquanto formação, o conhecimento e a experiência prática que foram adquiridas permanecem na vida desses sujeitos, fazendo com que, mesmo após a desocupação das escolas, o desejo de continuar lutando e fazendo política permaneça vivo em muitos deles.

> "É muito complicado dizer agora, o Brasil está cada vez regredindo mais, todos os dias levamos um tapa na face, como se algo nos dissesse que esse país não é nosso, o que claro, é mentira! O que vejo agora é que a luta só está começando, ainda há muito caminho para andar. O Brasil está passando por um processo difícil, e terá de ter muita luta, militância para tornar a evoluir." (Aline, Betim, 16 anos)

Apesar de não terem alcançado seus principais objetivos, os adolescentes e jovens que participaram do presente estudo entendem que o movimento de ocupações foi algo positivo, que valeu a pena ocupar e resistir. Percebe-se ainda que o discurso da grande maioria são discursos otimistas, uma vez que eles acreditam que vale a pena seguir lutando por mudanças em sua realidade social. Independentemente da forma de participação, seja ocupando as escolas novamente ou ocupando outros espaços, eles acreditam que a política vale a pena, apesar dos retrocessos e das dificuldades. Para eles, a única certeza é a necessidade de ir à luta, mas a forma como isso se dará daqui em diante é menos suscetível de previsões.

Referências

ABRAMO, Helena Wendel. "Considerações sobre a tematização social da juventude no Brasil". In: FÁVERO, Osmar; SPOSITO, Marilia Pontes; CARRANO, Paulo; NOVAES, Regina Reys (orgs.). *Juventude e contemporaneidade*. Brasília: UNESCO/MEC/ANPEd, 2007, pp. 73-90.

CASTRO, Lúcia Rabello. "A politização (necessária) do campo da infância e da adolescência". *Revista Psicologia Política*, Belo Horizonte, v. 7, nº 14, dez. 2007.

DAYRELL, Juarez. "O jovem como sujeito social". In: FÁVERO, Osmar; SPOSITO, Marilia Pontes; CARRANO, Paulo; NOVAES, Regina Reys (orgs.). *Juventude e contemporaneidade*. Brasília: UNESCO/MEC/ANPEd, 2007, pp. 155-76.

JUNQUEIRA, Marili Peres. "Primavera secundarista: as ocupações nas escolas estaduais públicas de Uberlândia-MG em 2016". *Teoria e Cultura*, Juiz de Fora, v. 12, nº 1, pp. 149-62, jan.-jun. 2017.

MACHADO, Frederico Viana. "Subjetivação política e identidade: contribuições de Jacques Rancière para a psicologia política". *Revista Psicologia Política*, São Paulo, v. 13, nº 27, pp. 261-80, maio-ago. 2013.

MENEZES, Marília Gabriela; SANTIAGO, Maria Eliete. "Contribuição do pensamento de Paulo Freire para o paradigma curricular crítico-emancipatório". *Pro-Posições*, Campinas, v. 25, nº 3, pp. 45-62, set.-dez. 2014.

PALLAMIN, Vera. "Aspectos da relação entre o estético e o político em Jacques Rancière". *Risco*, São Paulo, nº 12, pp. 6-16, 2010.

RANCIÈRE, Jacques. *O desentendimento: política e filosofia*. São Paulo: Editora 34, 1996.

RIZZINI, Irene; CALDEIRA, Paula; CALDEIRA, Alessandra; BARROS, Denise. "Percepções dos jovens sobre as influências dos adultos em seus processos de engajamento político e social". In: GUIMARÃES, Maria Tereza Canezin; SOUSA, Sônia M. Gomes (orgs.). *Juventude e contemporaneidade: desafios e perspectivas*. Brasília/Goiânia: Secretaria Especial dos Direitos Humanos/Ed. UFG/Cânone Editorial, 2009, pp. 101-17.

10

Ocupações de escolas no Espírito Santo e interações com o sistema de justiça: a importância dos jogos de subjetivação na dinamização do protesto

Cristiana Losekann[1]

Introdução

O Espírito Santo fez parte da onda de ocupações das escolas que ocorreu no ano de 2016 no Brasil tendo como mote central o combate ao Projeto de Emenda Constitucional 241 que estabelecia o teto dos gastos públicos. O número de ocupações varia conforme a fonte. As estimativas feitas pela mídia[2] contaram em torno de 62 escolas ocupadas, mas na literatura chegamos a encontrar referência a mais de cinquenta escolas ocupadas (Alvim e Rodrigues, 2017) e até a mais de sessenta (Real, 2017). Na Ação Civil Pública[3] impetrada pelo Ministério Público do ES e pelo estado do ES são listadas mais de cinquenta escolas ocupadas (ver Figura 1).

Além dos secundaristas, universitários da UFES aderiram ocupando doze prédios no campus de Vitória e um no campus de São Mateus. O campus do Instituto Federal do Espírito Santo (IFES) de São Mateus também foi ocupado no dia 11 de outubro. Os estudantes do ES reagiram rapidamente ao intenso debate instaurado nas redes sociais sobre a PEC 241 e logo entraram no processo de ocupações. Apesar de podermos compreender as ocupações das escolas como um processo de ação coletiva com uma certa unidade, é importante salientar que não foi um processo coordenado entre os vários estados brasileiros ou mesmo entre os estudantes de uma mesma cidade. Isso é evidente no caso de Vitória, ao observarmos o próprio espan-

[1] Professora de Ciência Política da Universidade Federal do Espírito Santo.

[2] Cf. <https://brasil.elpais.com/brasil/2016/11/02/politica/1478102466_461878.html>, acesso em 10/12/2017.

[3] ACP nº 0034737-2.2016.8.08.024.

to dos alunos ao saber das novas adesões que passaram a ocorrer ao longo de dois meses a partir de outubro de 2016.

Figura 1
MAPA DAS ESCOLAS OCUPADAS
NA REGIÃO DA GRANDE VITÓRIA-ES

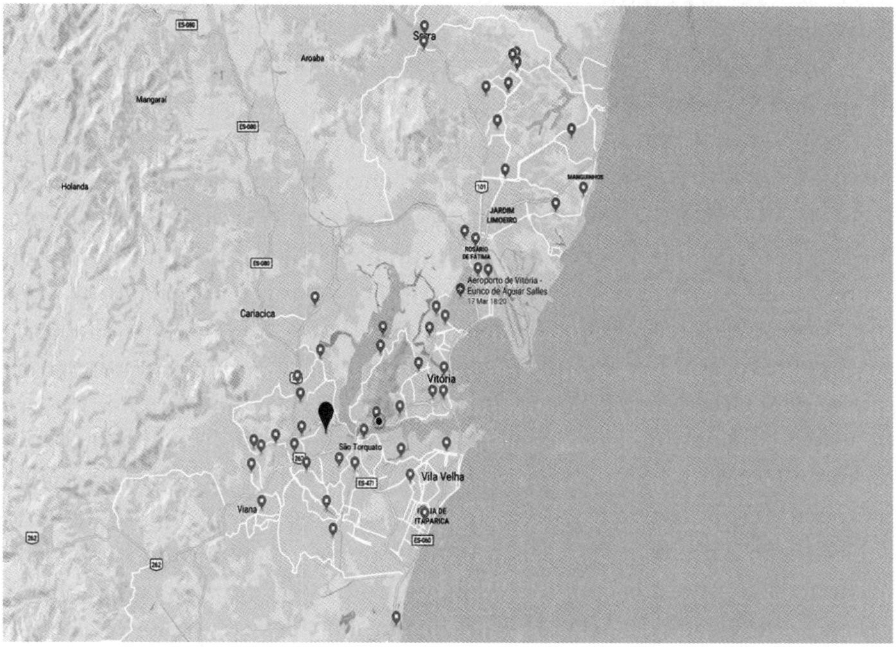

Fonte: Elaboração própria a partir da localização de 57 escolas citadas nas ações judiciais pesquisadas.

As características locais são semelhantes às de outras regiões do país: foram protestos no modelo de ocupações de escolas, protagonizados principalmente por secundaristas apoiados por algumas organizações formais de estudantes, e em interação tensionada com atores do estado, além de pais e alunos que constituíram pressões contra as ocupações.

Um destaque no caso do ES foram as reações promovidas por diferentes instituições estatais apoiando ou confrontando os estudantes, e a forma como esses diferentes atores usaram repertórios de mobilização do direito, incluindo ações judiciais, jurídicas e policiais.

Nesse sentido, podemos dizer que houve um processo de crítica às instituições por meio de desobediência civil, cuja reação foi composta pela reafirmação de força do estado através do poder policial coercitivo e pela imposição de ações judiciais por parte do Governo do Estado e do Ministério Público do ES. A esses dois polos somam-se iniciativas diversas de instituições do próprio estado e de organizações da sociedade civil que atuaram na tentativa de restabelecer um terreno democrático de diálogo, respeito ao dissenso e de garantia da ordem institucional, tendo em vista a realização das eleições e do ENEM, ambos previstos para ocorrerem em prédios de escolas ocupadas.

Neste capítulo apresentaremos as reivindicações das ocupações estudantis no ES analisando a relevância dos processos de subjetivação nos protestos envolvendo jovens, como já analisado por outros autores (Pleyers, 2010). E, observaremos, também, a relevância da compreensão de certos *jogos* de subjetivação que ocorrem nesses processos. Na compreensão de tais jogos é fundamental observar os diferentes papéis desempenhados por diferentes atores envolvidos, observando o aspecto dinâmico do conflito que implica observar as reações dos opositores e os efeitos adversos que as ações e reações provocam. Nesse sentido, analisaremos especificamente as interações que se estabeleceram entre ocupantes das escolas e as diferentes instituições de justiça atuantes no caso, com ênfase na análise daquilo que a literatura da mobilização do direito tem chamado de *backlash*, ou seja, dos efeitos inesperados (positivos e negativos). Assim, iniciamos analisando os jogos de subjetivação entre os jovens nos protestos, depois analisaremos o *backlash* negativo dos protestos com a contramobilização do direito protagonizada pelo governo estadual e pelo MP-ES e, finalmente, apresentaremos o *backlash* positivo das contramobilizações em termos de realinhamentos e produção de novas alianças entre aqueles que protestavam e outros atores, tais como a Defensoria Pública do Estado do Espírito Santo (DPES).

1. As reivindicações e os jogos de subjetivação

As reivindicações foram iniciadas em consonância com as demais ocupações do Brasil, fundamentalmente com a discussão e contestação à PEC 241. Discutiu-se muito também sobre a reforma do ensino médio, e experimentou-se um pouco a projeção da escola desejada através de práticas que refletissem mais aquilo que os estudantes esperam da escola do que aquilo que o governo projetava no novo modelo. Com o passar do tempo, foram entrando em pauta as questões locais, as questões da própria escola e progressivamente o debate passou a focar as reações das autoridades às ocupações. Isso fica evidente no grande espaço que o tema do "direito de protestar" passou a tomar na ocupação, com reuniões, elaboração de cartas e ações de resistência. Ou seja, a manutenção do protesto e a reivindicação pelo direito de protestar ganharam evidência.

Na Escola Agenor Roris, em Vila Velha, por exemplo, os alunos manifestaram contrariedade com a PEC, mas junto a isso logo expuseram a preocupação em contestar a forma como suas ações estavam sendo vistas por alguns pais, que chamavam as ocupações de "movimento de baderna, com depredações e manutenção de reféns" (DP-ES, 2016, p. 8). Este último aspecto é atribuído ao fato de os pais estarem impedidos de entrar nas escolas.

Assim, é importante destacar que a relação com os pais dos alunos também foi elemento relevante nas dinâmicas desses protestos. Essa relação com os pais reflete as tensões e ambiguidades na relação entre a juventude e a questão da autoridade. Muitos são os relatos de alunos que saíram da ocupação para buscar, em casa, junto aos pais, a autorização para estarem na escola e não conseguiram mais retornar às ocupações,[4] o que, por sua vez, alimentou as razões de muitos estudantes para desobedecerem inclusive à autoridade dos pais.

Por outro lado, houve uma grande preocupação em demonstrar maturidade e seriedade no protesto. A preocupação em demonstrar a manutenção da rotina ordeira no cotidiano foi permanente. Publicizaram as rotinas da ocupação, tais como tomar banho, se alimentar de forma saudável, manter o ambiente limpo, organizar o local, separar os espaços e atribuir diferentes funções aos locais, impedir o uso de bebidas alcoólicas, entre outras formas de atestar que a causa era respeitável e que não se tratava de uma baderna. Mostraram isso, como se pode perceber na página "Ocupa Agenor" no Facebook,[5] documentando a conservação da escola por parte dos alunos ocupantes. Ou seja, os bons valores provavelmente aprendidos na família são demonstrados publicamente.

Os jovens sabem que essa é uma das coisas que se espera deles, pois ainda estão na fase da vida de provar que sabem cuidar de si. E eles estão certos, já que esse foi o ponto mais discutido entre as autoridades que se dividiram entre acusar os alunos de vandalismo ou elogiar a maturidade e seriedade dos jovens. Isso é evidente na leitura dos relatórios produzidos pela Defensoria Pública do ES sobre as ocupações. Intencionados a apoiar os estudantes, os defensores públicos buscaram evidenciar como eles eram ca-

---

[4] Em alguns casos esta foi uma orientação do próprio grêmio estudantil.

[5] Cf. <https://www.facebook.com/ocupaar/>.

pazes de se cuidar, assim como defenderam a nobreza de suas intenções. Conforme o trecho a seguir: "*[sobre] armas de fogo. Informam que têm fósforos para acenderem velas em caso de corte de energia elétrica. Dos alunos presentes na ocupação, 7 (sete) estão inscritos no ENEM*" (DP-ES, 2016, p. 9).

Figura 2
CARTAZES COM PEDIDOS PARA A OCUPAÇÃO

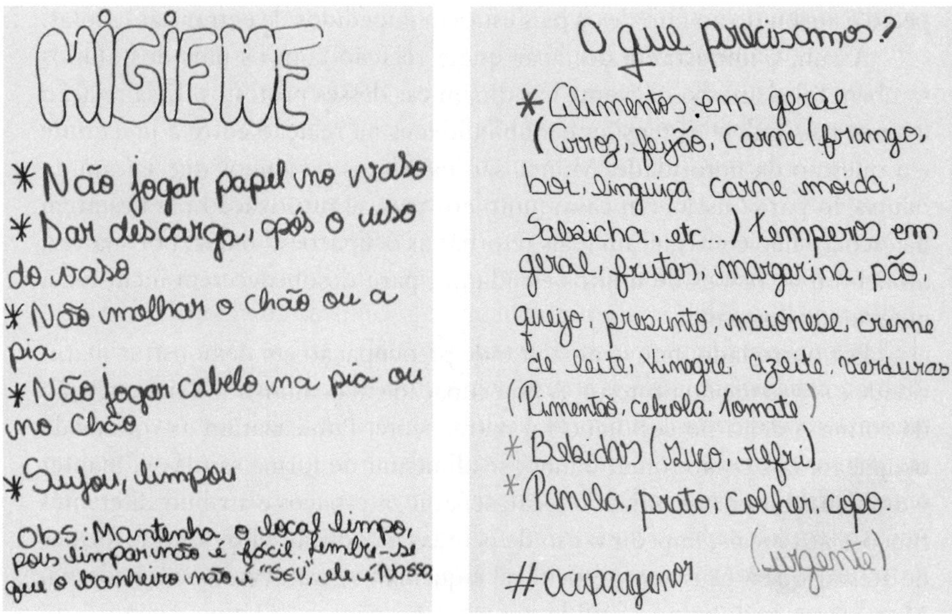

Fonte: Imagens públicas retiradas da página de Facebook "Ocupa Agenor".

As questões geracionais marcam de forma ampla os conflitos que envolvem a juventude. Nas ocupações das escolas esse aspecto parece ser fundamental, constituindo um certo mecanismo que dinamiza o confronto entre a autoridade do estado e da família. Conforme pode-se perceber através da análise de Alvim e Rodrigues (2017) acerca dos protestos de estudantes no ES, foram muitos os episódios em que a confrontação ao estado foi endereçada também à família e à própria escola. Os autores analisaram a construção de uma certa equivalência entre diferentes mas correlacionadas hierarquias que, concatenadas, produzem subordinação sobre o jovem. Segundo eles: "A máquina escolar não está livre do atravessamento reativo do poder e nem das ações resistentes. Nela opera a produção de uma subjetividade sujeitada e reativa que tende a fechar ou controlar as possibilidades de liberdade e criatividade" (Alvim e Rodrigues, 2017, p. 79).

Os jovens que protestam, sobretudo aqueles que atuam através da desobediência civil, precisam operar um jogo de equilíbrio entre contestar a norma e a autoridade e se apresentar de forma a transmitir tanto o descontentamento e a transgressão quanto a credibilidade, para que esse protesto seja reconhecido como legítimo. Esse jogo exige um grande esforço de coerência e precisa ser atualizado permanentemente. Certos pais, certas autoridades e mesmo certos jovens não dispostos a aderir ao confronto apresentaram permanentemente evidências de incoerência entre esses dois papéis que os jovens em protesto colocaram em convergência.

Para entender esse aspecto é necessário colocar o olhar sobre a subjetividade e o processo de subjetivação que se dá nas dinâmicas de ação coletiva (Pleyers e Capitaine, 2016). A subjetivação do jovem pensada no coração dos movimentos sociais dá-se em forma de jogo. Rebelar-se e ao mesmo tempo ser ouvido com seriedade ou, mostrar-se criativo, transgressor e ao mesmo tempo não ser infantilizado, são alguns dos jogos centrais desenvolvidos pelos jovens.

Esses jogos ocorrem em geral em protestos, e mesmo adultos precisam sustentar pertinência, seriedade e credibilidade quando protestam contra alguma autoridade. Contudo, nos jovens, esse processo é muito mais complexo e evidente, envolvendo muito mais atores e questões de ordem psíquica, uma vez que a sua própria subjetividade encontra-se em uma fase importante de desenvolvimento. Assim, a autoestima, por exemplo, é um elemento sensível e que é levado à prova nas situações de protesto. Ao mesmo tempo que a posição de confrontador pode constituir uma imagem de força e segurança, algum deslize ou situação considerada vexatória pode gerar o oposto.

Nesse sentido, um dos aspectos que contribui para o sucesso das ocupações escolares, em termos de adesão, está no fato desses jovens terem trazido para o cerne do debate os principais fantasmas que assombram a juventude na sua dimensão individual e psíquica. Assim, o medo do ridículo — definido de forma precisa na figura do *loser* nos anos 1990, principalmente nos Estados Unidos —, que tem como combustível todas as inadequações alimentadas social e culturalmente (ser feio, ser gordo, ser alto demais, baixo demais etc.), foram enfrentadas de certa forma nas ocupações. Discutiu-se, em oficinas específicas e rodas de conversa, sobre sexualidade, gênero, racismo, preconceito etc.

As questões de ordem social são especialmente relevantes no processo de subjetivação do jovem, tendo em vista que é à sociedade que este jovem precisa responder de forma direta a partir da vida adulta, sem mais a mediação dos pais. O processo de subjetivação conforme pensado por Wieviorka (2004) não implica a eliminação de uma dimensão macrossociológica, mas, ao contrário, como podemos observar nos jogos de subjetivação dos estudantes em questão, os elementos que estão nesse jogo são as tendências opressoras que buscam produzir certas determinações socioculturais sobre esses sujeitos (machismo, racismo etc.).

Esse jogo de subjetivação é muito semelhante ao que encontramos nas performances confrontadoras dos jovens das Jornadas de Junho de 2013 no Brasil (Losekann, 2015). Não são os mesmos jovens, na maior parte dos casos, mas há uma convergência nesse jogo entre, por um lado, a crítica à autoridade expressa no estado e na cultura dominante de forma mais abstrata,[6] ou de forma direta, nos governantes, na polícia, na família e nos pais; e, por outro lado, a necessidade de mostrar seriedade e de apresentar as alternativas de mundo através dos seus comportamentos de solidariedade e criatividade nos espaços das próprias ocupações ou manifestações. Conforme Pleyers e Glasius (2013), a necessidade de coerência leva os atores à performatização de comportamentos prefigurativos que, de certa forma, emulam o cerne de certos valores como a democracia e a justiça, ainda que critique as instituições que cristalizaram no Estado Moderno tais ideias.

Diversos estudos vêm mostrando que os protestos dos jovens nos últimos dez anos têm evocado cada vez mais aspectos da sensibilidade, estética e criatividade, e rechaçado as formas tradicionais que enfatizam preponderantemente uma dimensão instrumental e racionalista da contestação. Pleyers (2010), em um estudo de cinco casos diferentes, observou que a experiência na vida política dos jovens é construída a partir de duas ações: experimentar e sentir. Segundo o autor, esse pode ser entendido como o cerne dos protestos de jovens atualmente. Assim, o engajamento seria "vivido antes do que calculado" (Pleyers, 2010, p. 38).

Nos protestos do tipo "ocupações", que envolvem ação direta e com o elemento corporal se fazendo necessário à ação, são propícias as experiências que destoam do cotidiano, pois abre-se um novo espaço-tempo, cria-se no sentido de Michel Foucault (2009) uma heterocronia. Foucault apresentou

---

[6] Aspecto que foi observado em 2013 nas performances que tiveram como alvo os monumentos públicos.

a ideia de heterotopia em contraposição às utopias que consistiriam em "posicionamentos sem lugar real" (Foucault, 2009, p. 415). Assim, as heterotopias seriam lugares existentes concretamente na sociedade, "espécies de utopias efetivamente realizadas" (Foucault, 2009, p. 415). Se reconhecermos a multiposicionalidade dos sujeitos no mundo, precisamos ainda admitir a heterogeneidade dos projetos de mundo e dos espaços de realização desses projetos. Essa heterogeneidade ocorre em um mesmo momento, é concomitante. Sendo assim, a heterotopia também envolveria a heterocronia, ou seja, a coexistência temporal dos mundos diversos utópicos.[7]

Isto é, uma não-escola no espaço escolar, ou melhor, uma outra-escola que se preocupa com grandes questões nacionais em um espaço já desgastado e consumido pelo cotidiano precarizado. Esse espaço alternativo que se abre é o que Pleyers chama de "espaço da experiência" (Pleyers, 2010, p. 39). Talvez nesse caso possamos entender mais como "tempo de experiências", evidentemente envolvendo o espaço, mas, marcado principalmente por esse curto momento (aproximadamente dois meses) em que os estudantes puderam dizer o que se deve fazer com o seu tempo na escola. Interessante observar como o significado de ocupar uma escola foi objeto de reflexão para os defensores públicos, expresso na petição citada abaixo:

> "A palavra ocupação costuma estar associada a ocupações de imóveis urbanos ou rurais. Diz-se que se ocupam imóveis vazios, terras vazias, por não estarem cumprindo a sua função social. Mas por que se ocupa uma escola? De que vazio se está falando ao se ocupar o espaço do saber? Ocupam-se escolas vazias de espaço de diálogo e de debate. Ocupam-se escolas quando este espaço lhe subtrai o direito de ser considerado sujeito e lhe impõem a condição de objeto de direito. Ocupar uma escola pacificamente a fim de se fazer ouvir, em última análise, é procurar criar uma 'ponte' para que uma democracia simplesmente representativa caminhe rumo a uma democracia efetivamente participativa." (Agravo de Instrumento, 2016)[8]

---

[7] Foucault trabalhou o conceito para pensar os museus, as prisões, os templos etc. Apesar disso, é importante alertar que o próprio autor não aprofundou o conceito, que foi publicado em 1984 a partir da transcrição de uma palestra realizada em 1967, conforme critica Chatterjee (2004, p. 165).

[8] Agravo de Instrumento no âmbito do processo nº 0034737-02.2016.8.08.0024.

A ideia presente nessa reflexão é a de que se ocupa um espaço que está vazio, e a escola foi ocupada por estar esvaziada dos sentidos para os quais ela foi projetada. Mas o interessante é que, embora esvaziada, ela é tomada como um espaço capaz de limitar o processo individual de subjetivação, objetificando os alunos, limitando-os a *objeto* do direito. O interessante é que, conforme estamos argumentando, foi justamente instaurar um processo de subjetivação o que fizeram os jovens ao criarem esses espaços-tempo de experiência onde eles poderiam ali enunciar o direito.

2. Os atores em interação e as provações

Tais processos de subjetivação são testados permanentemente nesse jogo que envolve diversos agenciamentos de apoio ou contra as ocupações. Dos elementos utilizados por autoridades escolares e do governo estadual para acabar com as ocupações destaca-se a imposição de certas "provações" físicas e psíquicas. Em certas escolas houve, por exemplo, o corte de água, o que levou alguns alunos a passarem mal, e outros a desistirem de ficar no local (DP-ES, 2016). Tal situação afetou aquilo que Jasper (2014) chama de "urgências" (necessidades básicas e instintivas), e que também abala os sentimentos morais dos sujeitos provocando certa suscetibilidade no protesto, como se percebe no fato de alguns estudantes terem abandonado a ocupação. Por outro lado, houve também um fortalecimento de certas posições e alianças. O corte da água pode ser considerado um momento crítico nas ocupações, onde há uma ação de "desambiguidade" do governo, já que ele toma uma ação severamente contrária às ocupações e que foi também compreendida como uma afronta aos direitos humanos, fortalecendo uma reação de apoio por parte de certos grupos aos estudantes. Conforme relatório produzido pela Defensoria Pública do ES: "A questão da água somente foi regularizada a partir da intervenção da presidente do Conselho Estadual de Direitos Humanos, a senhora Morgana" (DP-ES, 2016, p. 8).

Além dessa ação drástica do governo, a falta de garantia de condições adequadas de permanência nos locais foi objeto de grande atenção. A DP-ES passou a ser um grande (se não o principal) mediador entre os estudantes e as instituições públicas contrárias às ocupações. Um relatório de mais de quatrocentas páginas documenta todas as visitas dos defensores às escolas e as diversas reuniões e comunicações realizadas com os alunos. Estes passaram a contar, então, com a DP-ES como um importante apoiador, que foi fundamental para o equilíbrio do jogo de subjetivação dos jovens, produzindo um efeito importante de certificação das demandas (Tilly e Tarrow, 2007), mas, também, de autofortalecimento dos jovens em sua dimensão individual. Abaixo apresentamos um trecho do relatório com uma síntese das reivindicações da Escola Estadual Agenor Roris, em Vila Velha, que serviram de base para a criação de notas recomendatórias às autoridades.

> "Liberdade ambulatorial. A passagem livre dos alunos; direitos de ir e vir. Os alunos que saem não são autorizados a ingressar de volta; e os alunos que estão mantidos do lado de fora não foram autorizados a entrar;
>
> Chaves do grêmio. A chave do grêmio estudantil está de posse do diretor. No local se encontram atas, materiais, roteador, o que impede acesso à internet etc. Por isso, os alunos solicitam a devolução das chaves do grêmio;
>
> Banho. Somente têm acesso a um banheiro, com uma ducha. Isso para que todos tomem banho em três horários distintos: 8 às 7h, 18 às 19h, e 23 às 24h. Os alunos informam que será necessária a disponibilização de outro banheiro, pois o sistema atual é insuficiente;
>
> Utilização da cozinha. Os alunos solicitam a utilização da cozinha para o preparo de comidas; que têm comida mas não conseguem prepará-la; ontem o jantar foi pão;
>
> Aulões. Os alunos pedem aulões, no pátio, com data show, explicações etc. Alguns professores, da própria escola e de fora, se propuseram a dar aulas para os meninos.
>
> Calor. As salas de aula são muito quentes. Os tetos das salas foram forrados com PVC transparente, o que aumenta o calor. As salas têm ventilador, mas alguns não funcionam. Essa situação de calor na escola independe da estação do ano;
>
> Guarda da escola. Anteriormente era feita por quatro seguranças. Dois por dia, durante 24 horas. Atualmente é assim: um segurança das 7 às 16h, e outro das 18h30 até às 6h da manhã do dia seguinte. Os alunos alegam que ficam sem segurança das 16 às 18h30, o que afeta o direito à segurança dos alunos. E que há muitos casos de delitos patrimoniais nas imediações da escola por conta disso. Foi efetuada solicitação acerca do ponto ao diretor da escola que a levou à SEDU. A resposta foi no sentido de que a medida era para economizar. Foi feito ofício à Polícia Militar, tendo havido apoio em dois dias; depois não mais. Informam que

quando foram fazer a ocupação havia muitos policiais, o que pareceu contraditório. Por isso, pedem providências quanto à questão da segurança da escola e em seus arredores;

Material de química e física. Os alunos informaram que as salas de física e química não tem materiais, estando vazias, tendo apenas uma mesa central e as cadeiras." (DP-ES, 2016, pp. 9-10)

Figura 3
DEFENSORES PÚBLICOS
EM VISITA À ESCOLA AGENOR RORIS

Fonte: Imagens públicas retiradas da página de Facebook "Ocupa Agenor".

A DP-ES também atuou para garantir a viabilidade da realização de eleições nas escolas ocupadas e foram assinados diversos termos de compromisso entre estudantes e o Tribunal Regional Eleitoral, suscitando uma circunstância inusitada e ao mesmo tempo simbolicamente forte que foi a realização de eleições com as escolas ainda ocupadas. Assim, duas expressões máximas da experiência democrática moderna se realizaram juntas: o voto e o protesto transgressor. Os estudantes que ocupavam escolas que seriam locais de votação deliberaram pelo compromisso com a boa realização dos trabalhos eleitorais. Na Escola Estadual Francelina Setúbal, por exemplo, eles realizaram uma assembleia geral e deliberaram o seguinte:

"[...] representantes dos alunos informaram que querem negociar; que querem utilizar apenas a parte de fora da escola; não haverá barulho ou baderna; que precisarão fazer necessidades e comer; que limparão as instalações da escola após as eleições; que não são contra as eleições; que são pacíficos; que gostariam que sua proposta fosse encaminhada ao TRE; que se comprometem a negociar com o Poder Judiciário na própria escola se necessário." (DP-ES, 2016, p. 19)

Figura 4
ORGANIZAÇÃO DOS ESTUDANTES
DA ESCOLA AGENOR RORIS
DURANTE A OCUPAÇÃO DA ESCOLA

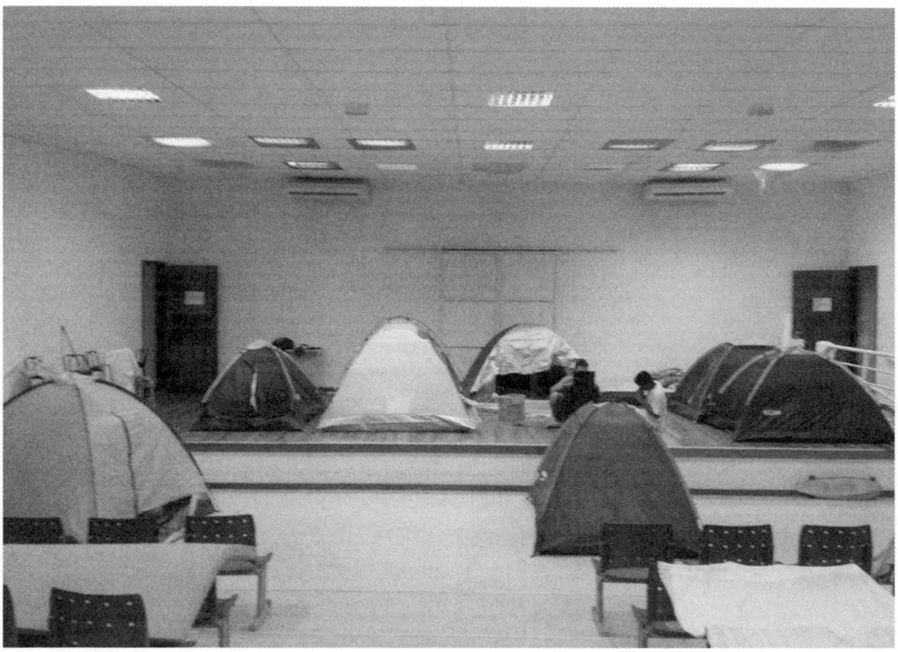

Fonte: Página de Facebook "Ocupa Agenor".

Assim, o jogo da subjetivação operou conexões entre as vias estabelecidas e institucionais da democracia com a transgressão, a criatividade e a espontaneidade das ocupações. Foi também em função desse jogo de subjetivação que se constituíram equivalências entre distintas autoridades e a diferenciação de outras que se tornaram aliadas, como no caso da Defensoria

Pública do ES. E, criou-se, assim, também, um jogo entre distintas escalas da política por meio de discussões sobre a PEC, a reforma do ensino médio e o cotidiano escolar.

Não obstante, é preciso ter em mente que enfatizar os processos de subjetivação que envolvem a ação coletiva, incluindo a dimensão subjetiva e afetiva na análise, não implica desconsiderar que todo jogo se constitui também através da estratégia. Nesse sentido, a perspectiva estratégica de Jasper (2012) nos permite entender que a racionalidade lógica e os afetos são dimensões inseparáveis. Esses dois elementos constituem as estratégias nos jogos de subjetivação.

3. *Backlash* negativo: a contramobilização do direito contra os estudantes

A expressão do inglês *backlash* é utilizada na literatura de movimentos sociais fundamentalmente para tratar das contramobilizações, reações mais amplas e difusas da sociedade aos movimentos sociais, tais como o conservadorismo ou uma onda machista em reação ao feminismo, por exemplo. Além disso, também está relacionada à ideia de que movimentos sociais provocam efeitos, não só relacionados aos seus objetos específicos de reivindicação, mas aos próprios processos de mobilização, e de que esses efeitos podem ser positivos, negativos, ambíguos ou ambivalentes.

No que se refere à mobilização do direito, é o estudo dos efeitos das estratégias judiciais que têm animado o cerne dessa agenda. Vanhala (2011), em um estudo sobre a mobilização do direito pelas feministas e pelas lésbicas no Canadá, desenvolveu um argumento de que os efeitos das estratégias judiciais podem ser: inesperados; positivos; negativos; para dentro do movimento; e para fora do movimento. Apenas a análise empírica poderá definir a resposta para a questão dos efeitos e, ainda assim, sempre dependerá de uma interpretação sobre aquilo que se espera ou que se considera sucesso ou fracasso de um movimento social ou ação de protesto.

Cumpre dizer que, para os próprios ativistas, essa é uma questão complexa. Alguns ativistas e grupos mais organizados produzem reflexões e estratégias sobre objetivos, mas, para muitos outros, o protesto e a ação coletiva confrontadora são tidos como um ato de resistência, em certo sentido até uma obrigação motivada por um sentimento moral de marcar uma posição política ou uma forma de viver. Assim, na questão dos efeitos não há necessária convergência entre a própria narrativa dos ativistas e aquilo que podemos analiticamente interpretar. As duas perspectivas são igualmente, porém de formas diversas, relevantes.

Na análise dos efeitos provocados pelas ocupações no ES é preciso observar que os estudantes não encontraram apenas aliados entre as instituições de justiça, e tiveram que enfrentar reações judiciais impingidas pelo Ministério Público do Espírito Santo e pelo governo estadual. Foram várias ações judiciais com objetivos diversos, de forma que mesmo com grande esforço de pesquisa não é possível ter uma definição certeira da quantidade de ações e de seus andamentos particulares. Além disso, boa parte das ações que correm na Vara da Infância e Juventude estão em segredo de justiça. Contudo, alguns processos ganharam mais repercussão dentro e fora dos tribunais. Esses processos que repercutiram mais são, em geral, aqueles que foram ingressados contra os estudantes em Varas da Fazenda Estadual, o que evidencia uma forma específica de reação do estado marcada pela defesa do patrimônio e não orientada pela defesa dos direitos da criança e do adolescente, como poderia ter sido orientada a sua ação.

Tabela 1
PRINCIPAIS PROCESSOS JUDICIAIS DO CASO

Requerente	Natureza	Número dos autos
Ministério Público e Estado do Espírito Santo	Fazenda Estadual	0034737-02.2016.8.08.0024
Estado do Espírito Santo	Fazenda Estadual Medida Cautelar Reintegração de Posse	0036544-57.2016.8.08.0024
Instituto Federal de São Mateus	Fazenda Estadual	0031263-25.2016.4.02.5003

A Ação Civil Pública do MP-ES[9] junto com o Governo do Estado pedia a desocupação das escolas e iniciou um importante processo de tensionamento pelas vias judiciais. Abaixo pode-se ler um trecho dos pedidos:

> "Diante deste cenário, outra alternativa não resta aos autores senão o ajuizamento de demanda para resguardar, com prudência,

[9] Processo nº 0034737-02.2016.8.08.0024.

razoabilidade, segurança e justo equilíbrio, tanto o direito fundamental à educação dos alunos que querem estudar, quanto o direito fundamental dos alunos à liberdade de expressão." (Ação Civil Pública nº 0034737-02.2016.8.08.0024, 2016, p. 6)

Para tal ação, duas decisões diferentes foram proferidas.[10] Em uma primeira decisão, em regime de plantão judiciário, o juiz Thiago Vargas Cardoso determinou a desocupação dos estudantes não matriculados nas respectivas escolas[11] e o retorno às aulas, mas não solicitou a desocupação total, o que foi entendido pela DP-ES como um respeito ao direito de manifestação dos estudantes. Já uma segunda decisão, proferida pelo juiz Ubirajara Paixão Vieira da 5ª Vara da Fazenda Pública, teve um entendimento diferente, conforme o trecho abaixo retirado do Agravo de Instrumento interposto pela DP-ES à decisão do juiz:

> "Malgrado o inconformismo da Defensoria Pública, é inarredável o reconhecimento de que a primeira decisão proferida pelo juízo plantonista procurou preservar o direito à manifestação dos estudantes, possibilitando que estudantes vinculados às respectivas unidades escolares permanecessem no movimento de ocupação — situação diversa da decisão proferida pelo Juízo da 5ª Vara da Fazenda Pública aos 11 de novembro de 2016." (Agravo de Instrumento nº 0036572-25.2016.8.08.0024, 2016, p. 6)

A nova decisão estendeu a todos os estudantes (mesmo os matriculados) a determinação de desocupação e foi respaldada na mera (sem provas) alegação feita pelos acusadores de que os estudantes estariam desrespeitando o direito de ir e vir, e que inclusive carregavam armas de fogo em algumas escolas. Segundo a decisão os estudantes teriam um prazo de 24 horas para desocupar os prédios.

No município de São Mateus, a administração do IFES também propôs uma Ação Civil Pública solicitando reintegração de posse, mas o juiz da 1ª

---

[10] A primeira decisão foi de caráter liminar e expedida no dia 3/11/2016; a segunda foi expedida no dia 11/11/2016.

[11] Segundo muitos relatos, a partir desta decisão houve uma desmobilização nas ocupações, já a decisão deixou margem a uma interpretação de que qualquer adulto não vinculado à escola teria seu ingresso impedido, de forma que apoiadores importantes teriam sido proibidos de entrar.

Vara Federal do município decidiu pelo indeferimento da ação.[12] Abaixo apresentamos um trecho da decisão deste juiz:

> "Cabe observar que nenhuma lei proíbe que estudantes ocupem as suas escolas como forma de manifestação política e protesto social, valendo reiterar que as regras de proteção da posse invocadas pelo IFES em sua petição inicial não se aplicam à espécie porque os estudantes não pretendem adquirir a propriedade do imóvel e exercer poderes inerentes ao domínio. Por tal razão, não é adequado qualificar os estudantes como invasores ou esbulhadores, como equivocadamente faz a petição inicial. Ao ocupar o prédio do Anexo 11 do campus do IFES em São Mateus, os estudantes buscam apenas se fazer ouvir pelas autoridades governamentais que não lhe têm franqueado o debate e a possibilidade de participação na formulação de políticas públicas que afetam a educação.
>
> Assegurar aos estudantes que vêm ocupando as escolas, institutos e universidades em todo o país (inclusive o prédio do Anexo 11 do campus do IFES-São Mateus) organizados pela UNE, pela USES e, em São Mateus, pela UMES, é garantir a sobrevivência da própria democracia na medida em que esses movimentos foram os primeiros, e talvez sejam os únicos, a manifestar concretamente sua oposição às propostas do Poder Executivo no campo da Educação." (Decisão nº 0031263-25.2016.4.02.5003, 2016, fl. 83).

Na observação da Defensoria Pública a dinâmica de interação institucional no processo de ocupação das escolas no Espírito Santo é marcado por diferentes momentos. Até o segundo turno das eleições o Governo do Estado não reagiu judicialmente, mas pressionou o TRE para que, em função das eleições, este assumisse o ônus de tomar medidas duras contra as ocupações. Contudo, o tribunal eleitoral não tomou tais medidas contra as ocupações (muito em função da mediação realizada pela Defensoria Pública do ES) e construiu com os estudantes. Um segundo momento surge após as eleições, com ações judiciais pedindo a desocupação e de outro lado uma intensificação das ocupações culminando na ocupação da Secretaria Estadual de Educação (SEDU) no dia 17 de novembro de 2016.

---

[12] Processo nº 0031263-25.2016.4.02.5003

O que podemos perceber é que não há um comportamento uniforme das instituições de justiça. Mesmo que as ocupações tenham sofrido uma contramobilização severa por parte do Governo do Estado, de promotores do MP estadual e de pais inconformados com a cessação das aulas, essa reação não teve adesão de todo o Judiciário e também suscitou um outro tipo de *backlash* que podemos entender como positivo para os estudantes.

4. *Backlash* positivo: a conquista de novos apoiadores

Se, por um lado, houve uma forte reação de importantes instituições do estado contra os estudantes, por outro lado, esse processo de contramobilização fortaleceu os laços que vinham sendo criados com outras instituições, as quais atuaram em defesa dos estudantes contrariando o próprio MP-ES e o juiz que decidiu pela desocupação. Esse é fundamentalmente o caso da DP-ES, que viabilizou ainda, através de processo de negociação, a conquista do apoio do Tribunal Regional Eleitoral, que decidiu pelo indeferimento do pedido de liminar do MP, o qual pleiteava a desocupação das escolas para a realização das eleições de outubro de 2016.

Essa é uma parte do processo de contestação que pode ser caracterizada como um *backlash* positivo, na medida em que se abriu um novo momento do confronto caracterizado pelo fortalecimento das alianças pró-ocupação. Esse efeito, embora inesperado, é resultante das performances estratégicas dos estudantes e da conquista de atores apoiadores com forte poder de agenciamento.

Vale compreender em detalhe como se deu empiricamente a construção dessas alianças. Conforme pode ser observado nos argumentos usados pela DP-ES nas peças processuais, a atuação dos estudantes criou um convencimento profundo acerca da legitimidade das ocupações. Evidencia-se isso no trecho abaixo:

> "Nesse ponto é importante tentar compreender no que consiste o movimento de ocupação das escolas. Não se trata, *como pode ser constatado com a simples presença nas escolas*, de movimentos desordeiros e violadores de direitos. As ocupações obedecem às diretrizes de organização e disciplina que caracteriza qualquer movimento social. Possuem identidade e consciência do papel que exercem na sociedade, o que gera o sentimento de unidade. Identificam o objeto de luta e as propostas de alteração. E possuem

um ideal: a educação pública, democrática e de qualidade, que abarque as novas dinâmicas do ensino." (Agravo de Instrumento nº 0034737-02.2016.8.08.0024, 2016, p. 19)[13]

Figura 5
ESTUDANTES DA ESCOLA AGENOR RORIS
COM FUNCIONÁRIOS DO TRE-ES

Fonte: Página de Facebook "Ocupa Agenor".

É possível observar que a argumentação está ancorada em uma experiência vivida pelos defensores, conforme é exprimido no trecho grifado. Tal experiência foi construída com visitas e inúmeras reuniões com os estudantes de diversas escolas. Ir até o local do conflito é parte das tarefas de uma Defensoria Pública que tem cada vez mais se preocupado com formas de atuação que não sejam estritamente judiciais. Nesse caso, destacam-se as investidas dos defensores públicos no sentido de uma atuação enquanto media-

[13] Grifo nosso.

dores do conflito, buscando evitar situações de violência, injustiça e a própria judicialização.

Observa-se aqui que a ideia de experiência como aspecto fundamental para a construção do engajamento também aparece na explicação da DP-ES, ou seja, não são apenas os protagonistas dos protestos que vivenciam experiências marcantes para o seu engajamento, mas viver a experiência é também fundamental para o engajamento dos apoiadores. Ponto que também se evidencia na relevância atribuída às visitas que os juízes do Tribunal Regional Eleitoral do ES fizeram às escolas antes do indeferimento da liminar que pedia a desocupação para a realização das eleições.

Apesar do envolvimento pessoal necessário para a construção da experiência, é importante observar que houve também uma preocupação explícita da DP-ES em manter uma posição institucional que implica um certo afastamento em relação ao caso. Isso se expressa no trecho de entrevista citado abaixo em que o defensor público explicita preocupação em ter ao mesmo tempo proximidade e distanciamento em relação aos estudantes:

> "Uma outra dificuldade para a gente era conscientizar os alunos de que o papel da Defensoria Pública não era um papel político. Isso a gente tentava deixar bem claro. Uma vez um aluno me liga e ele fala assim: 'É doutor Rafael[14]?'... eu disse: 'Não'. Eu estava naquele sistema do carro que pega no viva voz... Aí eu disse: 'Não, cara, acho que você ligou errado'. Aí de novo: 'É doutor Rafael?', e eu: 'Não. Acho que você ligou errado'. Daí a minha esposa disse: 'Vê se não é você', daí eu disse: 'Pode ser Rodrigo?'. Daí o menino falou: 'Pode! O senhor é defensor público?'. Eu digo: 'Sou'. Daí ele fala: 'Então, é que a gente está precisando de um defensor público para fortalecer o movimento'. E daí eu falei: 'Então, nós somos defensores públicos, a gente não está participando das decisões políticas dos alunos. Vocês têm as assembleias de vocês... Cheguem ao consenso de vocês. Depois que vocês tiverem a decisão política, se vocês estiverem em um momento de ocupação de escola e precisarem de orientação jurídica, a Defensoria ingressa... no pós. [...] Até por que a gente precisava de um pouco de isenção, pois a gente ia dialogar com o Ministério Público, com o Judiciário, eventualmente com o governo, então a gente não po-

[14] Os nomes reais foram trocados por nomes fictícios.

dia imiscuir a Defensoria na decisão política dos meninos'." (Entrevista com defensor público realizada em 22/2/2018)

A ocorrência desse tipo de *backlash* está relacionada, evidentemente, ao jogo de subjetivação dos estudantes, uma vez que a forma como os jovens performatizaram o jogo entre transgressão-disciplina foi capaz de gerar uma experiência para os defensores públicos que os conquistou, permitindo com isso que eles próprios passassem a defender a legitimidade dos protestos, assim como o TRE-ES. Não obstante, conforme argumentamos antes, não é apenas a dimensão subjetiva que conta, e as ações da Defensoria Pública são também determinadas por fatores institucionais.

Dimensões estruturais de dominação, cristalizadas nas ações de certas instituições e certos atores também são relevantes para o *backlash*. Podem produzir *backlash* negativo como evidenciamos na seção anterior, mas, se observadas em uma cadência de ações, também podem impulsionar positivamente o surgimento de novas coalizões ou fortalecer aquelas já existentes. No trecho abaixo é possível perceber como a atitude da Procuradoria Regional Eleitoral (PRE-ES) de propor uma ação judicial,[15] mesmo em meio a um processo de negociação em curso, fez com que a DP-ES fortalecesse sua adesão à mobilização:

> "Assim, mesmo com a expansão do acordo estávamos diante de pelo menos dois dias sem a força de trabalho dos defensores públicos em sua integralidade. Por isso, precisamos contar com o apoio dos colegas à disposição. Na sexta, dia 28, veio à informação de que o Ministério Público Federal havia ajuizado ação coletiva solicitando a desocupação das escolas. Contudo, a Defensoria Pública continuou firme na posição de reforçar a necessidade dos acordos entre estudantes e Justiça Eleitoral.
>
> Como resultado direto, podemos apresentar o indeferimento da liminar em ação de reintegração de posse proposta pelo Ministério Público Federal, cujo objeto era a desocupação das escolas pela Justiça Eleitoral, que confiou nas informações que foram fornecidas pela Defensoria Pública, culminando com a realização de acordo entre as partes envolvidas." (DP-ES, 2016, p. 207)

---

[15] A ação em questão foi ingressada ainda antes do segundo turno eleitoral solicitando a desocupação das escolas. Não encontramos o número do processo.

As reações contra as ocupações foram, então, entendidas e interpretadas pelos atores que sofreram suas consequências exigindo posicionamentos, afetando os processos de subjetivação e provocando redefinições estratégicas. Em alguns sentidos produziu enfraquecimento, diminuindo a quantidade de manifestantes nas ocupações ou produzindo um certo descrédito dos estudantes na opinião pública. Porém, em outros sentidos, constituiu uma série de provações institucionais que impulsionaram os estudantes a lidar com o campo jurídico e um conjunto de autoridades que operacionalizam ações ou que executam determinações do campo jurídico (polícia, diretores de escola etc.). Assim, eles sofreram com os limites impostos pelas instituições, mas também conheceram suas nuances, suas fragilidades e seus jogos. No trecho abaixo lê-se uma fala de um estudante publicada em vídeo na página de Facebook "Ocupa Agenor", na qual o jovem comenta sobre a decisão judicial:[16]

> "Olha só, prestem atenção no que eu vou ler agora. Isso aqui [mostra o papel] é a liminar que o diretor está usando contra a gente. Eu vou ler um trecho dela para vocês: 'Saliento por derradeiro que para o cumprimento da presente ordem judicial deverá ser observada a cautela, o diálogo, a humanidade e o respeito [...] no trato com os menores, devendo o poder executivo se cercar de todos os cuidados, com o acompanhamento pelo Conselho Tutelar, e uma equipe multidisciplinar composta por pedagogos, psicólogos, médicos e outros profissionais que sejam necessários e deverá ser fiscalizada pelo Ministério Público'. Eu vou explicar isso agora... 'Saliento por derradeiro que para o cumprimento da presente ordem judicial...' [o estudante para de ler o papel nesse momento e continua a falar de forma firme]. Essa mesma ordem que fala que as aulas têm que voltar só pode ser cumprida uma vez que o diretor negociar com os alunos ocupantes tendo a presença aqui do Ministério Público, a presença da Defensoria Pública, de médicos e psicólogos, coisa que não houve. Desde o início as aulas voltaram de maneira irregular. Então qualquer ameaça que ele fizer agora contra a gente, dizendo que a gente violou isso aqui [mostra o papel]... Ele violou primeiro e não foi só uma vez [gritos de adesão dos outros estudantes: 'Uhuuuuu! Ocupar e resistir! Ocupar e re-

[16] Trata-se da decisão de 11/11/2016 relativa à Ação Civil Pública nº 003 4737-02.2016.8.08.0024.

sistir! Ocupar e resistir!']." (Vídeo publicado em página pública no Facebook em 9 de novembro de 2016)[17]

O que o trecho do vídeo mostra não é uma subordinação à ordem judicial ou mesmo à tentativa de execução deturpada pela direção da escolas, mas, ao contrário, fica evidente uma apropriação dos termos e do conteúdo; assim, mesmo sendo uma decisão contrária à ocupação ela é revertida em combustível para o protesto. É exatamente sobre esse tipo de mecanismo que McCann se referiu ao observar a relevância existente na "fase de legado" da mobilização do direito (McCann, 2006, p. 34) — pouco presente na literatura que relacionou movimentos sociais e direito. A observação estrita das decisões judiciais em seu conteúdo, ainda que seja uma dimensão obviamente importante da vida social, apreende apenas um sentido normativo que, por mais que seja imperativo, com valor de decisão, é abstrato. Nesse sentido, as decisões podem adquirir outros significados, sendo interpretadas e reinterpretadas pelos atores em jogo.

Adicionalmente, as decisões são operacionalizadas por atores externos que podem falhar ou alterar, na prática, as sanções (o que a ciência política trabalha enquanto um dos problemas relacionados a questão do *enforcement*). Nesse caso, a denúncia feita pelo aluno é de que o diretor da escola não cumpriu a decisão que prescreveu uma desocupação negociada com os alunos. O que se evidencia nesse embate da desocupação é uma aprendizagem por parte dos alunos acerca do funcionamento das instituições. Reparem que o aluno lê a decisão, cuidadosamente estudada e decorada (ele em certo momento para de ler o papel e, ainda assim, reproduz o conteúdo com perfeição) e, finalmente, reposiciona dentro da dinâmica do embate os atores e a própria decisão que foi inicialmente desfavorável. Nesse reposicionamento os estudantes realinham esses elementos tornando-os favoráveis a eles e em antagonismo à atitude da direção da escola.

Considerações finais

Nos estudos sobre protestos e movimentos sociais, a análise processual, amparada nos sentidos e usos que os atores imprimem em fatos, ações e acontecimentos, é fundamental para compreender os efeitos e mesmo para

---

[17] Cf. <https://www.facebook.com/ocupaar/videos/341249379576832/>, acesso em 1/2/2018.

explicar processos de ação coletiva. Os tipos de conflitos implicados aqui precisam ser entendidos através das dinâmicas de antagonismos e alinhamentos que os constituem e que são produzidos pelos diferentes atores. Junto a isso, os jogos de subjetivação são aspectos fundamentais e estão relacionados às dinâmicas de interação.

A análise das interações entre estudantes e as instituições de justiça no caso das ocupações das escolas nos faz perceber a relevância fundamental da cadência e do desfecho do conflito para o processo de ação coletiva. Isso porque o sentido de perder, de ser derrotado por uma autoridade no caso dos estudantes, parece estar no cerne do jogo de subjetivação presente. O deslocamento da estratégia, que pode ser observado pela reinterpretação de uma decisão ruim, vem da necessidade de construir subjetivamente, e na subjetividade compartilhada coletivamente entre os estudantes da ocupação, um desfecho que não signifique derrota e no qual se evidenciem todas as injustiças que foram afinal objeto central de reivindicação e razão substantiva do protesto.

Desta forma, na mesma linha que marca o cerne da agenda de discussão da mobilização do direito, argumentamos que a análise de efeitos precisa ir além da observação de sucessos e fracassos em sentido linear das reivindicações em pauta. Mesmo que a PEC 55 tenha sido aprovada, assim como a Medida Provisória da reforma do ensino médio, não se pode dizer que as ocupações dos estudantes tenham fracassado completamente. Isso seria limitar equivocadamente seu sentido e a abrangência de seus efeitos. Embora não existam dados gerais sobre os destinos dos estudantes que participaram do movimento, são muitos os relatos de agremiações escolares estudantis criadas a partir das ocupações e mesmo de práticas que surgiram nas ocupações e permaneceram nas escolas. Enfim, protestos não geram apenas efeitos lineares, e não provocam apenas efeitos positivos ou negativos. Há muita ambivalência e ambiguidade na ação coletiva confrontadora, mas sem esta não se produz transformação social que altere o *status quo*.

Referências

ALVIM, Davis Moreira; RODRIGUES, Alexsandro. "Coletivos, ocupações e protestos secundaristas: a fênix, o leão e a criança". *Educação Temática Digital*, Campinas, v. 19, nº especial, pp. 75-95, jan.-mar. 2017.

CHATTERJEE, Partha. *Colonialismo, modernidade e política*. Trad. Fábio Baqueiro Figueiredo. Salvador: EDUFBA, 2004.

DP-ES. *Ocupação nas escolas*. Relatório de atuação do Núcleo da Infância e Juventude da Defensoria Pública do Estado do Espírito Santo (DP-ES), Vitória, 2016.

FOUCAULT, Michel. *Ditos e escritos, vol. III. Estética: literatura e pintura, música e cinema*. Trad. Inês Autran Dourado Barbosa. Rio de Janeiro: Forense Universitária, 2009.

JASPER, James M. "¿De la estructura a la acción? La teoría de los movimientos sociales después de los grandes paradigmas". *Sociológica* (México), v. 27, nº 75, pp. 7-48, jan.-abr. 2012.

_________. *Protest: A Cultural Introduction to Social Movements*. Cambridge: Polity Press, 2014.

LOSEKANN, Cristiana. "Dynamiques et effets des manifestations brésiliennes de 2013: le cas de la ville de Vitória". *Brésil(s)*, nº 7, pp. 59-76, maio 2015.

McCANN, Michael. "Law and Social Movements: Contemporary Perspectives". *Annual Review of Law and Social Science*, v. 2, pp. 17-38, 2006.

PLEYERS, Geoffrey. *Alter-Globalization: Becoming Actors in the Global Age*. Cambridge: Polity Press, 2010.

PLEYERS, Geoffrey; CAPITAINE, Brieg (orgs.). *Mouvements sociaux: quand le sujet devient acteur*. Posfácio de Michel Wieviorka. Paris: Éditions de la Maison des Sciences de l'Homme, 2016.

PLEYERS, Geoffrey; GLASIUS, Marlies. "La dimension globale des mouvements des places". *Socio: Revue de Sciences Sociales*, v. 1, nº 2, dez. 2013.

REAL, Danielly da Costa Vila. "Primavera secundarista: ocupação de escolas como forma contemporânea de ativismo das juventudes do ensino médio". *41º Encontro Anual da ANPOCS*, Caxambu, 2017.

TILLY, Charles; TARROW, Sidney. *Contentious Politics*. Londres: Paradigm Publishers, 2007.

VANHALA, Lisa. "Social Movements Lashing Back: Law, Social Change and Intra-Social Movement Backlash in Canada". In: SARAT, Austin (org.). *Special Issue: Social Movements/Legal Possibilities*. Bingley: Emerald Group Publishing, 2011, pp. 113-40.

WIEVIORKA, Michel. *La violence*. Paris: Balland, 2004.

Processos judiciais consultados

ESPÍRITO SANTO. Seção Judiciária do Espírito Santo. Ação Civil Pública AC nº 003 4737-2.2016.8.08.024. Requerente: Ministério Público do ES e Estado do Espírito Santo. Requerido: Todos os estabelecimentos de ensino ocupados em Vitória, Vila Velha, Serra, Cariacica e Viana. Natureza: Fazenda Estadual. Relator: Juiz da 5ª Vara da Fazenda Pública Estadual, Municipal, Registros Públicos, Meio Ambiente e Saúde (TJ-ES) — Ubirajara Paixão Pinheiro. Vitória-ES, 3 de novembro de 2016 (data de cadastro).

ESPÍRITO SANTO. Seção Judiciária do Espírito Santo. Agravo de Instrumento. Ação Civil Pública AC nº 0036572-25.2016.8.08.0024. Agravante: Defensoria Pública do ES. Agravados: Estado do Espírito Santo e Ministério Público do Estado do Espírito Santo. Relatora: Desembargadora da Terceira Câmara Cível (TJ-ES) — Elisabeth Lordes. Vara de origem: 5ª Vara da Fazenda Pública Estadual, Municipal, Registros Públicos, Meio Ambiente e Saúde. Vitória-ES, 21 de novembro de 2016 (data de cadastro).

ESPÍRITO SANTO. Poder Judiciário Federal. Ação Civil Pública nº 0031263-25.2016.4.02.5003. Requerente: Instituto Federal de Educação, Ciência e Tecnologia do Espírito Santo — IFES. Requerido: União Municipal dos Estudantes Secundaristas de São Mateus e União Brasileira dos Estudantes Secundaristas. Relator: Juiz Federal da 1ª Vara Federal de São Mateus — Rodrigo Gaspar de Mello. São Mateus-ES, 4 de novembro de 2016 (data da decisão).

Parte III
EIXOS TEMÁTICOS

11

Corpos que não importam no fronte das ocupações: protagonismo feminino e LGBTQI+

Marcielly C. Moresco[1]

> "Quem mandava nas ocupações, na verdade, eram as mulheres. A maioria das pessoas que tinha dentro das ocupações eram mulheres. A ocupação funcionou, na verdade, por causa das mulheres."
>
> (Mariana, *República do Caos*, 2017)

> "[...] essa ocupação é um ato de resistência, assim como ser LGBT é um ato de resistência. A gente tá na luta por uma educação melhor e mais inclusiva."
>
> (Movimento LGBT, *Comunica CEP*, 2016)

Apresentação

Corpos que não importam para a tradicional sociedade que vive sustentada em seus pânicos morais sobre as questões de gênero e de sexualidades ocuparam o fronte do mais expressivo movimento estudantil da história do país: as ocupações secundaristas. De norte a sul, o Brasil assistiu à condução dos protestos por meninas e estudantes lésbicas, *gays*, bissexuais, transexuais, travestis, *queers*, intersexuais e/ou corpos não binários, protagonizando a luta por uma educação de qualidade e por uma escola que não cale e que não marginalize seus considerados "corpos abjetos". A partir de depoimentos de estudantes que conduziram os protestos das ocupações, partimos para uma tentativa de entender como se deu a dinâmica de meninas e estudantes LGBTQI+ ocupando escolas e discutindo o machismo e a LGBTQIfobia estrutural no ambiente e no cotidiano escolar.

---

[1] Graduada em Comunicação Social pela Universidade Estadual de Londrina (UEL), mestre em Comunicação pela Universidade Federal do Paraná e doutoranda em Educação também pela UFPR, com foco nos feminismos, gêneros e sexualidades dissidentes.

1. O PÂNICO MORAL E OS EFEITOS DO MEDO NA POLÍTICA BRASILEIRA

Paralelamente à luta contra a reforma do ensino médio, as ocupações secundaristas passaram a incorporar na pauta de protestos: a) o repúdio à Proposta de Emenda à Constituição (PEC) nº 55/2016, aprovada no mesmo ano como Emenda Constitucional nº 95/2016, que limita os gastos públicos por vinte anos, afetando de maneira drástica os investimentos nos setores da Educação e Saúde; e b) a rejeição ao projeto de lei "Escola Sem Partido", conhecido também como "Lei da Mordaça", cuja finalidade é controlar educadoras/educadores que expressem ideias supostamente de doutrinação ideológica, envolvendo temas "de esquerda", "comunistas" ou de "ideologia de gênero".

Em meio às reivindicações unificadas, cada escola se organizou conforme sua realidade local, criando subpautas de acordo com a necessidade, tal como questões ligadas às precariedades da estrutura física dos prédios, dos acervos de livros, dos materiais esportivos, em relação à falta de docentes e aos atrasos no repasse de verbas, bem como das violências e da falta de policiamento no entorno da escola, entre outras exigências. Durante as mobilizações, as discussões sobre o cotidiano escolar e as abordagens temáticas como o feminismo e a diversidade sexual eram quase cotidianas. Esses temas são resgatados durante a mobilização estudantil, mas já existiam antes mesmo da escola virar um legítimo laboratório político.

Maria Rita de Assis César (2009)[2] aponta que, com o aparecimento dos Parâmetros Curriculares Nacionais (PCNs) na década de 1990, o gênero e a sexualidade foram introduzidos e passaram a fazer parte das práticas discursivas educacionais no Brasil de forma mais orquestrada, embora a inclusão dessas categorias como elementos formais da realidade escolar nunca tenha deixado de ser conflitante. O avanço dos discursos sobre gênero, sexualidade e educação no campo científico com as investigações de pesquisadoras/pesquisadores também contribuiu para articular melhor os debates sobre a temática nas escolas.

---

[2] Neste capítulo, optei por referenciar com nome e sobrenome as autoras e autores na sua primeira citação de modo a desnaturalizar a tendência de generificar no masculino, como acontece nas citações usuais apenas com sobrenome, e dar visibilidade e evidência principalmente para as autoras e fontes mulheres, historicamente ocultadas diante do privilégio e do monopólio masculino na produção textual e científica.

Contudo, os debates e iniciativas por parte da escola e do currículo escolar em abordar sexo-gênero-sexualidades não são frequentes e, contemporaneamente, vêm sofrendo inúmeros ataques e restrições por parte da gestão escolar, das famílias, das educadoras/educadores e do governo, restando às/aos poucas/poucos professoras/professores que ainda acreditam na importância de se abordar a diversidade na escola, bem como no seu papel de formar cidadãs/cidadãos que respeitem os direitos humanos, trabalhá-las em meio ao conteúdo programático das suas disciplinas.

Com as escolas ocupadas, percebe-se como o gênero e a diversidade sexual sempre foram pauta das ocupações e não ficavam em segundo plano, pois o protagonismo no fronte da mobilização demonstrava quais corpos estavam lá para gritar pelo direito de aparecer e de lutar pela educação de qualidade: meninas e LGBTQI+.[3] Contrariamente ao senso vulgar de achar que são professoras e professores que "implantam" o gênero e a diversidade sexual na escola ao abordar os temas nos conteúdos programáticos, as ocupações demonstraram que o espaço é formado por diversidades (geracionais, étnico-raciais, religiosas, de classes, de gêneros e sexuais) já existentes e formadoras da cultura escolar.

Mas o gênero e a diversidade sexual assumem diversos deslocamentos e centralidades amplamente midiatizados no Brasil em dois âmbitos: na educação e na "alta política". Fernando Seffner (2016) relembra um trecho do clássico texto da historiadora Joan Scott, a qual comenta que

> "Uma vez que, aparentemente, a guerra, a diplomacia e a alta política não tem a ver explicitamente com essas relações, o gênero parece não se aplicar a estes objetos, continuando, assim, a ser irrelevante para o pensamento dos/as historiadores/as preocupados/as com questões de política e poder." (Scott, 1995, p. 76)

Entretanto, a discordância política em relação ao governo da presidente Dilma Rousseff (PT), que mobilizou milhares de pessoas em manifestações de rua, nos estádios durante a Copa do Mundo de 2014, em adesivos de automóveis e nos discursos virtuais, e também o contexto do processo de

[3] Sigla para Lésbicas, Gays, Bissexuais, Transexuais/Travestis, Queers, Intersexuais e o sinal de + aponta para outras denominações e possibilidades de identidades de gênero e práticas sexuais presentes nas ocupações escolares. Optei pela utilização dessa sigla para este trabalho, mas entendo que há diversas outras combinações para a representação da diversidade de identidades desse campo.

impeachment da presidente no Brasil, trazem para a alta política do país uma emergência na discussão sobre gênero, diversidade sexual e feminismo. As questões de gênero e sexualidades nos discursos das/dos deputadas/deputados federais durante a votação para o início do processo de impeachment presidencial demonstrou como se alastrava a atmosfera de pânico moral na política brasileira (Seffner, 2016).[4]

O pânico moral contemporâneo acerca da sexualidade, contudo, tem provável início quando da criação do programa Escola Sem Homofobia[5] em 2011, cujo intuito era oferecer subsídio para professoras e professores abordarem nas escolas o tema da diversidade sexual e de gênero, com material de apoio composto por caderno e *kit* de ferramentas educacionais. Entretanto, na época, o material foi objeto de discussão no Congresso Nacional, gerando controvérsia e grande apelo midiático sensacionalista e negativo no

---

[4] A sessão de abertura do processo de impeachment, em abril de 2016, contemplou 367 votos a favor e 137 contra, sendo aprovado na Câmara dos Deputados e seguindo para o Senado Federal, que no mês seguinte, por 55 votos a favor e 22 contra, instaura o processo de impeachment e afasta a presidente por até 180 dias. Em 29 de agosto de 2016, Dilma Rousseff (PT) vai ao Senado Federal para fazer sua própria defesa, afirmando ser um "golpe de Estado". Dois dias depois, por 61 votos a favor e 20 contra, o Senado afasta definitivamente Dilma do cargo de presidente, assumindo oficialmente o posto seu vice, Michel Temer (PMDB — atual MDB). Na ocasião da votação de abertura do processo de impeachment, os discursos dos deputados federais foram marcados por proposições de políticas públicas sobre gênero e diversidade sexual, especialmente na educação, com falas que emergiam uma certa "ameaça" do tipo "mudar o sexo das crianças na escola" (Seffner, 2016). Anterior ao processo de impeachment, já era possível identificar violências sexistas praticadas contra Dilma Rousseff em protestos e em discordâncias políticas. Contexto em que motivou a entidade para igualdade de gênero das Nações Unidas — ONU Mulheres — emitir uma nota pública sobre a situação de banalização da violência de gênero que ocorria no Brasil em referência ao episódio político (disponível em: <http://www.onumulheres.org.br/noticias/nota-publica-sobre-a-situacao-politica-do--brasil/>). E, após o impeachment, diversas análises apontavam para um "golpe de gênero", pois as críticas, muitas vezes, responsabilizavam o fato de ser uma mulher ocupando a Presidência da República e não necessariamente a sua atuação política.

[5] O Projeto Escola Sem Homofobia, financiado pelo Ministério da Educação por meio de recursos aprovados por Emenda Parlamentar da Comissão de Legislação Participativa, foi uma ação colaborativa de âmbito nacional em parceria com a Associação Brasileira de Gays, Lésbicas e Travestis/Transexuais (ABGLT), Global Alliance for LGBT Education (GALE), Pathfinder do Brasil, Comunicação em Sexualidade (ECOS) e Soluções Inovadoras em Saúde Sexual e Reprodutiva (Reprolatina), com orientação técnica da Secretaria de Educação Continuada, Alfabetização e Diversidade (SECAD) do Ministério da Educação. Informação disponível em: <http://agenciafulana.com.br/jobs/ecos2/projeto-escola-sem-homofobia/>, acesso em 16/2/2018.

país. O programa foi designado pejorativamente pelos parlamentares e pela mídia como "*kit gay*", e foi vetado pelo Governo Federal, estabelecendo assim o marco zero do processo de pânico moral no Brasil e, na sequência, induzindo os debates sobre a redação dos planos de educação (Maria Rita de Assis César e André de Macedo Duarte, 2017).

Os pânicos morais, segundo a antropóloga estadunidense e feminista Gayle Rubin (1993), são momentos políticos transformados em ações políticas e que provocam mudanças sociais. Esses períodos se conectam com apreensões sociais e pessoais, porém, sem necessariamente uma conexão inerente e coerente. Durante os pânicos morais, o medo aciona o fanatismo, o sensacionalismo, a vigilância demasiada e a formulação de novas leis e regulações, em uma organização orquestrada entre a mídia, a polícia, a opinião pública e o Estado, e, consequentemente, há a criminalização de comportamentos ou populações que passam a caracterizar ameaças para a segurança, a saúde, as mulheres, as crianças, a família ou para a própria civilização (Rubin, 1993).

Após o veto do programa Escola Sem Homofobia, o efeito do medo também foi percebido em 2014 com as reformas na redação dos planos de educação. O Plano Nacional de Educação (PNE) foi aprovado pelo Congresso Nacional sem os trechos referentes às questões de gênero. E, assim, os Planos Estaduais e Municipais também foram votados com a retirada dos termos "gênero" e "diversidade". Em 2017, por sua vez, o Ministério da Educação (MEC) retirou da Base Nacional Comum Curricular (BNCC) — importante documento que reúne as competências que devem ser desenvolvidas ao longo de toda a educação básica brasileira — os trechos alusivos ao respeito pela orientação sexual de estudantes, além de suprimir também a palavra "gênero" em outros trechos do documento. Essa agitação resultou do pânico moral estabelecido em torno das questões de gênero na educação e ficou amplamente conhecida como um movimento de luta contra a "ideologia de gênero" nas escolas (Seffner, 2016), expressão esta que tem sido usada predominantemente por conservadores e neofundamentalistas no Brasil para se referir a qualquer abordagem que envolva noções de sexualidades e gênero.[6]

---

[6] A expressão "ideologia de gênero" tem sua gênese no neofundamentalismo de cunho católico, reacionário, encontrado em discursos sobre teologia do corpo no Vaticano, nos anos 1970. O termo utilizado por conservadores e neofundamentalistas tem como significante disseminar uma falsa ideia de que as discussões de gênero e diversidade sexual possuem a finalidade de extinguir a "natural" diferença sexual entre mulheres e

Outras mudanças sociais provocadas pelo pânico moral da sexualidade foram vivenciadas paralelamente à segunda onda de ocupações escolares:[7] o pós-impeachment, e as transformações do novo governo, liderado pelo vice-presidente Michel Temer (PMDB, atual MDB), que, por meio da Medida Provisória nº 726, de 12 de maio de 2016, extingue o Ministério da Cultura (MinC) e incorpora-o ao Ministério da Educação (MEC),[8] bem como o Ministério das Mulheres, da Igualdade Racial e dos Direitos Humanos (MMIRDH), também extinto e reduzido a uma pasta do Ministério da Justiça e Cidadania (MJC), provocando diversos debates e manifestações entre os movimentos sociais de cultura, feminismos e LGBTQI+ sobre a garantia das políticas públicas para essas áreas. Os sucessivos "golpes" contra essas populações confirmavam o pânico moral em torno do gênero e da sexualidade instaurado no alto escalão político brasileiro.

2. Um laboratório político constituído por corpos abjetos

Uma vez o pânico moral instaurado, as pessoas começam a esquecer propositadamente que os acontecimentos cotidianos nas escolas são, por vezes, pedagógicos. E podem acontecer na formalidade e informalidade,

---

homens, e da "família", subvertendo também a "ordem natural" das coisas e, consequentemente, promovendo a extinção da humanidade (Rogério Diniz Junqueira, 2017).

[7] Em 2015 e 2016, três ondas de ocupações estudantis de escolas públicas marcaram o cenário político e estudantil do Brasil. A primeira onda, no segundo semestre de 2015, foi a responsável por difundir as ocupações estudantis como forma de protesto. Inspirada na Revolta dos Pinguins, protestos estudantis ocorridos em 2006 e 2011 no Chile, essa mobilização teve uma pauta localizada e concentrada nas escolas do estado de São Paulo. A segunda onda de ocupações se espalhou pelo país no primeiro semestre de 2016 com pautas locais de cada escola, que iam de denúncias do novo modelo de gestão escolar proposto pelos governos estaduais, corrupção na merenda e cortes de gastos na infraestrutura, até como apoio à greve de professoras/professores. E, no segundo semestre de 2016, acontece a terceira onda de ocupações com mobilização de escolas e universidades do país todo, não mais com agendas locais, mas com concentração em uma pauta de âmbito nacional, como o repúdio à reforma do ensino médio e à emenda constitucional de congelamento de gastos públicos com a educação e saúde, e a rejeição do projeto de lei "Escola Sem Partido" (Paula Alegria e Marcielly Moresco, 2017).

[8] Dias após a extinção do Ministério da Cultura, com a repercussão das ocupações dos prédios públicos culturais, o governo federal volta atrás e publica a Medida Provisória nº 728, de 23 de maio de 2016, reestabelecendo o MinC.

dentro ou fora das salas, inclusive na diversidade e pluralidade de relações do dia a dia da instituição (Sílvio Gallo, 2002). São as situações corriqueiras do cotidiano (com colegas, professoras/professores, no interior da escola etc.) que, muitas vezes, exibem as marcas mais permanentes na construção das identidades sociais, especialmente as identidades sexuais e de gênero, nas alunas e nos alunos, superando as marcações dos conteúdos programáticos (Guacira Lopes Louro, 2016). Ou seja, as famílias se esquecem de que os sujeitos criança e adolescente se socializam e se "contaminam" com as vivências e saberes presentes na escola e fora dela.

Guacira Lopes Louro (2000) nos recorda que, ao longo da história da educação, o corpo de alunas/alunos e professoras sempre foi uma preocupação das práticas pedagógicas e, historicamente, seu disciplinamento acompanhou também o das mentes. O disciplinamento e o "governamento" (Alfredo Veiga-Neto, 2005) dos corpos estão presentes nas escolas há muito tempo e sob diversos formatos: vigilância, controle, correção, coerção, condução, construção de corpos binários (feminino e masculino), manutenção da heteronormatividade, distribuição espacial e temporal, gestos, movimentos, entre outros.[9]

Para Michel Foucault, a escola é uma das instâncias regulatórias cujo espaço físico, tal como o arranjo arquitetônico, a disposição das carteiras e cadeiras, os horários preestabelecidos, as câmeras, a portaria, atuam como uma opção de vigilância sobre os gêneros e as sexualidades. É nesse espaço e tempo que os corpos são vigiados e "punidos" quando não se enquadram dentro das configurações de normalização.

As práticas e discursos normativos produzidos sobre a sexualidade na escola passam a categorizar ou classificar as alunas e os alunos "desviantes", "transgressores" e "anormais". A partir daí, sobre esses sujeitos aplicam-se estratégias de normalização de conduta, como controle e vigilância, produção de saberes, análise sobre seus corpos e práticas, entre outros (Judith Butler, 2003). Para Foucault, esse poder disciplinador sobre os corpos dos sujeitos instaura

> "[...] um controle, uma vigilância, uma objetivação da sexualidade com uma perseguição dos corpos. Mas a sexualidade, tornando-se assim um objeto de preocupação e de análise, como alvo de vigilância e de controle, produzia ao mesmo tempo a intensificação

[9] Em *Vigiar e punir*, Michel Foucault (2014) exemplifica as diferentes técnicas e estratégias adotadas para disciplinar/escolarizar os corpos.

dos desejos de cada um por seu próprio corpo." (Foucault, 1996, pp. 146-7)

A partir da aplicação das estratégias de normalização, as normas são exercidas sobre esses sujeitos em forma de governamentalização, com o objetivo de manejar principalmente os corpos de minorias[10] em desigualdade social e política, como é o caso das mulheres e da população LGBTQI+, transformando-os em "portadores de sexualidades policiadas" (Homi K. Bhabha, 1998, p. 24). Alunas, alunos, professoras e professores LGBTQI+ constituem a diversidade das escolas, que é nascida disciplinar e normatizadora e, portanto, tudo que foge ou está distante dessa norma, especialmente a norma sexual, é considerada/considerado insustentável por ultrapassar os limites do conhecido e do comum (César, 2009).

Desse modo, o sexo é considerado um "ideal regulatório" a regular o campo sexual, na qual se impõe a materialização do corpo, isto é, um lugar privilegiado, de normas, de práticas de regulação, que vão criar os corpos que importam (aqueles de acordo com a normalização) e os que não importam, ou abjetos (que transgridem as normas, que são dignos da exclusão) (Butler, 1993). Os corpos abjetos de Butler, nesse contexto, são aqueles que escapam às normas sexuais ou de gênero, ou seja, corpos de sujeitos que apresentam um corpo que não se conforma aos padrões ideais de masculinidade ou feminilidade, ou que não seguem as normas do sistema gênero-desejo-prática sexual, é um corpo que não é "permitido", que é privado de aparecer no cotidiano da escola e, portanto, marginalizado e/ou oculto das práticas sociais. Assim, "o repúdio de corpos em função de seu sexo, sexualidade e/ou cor é uma 'expulsão' seguida por uma 'repulsa' que fundamenta e consolida identidades culturalmente hegemônicas em eixos de diferenciação de sexo/raça/sexualidade" (Iris Young *apud* Butler, 2003, p. 191).

Essa materialização e as formas normalizadas e idealizadas dos gêneros geram hierarquia e exclusão (Berenice Bento, 2011). De acordo com a auto-

[10] Minorias, nesse caso, ao contrário de um grupo numericamente definido, compreende a disposição qualitativa dos grupos sociais cujas vozes foram silenciadas ou marginalizadas por estruturas de poder e pelos sistemas de significação dominantes na sociedade, estabelecendo assim um grupo minoritário em posição de inferioridade social (Raquel de Araújo Soares Paiva, 2001; Muniz Sodré de Araújo Cabral, 2005). A cultura dos grupos considerados minorias é marcada pelo constante movimento de transformação das situações de precariedade e vulnerabilidade em que se encontram e pela luta contra sua exclusão do restante da sociedade (Cabral, 2005).

ra, essas formas são capazes de produzir verdades sobre expressões relacionadas ao gênero e, portanto, consideram algumas originais e válidas, outras falsas. Desse modo, e nesse jogo, os sujeitos que não se ajustam às idealizações e às expressões-verdades sofrem um tipo de exílio — ou marginalização — e uma "morte em vida" (Bento, 2011). Sendo assim, os gêneros inteligíveis de corpos que importam seguem a lógica vagina-mulher-feminilidade e pênis-homem-masculinidade. Já a coerência entre as diferenças binárias dos dois gêneros seria produzida pela heterossexualidade (Bento, 2011). Qualquer coisa que fuja desse sistema lógico terá sua "desviante" sexualidade colocada sob controle, vigilância, patologização social, medicalização, e assim por diante.

Na escola, a produção de vigilância, disciplinamento e governamento dos corpos e sujeitos abjetos e desviantes contribuem para com essa "heterossexualidade compulsória" (Adrienne Rich, 2010) e, como efeito, as jovens ouvem com frequência "quem mandou se comportar assim" ou "quem mandou se vestir assim". Para Berenice Bento (2011), essa classificação (re)produz uma "pedagogia da intolerância".

O laboratório político experimental criado pelas ocupações leva seus responsáveis à criticidade de sujeitos constituintes do próprio espaço e de um cotidiano escolar que não preexistia antes da tomada dos prédios pelas/pelos estudantes, mas que era possível nas mentes inquietas e curiosas desses sujeitos. Quando promovem debates e pautam suas práticas e discursos no interior das ocupações considerando as questões de gênero e de diversidade sexual a partir de suas próprias experiências, estão banindo a "pedagogia da intolerância" e resgatando uma "pedagogia feminista" compreendida a partir de uma perspectiva emancipadora, mais voltada para uma "conscientização", "libertação" e "transformação" das envolvidas e dos envolvidos (Louro, 2014).

A configuração desse olhar destinado especificamente às meninas das ocupações em relação às atividades realizadas, temas de debates e rodas de conversa aconteceu, naturalmente ou não, justamente pelo protagonismo delas que, por sua vez, carrega uma importante reflexão. De um lado, o fronte conduzido pelas meninas, o que caracteriza o protagonismo; de outro lado, a perpetuação de um "papel do gênero feminino" e, portanto, uma necessidade do olhar voltado para uma pedagogia feminista. Em outras palavras, elas assumiram a organização, a estruturação e as demandas das ocupações mas, ao realizar essas funções, não deixam de lado a reprodução histórica do papel das mulheres como responsáveis pela distribuição das tarefas, mediação de conflitos, controle e regulação dos demais estudantes, entre outras. Reflexão que merece ser trabalhada mais profundamente em outros momentos.

Anterior à ocupação, segundo os relatos das/dos estudantes, na maioria das escolas que foram ocupadas nas três ondas de protestos não havia coletivos feministas, LGBTQI+ ou qualquer agrupamento institucionalizado formados pelas/pelos alunas/alunos em que pudessem se manifestar especificamente sobre essas temáticas. Quando existiam debates sobre gênero e sexualidades, as discussões ficavam restritas à "educação menor" (Gallo, 2002), aquela desenvolvida no âmbito das microrrelações cotidianas das instituições, dentro ou fora da sala de aula, durante uma ou outra disciplina ou algum evento específico.

> "No CEP [abreviatura do nome do colégio], os LGBT possuem muita voz. Por que é muito difícil, em muitos colégios, muitos não se assumem por conta do preconceito [...]." (Movimento LGBT, vídeo, 2016)[11]

Esse depoimento insinua a realidade dos poucos colégios que recebem movimentos sociais que debatam o assunto com a equipe pedagógica, de docentes e discentes. Mesmo com esse vácuo de representatividade micropolítica no cotidiano da tradicional escola, o dia a dia das ocupações demonstrava algo novo: uma grande abertura de contato com discursos e práticas feministas e de diversidade sexual. E isso é exemplificado pela forma como as meninas tomaram para si não só o fronte das decisões e das ocupações, como todo o processo organizativo:

> "Assim, a ocupação, na verdade, começou com mulheres. Tudo, desde o início. Tanto desde o organizar o debate na praça onde foi decidido ocupar uma escola até ocupar a escola, organizar as coisas dentro da escola, a organização geral, assim, foi tudo feito por mulheres. Quem mandava nas ocupações, na verdade, eram as mulheres. A maioria das pessoas que tinham dentro das

[11] O vídeo foi uma produção de alunas e alunos durante a ocupação do Colégio Estadual do Paraná, a maior escola pública do estado. O movimento #OcupaCEP, como chamaram, publicou o vídeo na página da comissão de comunicação da ocupação, a *Comunica CEP*, no dia 10 de outubro de 2016, com o objetivo de informar que a luta na ocupação perpassava a pauta da Medida Provisória e trazia para o debate a quebra de tabus em questão de gênero, de raça e de LGBT.

> ocupações eram mulheres. A ocupação funcionou, na verdade, por causa das mulheres, né?! [...] Porque hoje em dia você vê que a gente tá conseguindo combater o machismo e mostrar que a mulher também tá na luta. Lugar de mulher é na luta, lutando pelos seus direitos, pra chegar no mesmo nível que os homens, né?! E que muita gente não sabe que esse é o feminismo; lhes apresento o feminismo (risos)." (*República do Caos*, vídeo, 2017)[12]

> "Dentro desse ato de resistência, que são as ocupações contra a MP do ensino médio, é importante que abra espaço para tratarmos de outros assuntos sociais também. Esses assuntos, como a questão de gênero, questão racial e a causa LGBT. [...] E essa ocupação é um ato de resistência, assim como ser LGBT é um ato de resistência. A gente tá na luta por uma educação melhor e mais inclusiva." (Movimento LGBT, vídeo, 2016)

A politização das experiências de algumas/alguns estudantes nas ocupações adquiriu um caráter de empoderamento com a ciência de que o movimento todo era protagonizado por elas/eles em uma ação auto-organizada e coletiva. Contudo, era muito comum ouvir e ler enunciados como "o resultado das ocupações, a gente vai ver daqui a nove meses", amplamente repetido por pessoas da gestão de escolas, atestando para iterações e estigmas que identificam a juventude como "irresponsável, individualista e hedonista, corroborando a subordinação e desempoderamento da sua voz na ordem social" (Miriam Soares Leite, 2017, p. 35).

O movimento que ocorria dentro das ocupações ansiava pela afirmação de identidades (homo, bi, transexual/travesti, *queer*, não binário etc.) e se lançava em uma "performatividade *queer*" que instaurava uma força política de ressignificações e apropriações dos discursos e comportamentos em meio a um contexto de produção de discursos conservadores e normalizantes (Paula Alegria, 2016). Nesse caso, a performatividade é compreendida como atos que reiteram o discurso de produção da regulação sexual, transformando-o em "verdade", como é o caso também do desempenho dos "papéis de

[12] O documentário, que satiriza o título dado em 2016 para a capital paranaense por conta da Operação Lava Jato — República de Curitiba — foi publicado no Youtube em junho de 2017 e trata dos eventos políticos ocorridos entre maio e novembro de 2016 na cidade, dividindo-se em quatro partes que abordam, entre outras cenas, as ocupações secundaristas em Curitiba e região metropolitana.

gênero", do desejo e das práticas sexuais, que são discursivamente colocadas em ação a partir de algum modelo regulado (Moresco, 2017).

Portanto, a ideia da afirmação identitária das/dos estudantes não era a de negociar novas possibilidades mas, diante do inconformismo, embaralhar as atuais configurações culturais de sexo, gênero, desejos e práticas sexuais, e de (re)apropriar e reiterar as possibilidades e atos performativos já existentes no contexto escolar, mas que existem sob domínio apontados como culturamente ininteligíveis e impossíveis de "aparecerem" (Butler, 2003).

3. Da inconformidade à performatividade política

A programação cotidiana das ocupações contava com confecção de cartazes, oficinas de estêncil, grafite, fanzines, projeção de filmes e documentários, aulas de dança e teatro, palestras e rodas de conversa sobre muitos assuntos, especialmente sobre o objeto desencadeador das ocupações — reforma do ensino médio e últimas mudanças nos planos de educação —, e "aulões" com disciplinas e conteúdos previstos no ENEM e nos vestibulares para estudantes que participariam desses processos seletivos. Muitos coletivos e movimentos sociais alheios à escola se faziam presentes nas ocupações e alguns desses grupos ministravam as "aulas" sobre feminismo, machismo, empoderamento, respeito às pessoas LGBTQI+, igualdade de gênero, entre outros. Contudo, esses debates eram organizados e pautados pelas/pelos próprias/próprios estudantes "ocupantes", de acordo com a demanda presente.

> "[Dizem:] 'É porque eles estão ensinando a doutrinação feminista pras crianças nas ocupações...'. E não sei o quê. Como se fosse pecado você aprender a se amar!" (*República do Caos*, vídeo, 2017)

> "E teve um dia que eu saí de sutiã. Andei pra cima e pra baixo de sutiã. E tava todo mundo assim: 'Nossa, você tá saindo de sutiã? Que isso, Hevelin? Você não tá na...'. 'Meu amor, do mesmo jeito que você tem o direito de ficar sem blusa, eu posso ficar sem blusa'. Aí ele ficou meio assim: 'Ué, mas você é mulher. Você tem peito'. E eu falei: 'Ué, mas você também não tem? Só não tem a glândula mamária, mas tem peito, não é?'. Aí ele ficou..." (Leite, 2017, p. 41)

O mito perpetuado da divisão e dos papéis de gênero foram amplamente questionados e problematizados nas ocupações estudantis; durante esse período, os papéis de gênero foram muito mais defendidos e reafirmados pela sociedade fora da ocupação do que dentro dela. No seu interior, por exemplo, a única divisão aceita eram as divisões em comissões: limpeza, segurança, comunicação e alimentação eram as mais comuns entre as escolas.

> "Nada vai ser mais do que nada aqui. A gente vai fazer as coisas totalmente horizontais. Tanto que na porta, no quadro de regras de convivência [da ocupação], eu coloquei lá: '*feminino é igual a masculino*'. A gente tá aqui pra enfrentar isso de frente e *desconstruir* esse tipo de situação." (*Lute como uma menina*, vídeo, 2016 [grifos meus])[13]

O enunciado "*feminino é igual a masculino*" no quadro de regras de convivência da ocupação demonstra como a linguagem e os atos de fala não podem ser compreendidos como estáticos ou fechados. É preciso entender que, no momento em que a aluna escreve o enunciado, ela parte de uma "posição" já dada e vivenciada, decorrente do passado: o contexto sexista do qual a escola e a sociedade se inserem e solidificam como rotineiro e partilhado. O ato de inscrever a frase na porta da ocupação se torna relevante para que haja o funcionamento de atos de performatividade política incorporada e antissexista no espaço.

> "A força e o significado de um enunciado não são exclusivamente determinados por contextos ou 'posições' anteriores; um enunciado pode ganhar sua força precisamente em virtude da ruptura com o contexto que executa. Tais rupturas com o contexto anterior ou, de fato, com o uso comum, são cruciais para o funcionamento político do performativo. A linguagem assume um significado não usual, precisamente para contestar o que se tornou sedimentado no comum e como comum." (Butler, 1997, p. 145, tradução minha)

---

[13] O documentário foi publicado no Youtube em novembro de 2016, um ano após as ocupações secundaristas de São Paulo. A produção apresenta depoimentos das participantes do movimento secundarista que ocupou escolas e ruas para lutar contra o projeto de reorganização escolar imposto pelo governador de São Paulo.

A performatividade política incorporada faz parte das ações de corpos com demandas, sexualizados, em precariedade, vulnerabilidade e não "permitidos", isto é, privados do seu direito de "aparecer" na escola por transgredirem as tradicionais normas de gênero e por vivenciarem sexualidades periféricas; nas ocupações, esses corpos agem em performatividades políticas de modo a criar formas de resistência, negociação e expressão naquele espaço. Assim, as ações incorporadas e políticas desses corpos criam possibilidades de transformação e alteração do próprio corpo no espaço político — a ocupação —, (des)configurando o próprio sujeito e criando um "novo" sujeito que não preexistia aos protestos estudantis (Moresco, 2017).

Momentos decisivos como assembleias e reuniões também são pensados, refletidos criticamente e performados pelas meninas quando um menino as interrompe. Elas podem não usar o termo para esse comportamento — *manterrupting*[14] — mas, certamente, o traduzem para suas vivências e práticas da ocupação a partir de um contexto em que já vivenciaram alguma vez: a interrupção da mulher quando ela fala.

> "Tô falando e aí o cara, na assembleia, vem e me interrompe porque ele acha que tem mais voz que eu. E eu: 'Não, pera. Espera eu terminar de falar, eu não te dei voz'. Essas coisas pequenas fazem muita diferença, parece que não, mas faz." (*Lute como uma menina*, vídeo, 2016)

> "O machismo existe e a gente tenta conversar isso com os meninos: 'Olha, tá errado isso, não é assim que funciona, vamos sentar e conversar'. Não punir isso, mas lidar, discutir, mostrar o lado da mulher pra eles, mostrar como a pessoa se sentiu, mostrar que cada agressão, pra ele foi uma coisa, foi da boca pra fora, agrediu uma pessoa. Porque expulsar um menino da ocupação a gente não quer. A gente quer ensinar os meninos a como tratar as meninas. Por isso que a gente deixa eles continuarem aqui, a gente só precisa desconstruir, conversar com eles, explicar como funciona, como uma mulher quer ser tratada. Na escola tem que ser debatido gênero, sim. Se não debatia antes, agora vai ser debatido

[14] A palavra deriva da conjunção de duas palavras do inglês: *man* (homem) e *interrupting* (interrupção). Na tradução livre *manterrupting* significa "homens que interrompem", comumente utilizado para definir o comportamento de homens que não deixam mulheres concluírem sua fala, interrompendo-as.

porque nós vamos mudar isso." (*Lute como uma menina*, vídeo, 2016)

São possibilidades de expressão que representam, ao mesmo tempo, negociação de dependência e resistência entre os corpos que podem aparecer (Moresco, 2017). Entretanto, esses corpos abjetos e "proibidos" precisam de alianças para que possam se expressar, aparecer e resistir. E essas alianças envolvem a performatividade corporal e plural de posicionamentos.

> "Nessa ocupação aprendi e vivi muitas coisas que dificilmente viveria na minha rotina escolar. Lá aprendi a lidar com diferentes personalidades, nunca fui tão respeitado antes. Sou trans não binário com expressão de gênero masculina, então, por exemplo, na aula de educação física a professora dividiu meninos e meninas e eu não sabia onde ficar [...]." (Maria Auxiliadora Schmidt *et al.*, 2016, p. 57)

Esses corpos exercem subversões individuais nos códigos tradicionais de gênero, mas com manobras performativas e com intenção política plural durante as ocupações. Nesse caso, o aparecimento comum de uma pluralidade de corpos abjetos se torna um ato político mesmo que este tenha um caráter performativo (Moresco, 2017). Deste modo, as ações performativas que levantam bandeiras feministas e de diversidade sexual se miscigenam com os espaços educacionais, formando corpos políticos com relações múltiplas do ponto de vista discursivo (Marcielly Moresco e Carolina Langnor, 2017), que nesse movimento múltiplo expressam uma "performatividade política" que se dá através da relação entre o corpo e o espaço (Butler, 2015).

Mesmo nas comissões que criaram para organização nas ocupações, meninas e meninos exerciam todas as atividades, ambos cozinhavam, limpavam os banheiros e ambientes de uso coletivo, confeccionavam cartazes, atendiam às solicitações da mídia e das demais pessoas, arrumavam e concertavam as estruturas prediais das escolas, aprendiam sobre segurança com os coletivos antifascistas e autonomistas que visitavam os colégios esporadicamente, e assistiam e participavam das "aulas".

> "Ocupação é aprendizado em todos os sentidos. É consciência de mundo, de classe, de gênero. É amadurecimento, são laços que se formam, ocupação é mudança. E a mudança dos meninos em relação à cozinha é prova disso." (Schmidt *et al.*, 2016, p. 63)

> "E em menos de uma semana o resultado foi meninos e meninas juntos cozinhando no CEPAE. E meninos e meninas limpando juntos o CEPAE. E meninos e meninas juntos fazendo ronda durante a noite." (Schmidt *et al.*, 2016, p. 62)

Na maioria das comissões, as atividades eram exercidas voluntariamente. Elas/eles escolhiam onde queriam atuar, desde que as comissões mantivessem uma divisão igualitária de gêneros.

> "E a divisão de tarefas foi voluntária. Então, assim, quem levantava a mão ficava em tal comissão. Hoje temos menino que faz comida, menina que fica na segurança, menino que limpa, menina que limpa. Não tem dessa que só menina tem que ficar na limpeza e menino na segurança, não." (*Lute como uma menina*, vídeo, 2016)

> "As garotas estão aqui; elas fazem a segurança, fazem tudo. Os garotos também, eles também limpam aqui. Então, sei lá. Acho que estamos bem divididos. A gente tenta manter a ocupação livre do machismo." (*República do Caos*, vídeo, 2017)

Assim, não somente o sujeito é transformado, mas o próprio espaço da escola. As pautas sobre a transformação do atual sistema educacional ficaram ainda mais fortes após poucos dias de ocupação, nos quais os presentes ali sentiram que o conceito de educação vai muito além do tradicional vivido por elas/eles.

No documentário *Lute como uma menina*, uma aluna da Escola Estadual Fernão Dias, da capital paulista, ressalta que a ocupação organizava uma escola de acordo com a real necessidade das pessoas que a utilizam: com aulas que desejavam como agricultura e jardinagem, artes, música, teatro, intervenções que proporcionavam pensar como é viver a escola e como é ser o que se é, a convivência livre entre alunas e alunos sem as normatizações e o disciplinamento de comportamento, com alunas e alunos sentados em roda ou da forma com aprendam melhor, com a vestimenta que os faz confortáveis, com ensinamento de culturas africanas e de outras etnias, livre da cultura do machismo, entre outros.

Considerações finais

> "Então, foi muito legal isso. A experiência que a gente teve de mostrar que a mulher também tá na luta, que também sabe fazer as coisas; muito melhor que os homens na maioria das vezes."
>
> (*República do Caos*, vídeo, 2017)

Com o fim das ocupações, mesmo que mudanças profundas não tenham sido sentidas na configuração da tradicional escola/educação, certamente a transformação de si proporcionada ao ser protagonizadora/protagonizador de um dos movimentos estudantis mais expressivos da história do país, como foram as "Ocupas", já foi sentida. Elas/eles provaram com a frequência e a intensidade com que as ocupações aconteceram que os corpos nas escolas demandam com urgência uma nova configuração da educação contemporânea.

Um episódio bastante marcante desse necessário deslocamento da educação estática e conservadora foi a volta às aulas de 2016, com uma efervescência em relação às questões de gênero e de feminismo, a algumas semanas antes do início da segunda onda de ocupações (no primeiro semestre de 2016). O que era uma pequena organização local logo se espalhou pelo país, ganhando visibilidade nos meios de comunicação: o manifesto em forma de abaixo-assinado *online* "Vai ter shortinho, sim", criado por alunas jovens de um colégio particular da cidade de Porto Alegre-RS. O manifesto exigia que a escola repensasse seu comportamento em relação à desigualdade de gênero no ambiente,[15] contudo, além de protestar pela limitação das vestimentas para as meninas, o documento e a movimentação das estudantes chamava a atenção para a vigilância e o controle sobre os corpos das mulheres, cujas roupas foram apropriadas e modificadas historicamente para essa

---

[15] A petição online "Vai ter shortinho, sim" criado por alunas do Colégio Anchieta, da cidade de Porto Alegre-RS, denunciava o uso de uma cartilha distribuída aos alunos e alunas, e às mães, aos pais e/ou responsáveis, ditando como as/os estudantes deveriam se vestir, incluindo a proibição de short para as alunas. O documento causou indignação nas estudantes, que protestaram sobre a limitação para as meninas. "Nós, alunas do ensino fundamental e médio do Colégio Anchieta de Porto Alegre, fazemos uma exigência urgente à direção. Exigimos que a instituição deixe no passado o machismo, a objetificação e sexualização dos corpos das alunas; exigimos que deixe no passado a mentalidade de que cabe às mulheres a prevenção de assédios, abusos e estupros; exigimos que, ao invés de ditar o que as meninas podem vestir, ditem o respeito", diz uma parte do manifesto disponível em: <https://www.change.org/p/col%C3%A9gio-anchieta-vai-ter-shortinho-sim>, acesso em 17/8/2017.

finalidade. Mas, mais que isso, não era somente sobre o shortinho, era sobre o que ele representa na cultura do *slut shaming*[16] (Moresco, 2016).

Cultura essa que anda em paralelo com os pânicos morais que se presenciam no país, e globalmente, em relação às questões de gênero e sexualidades. As ocupações foram legítimas formas de luta e reinvindicação por qualidade na educação, por menos precariedade nas vidas "abjetas" e foram sobre como meninas e estudantes LGBTQI+ tomaram o fronte de tudo isso e decidiram desarticular, mesmo na efemeridade, o machismo e a LGBTQIfobia estrutural que permeia e que devasta a vida de muitas/muitos, em especial meninas negras, periféricas e/ou que fogem das normas de gênero e sexualidade.

Apesar de algumas reformas educacionais e constitucionais, cujas pautas de repúdio permearam sobretudo a terceira onda das ocupações, já vigorarem no Brasil desde 2016, o legado das manifestações estudantis fez notar as subjetividades e as precariedades existentes em todo o sistema educacional e esse pode ser o ponto de partida para reexaminar e atualizar o papel da educação e passar a dar condições de uma vida vivível para os corpos que (não) importam constituintes da escola.

Referências

ALEGRIA, Paula. "'Vai ter viado se beijando, sim!': sexualidade, política e juventude em uma escola pública federal do Rio de Janeiro". *30ª Reunião Brasileira de Antropologia*, João Pessoa, 2016.

ALEGRIA, Paula; MORESCO, Marcielly. "'Ocupar e resistir!': as ocupações e a resistência estudantil no Brasil". *Open Democracy*, 27/10/2017. Disponível em: <https://www.opendemocracy.net/democraciaabierta/paula-alegria-marcielly-moresco/ocupar-e-resistir-as-ocupa-es-e-resist-ncia-estuda>, acesso em 13/2/2018.

BENTO, Berenice. "Na escola se aprende que a diferença faz a diferença". *Revista Estudos Feministas*, Florianópolis, v. 19, nº 2, pp. 549-59, maio-ago. 2011.

BHABHA, Homi K. *O local da cultura*. Belo Horizonte: Editora da UFMG, 1998.

[16] *Slut shaming*, do inglês, *slut*, é uma gíria para se referir à mulher vadia, promíscua, prostituta; e *shaming*, vem de *shame*, vergonha. O termo constitui-se um estigma social e um *bullying* de culpabilização da vítima aplicado às mulheres e meninas que, supostamente, violam os tradicionais comportamentos e papéis sexuais. Essa culpabilização naturaliza atitudes baseadas na diferença sexual entre homens e mulheres e favorece o machismo estrutural presente nas sociedades. Exemplo: culpar a mulher vítima de assédio em função da roupa que ela vestia.

BUTLER, Judith. *Bodies That Matter: On the Discursive Limits of "Sex"*. Nova York: Routledge, 1993.

________. *Excitable Speech: A Politics of the Performative*. Nova York/Londres: Routledge, 1997.

________. *Problemas de gênero: feminismo e subversão da identidade*. Trad. Renato Aguiar. Rio de Janeiro: Civilização Brasileira, 2003.

________. *Notes Toward a Performative Theory of Assembly*. Cambridge/Londres: Harvard University Press, 2015.

CABRAL, Muniz Sodré de Araújo. "Por um conceito de minoria". In: PAIVA, Raquel; BARBALHO, Alexandre (orgs.). *Comunicação e cultura das minorias*. São Paulo: Paulus, 2005, pp. 11-4.

CÉSAR, Maria Rita de Assis. "Gênero, sexualidade e educação: notas para uma 'epistemologia'". *Educar em Revista*, Curitiba, nº 35, pp. 37-51, 2009.

CÉSAR, Maria Rita de Assis; DUARTE, André de Macedo. "Governamento e pânico moral: corpo, gênero e diversidade sexual em tempos sombrios". *Educar em Revista*, Curitiba, v. 33, nº 66, pp. 141-55, out.-dez. 2017.

FOUCAULT, Michel. *Microfísica do poder*. Rio de Janeiro: Graal, 1996.

________. *Vigiar e punir: nascimento da prisão*. Trad. Raquel Ramalhete. Petrópolis: Vozes, 2014.

________. *História da sexualidade: a vontade de saber*. Trad. Maria Thereza da Costa Albuquerque e J. A. Guilhon Albuquerque, 2ª ed. São Paulo: Paz & Terra, 2015.

GALLO, Sílvio. "Em torno de uma educação menor". *Educação e Realidade*, Porto Alegre, v. 27, nº 2, pp. 169-78, jul.-dez. 2002.

JUNQUEIRA, Rogério Diniz. "A ideologia de gênero e seus desdobramentos na educação brasileira". Trabalho encomendado pelo GT 23 Gênero, Sexualidade e Educação. *38ª Reunião Nacional da ANPEd*, São Luís, 2017.

LEITE, Miriam Soares. "No 'colégio dos alunos, por alunos, para alunos': feminismo e desconstrução em narrativas das ocupações". *Educação Temática Digital*, Campinas, v. 19, nº especial, pp. 23-47, jan.-mar. 2017.

LOURO, Guacira Lopes. "Corpo, escola e identidade". *Educação & Realidade*, Porto Alegre, v. 25, nº 2, pp. 59-76, jul.-dez. 2000.

________. *Gênero, sexualidade e educação*, 16ª ed. Petrópolis: Vozes, 2014.

________ (org.). *O corpo educado: pedagogias da sexualidade*. Belo Horizonte: Autêntica, 2016.

Lute como uma menina. Documentário. Direção de Flávio Colombini e Beatriz Alonso. São Paulo: 76min, 2016. Disponível em: <https://youtu.be/8OCUMGHm2oA>, acesso em 10/5/2017.

MORESCO, Marcielly C. "O corpo 'fala' politicamente: as performatividades das/nas ocupações secundaristas do Paraná". *38ª Reunião Nacional da ANPEd*, São Luís, 2017.

________. "'Vai ter shortinho, sim': um ensaio sobre biopoder e feminismo popular na escola". *XI Reunião Científica da Região Sul — ANPED Sul*, Curitiba, 2016.

MORESCO, Marcielly C.; LANGNOR, Carolina. "Corpos em (in)conformidade: as ações políticas feministas nas mobilizações estudantis". *11º Seminário Internacional Fazendo Gênero e 13º Women's Worlds*, Florianópolis, 2017.

MOVIMENTO LGBT. *Comunica CEP*. Vídeo online. Curitiba: 1h52, 2016. Disponível em: <https://www.facebook.com/1782622331993161/videos/1783456648576396/>, acesso em 5/11/2017.

PAIVA, Raquel de Araújo Soares. "Minorias flutuantes: novos aspectos da contra-hegemonia". *XXIV Congresso Brasileiro de Ciências da Comunicação*, Campo Grande, 2001.

República do Caos. Documentário. Direção de Paulo Jesus e Mônica Ribeiro. Curitiba: 80min, 2017. Disponível em: <https://youtu.be/dZA6qSUwTYg>, acesso em 10/8/2017.

RICH, Adrienne. "Heterossexualidade compulsória e existência lésbica". *Bagoas — Estudos Gays, Gêneros e Sexualidades*, Natal, v. 4, nº 5, pp. 17-44, jan.-jun. 2010.

RUBIN, Gayle. "Thinking Sex: Notes for a Radical Theory of the Politics of Sexuality" [1984]. In: ABELOVE, Henry; BARALE, Michèle Aina; HALPERIN, David M. (orgs.). *The Lesbian and Gay Studies Reader*. Nova York: Routledge, 1993, pp. 3-44.

SCHMIDT, Maria Auxiliadora; DIVARDIM, Thiago; SOBANSKI, Adriane. *#OcupaPR 2016: memórias de jovens estudantes*. Curitiba: W&A Editores, 2016.

SCOTT, Joan. "Gênero: uma categoria útil de análise histórica". *Educação & Realidade*, Porto Alegre, v. 2, nº 20, pp. 71-100, jul.-dez. 1995.

SEFFNER, Fernando. "Atravessamentos de gênero, sexualidade e educação: tempos difíceis e novas arenas políticas". Trabalho encomendado, Eixo 18: Gênero, Sexualidade e Educação. *XI Reunião Científica da Região Sul — ANPED Sul*, Curitiba, 2016.

VEIGA-NETO, Alfredo. "Governo ou governamento". *Currículo sem Fronteiras*, v. 5, nº 2, pp. 79-85, jul.-dez. 2005.

12

Judiciário e reintegrações de posse de escolas ocupadas: jurisprudência comparativa

Bianca Tavolari[1] *e Samuel Barbosa*[2]

Entre 2015 e 2016, centenas de escolas públicas foram ocupadas pelos próprios alunos no Brasil. As ocupações começaram em São Paulo, como reação contra a política de "reorganização escolar" do Governo do Estado, que propunha fechar dezenas de unidades escolares, realocando alunos e diminuindo o número de professores, além de instaurar ciclos únicos em seus currículos.[3] Em Goiás, a proposta de transposição da gestão das escolas públicas para "organizações sociais", sem debate público prévio, foi o estopim das manifestações. Já as centenas de ocupações no Paraná se inserem num ciclo mais amplo de protesto, que aconteceu em diversos estados, contra o corte de gastos federais na área da educação e contra a Medida Provisória (MP) nº 746/2016, que trazia mudanças na organização do ensino médio. Certamente há diversas maneiras de olhar para essas ondas de ocupações. Este texto propõe analisá-las sob um recorte específico: como conflitos que foram tematizados e discutidos na arena judicial.

Este enfoque poderia se justificar pelo simples fato de que as ocupações foram levadas ao Judiciário, dando origem a centenas de ações de reintegração de posse. E, no entanto, nossa principal justificativa é outra: tratar esses conflitos como questões possessórias levou a interpretações judiciais novas, chamadas neste texto de "variações".[4] Ações de reintegração de posse geral-

---

[1] Professora do Insper, pesquisadora do NDD-CEBRAP, doutora e mestre em Direito pela Faculdade de Direito da Universidade de São Paulo, com graduação em Direito e Filosofia, ambas pela USP.

[2] Professor da Faculdade de Direito da USP, pesquisador do CEBRAP e do Mecila (Maria Sibylla Merian Centre Conviviality-Inequality in Latin America).

[3] Para a reconstituição mais rica deste processo, ver Campos *et al.*, 2016.

[4] Utilizamos o termo "variação" em sentido literal, ou seja, simplesmente para de-

mente vêm acompanhadas de pedidos de liminar e a resposta judicial segue um roteiro muito bem determinado, a partir dos critérios do Código de Processo Civil (CPC), em varas possessórias especializadas neste tipo de questão: a juíza ou juiz avalia se quem fez o pedido de fato é o possuidor do imóvel e, em seguida, verifica se a posse foi mesmo tomada de maneira ilegítima ou, para usar os termos jurídicos, se houve esbulho ou turbação. Se os requisitos estiverem presentes, a liminar é deferida. Quando outros direitos são reivindicados, geralmente os juízes não discutem o mérito, indicando que só podem tratar daquele conflito exclusivamente sob a perspectiva da posse. Assim, outros direitos teriam que ser discutidos em outras jurisdições.[5] No caso das ocupações das escolas, as respostas dadas pelo Judiciário fogem exatamente deste padrão bem estabelecido ("apenas posse"). Defendemos a tese de que foram três as variações de interpretação. A *primeira* consiste em conceber o conflito como oposição entre dois direitos: posse, por um lado, e direito à manifestação, por outro ("posse *x* manifestação"). Já a *segunda variação* recusa interpretar o conflito como questão possessória, entendendo que se trataria apenas de direito à manifestação ("apenas manifestação").[6] Por fim, a *terceira variação* também concebe o conflito como sopesamento, mas, neste caso, a questão possessória fica em segundo plano: por um lado, direito à manifestação, por outro, direitos sociais à educação e ao trabalho ("manifestação *x* educação/trabalho"). Também defendemos que, para além das variações substantivas, ou seja, para além de novos caminhos interpretativos para *formular* como o conflito deve ser concebido, também houve inovação no *procedimento* adotado em parte das decisões. Audiências públicas, mediação e audiências de justificação são alguns instrumentos propostos por juízes e juízas nestes casos.

Há ainda uma outra hipótese subjacente à nossa análise. Entendemos que essas decisões também expressam uma série de aprendizados institucionais. Aprendizado do Judiciário com a sociedade, quando juízes reveem seus posicionamentos iniciais depois de ouvirem os concernidos em audiências

---

signar interpretações que diferem dos padrões interpretativos mais bem estabelecidos e consolidados.

[5] Alguns exemplos são as Apelações nº 0188546-93.2010.8.26.0000, de 2010, e nº 1021879-96.2014.8.26.0053, de 2015, ambas do TJ-SP. As decisões afirmam que o "conflito versa sobre posse e não sobre direito de greve" e, portanto, as questões trabalhistas deveriam ser discutidas em outra instância. Sobre o conflito entre posse e direito de greve, ver Gomes e Saraiva, 2017.

[6] Esta tese é desenvolvida em Tavolari *et al.*, 2018.

públicas e aprendizado entre juízes de estados diferentes, que compartilharam e repetiram argumentos entre si.

Assim, o principal objetivo deste texto é mostrar os argumentos jurídicos que sustentam as diferentes variações interpretativas, mostrando como foram formulados, alterados e replicados, em interações de aprendizado com a sociedade e com outras decisões. Está subentendido neste texto que, numa democracia, a argumentação é fundamental para a justificação da tomada de decisões.[7]

1. Nota metodológica

O principal desafio para qualquer análise jurídica das escolas ocupadas é reunir as decisões judiciais de maneira sistemática. É por essa razão que uma primeira contribuição da pesquisa que deu origem a este texto é a montagem de um banco de dados, ainda em construção, alimentado com documentos obtidos em diversas fontes: i) sites de Tribunais de Justiça (TJs); ii) notícias de jornal sobre as ocupações; iii) informações de advogadas e advogados militantes, defensoras e defensores públicos, além de dados obtidos diretamente com secundaristas;[8] e iv) documentos institucionais publicados por órgãos como o Ministério Público, Defensoria Pública e OAB.

A busca nos sites dos tribunais foi nossa principal fonte de acesso ao conteúdo das decisões. Como as ações de reintegração de posse vieram sempre acompanhadas de pedidos de liminar, a primeira instância é a arena em que os principais embates aconteceram. No entanto, a maior parte dos bancos de dados de jurisprudência permite a busca por palavras apenas na segunda instância. Assim, foi feita uma pesquisa sistemática nos sites do TJ-SP, TJ-GO e TJ-PR, buscando pelos termos "reorganização escolar", "reintegração de posse + escola", entre outras combinações. A partir do número do processo original, decisões de segunda instância nos levaram a encontrar as decisões de primeira instância. Também buscamos por citações à jurisprudência em todas as decisões, e por trechos de decisões citados em notícias de jornal.

[7] Esta linha de pesquisa já vem sendo desenvolvida há alguns anos no Núcleo Direito e Democracia do CEBRAP: Rodriguez *et al.*, 2012; Rodriguez, 2013; Werle *et al.*, 2012.

[8] Agradecemos a Jonas Medeiros por essa intermediação.

Ao todo, reunimos onze ações em São Paulo, referentes a algo em torno de 97 escolas; sete em Goiás, referentes a 26 escolas, e 25 no Paraná, referentes a 104 escolas e centros educacionais, o que totaliza 43 ações e algo em torno de 227 escolas.

São Paulo, Goiás e Paraná foram escolhidos por algumas razões. Em primeiro lugar, pela disponibilidade de material. Foi apenas nesses três estados que conseguimos ter um número significativo de decisões, ainda que a quantidade e a qualidade das informações de que dispomos seja diferente a depender do local. A segunda razão é a proposta de olhar para momentos distintos no tempo — 2015, passagem de 2015 para 2016, final de 2016 — e para objetos diferentes de protesto — "reorganização escolar", implementação do modelo de "organização social", corte de orçamentos na educação. Outro ponto fundamental é o fato de que, nesses três estados, o principal instrumento processual utilizado foi a ação de reintegração de posse, o que nos dá uma boa base para comparar argumentos e procedimentos.[9]

2. São Paulo

2.1. *Capital: decisões paradigmáticas*

No dia 9 de novembro de 2015, a primeira escola foi ocupada em Diadema, no estado de São Paulo. No dia seguinte, a primeira escola da capital (E.E. Fernão Dias). No entanto, a Fazenda do Estado de São Paulo (FESP) já havia ajuizado a primeira ação no dia 4 de novembro, cinco dias antes da primeira ocupação. Isso foi possível porque a FESP ajuizou um interdito proibitório, ação embasada apenas na ameaça de esbulho. O interdito foi ajuizado contra o Sindicato dos Professores do Ensino Oficial do Estado de São Paulo (APEOESP) e não contra os estudantes, por ameaça de suposta "invasão" de prédios de Diretorias Regionais de Ensino e da Secretaria Estadual de Educação. Ao formular o pedido, a FESP afirma que a APEOESP confunde "*o direito de livre manifestação e a ausência de limites*":

[9] Nosso levantamento indica que, no Espírito Santo, foram utilizadas ações civis públicas. Já no Ceará, a estratégia foi instaurar inquéritos criminais contra os ocupantes. Uma comparação entre estratégias processuais de desmobilização está fora do âmbito deste texto, mas está no nosso horizonte de pesquisa.

> "As questões que se coloca são as seguintes: i) a invasão de prédios públicos configura reunião pacífica?; e ii) prédios públicos destinados ao exercício de atividades do Poder Executivo podem ser considerados locais abertos ao público? A resposta intuitiva, para ambas as perguntas, é *negativa*."[10]

O juiz Luís Bedendi defere a liminar:

> "Ora, se o direito à livre manifestação e reunião é constitucionalmente garantido — art. 5º, XVI —, por outro, há de observar as próprias balizas da Lei Maior, [...] ao estabelecer que o agrupamento há de ocorrer em locais abertos ao público, de forma pacífica, sem armas [...]: a manifestação é válida e constitucionalmente garantida; o que não se pode é a invasão do prédio público e a obstaculização de seu acesso."[11]

Temos, aqui, a origem da primeira variação interpretativa: o juiz entende o conflito como uma contraposição entre o direito à posse ("*invasão do prédio público e obstaculização de seu acesso*") e o exercício do direito à manifestação. Em regra, como veremos com mais detalhe nos demais processos de São Paulo, esta variação interpretativa foi utilizada para descaracterizar as ocupações como forma legítima de exercício desses direitos.

No âmbito deste processo, em 10 de novembro, a FESP pediu a reintegração de posse das escolas de Diadema e da E.E. Fernão Dias.[12] No dia seguinte (11/11), é dada a liminar em favor da desocupação das escolas, seguida por outra liminar, dada um dia depois (12/11), para reintegrar a E.E. Salvador Allende. No entanto, no dia 13, o juiz Bedendi revê sua posição e suspende as liminares:

> "Quando da prolação das decisões, especialmente da primeira, *a situação mostrava-se restrita à questão da posse*: de um lado, pessoas indeterminadas esbulhando um prédio público, de forma a interromper a prestação educacional e ultrapassar as barreiras constitucionais do direito de livre reunião e manifestação. [...]

[10] Interdito Proibitório nº 1045195-07.2015.8.26.0053, p. 8, grifo original.

[11] *Idem*, p. 38.

[12] O processo tem início com a escola de Diadema, mas, por estar localizada em outro município, essa ocupação passa a ser discutida em processo separado.

Contudo, este magistrado tomou contato, ao longo desta tarde de sexta-feira, na *feliz reunião designada pelo Juiz Corregedor da Central de Mandados* e pelas manifestações ulteriores juntadas aos autos, com um panorama mais amplo e real, não tão estritamente apegado à frieza do processo. [...] Tudo isso levou à conclusão de que as ocupações — realizadas majoritariamente pelos estudantes das próprias escolas — revestem-se de *caráter eminentemente protestante*. Visa-se, pois, não à inversão da posse, a merecer proteção nesta via da ação possessória, mas sim oitiva de uma pauta reivindicatória que busca maior participação da comunidade no processo decisório da gestão escolar. [...] Com isso quero dizer que *o cerne desta lide possessória não é a proteção da posse, mas uma questão de política pública*, funcionando as ordens de reintegração como a proteção jurisdicional de uma decisão estatal que, em tese, haveria de melhor ser discutida com a população."[13]

Temos aqui a primeira expressão da segunda variação interpretativa: ao analisar o conflito mais concretamente, o juiz passa a entender que não se trata de questão de posse, mas de "*caráter protestante*", "*de uma pauta reivindicatória que busca maior participação da comunidade*", "*de uma questão de política pública*". Em 16/11, decisão monocrática do TJ-SP dá respaldo à suspensão das reintegrações. Em 23/11/2015, acórdão unânime do TJ-SP mantém a suspensão das reintegrações.[14] Entre a concessão e a suspensão das liminares, um órgão do TJ-SP, a Central de Mandados, atuou para a realização de audiência com as partes antes da emissão de qualquer eventual ordem de reintegração. Aqui, a liminar não gera eficácia imediata porque os órgãos judiciais lançam mão de expedientes para ganhar tempo para aprender. Aprende-se que as ocupações revelavam características singulares, não eram capitaneadas pela APEOESP ou por entidades partidárias. Aprende-se com as razões que motivam as ocupações. Ganha-se tempo para trocar a realidade típica que é construída em processos de reintegração de posse por uma nova realidade de mobilização contra políticas públicas com baixo teor democrático.

---

[13] Decisão de 13/11/2015, pp. 1-2, grifos nossos.

[14] Para discussão detalhada da decisão da segunda instância, ver Tavolari *et al.*, 2018.

2.2. *Decisões de fora da capital*

Há uma contraposição marcante entre as decisões de São Paulo e as do interior. Fora da capital, as ações tiveram decisão liminar favorável à reintegração. As exceções são Sertãozinho, onde a liminar foi indeferida, e Guarulhos, onde o juiz designou audiência de justificação.

Mas conceder as liminares não significou sua eficácia imediata. Em Diadema, após liminar concedida no dia 13/11 para ser cumprida em 24 horas, o prazo foi prorrogado a pedido do Conselho Tutelar. O juiz justificou "*por medida de prudência e objetivando a preservação da integridade física dos adolescentes*". Em 16/11, o juiz suspende a reintegração a pedido do Ministério Público, para realização de audiência de conciliação. Em 18/11, suspende novamente a reintegração para esperar pela deliberação da audiência marcada para as escolas da capital. Por fim, em 24/11, suspende os efeitos da liminar em razão da decisão do TJ-SP para a capital. O juiz ponderou que "*se e enquanto vigorar a proibição para as escolas da Capital, o projeto [de reorganização] não poderá ser implementado, de modo que o cumprimento da ordem de reintegração para as escolas localizadas nesta Comarca de Diadema não surtirá o efeito prático desejado pelo autor*". Para o juiz, o direito à manifestação não é absoluto e não autoriza a "invasão" de prédios públicos. Mas, mesmo com esse pano de fundo, a tutela da posse foi bloqueada, o processo seguiu um ritmo próprio, retardando o cumprimento da liminar e possibilitando com isso a continuidade do movimento dos estudantes.

Os processos judiciais continuaram mesmo depois das ocupações. As sentenças foram dadas ao longo de 2016, chegando a abril de 2017 no caso de São Carlos. Sem dúvida que o recuo do Governo do Estado em relação ao programa de reorganização escolar teve repercussão na dinâmica dos processos. Serviu de motivo para não levar adiante os mandados de reintegração. Com a efetivação paulatina das desocupações, deixou de haver pressão para decisões processuais urgentes. O desfecho mais comum foi a extinção do processo sem julgamento de mérito por perda de objeto, ou seja, as escolas já estavam desocupadas. Também, em geral, não houve responsabilização por eventuais danos. As decisões de Santo André e Sorocaba reconheceram expressamente a ilegitimidade passiva da APEOESP. As exceções foram Diadema, com multa para a APEOESP por permanecer na escola após a liminar ter sido deferida, e Santo André, em que a UMES foi responsabilizada por avarias — decisão modificada posteriormente pelo TJ-SP. A sentença de Santos destoa das demais ao responsabilizar civilmente todos os réus e ao definir multa diária de dez mil reais no caso de ocupação futura da E.E. Azevedo Júnior. Passamos agora à análise pormenorizada dos argumentos a favor e contra as reintegrações de posse, tanto nas decisões da capital quanto do interior.

2.3. Argumentos a favor da reintegração de posse (primeira e terceira variações)

A justificação em favor da reintegração tem usualmente duas partes. Na primeira, o juiz aprecia se estão presentes os requisitos do CPC para a concessão da liminar favorável à reintegração de posse. A argumentação segue a rotina estabelecida para processos desse tipo. A segunda parte do argumento merece maior atenção, por tratar da interpretação dos direitos fundamentais de reunião e manifestação.

Na primeira decisão liminar da capital, afirma-se que os direitos de manifestação e de reunião têm balizas constitucionais. Seu exercício deve "*ocorrer em locais abertos ao público, de forma pacífica, sem armas*".[15] Na liminar de reintegração da E.E. Fernão Dias, o mesmo argumento é recolocado: o exercício de manifestação "*há de se limitar às balizas da própria Lei Maior, como a realização em bens de uso comum do povo, sem interrupção de atividades administrativas*".[16]

A construção do significado desses direitos vai ocupar a argumentação nos diversos processos. São várias as decisões que recorrem aos seguintes argumentos: i) que a ocupação "extrapolou os limites do exercício regular de direito"; ii) que gerou "interrupção de serviço essencial"; iii) que há prejuízo imediato aos alunos matriculados; e iv) que obstam o "direito social à educação", entre outros.

Em algumas decisões, os juízes mencionam razões circunstanciais. Na decisão de Santos, o juiz destacou que a escola ocupada "*não se encontra na relação das unidades que serão fechadas no ano de 2016*".[17] Já o juiz de São Carlos ressaltou que haveria prejuízo ao ENEM e aos vestibulares locais.[18]

---

[15] Interdito Proibitório nº 1045195-07.2015.8.26.0053, decisão de 4/11/2015, p. 2.

[16] *Idem*, decisão de 12/11/2015, p. 2.

[17] Reintegração de Posse nº 103097529.2015.8.26.0562, decisão de 24/11/2015, p. 1.

[18] Reintegração de Posse nº 1018919-49.2015.8.26.0566, decisão de 30/11/2015, p. 2.

Como veremos, este argumento será amplamente utilizado nas decisões do Paraná.

Também foi possível constatar que os juízes estavam sintonizados com as decisões uns dos outros. Uma passagem da liminar de Santo André foi usada quase literalmente nas decisões liminares de Sorocaba, Barueri e São Carlos:

> "Diante desse quadro, sem ignorar a envergadura constitucional do direito de reunião e protesto (art. 5, XVI, CF) e do propósito nobre do debate que se pretende inaugurar com a Secretaria de Educação do Estado de São Paulo, é certo que a manifestação extrapolou os limites do exercício regular de direito (art. 188, I, CC), incorrendo em excesso (art. 187, CC).
>
> A ocupação gera a interrupção integral das atividades desenvolvidas no prédio público ocupado, com prejuízo imediato para todos os alunos matriculados, o que é agravado pelo fato de nos encontrarmos em final de ano letivo."[19]

A decisão de Sorocaba, de 26/11/2015, é citada expressamente nas duas decisões liminares de Barueri do dia seguinte. Chama a atenção que as decisões afastam expressamente os argumentos da decisão do TJ-SP para a capital:

> "Este Juízo não desconhece os termos da respeitável decisão lançada pela 7ª Câmara da Seção de Direito Público do Tribunal de Justiça de São Paulo, [...] em que se reconheceu idêntico movimento como ato aceitável de desobediência civil, e sobretudo a ausência do denominado *animus possidendi* na conduta dos ocupantes das escolas públicas, por não se divisar intenção de despojar o Poder Público da posse dos imóveis.
>
> Mas, no caso, tenho que o direito à manifestação, protesto e reunião deverá ser exercitado pelos alunos e simpatizantes da causa em outro local, porquanto claríssimo que a ocupação das escolas públicas está a impedir que o Estado se desincumba de um de

---

[19] Reintegração de Posse nº 1023702-23.2015.8.26.0554, decisão de 13/11/2015, p. 2.

seus mais nobres deveres — propiciar que as crianças e adolescentes recebam educação."[20]

É certo que a decisão da capital não era vinculante para os outros processos. Ainda assim, é significativo que uma decisão do TJ-SP não tenha sido orientadora em uma questão social e politicamente sensível. Nas cidades com escolas ocupadas após a decisão do TJ-SP, além de Sorocaba e Barueri, liminares foram deferidas em Bauru, Santos e São Carlos.

2.4. *Argumentos contra a reintegração de posse (segunda variação)*

Na decisão da capital de 13 de novembro, o juiz introduz um conjunto de teses que fogem da rotina. De acordo com sua primeira tese, as ocupações são atos de esbulho de prédios públicos. Essa qualificação de esbulho não é afastada, mas disso não se segue que a reintegração deva ser ordenada. Em outras palavras, é esbulho, mas não questão possessória. Essa distinção não é trivial. Vale lembrar que o artigo 926 do CPC assegura que o possuidor tem direito a ser reintegrado no caso de esbulho. Nas palavras do juiz:

> "Repito: objetivamente, tem-se esbulho de um bem público; mas a solução da questão foge, e muito, da simples tutela possessória. A questão é mais ampla e profunda, a merecer melhor atenção do Executivo. [...] Toda essa argumentação reforça a ideia de que não se está a tratar de posse, mas de uma questão de política pública."[21]

O juiz entendeu que as ocupações são um expediente para conseguir "*maior participação da comunidade no processo decisório da gestão escolar*". Nesse contexto, autorizar a reintegração teria o efeito de proteger uma decisão governamental — o projeto de "reorganização escolar". Não seria efetivamente proteção da posse, mas proteção do governo, que deixaria de precisar discutir essa política pública com a população.

---

[20] Reintegração de Posse nº 1033787-21.2015.8.26.0602, decisão de 26/11/2015, p. 3.

[21] Interdito Proibitório nº 1045195-07.2015.8.26.0053, decisão de 13/11/2015, p. 2.

Este é um ponto importante para o nosso argumento. Temos discutido como o processo complexo de mobilização das escolas é seletivamente reconstruído no processo judicial. A tutela da posse é um mecanismo talhado para fazer uma seleção muito restritiva dos argumentos admitidos para fins de decisão. É difícil impedir a reintegração de posse se o esbulho estiver caracterizado. Dificilmente as motivações que justificam o suposto esbulho são filtradas pelo Judiciário. Nessa decisão, o juiz não disputa o conceito de esbulho, como será o caso em outras decisões do Paraná; o esbulho é reconhecido, mas a proteção da posse é retirada em razão dos motivos que justificaram o ciclo de ocupações.

Os motivos foram aceitos como relevantes porque ocorreu um aprendizado de grande significado. Na realidade construída pelo processo até então, não figuravam os estudantes. Apenas a APEOESP era indicada no polo passivo. Supunha-se que as ocupações eram lideradas por movimentos organizados. Com a audiência de conciliação, porém, o protagonismo dos estudantes veio a primeiro plano. Não por outra razão, a circunstância de que "*a maior parcela dos ocupantes é de adolescentes ou crianças*"[22] tem peso suficiente para afastar o expediente das reintegrações de posse. Em suma:

> "É que, no confronto entre os interesses prejudicados — o da regularidade da Administração e da prestação do serviço educacional e a integridade física de menores —, absolutamente adequado proteger-se o segundo, novamente devendo o Estado procurar uma solução amigável menos traumática que a reintegração."[23]

Como já discutimos, a presença de crianças e adolescentes teve repercussão mesmo nos casos de concessão da liminar favorável à reintegração de posse. O Conselho Tutelar foi notificado, prazos foram prorrogados e audiências foram realizadas com esse fundamento. Ainda assim, o mais importante na decisão da capital foi afastar o expediente da reintegração.

A decisão de Sertãozinho, em 26/11/2015, é a única fora da capital a indeferir a liminar de reintegração de posse. Em argumentação sucinta, o juiz ressalta que as ocupações são uma forma de exercício dos direitos de manifestação e liberdade de expressão. Não se abre a discussão sobre eventuais condicionantes para o exercício desses direitos, como nas decisões que con-

[22] *Idem*, p. 3.

[23] *Idem*.

cederam liminares. Conclui-se que "*os ocupantes da escola, ao protestarem contra o projeto estadual de reorganização escolar, estão defendendo o direito à educação, não sendo, portanto, questão de posse, muito menos de propriedade*".[24]

3. Goiás

Entre dezembro de 2015 e fevereiro de 2016, pouco mais de trinta escolas foram ocupadas em Goiás, em protesto contra a proposta de terceirização da gestão escolar, por meio da implementação do modelo de "organização social" (OS).[25] Como veremos em mais detalhes, a primeira decisão judicial, de 15 de dezembro de 2015 e referente a três colégios ocupados em Goiânia, acaba por constituir um padrão que é reproduzido em seguida na Cidade de Goiás e em São Luís de Montes Belos. Nessas três ações, a primeira decisão indefere a reintegração de posse, argumentando — em aprendizado com as decisões paulistas favoráveis às ocupações — que não se trataria de questão possessória, mas apenas de direito à manifestação. Já as decisões de Anápolis e Aparecida de Goiânia condicionam o cumprimento da liminar à realização de audiência pública, no primeiro caso, e à citação dos estudantes, no segundo caso, trazendo discussões procedimentais importantes. E, por último, já no final de janeiro, a decisão referente a nove colégios ocupados em Goiânia defere diretamente a liminar. Passamos a discutir os principais pontos dos argumentos desenvolvidos pelo Judiciário nestes conflitos.

3.1. Primeiras decisões: direito à manifestação

A primeira decisão judicial, de 15 de dezembro de 2015, dizia respeito à reintegração de três colégios estaduais de Goiânia. O juiz Eduardo Tavares dos Reis questiona a adequação do pedido de reintegração de posse:

> "A controvérsia narrada na exordial envolve o enfrentamento da decisão estatal de terceirizar a gestão das unidades escolares

---

[24] Reintegração de Posse nº 100731413.2015.8.26.0597, decisão de 26/11/2015, p. 2

[25] Para uma análise geral sobre as ocupações em Goiás, ver Tavares e Velloso, 2016, bem como o capítulo 4 desta coletânea.

da rede básica de ensino estadual, *sendo certo que a ocupação dos prédios das escolas não envolve simples questão possessória*.

Ao que tudo indica, inclusive isso está narrado na própria petição inicial, os alunos e professores *não têm intenção de privar o estado de Goiás da posse dos imóveis públicos*, mas trazer à tona a discussão acerca da transferência da gestão do ensino público para as organizações sociais."[26]

Há dois pontos importantes aqui. O primeiro deles é o fato de o próprio governo reconhecer, no pedido que encaminhou a ação de reintegração de posse, que o intuito da ocupação era protestar contra uma política pública educacional. Em segundo lugar, o fato de o estado de Goiás apresentar os acontecimentos desta maneira revelaria que a intenção dos ocupantes — ou o *animus*, para utilizar o termo jurídico — não era se apropriar dos imóveis públicos como se fossem donos e, assim, despojar o Estado de um bem. O intuito era protestar. Esses dois pontos da argumentação levam a duas consequências: i) se a intenção era protestar, não se trataria de "*simples questão possessória*"; ii) se a intenção não era tomar a posse do imóvel, não caberia falar em esbulho. Esse raciocínio é corroborado por trechos das decisões da primeira e segunda instâncias do TJ-SP, citadas expressamente na decisão de Tavares dos Reis.

Esta decisão defende, portanto, que não se trata de questão de posse, mas de direito à manifestação em protesto legítimo, de um "*ato de desobediência civil que visa apenas o estabelecimento de um diálogo com o Poder Público Executivo*" (*segunda variação*).[27] O pedido seria inadequado e impossível: não haveria como discutir perda da posse se a posse não foi esbulhada. Outro ponto levantado aqui — e este será um argumento que, como veremos, mudará com o tempo — é o fato de que as ocupações aconteceram em meados de dezembro, em período de férias escolares. Assim, para o juiz, as ocupações não geram qualquer tipo de prejuízo das atividades educacionais ou de serviços públicos essenciais.

Três dias depois desta primeira decisão, em 18 de dezembro, a juíza Francielly Morais utilizaria os mesmos argumentos de Tavares dos Reis para o caso da Cidade de Goiás, e a juíza substituta Bianca Cintra, para o caso

---

[26] Decisão que indefere a liminar nos autos do Processo nº 201504475377, p. 2, grifos nossos.

[27] *Idem*, p. 4.

de São Luís de Montes Belos. Essas decisões permitiram que as ocupações das escolas continuassem por mais tempo. No caso dos três colégios ocupados em Goiânia, os mesmos argumentos da primeira instância foram mantidos na segunda, com decisões desfavoráveis ao Estado tanto no recurso de agravo quanto nos embargos de declaração. No caso deste último, o estado de Goiás foi inicialmente multado por tentativa de tumultuar e protelar o processo, o que foi posteriormente revertido. Algo semelhante aconteceu com o processo da Cidade de Goiás, mantendo o Colégio Estadual Professor Manuel Caiado ocupado até o início de fevereiro.

3.2. Anápolis e Aparecida de Goiânia: instrumentos processuais

Os pedidos de liminar das ações de reintegração de posse de Anápolis e Aparecida de Goiânia foram julgados no mesmo dia, 21 de janeiro. Ambos os juízes entenderam que se tratava de esbulho e, portanto, de uma questão possessória em que o direito do Estado havia sido infringido. Mas ambas as decisões trazem variações no que diz respeito ao *procedimento*.

No caso de Anápolis, em que oito escolas foram ocupadas, o juiz substituto Carlos Eduardo de Sousa entendeu que o conflito devia ser compreendido como contraposição entre direito à manifestação e a posse de um bem público de uso especial (*primeira variação*). Para ele, o direito à manifestação não pode ser tão amplo de modo a permitir a ocupação de um prédio público por tempo indeterminado e, assim, interromper serviços essenciais. Se as decisões anteriores entendiam que não havia prejuízo às atividades escolares em razão do período de férias, esta decisão considera que a impossibilidade de emitir documentos para transferência e diplomas de conclusão de curso, para renovar matrícula e para realizar aulas de recuperação é um obstáculo ao direito à educação, em semelhança a algumas decisões do interior de São Paulo. Rodrigues de Sousa também rejeita expressamente a ideia de que a ausência de intenção de tomar o imóvel para si descaracterizaria o esbulho:

> "Ora, em que pese o argumento [de que os manifestantes não têm intenção de privar a Administração da posse], outra conclusão prática não se pode retirar da ocupação dos prédios públicos senão que seu efeito concreto, e, mais ainda, almejado pelos manifestantes, é realmente restringir o acesso dos servidores estaduais a seus postos de trabalho e impedir que o Estado tenha pleno exercício de seus direitos de possuidor sobre os imóveis, interrom-

pendo, por via de natural consequência, a prestação do serviço educacional."[28]

Até aqui, todos os argumentos parecem levar à concessão sem mais da liminar, em favor do estado. Como resultado da ponderação, o juiz decide em favor da posse, do direito à educação e ao trabalho (*terceira variação*). Entende se tratar efetivamente de esbulho, havendo ou não intenção de os ocupantes tomarem a posse para si. E, no entanto, o juiz também faz uma ponderação sobre a responsabilidade do estado:

> "O Governo Estadual, é preciso admitir, também teve parcela relevante de responsabilidade na criação do impasse quando procurou conduzir o processo de transferência da gestão das unidades escolares para as organizações sociais de maneira intempestiva e sem propiciar uma discussão aprofundada perante a comunidade escolar [...].
>
> Por isso, se a ocupação delongada destas unidades escolares constitui ato ilícito que recomenda reintegração, não se pode negar também que, em igual nível, a subtração do debate público patrocinado pelo estado de Goiás em torno da iniciativa administrativa constitui omissão igualmente condenável que nega efetividade à regra de gestão democrática do ensino público na educação básica, conforme previsão contida no artigo 14 da Lei de Diretrizes e Bases da Educação."[29]

É por isso que o juiz condiciona a concessão da liminar à realização de audiência pública, com representantes dos estudantes e do estado, para debater a desocupação e a política baseada no modelo das organizações sociais. Após a realização da audiência, a liminar foi cumprida e as escolas foram desocupadas.[30]

Já em Aparecida de Goiânia, o cumprimento da liminar é condicionado à citação de cada um dos ocupantes de todas as três escolas. O juiz Desclieux da Silva Jr. entendeu que endereçar a ação contra "pessoas indetermi-

---

[28] Decisão que defere a liminar no Processo nº 201600112255, p. 8.

[29] *Idem*, pp. 10-1.

[30] Para a reprodução de algumas das falas na audiência realizada em 27/1/2016 em Anápolis, ver Gonçalves, 2016.

nadas" feria o artigo 282, II do CPC, uma vez que seria possível identificar os estudantes nominalmente.[31]

3.3. A segunda ação em Goiânia

Além da primeira ação discutida anteriormente, referente à ocupação de três colégios em Goiânia, a juíza Zilmene Manzolli decidiu, no dia 25 de janeiro de 2016, em favor da concessão de liminar para reintegrar outros nove colégios na cidade. O que nos interessa aqui é o argumento desenvolvido na decisão. Como vimos, as decisões que já deferem a liminar de saída seguiram alguns caminhos: i) entender que houve esbulho e restituir a posse ao Estado, seguindo o padrão interpretativo das ações de reintegração de posse; ii) contrapor direito à manifestação aos direitos possessórios (*primeira variação*) ou mesmo a um feixe de direitos que também inclui os direitos à educação e ao trabalho (*terceira variação*), para, na ponderação, decidir em favor destes últimos. Nessa segunda ação em Goiânia, a argumentação segue um caminho distinto. O principal argumento para deferir a liminar é:

> "[...] a instrução probatória é bastante para imprimir a este juízo, em sede de uma análise perfunctória, a plausibilidade do direito invocado. Isto porque o Autor comprovou que a proposta de Gestão Compartilhada com Organizações Sociais em Escolas da Rede Pública Estadual fora previamente debatida com a sociedade, recebendo ampla gama de manifestações."[32]

Aqui, a suposição de que teria havido debates sobre o modelo das organizações sociais é entendida como comprovação de que o estado detinha a posse das escolas e, assim, da "*plausibilidade do direito invocado*", ou seja, da plausibilidade do direito possessório. Combinado com o argumento de que serviços educacionais essenciais haviam sido prejudicados, esta razão leva a juíza a entender que há "*evidente esbulho possessório*".[33] Assim, a

---

[31] Decisão que defere a liminar no Processo nº 201600111780, p. 2. O sistema de busca do TJ-GO não fornece mais documentos a respeito do Processo nº 201600111780, de Aparecida de Goiânia, o que impossibilita saber quanto tempo foi necessário para citar cada um dos estudantes e se isso de fato foi feito.

[32] Decisão que defere a liminar no Processo nº 201600047658, p. 2.

[33] *Idem.*

avaliação de que houve debate público a respeito do objeto do protesto é utilizada como elemento de comprovação do esbulho. A conexão é feita sem maiores intermediações. Mas é possível dizer que, neste caso, afirmar que teria havido discussão ampla com a população é um argumento — tanto jurídico quanto político — para deslegitimar a demanda da manifestação dos estudantes, uma vez que uma das principais denúncias foi a ausência de diálogo com os concernidos a respeito da nova política que viria a ser implementada. Se o juiz Carlos Eduardo de Sousa entendeu, em 21 de janeiro, no caso de Anápolis, que o Estado de Goiás havia ferido a gestão democrática do ensino público ao não debater a nova política com a população, a juíza deste processo em Goiânia entende, apenas quatro dias depois, que o debate com a sociedade já havia acontecido de maneira satisfatória.

4. Paraná

No início de outubro de 2016, dezenas de escolas foram ocupadas no Paraná, em protesto contra a PEC do teto dos gastos, que atingia diretamente a fatia do orçamento destinada à educação, e contra a MP nº 476/2016, que determinava ciclos de tempo integral para o ensino médio e também fazia alterações curriculares. Ao longo do mês, as dezenas de ocupações se transformaram em centenas. Segundo o site "Ocupa Paraná", 850 escolas, catorze universidades e três núcleos educacionais foram ocupados nessa enorme onda de protesto.[34] Ações de reintegração de posse foram o principal instrumento utilizado pelo estado do Paraná para conter a mobilização e desocupar as escolas. O Judiciário passou a ser a arena institucional central para discutir esses conflitos: segundo os dados que conseguimos levantar, foram ajuizadas ao menos 25 ações de reintegração de posse entre 7 de outubro e 1º de novembro, mais de uma por dia, envolvendo dezenove municípios diferentes e 104 escolas e centros educacionais.

Como veremos, a estratégia de recurso ao Judiciário foi mantida ainda que as primeiras decisões tenham negado os pedidos de liminar formulados pelo estado. Passamos à análise dos principais argumentos contidos nas decisões.

[34] Cf. <http://ocupaparana.org>, acesso em 18/11/2017.

4.1. *Primeiras ações de reintegração: Londrina e Ponta Grossa*

No dia 7 de outubro de 2016, a Procuradoria-Geral do Estado do Paraná ajuizou três ações distintas, com o objetivo de reaver a posse de três colégios estaduais ocupados: um em Londrina e outros dois em Ponta Grossa. O estado perde na decisão de primeira instância nessas três ações, ou seja, o Judiciário paranaense não defere os pedidos de liminar, o que fez com que os estudantes pudessem permanecer nas escolas por mais tempo. As linhas argumentativas para recusar as liminares guardam algumas semelhanças e também diferenças entre si.

As primeiras decisões de Ponta Grossa são proferidas no mesmo dia em que o estado ajuíza as ações.[35] A argumentação é a mesma para ambos os casos. A juíza Heloísa Milak apresenta os requisitos para concessão da reintegração de posse estabelecidos pelo CPC para afirmar que, diante dos critérios legais, não teria havido perda da posse. Enquanto o C.E. Polivalente teria continuado sob a supervisão permanente da diretora, o C.E. Ana Divanir Boratto permaneceu com seus portões abertos aos alunos e à comunidade.[36] Esses fatos são mobilizados como justificativas para recusar a hipótese de esbulho: os estudantes não detinham controle completo do imóvel e não bloquearam a entrada da escola, o que significa que funcionários não foram impedidos de trabalhar e estudantes não foram impedidos de ter aulas. Há aqui uma diferenciação entre *impedir* e *ter responsabilidade* pelo acesso. Ainda que o controle da entrada tenha sido exercido de alguma maneira pelos estudantes, isso não teria significado exclusão de acesso, o que descaracterizaria o esbulho. Também em ambos os casos, a juíza argumenta que não houve excessos por parte dos envolvidos no protesto e que é necessário postura ativa do Judiciário para a proteção de direitos fundamentais, tal como o direito à liberdade de expressão.

Já a decisão de Londrina segue outro caminho argumentativo. O juiz substituto Osvaldo Taque não discutiu expressamente os requisitos legais para reintegração de posse. Três elementos foram utilizados como justificativa para indeferir a liminar: i) não havia notícias de dano ao patrimônio e os estudantes haviam se comprometido a fechar salas de computadores e laboratórios durante a ocupação, o que indicaria preocupação com a prote-

---

[35] Processos nº 0027027-21.2016.8.16.0019 e nº 0027025-51.2016.8.16.0019.

[36] Decisão que indefere a liminar nos autos nº 0027027-21.2016.8.16.0019, p. 2, e nº 0027025-51.2016.8.16.0019, p. 2.

ção dos bens mais valiosos da escola; ii) o protesto era pacífico; e iii) havia menores vulneráveis entre os ocupantes e, portanto, o uso da força de uma reintegração não seria razoável. A ocupação é entendida como protesto legítimo contra as reformas do ensino médio contidas na MP nº 476/2016 (*segunda variação*). Outro ponto importante neste caso é o fato de o Ministério Público ter opinado pelo indeferimento da liminar e ter recomendado realizar audiência de conciliação.

O desenvolvimento dessas ações judiciais é muito distinto entre si, em grande parte em razão de como as primeiras decisões foram tomadas. No caso das escolas de Ponta Grossa, a decisão de não reintegrar as escolas foi mantida mesmo depois de o estado ter recorrido, ajuizando agravos na primeira instância. As liminares só são concedidas no dia 27 de outubro, vinte dias depois do primeiro pedido. Se as primeiras decisões entendiam que não havia perda da posse e que, portanto, não caberia falar em esbulho, as decisões que concedem a reintegração de posse em ambos os colégios já partem do esbulho como um fato. Os elementos que embasam essa revisão de posicionamento são os seguintes: i) as aulas estavam paralisadas há quase um mês; ii) as ocupações surgiram como obstáculo concreto para a realização do ENEM, das eleições nacionais, da política municipal de distribuição de leite e das provas para os vestibulares locais; iii) a liminar havia sido concedida em todas as outras escolas ocupadas no Paraná.[37] Esses fatos foram entendidos como elementos caracterizadores de perda da posse por parte do estado, uma vez que os estudantes passam a controlar o uso do imóvel com prejuízo a outras políticas públicas. Um limite aos direitos de manifestação e de liberdade de expressão é traçado: esses direitos, por não serem absolutos, não poderiam legitimar o esbulho. Ainda assim, a juíza determina que a liminar deve ser cumprida de maneira pacífica, preferencialmente sem o uso da força policial. Há, portanto, discussão sobre os requisitos para caracterizar a perda da posse e o esbulho, sobre a relação entre direito à manifestação e direitos possessórios, e, por fim, sobre o uso da força decorrente do cumprimento dessas ações.

Já em Londrina, a ocupação da escola durou apenas seis dias. A principal razão para isso foi a decisão do juiz Marcos Vieira, que deferiu a liminar já no dia 14 de outubro. Este caso é especialmente interessante por mostrar um conflito de decisões entre o juiz substituto, que deu a primeira decisão favorável aos estudantes em um sábado, e o juiz designado para o

[37] Decisão que indefere a liminar nos autos nº 0027027-21.2016.8.16.0019, p. 3.

caso posteriormente. Na decisão que julga a ação procedente,[38] a ocupação é entendida como esbulho ilegítimo desde seu início. Os direitos à manifestação e à liberdade de expressão são contrastados com o direito à educação e ao trabalho: como os estudantes poderiam, em tese, protestar em lugares abertos e não nas escolas, haveria primazia dos direitos à educação e ao trabalho (*terceira variação*). A decisão de Santos-SP em favor da reintegração de posse, que responsabilizou civilmente todos os estudantes, é citada expressamente. O juiz também manifesta seu posicionamento claramente contrário às ocupações. Além de chamá-las de "*invasões*", afirma que "*o Poder Judiciário não pode compactuar com a desobediência civil*", que "*grupos organizados*" haviam invadido os prédios públicos "*manu militari*", que os argumentos da Defensoria Pública em favor dos estudantes eram de natureza ideológica, que a disseminação das ocupações levaria à anarquia e "à negação do próprio Estado de direito".[39] Essa interpretação tem consequências diretas para a decisão: o juiz encaminha os autos para a Promotoria de Infância e Juventude para que os estudantes sejam processados criminalmente. Da proposta de conciliação feita inicialmente pelo Ministério Público e pelo juiz substituto, passou-se a uma linha argumentativa voltada à criminalização.

4.2. *São José dos Pinhais: reintegração de treze colégios*

As escolas de São José dos Pinhais foram as primeiras a ser ocupadas no Paraná. Ainda que tenham sido as primeiras, o estado só iria ajuizar a ação de reintegração de posse seis dias depois. Seis dias pode parecer pouco tempo, principalmente se considerarmos que trâmites judiciais costumam demorar. No entanto, se compararmos com os casos de Londrina e Ponta Grossa discutidos anteriormente, em que as ações possessórias se seguiram imediatamente às ocupações, seis dias é um período razoavelmente longo. Há aqui uma correlação entre o tempo para ajuizar a ação e a estratégia de tratamento do conflito: diferentemente das ações anteriores, que discutiam a desocupação de apenas um colégio e que procuravam identificar alguns dos ocupantes individualmente no polo passivo,[40] em São José dos Pinhais a ação

---

[38] A íntegra da decisão que defere a liminar, de 14/10/2016, não está disponível no sistema do TJ-PR.

[39] Decisão que julga a ação de reintegração procedente nos autos do Processo nº 0066105-37.2016.8.16.0014, pp. 3-4.

[40] Em Londrina, a ação é contra três estudantes e "demais ocupantes". No caso do

agrupou treze colégios ocupados e não identificou os estudantes, indicados no processo como "*desconhecidos*". O mesmo padrão foi utilizado para as ações de reintegração de posse em Cascavel, Curitiba, Marechal Cândido Rondon e Toledo.

Em sua petição, o estado afirma que "*os invasores confundem o exercício do direito de reunião e livre manifestação com a reprovável atitude de impedir que outros discentes ingressem no colégio para efetivação do direito social à educação, o que não pode ser admitido no Estado Democrático de Direito*".[41] Há portanto, mais uma vez, uma contraposição entre direito de liberdade de expressão e de manifestação, por um lado, e direito à educação (*terceira variação*), que necessitaria do reconhecimento do direito de posse do imóvel da escola para poder ser efetivado.

A primeira decisão, do juiz Juan Sobreiro, defere a liminar, afirmando se tratar de "*invasão*" que "*embaraça a regular prestação de serviço público*".[42] Afirma ainda que a matéria não admite composição, ou seja, que não seria o caso de propor a realização de audiência para mediar o conflito. É dado aos estudantes o prazo de 24 horas para desocupar a escola e a decisão determina o uso de força policial em caso de desobediência. A Defensoria Pública recorre desta decisão. Os argumentos podem ser sintetizados da seguinte maneira: i) a ação possessória não pode ser entendida em si mesma, é necessário ler a questão possessória "*sob a perspectiva da tutela dos direitos difusos ou coletivos strictu sensu*";[43] ii) as escolas estavam abertas, inclusive para a sociedade de maneira geral, com a campanha "doe uma aula", o que descaracterizaria o esbulho; iii) o calendário escolar não havia sido prejudicado porque os professores haviam anunciado que entrariam em greve; iv) as ocupações devem ser entendidas como parte do exercício da democracia e da autonomia; v) o Judiciário é o âmbito privilegiado de debate público e, por isso, deveria abrir espaço para audiências com os estudantes; vi) mesmo que a polícia seguisse apenas o protocolo-padrão, haveria graves danos físicos e psíquicos aos adolescentes. Além disso, a Defensoria cita as primeiras decisões de Londrina, Ponta Grossa e das E.E. Fernão Dias

---

C.E. Polivalente, o polo passivo é formado pela UMESP (União Municipal dos Estudantes Secundaristas Ponta-Grossenses) e por dois estudantes. No C.E. Ana Divanir Boratto, a ação é contra dois alunos.

[41] Processo nº 0005267-62.2016.8.16.0036, p. 4.

[42] *Idem*, pp. 16 e 47.

[43] *Idem*, p. 86.

e Salvador Allende, de São Paulo, discutidas anteriormente, como jurisprudência de orientação para este caso.

Mas o ponto mais importante para entendermos a variação de interpretação que acontece nesse processo é o fato de a Defensoria Pública ter pedido urgência para apreciação do agravo na iminência de um fim de semana e, de maneira semelhante ao caso de Londrina, a decisão coube a um juiz plantonista. O principal argumento possessório trazido pela Defensoria dizia respeito à descaracterização do esbulho. Apesar de o juiz plantonista Guilherme Denz não aceitar esta tese, a decisão foi favorável aos estudantes:

> "Na realidade, embora se possa afirmar, em tese, a existência do esbulho, a questão principal a ser resolvida não se restringe à tutela possessória. O litígio ora instalado passa longe das discussões possessórias tradicionalmente conhecidas pelo Direito Civil."[44]

Para Denz, tratar-se-ia antes de uma discussão sobre direito à manifestação (*segunda variação*) e, por isso, determina a realização de audiência pública com intermediação do Ministério Público e da Defensoria Pública. Até aqui, todas as decisões do Paraná consideraram que havia um conflito entre direito à liberdade de expressão ou de manifestação, por um lado, e direitos possessórios ou à educação e ao trabalho, do outro (*primeira ou terceira variações*). Esta é a primeira decisão que, tal como a argumentação desenvolvida pela primeira vez em São Paulo, *rejeita* a ideia de que se trataria de questão de posse e admite que é um conflito *apenas* sobre direito à manifestação.[45] Assim, não se trataria de um caso de ponderação entre direitos fundamentais conflitantes, uma vez que a questão possessória estaria descaracterizada. E, neste caso, não é despropositado afirmar que a variação de interpretação ocorre apenas porque se trata de um juiz diferente.

Após o estado pedir uma audiência de conciliação em 17 de outubro, seguindo a determinação judicial, o juiz originário do processo decide, um dia depois:

> "Ocorre que não se verifica a possibilidade de reconsideração da decisão guerreada, pois, com a devida vênia, a 'conciliação' é despropositada. [...] E pergunta-se: negociar o quê? [...] Com o

[44] *Idem*, p. 75.

[45] Ver Tavolari *et al.*, 2018.

devido respeito à Defensoria Pública e ao ilustre Juiz de Direito Substituto em 2º grau plantonista, os apontamentos lançados mostram que beira à ingenuidade, para dizer o mínimo, supor que a audiência teria o condão de cessar o movimento, dado o alto grau de politização."[46]

Para o juiz Juan Sobreiro, o único objetivo de uma audiência pública — bem como das decisões judiciais de reintegração — seria "cessar o movimento", o que explica seu entendimento de que não haveria qualquer ponto passível de negociação neste conflito. Assim, a liminar de reintegração de posse é concedida. A decisão é agravada, mas o Tribunal de Justiça do Paraná mantém a reintegração sob a justificativa de que o direito de manifestação poderia ser exercido em outros lugares, e que por isso não restaria prejudicado. O desembargador Vitor Roberto Silva também considera a proximidade do ENEM como um fator decisivo para manter a decisão pela reintegração (*terceira variação*).

A atuação de juízas e juízes plantonistas ou substitutos com interpretações distintas não se restringe aos casos de Londrina e São José dos Pinhais. Em Paranavaí, o juiz de primeiro grau havia concedido a liminar de reintegração de posse.[47] A decisão foi agravada e o juiz substituto de segundo grau, Guilherme Denz, suspendeu a liminar, o que fez com que os estudantes pudessem ficar mais alguns dias na escola. Já no caso de Toledo, a juíza substituta Vanessa Paracchini determinou audiência de justificação prévia, de acordo com o artigo 562 do CPC, exigindo que o estado determinasse quem eram os "desconhecidos" do polo passivo e intimando o Ministério Público.

4.3. Propostas de mediação coletiva

Diferentemente do que aconteceu em São José dos Pinhais, em Ponta Grossa foram ajuizadas cinco ações de reintegração de posse distintas para desocupar cinco colégios. Além das duas ações já analisadas no item 4.1, as outras três ajuizadas posteriormente[48] são especialmente interessantes por seguirem um padrão distinto de todas as demais ações no Paraná. Nessas

---

[46] Autos do Processo nº 0005267-62.2016.8.16.0036, pp. 145-6.

[47] Processo nº 0016829-77.2016.8.16.0130.

[48] Processos nº 0028108-05.2016.8.16.0019, nº 0028128-93.2016.8.16.0019 e nº 0028148-84.2016.8.16.0019, respectivamente.

ações, a primeira manifestação do Judiciário não é uma avaliação do pedido de liminar feito pelo estado, mas a determinação de uma diligência específica. As decisões entendem ser necessário, antes de tudo, realizar uma mediação coletiva com representantes dos estudantes, com diretores das escolas, Defensoria Pública, Ministério Público, OAB e Conselho Tutelar. A mediação caberia ao Centro Judiciário de Solução de Conflitos e Cidadania (CEJUSC), entendido como "*fórum de múltiplas portas e incentivador dos métodos de resolução positiva de conflitos*".[49]

Em primeiro lugar, trata-se de uma abertura do Judiciário a ouvir as reivindicações da sociedade civil e de representantes das instituições para melhor compreender o conflito. No caso de Ponta Grossa, há um órgão específico para mediação, ao qual se recorreu nessas decisões.[50] A íntegra das atas das tentativas de mediação não estão disponíveis nos processos. É apenas possível saber, pelas decisões judiciais que concedem o pedido de liminar logo em seguida, que a conciliação fracassou.[51] Nos três casos, as decisões são favoráveis à liminar, alegando que o exercício do direito à manifestação não pode justificar esbulho e prejudicar outros direitos, bem como outras políticas públicas educacionais (*terceira variação*). Em segundo lugar, ainda que tenha havido sugestões de realização de audiências de conciliação nos casos de Londrina e São José dos Pinhais, a recomendação partiu do Ministério Público ou do juiz que indeferiu a liminar, respectivamente. Aqui, são as juízas que mobilizam esse argumento logo que recebem as petições iniciais e fazem uso de uma arena institucional já constituída, pertencente ao próprio Judiciário.

4.4. Padrões interpretativos

Até aqui, analisamos as decisões judiciais que, de diferentes maneiras, buscaram argumentos jurídicos para não conceder a reintegração de posse

---

[49] Decisão da juíza Luciana César, em 19/10/2016, nos autos do Processo nº 002 8108-05.2016.8.16.0019. A mesma formulação pode ser encontrada nas decisões da juíza Jurema Gomes, também em 19/10/2016, nos autos do Processo nº 0028108-05.2016.8.16.0019 e do Processo nº 0028148-84.2016.8.16.0019. O teor praticamente idêntico das decisões sugere que as juízas conversaram entre si.

[50] Sobre esses órgãos institucionais de mediação de conflitos, ver Trombini e Mafra, 2017.

[51] O "fracasso" da conciliação é uma avaliação das próprias juízas, mas o critério do que se entende por sucesso ou fracasso não é explicitado. Ver Asperti e Souza, 2018, p. 43.

imediatamente. Mas esta é apenas uma parcela das decisões. A maioria delas é favorável à desocupação.

Se organizarmos as decisões no tempo, vemos que foi possível decidir, em sede de liminar, *contra* a reintegração de posse nas ações ajuizadas *do início até o meio do mês de outubro*, ou seja, em um intervalo de tempo de mais ou menos dez dias, se considerarmos que as primeiras ocupações datam da noite de 3 de outubro. Se olharmos para as ações em que a liminar foi indeferida, temos mais cidades de médio porte do que pequeno porte, em processos que envolviam um total de 39 escolas.[52] Até 15 de outubro, temos apenas os casos de Goioerê (13/10) e Marechal Cândido Rondon (14/10), duas cidades de pequeno porte, em que há decisões que concedem a posse imediatamente.

De maneira semelhante ao que aconteceu em Goiás e São Paulo, no início dos protestos havia espaço institucional para a argumentação de que o esbulho não estaria configurado, de que não se trataria de perda da posse por parte do estado e que as ocupações eram parte do exercício da democracia e dos direitos de manifestação, reunião e liberdade de expressão (*segunda variação*). E não só essa interpretação era possível como também dizia respeito a cidades com um número considerável de habitantes e com muitos colégios ocupados. Depois disso, esse espaço institucional se fecha.

O Ofício Circular nº 569/2016, emitido pelo Ministério Público do Paraná em 7 de outubro, é ilustrativo da abertura inicial para interpretações de direitos fundamentais e da busca por diálogo. Além da necessidade de realização de audiências públicas, o Ministério Público defendeu que

> "O direito à livre manifestação de pensamento, de associação e mesmo o protesto pacífico diante de posturas tidas como arbitrárias por parte das autoridades constituídas é inerente a todo cidadão, nada impedindo que seja exercitado por meio da ocupação de um espaço público que tem como missão institucional o preparo para o exercício da cidadania (art. 205 da Constituição Federal)."[53]

---

[52] São os casos de Londrina (7/10), Ponta Grossa (C.E. Polivalente e Ana Borato) (7/10), São José dos Pinhais (treze escolas) (9/10), Paranavaí (13/10), e ambas as ações de Cascavel (14/10) e Toledo (15/10).

[53] Ministério Público do Paraná, 2016, p. 1.

Se a postura do Ministério Público exemplifica a abertura, a da OAB-PR ilustra o fechamento institucional com o passar do tempo. Em 25 de outubro, a OAB passa a afirmar que o movimento de ocupação das escolas "*já cumpriu seu objetivo, clamando seja restabelecida a normalidade do ensino público na rede estadual, evitando maiores prejuízos para milhares de jovens que precisam do conhecimento para buscar um futuro melhor*".[54]

As decisões que indeferiram, suspenderam ou mesmo que designaram audiências ou propostas de mediação deram mais tempo às ocupações. Se, por um lado, isso significou a continuidade das ocupações, da discussão pública do corte de gastos na área da educação, por outro lado, a permanência no tempo também teve efeitos indesejados. Quanto mais tarde em outubro fosse ajuizada a ação — e as ações eram ajuizadas em reação direta às ocupações, então podemos dizer: quanto mais tarde em outubro fosse *iniciada* a ocupação —, tanto menores eram as chances de o Judiciário dar uma resposta pela permanência dos estudantes nos imóveis públicos. Se, no início, a contraposição feita nas decisões era entre direito à manifestação, por um lado, e direito à educação e ao trabalho (*terceira variação*), por outro, com o passar do tempo as juízas e juízes começaram a colocar outros elementos na ponderação: o prejuízo causado ao ENEM, às eleições nacionais, vestibulares e políticas públicas sociais que dependiam do espaço físico das escolas. Em outras palavras: a discussão deixou de tratar de uma ponderação acerca de dois direitos fundamentais para tratar da interrupção concreta de serviços estatais prestados em todos os âmbitos, inclusive federal, como no caso das eleições. Outro fator mencionado em algumas decisões é o assassinato de um adolescente no interior de uma escola ocupada, ocorrido no dia 24 de outubro. O fato leva juízas e juízes a interpretarem que a integridade física dos estudantes não está assegurada nas ocupações, o que reforça a decisão pela reintegração.

Os casos em que houve liminares indeferidas ou propostas de mediação apontam para disputas interpretativas nas ações de reintegração, sejam elas de ordem de *conteúdo* (como interpretar categorias dogmáticas como "esbulho" ou como entender o conteúdo do conflito) ou *procedimental* (necessidade de ouvir os atores sociais envolvidos). Essa disputa foi decisiva para a continuidade da luta dos estudantes. Mas a história que os dados judiciais contam aqui é: ao final, todas as escolas foram desocupadas. E, por mais que diversas juízas e juízes tenham afirmado que o direito à manifestação pode-

---

[54] OAB-PR, 2016.

ria ser exercido em outros espaços sem maiores prejuízos ao protesto, isso claramente não se confirmou. A mobilização perde força com as desocupações. A escola não era apenas um lugar onde o protesto poderia se desenrolar, mas um espaço decisivo de convivência, deliberação e articulação dos estudantes. As decisões judiciais favoráveis às ocupações não só deram mais tempo para o movimento se articular, como também foram decisivas para a legitimação das reivindicações dos estudantes na esfera pública mais ampla. Decisões judiciais favoráveis emitiram a mensagem de que os estudantes tinham o direito de protestar da maneira que fizeram. No momento em que o Judiciário passou a desconfirmar as ocupações de maneira mais sistemática, o movimento também perdeu legitimidade na esfera pública, que se mostrava majoritariamente contrária à ocupação das escolas como forma de luta.[55]

Considerações finais

Alguns pontos importantes podem ser extraídos da comparação entre as decisões judiciais de São Paulo, Goiás e Paraná:

i) *Quanto às variações interpretativas*: as decisões dos três estados mostram que não houve resposta judicial que seguisse exclusivamente o padrão de interpretação antes consolidado ("apenas posse"). Nenhuma juíza ou juiz deixou de fazer considerações sobre o direito à manifestação, seja para conceder ou para denegar a liminar. Temos, portanto, uma clara ruptura de interpretação no caso das ocupações das escolas. Além disso, as diferentes variações interpretativas podem ser associadas ao posicionamento dos magistrados em relação às liminares. Quando havia sopesamento entre dois direitos ou mais (*primeira e terceira variações*), as juízas e juízes invariavelmente decidiram em desfavor dos direitos à manifestação e à liberdade de manifestação, afirmando: a) que eles poderiam ser exercidos em outros lugares sem maiores prejuízos; b) que não são direitos absolutos; e c) que não poderiam se sobrepor à posse, direito à educação, ao trabalho e a políticas públicas específicas. Quando a juíza ou juiz afirmava que se tratava de uma questão estritamente de direito à manifestação ou que o conflito não poderia ser resumido à questão possessória (*segunda variação*), a decisão era inva-

---

[55] Uma pesquisa de opinião feita pelo Instituto Paraná Pesquisas em novembro de 2016 mostra que, por mais que a maioria dos entrevistados considerasse as reivindicações dos estudantes válidas, a vasta maioria desaprovava as ocupações e defendia a possibilidade de "outras formas de se manifestar". Ver Medeiros *et al.*, 2017, pp. 22-3.

riavelmente contra o estado. As três variações interpretativas apareceram nas decisões nos três estados. Não é possível saber se essas interpretações serão mobilizadas em outros conflitos envolvendo ocupações, ou seja, não é possível saber se passarão a constituir novos padrões interpretativos.

ii) *Quanto às soluções procedimentais*: propostas de audiências públicas, audiências de justificação e mediação tiveram o efeito de conferir mais tempo às ocupações. Não é possível fazer uma avaliação precisa sobre o conteúdo desses debates, já que não obtivemos acesso às atas. No entanto, é possível dizer que apenas as audiências iniciais de São Paulo resultaram em mudança de posicionamento do juiz a respeito do conflito. As demais audiências foram consideradas como "fracassadas" pelo Judiciário, resultando no posterior deferimento das liminares.

iii) *Quanto à caracterização do esbulho*: no Paraná, algumas decisões favoráveis ao direito à manifestação discutiram o que se pode entender por esbulho no caso concreto. Houve, assim, uma disputa interpretativa em torno da categoria dogmática de esbulho. Ao invés de tomarem as ocupações como esbulho de saída, essas decisões perguntaram: o que significa controlar a posse? Elementos como: a) se a escola estava aberta para a comunidade; b) se havia efetivo controle dos portões; c) se diretores estavam presentes; d) se não havia dano ao patrimônio; e e) se o protesto era pacífico, foram levados em consideração. No entanto, todas as decisões que descaracterizaram o esbulho foram posteriormente revertidas pelos próprios juízes de origem. O principal argumento utilizado foi o impacto em políticas públicas essenciais. Foi, portanto, uma caracterização do esbulho *pelos seus efeitos*.

iv) *Sobre a estrutura do processo decisório*: grande parte das variações interpretativas teve origem a partir de figuras pouco estudadas do processo decisório, consideradas "à margem" da decisão propriamente dita: juízes que expedem mandados, juízes plantonistas e substitutos. Isso mostra uma contraposição entre posições mais e menos consolidadas na carreira judicial.

Referências

ASPERTI, Maria Cecília; SOUZA, Michel de. "Desmistificando a 'cultura do acordo': os discursos de acesso à justiça e eficiência no atual cenário da mediação e da conciliação judiciais no Brasil". In: FREITAS JR., Antonio de; ALMEIDA, Guilherme de (orgs.). *Mediação e o novo Código de Processo Civil*. Curitiba: Juruá, 2018, pp. 17-50.

CAMPOS, Antonia M.; MEDEIROS, Jonas; RIBEIRO, Márcio M. *Escolas de luta*. São Paulo: Veneta, 2016.

GOMES, Ana; SARAIVA, Cláudio Henrique. "Greve e interdito proibitório: análise dos critérios para a sua concessão perante o Tribunal Regional do Trabalho de São Paulo". *Revista de Estudos Empíricos em Direito*, São Paulo, v. 4, nº 3, pp. 57-75, out. 2017.

GONÇALVES, Paulo. "Audiência pública sobre as OSs é realizada em Anápolis". *O Popular*, 27/1/2016.

MEDEIROS, Jonas; MELO, Rúrion; JANUÁRIO, Adriano. "Sociedade civil e esfera pública em três movimentos de ocupação de escolas: São Paulo, Goiás e Paraná (2015-16)". *41º Encontro Anual da ANPOCS*, Caxambu-MG, 2017.

MINISTÉRIO PÚBLICO DO PARANÁ. *Ofício Circular nº 569/2016*, 7/10/2016.

OAB-PR. *Nota Oficial: Ocupação das Escolas*, 25/10/2016.

RODRIGUEZ, José Rodrigo. *Como decidem as cortes?* São Paulo: FGV, 2013.

RODRIGUEZ, José Rodrigo; PÜSCHEL, Flavia; MACHADO, Marta. *Dogmática é conflito*. São Paulo: Saraiva, 2012.

TAVARES, Francisco; VELLOSO, Ellen. "'A gente ainda nem começou': repertórios de confronto político nas escolas ocupadas em Goiânia (2015)". *10º Encontro da ABCP*, Belo Horizonte, 2016.

TAVOLARI, Bianca; LESSA, Marília; MEDEIROS, Jonas; MELO, Rúrion; JANUÁRIO, Adriano. "As ocupações de escolas públicas em São Paulo (2015-2016): disputas entre o direito à manifestação e o direito de posse". *Novos Estudos CEBRAP*, São Paulo, v. 37, nº 2, pp. 291-310, maio-ago. 2018.

TOKARNIA, Mariana. "Mesmo preparadas, escolas ocupadas em Anápolis terão início das aulas adiado". *Agência Brasil*, 19/1/2016.

TROMBINI, Maria Eugênia; MAFRA, Matheus. *Diálogos sobre justiça e conflitos fundiários urbanos*. Curitiba: Terra de Direitos, 2017.

WERLE, Denílson; CARDOSO, Evorah; SILVA, Felipe Gonçalves da; REPA, Luiz; MACHADO, Maíra; MACHADO, Marta; SPÉCIE, Priscila; MELO, Rúrion; COSTA, Sérgio. "Para além da inefetividade da lei: Estado de direito, esfera pública e antirracismo". In: LAVALLE, Adrián (org.). *O horizonte da política*. São Paulo: UNESP, 2012, pp. 261-306.

13

Sociedade civil, esferas públicas e desobediência civil: uma comparação entre dois movimentos de ocupação de escolas[1]

Jonas Medeiros,[2] *Adriano Januário*[3] *e Rúrion Melo*[4]

Introdução

A ocupação de escolas públicas se tornou uma forma de ação coletiva concebível e rotineira no Brasil somente a partir do final de 2015. Depois que estudantes secundaristas paulistas inauguraram o primeiro movimento massivo de escolas ocupadas, diversos estados vivenciaram a eclosão de mobilizações, com diferentes pautas específicas, mas que convergem na defesa da escola pública. Muitas reflexões acerca das ocupações se detêm no potencial criativo (e até mesmo prefigurativo) destas ações coletivas no sentido de apontar para a construção de novos modelos educacionais e pedagógicos.

O presente texto pretende contribuir para esse conjunto de reflexões tomando como ponto de partida o desenvolvimento destes movimentos centrados na ação direta em seu *contexto social* próprio — sem abstraí-lo, como se costuma fazer em algumas reflexões de caráter mais "filosófico" e "teórico-político" —, uma vez que tais movimentos não ocorreram em um "vácuo"; ou seja, pretende-se apresentar a dependência dos movimentos de

---

[1] Uma primeira versão deste texto foi apresentada no I Encontro Internacional da Rede Escola Pública e Universidade, na UFABC, campus Santo André, em maio de 2017. Já uma segunda versão — modificada e ampliada — foi apresentada no 41° Encontro Anual da ANPOCS, em Caxambu, em outubro de 2017. Agradecemos a Antonia Malta Campos por auxiliar na coleta preliminar de dados sobre a imprensa.

[2] Doutor em Educação pela FE-Unicamp, pesquisador associado do NDD-CEBRAP, onde realiza pós-doutorado, e um dos autores do livro *Escolas de luta* (2016).

[3] Doutor em Filosofia pelo IFCH-Unicamp e pesquisador associado do NDD-CEBRAP, onde realiza pós-doutorado..

[4] Professor doutor de Ciência Política na FFLCH-USP e pesquisador permanente do NDD-CEBRAP.

ocupação da significativa construção de uma densa rede de apoio no interior da sociedade civil.[5] Trabalhamos com a hipótese, portanto, de que este apoio é capaz de *transformar a ação direta em desobediência civil* através da construção política da legitimidade social da ação coletiva extrainstitucional de se ocupar escolas. A desobediência civil pode ser mobilizada em contextos de fechamento institucional a fim de forçar a reabertura institucional. Além disso, as formas de contestação política também podem almejar a democratização e a pluralização da própria esfera pública (Celikates, 2016).

Escolhemos dois movimentos a fim de comparar seus desdobramentos e avançar na compreensão destas dinâmicas entre a desobediência civil e a disputa hegemônica na sociedade civil: 1) o movimento de mais de duzentas escolas ocupadas no estado de São Paulo entre novembro e dezembro de 2015 contra o projeto de "reorganização escolar" proposto pelo governo de Geraldo Alckmin (PSDB-SP) e que previa o fechamento de 94 unidades escolares; e 2) o maior movimento estadual de ocupação de escolas já ocorrido até o momento no país, cerca de 850 escolas ocupadas no Paraná contra a Medida Provisória (MP) da reforma do ensino médio e a Emenda Constitucional nº 95, que impôs um teto para os gastos públicos, ambos os projetos propostos pelo presidente Michel Temer (PMDB).

Em comum aos projetos governamentais[6] propostos nos âmbitos estadual (caso do movimento paulista) e federal (caso do movimento paranaense) a respeito de reformas educacionais, é possível encontrar pelo menos duas características centrais: um caráter "*liberalizante*", ou seja, uma centralidade do ajuste fiscal e do corte de gastos, além de currículo orientado para o mercado de trabalho; e um caráter *autoritário*, ou seja, em nenhum dos projetos houve o amplo debate público e político e a participação democrática

---

[5] Partimos da hipótese inicialmente formulada no livro *Escolas de luta* (Campos *et al.*, 2016), de que os fatores que explicam a vitória (parcial) dos secundaristas paulistas formam uma tríade: 1) a flexibilidade e criatividade na adaptação dos repertórios de ação coletiva conforme a mudança da conjuntura, os estudantes deliberaram "viradas táticas" de modo reflexivo, mas com um caráter relativamente espontâneo na adesão de outros estudantes que não participavam ativamente destes espaços deliberativos; 2) a construção de uma densa rede de apoio na sociedade civil (tanto nas ruas quanto nas redes); e 3) alguma porosidade do Poder Judiciário a fim de reconhecer a ação direta e a desobediência civil enquanto um direito legítimo de manifestação. Neste nosso texto, vamos nos ater tão somente ao item 2. Para o item 1, cf. o capítulo 3 desta coletânea; já para o item 3, cf. o capítulo 12 e também o artigo de Tavolari *et al.* (2018).

[6] Cf. o capítulo 2 desta coletânea para um panorama das políticas públicas educacionais no Brasil contemporâneo.

das comunidades escolares e da população em geral, que são constitucional e legalmente previstas em casos de mudanças tão profundas da educação pública como estas.

Nossa metodologia se baseou em um procedimento comparativo e *reconstrutivo*, ou seja, buscamos reconstruir o *tecido social* que cada movimento estadual de ocupação de escolas revela ao desencadear as suas lutas pela escola pública, focando nos *potenciais* e *bloqueios* para a construção de uma rede de apoio às escolas ocupadas em cada sociedade civil considerada no âmbito estadual. Além de confrontar dois estudos de caso (São Paulo e Paraná) com base, inicialmente, em algumas poucas pesquisas empíricas já realizadas (Campos *et al.*, 2016; Dombrowski *et al.*, 2017; Flach e Schlesener, 2017; Januário *et al.*, 2016; entre outras), vamos nos referir à cobertura da imprensa acerca dos movimentos de ocupação em cada estado e analisar as pesquisas de opinião em torno da avaliação e do impacto de popularidade dos respectivos governos.

1. Esferas públicas e contra-hegemonia: para compreender a adesão e a oposição aos movimentos

Para efetuar a comparação entre os movimentos de São Paulo e Paraná, foram utilizadas duas categorias orientadoras: *esfera pública formal (seletiva)* e *esferas públicas informais (subalternas)* (Fraser, 1997; Perlatto, 2015), aliados a uma concepção gramsciana de *sociedade civil* na qual os conceitos relevantes para compreender as suas dinâmicas internas são *hegemonia* e *contra-hegemonia* (Gramsci, 2004).

Um dos pressupostos de nossa análise sobre a possibilidade de adesão ou de oposição da sociedade civil (ou de parcela de seus atores e instituições) em relação ao movimento de ocupações das escolas diz respeito à disputa na esfera pública no que concerne à interpretação dos atos de resistência e desobediência civil dos secundaristas. Os estudantes levantaram pretensões normativas fortes na esfera pública sobre: direitos sociais, justiça, qualidade da nossa democracia, valorização da escola pública e, por conseguinte, do uso do espaço público enquanto tal. Mas também devemos compreender suas ações como uma disputa pela democratização da própria esfera pública realmente existente, apontando para outras formas de manifestações publicamente legítimas.

Por esta razão, para a compreensão dos processos empíricos em jogo, não estamos utilizando uma concepção clássica e liberal do conceito de esfera pública. Entendemos o movimento dos secundaristas como uma forma de expressão pública alternativa, um "*contrapúblico subalterno*", como denomina Nancy Fraser, voltado a combater o modo dominante de esfera pública. Fraser afirma que grupos subalternos formam "arenas discursivas paralelas onde membros de grupos sociais subordinados inventam e circulam contradiscursos, permitindo, por sua vez, formular interpretações opostas de suas identidades, interesses e necessidades" (Fraser, 1997, p. 81).

A formação da opinião e da vontade na esfera pública, quando considerada da perspectiva dos grupos subordinados (atingidos pelos efeitos de subordinação e exclusão da opinião pública vigente e de suas instituições), pressupõe um processo de disputa entre discursos *hegemônicos* e *contra-hegemônicos*. Fraser se apoia em conceitos gramscianos com o intuito de sublinhar o tipo central, porém novo, de dominação que acompanha a esfera pública. De acordo com Fraser, o poder e a dominação exercidos pelos grupos da sociedade civil já não dependem de uma forma de opressão abertamente repressora e explicitamente violenta (o que, na modernidade, ocorreria agora apenas em momentos de crise, com guerras e ditaduras). Por ser mais "sutil" e se internalizar nos valores e opiniões da maioria, o modo de dominação baseado na "hegemonia" cultural se efetiva ordinariamente na medida em que se apoia no consentimento público dos próprios membros da sociedade civil, criando uma espécie de subordinação consentida. A esfera pública liberal moderna, por sua vez, é *a* arena política por excelência de autoafirmação da sociedade civil burguesa, ou seja, onde tal sociedade exerce sua dominação hegemônica.

De onde se justifica, em termos teóricos, a necessidade de um conceito crítico de esfera pública que supere uma série de pressupostos cujas consequências implicam a dominação prática e a exclusão dos grupos sociais subordinados na esfera pública. Fraser procura combater quatro pressupostos do modelo liberal de esfera pública: 1) o pressuposto de que a igualdade social não é uma condição necessária para a democracia política; 2) que uma esfera pública única e abrangente é sempre preferível em relação a uma multiplicidade de públicos; 3) que a esfera pública é um fórum voltado exclusivamente à deliberação sobre o bem comum, o que se chocaria com a pluralidade de formas de vida, necessidades e interesses; e 4) que ela requer uma separação desejável entre sociedade civil e Estado (cf. Fraser, 1997, p. 76). Tais pressupostos funcionariam precisamente para forçar uma legitimação dos modos de vida e posições sociais e políticas dominantes, reproduzindo-a na "esfera pública oficial". Ideias e valores culturalmente dominantes, legitimados por um consentimento público apoiado na opinião da maioria, produzem assim a forma hegemônica de dominação política. A "esfera pública oficial", afirma a autora, constitui-se como o "principal lugar institucional para a construção do consentimento que define o novo modo hegemônico de dominação" (Fraser, 1997, p. 76).

Mas ainda que, em seu diagnóstico, Fraser identifique a esfera pública como um dos mais importantes modos hegemônicos de dominação, ela também procura desenvolver um conceito renovado de esfera pública que seja útil para uma teoria crítica da democracia, por ser capaz de explicitar o potencial emancipatório da esfera pública em suas formas *contra-hegemônicas* de expressão e atuação levadas a cabo pelos grupos subordinados. Porque não possuem iguais condições sociais de participação nos processos políticos (tanto formais quanto informais), os grupos subordinados formam públicos alternativos para a tematização e deliberação sobre suas necessidades, objetivos e estratégias. Logo, o conceito de contrapúblicos subalternos precisa pressupor uma concepção de democracia política mais inclusiva à questão social, isto é, à realidade de sociedades estratificadas e culturalmente plurais. Por isto, de acordo com Fraser, o movimento antirracista e o movimento feminista são dois exemplos de contrapúblicos subalternos que se organizaram politicamente em torno de determinadas experiências de subordinação e dominação, criando, assim, espaços alternativos de socialização onde puderam formar sua própria opinião, encontrar condições públicas de deliberação e produzir contradiscursos para a tematização de suas realidades sociais.

Além de ser sensível à desigualdade social, à multiplicidade das vozes dos grupos subalternos e à pluralidade cultural de modos de vida (aspectos determinantes na caracterização de discursos alternativos e contra-hegemônicos), a concepção de esfera pública formulada por Fraser exige que se reconsidere a separação entre sociedade civil e Estado. Tal aspecto será frutífero na organização empírica do material analisado neste artigo, pois a relação entre esfera pública hegemônica e contrapúblicos subalternos se realiza de maneira dinâmica entre o espaço social informal de formação da opinião e a esfera pública oficial, mais atrelada às instituições das mídias de massa e à deliberação política formal.

Não devemos imaginar que a formação da opinião pressupõe uma adesão não disputada a valores e vontades da maioria. Mesmo no âmbito informal da formação da opinião, ancorada em modos diversos e desiguais de socialização cotidiana, a multiplicidade de públicos decorre justamente da variedade das experiências e condições sociais e culturais de existência. Valores e instituições que reproduzem os traços hegemônicos de uma cultura oficial, androcêntrica e racializada, desigual e injusta, se chocam com outras visões de mundo e aspirações contra-hegemônicas, as quais encontram suporte e se materializam em modos intermediários e alternativos de socialização e participação na vida pública. Isto pode levar a disputas entre opiniões e comportamentos no âmbito de "públicos fracos", ou seja, "públicos cuja prática deliberativa consiste na formação da opinião e não abarca ainda a tomada de decisão" (Fraser, 1997, p. 90).

O "público forte", por sua vez, segundo os conceitos de Fraser, consiste na esfera pública "*dentro* do Estado" (Fraser, 1997, p. 90). Mesmo sendo pensado já atrelado ao sistema político, o público forte ainda assume a forma deliberativa de comunicação e argumentação no papel do Parlamento. Certas constrições deliberativas institucionalizadas (na medida em que é uma arena de tomada de decisão) e interesses de uma elite política distinguem esta dimensão formal daquela informal, mais espontânea e, em geral, tematicamente mais porosa, dos públicos fracos. A possibilidade que os grupos subordinados têm de produzir contrapoder depende assim crucialmente da capacidade de imbricação entre a dimensão mais informal e a mais formal da esfera pública, ou seja, de preencher a sociedade civil com associações secundárias ou intermediárias entre uma e outra dimensão (cf. Fraser, 1997, p. 89). Como veremos a seguir, tal imbricação é muito difícil de acontecer e envolverá uma disputa acerca da legitimidade das ações de tais grupos perante a opinião pública.

Jürgen Habermas, partindo desta distinção entre públicos fracos e fortes de Fraser, procurou analisar de maneira semelhante as dificuldades desta mesma imbricação. Segundo o autor, mídias de massa são responsáveis em geral pela disseminação de determinados valores e opiniões, assegurando a reprodução hegemônica dos grupos sociais e políticos dominantes. Há certamente uma grande desigualdade de poder quando comparamos os formadores oficiais de opinião com a capacidade das mídias alternativas e seus contradiscursos. O mesmo acontece quando olhamos para a "circulação do poder" (Habermas, 1994, cap. 8) de cima para baixo, isto é, a partir do modo politicamente blindado dos públicos fortes dentro do Estado. O grau de porosidade extremamente pequeno do público forte decorre, em termos formais, do engessamento das instituições, da burocracia do sistema político e dos interesses da elite política no jogo do poder. Já em termos substantivos, o público forte se encontra geralmente respaldado pela lealdade da opinião da maioria.

Estas "barreiras de poder", que reforçam a manutenção normalizada da hegemonia da esfera pública oficial, só se deixam "vibrar" em situações críticas, com muita mobilização por parte da sociedade. "Nos momentos de mobilização", afirma Habermas, "começam a vibrar as estruturas sobre as quais se apoia a autoridade de um público que toma posição. Assim, alteram-se as relações de força entre sociedade civil e sistema político" (Habermas, 1994, p. 458). Em casos normais, o poder estabelecido pela esfera pública oficial e pelo governo se autonomiza diante dos contrapúblicos. Mas quando as pessoas "agudizam seus protestos", quando se torna claro o "sentido de uma pressão acentuada por legitimação" (Habermas, 1994, p. 462), então os cidadãos têm a oportunidade de inverter a direção do fluxo do poder na esfera pública.[7] E este processo remete justamente à gênese da expressão social representada pelos atos de *desobediência civil*.

Segundo o autor, não é possível compreender o fenômeno da desobediência civil com base em argumentos meramente legalistas e, sobretudo, argumentos que criminalizam movimentos sociais. Habermas combate o que chama de adeptos do "legalismo autoritário", cujo lema principal diz que toda "resistência sem violência é violência", ressaltando assim que para alguns juristas e advogados do direito penal contrários às manifestações sociais "mesmo a desobediência civil sem violência seria ilegal" (Habermas, 2015, p. 127). A desobediência civil ressaltaria, em termos normativos, exatamente esta distinção entre o que é legal e o que é a pretensão de legitimidade do Estado de direito. Portanto, contra a interpretação do "legalismo autoritário", que desconhece os fundamentos morais e a cultura política de uma coletividade democrática desenvolvida, para Habermas o Estado democrático de direito não se esgota em sua ordem legal: a tarefa paradoxal do Estado de direito consiste em que este não pode assumir uma forma institucionalmente garantida. E a desobediência civil apontaria para este paradoxo ao ressaltar que regulações legais podem ser ilegítimas mesmo no Estado democrático de direito, ou seja, tanto "ao reconhecer as violações legais à legitimidade" quanto ao "agir também ilegalmente por discernimento moral" (Habermas, 2015, p. 139).

Há um pressuposto na interpretação habermasiana segundo o qual o Estado de direito como um todo não deve ser entendido como um construto acabado, mas como um empreendimento histórico e político vulnerável, que produz, preserva e amplia sua própria ordem jurídica legítima sob circunstância modificáveis. Atos de desobediência civil, portanto, fazem parte do projeto histórico constitucional de coletividades políticas, cuja tensão

[7] No contexto da história da esfera pública brasileira, cf. a reconstrução do papel dos públicos subalternos e sua relação com a cultura hegemônica em Perlatto (2015).

constitutiva entre legalidade e legitimidade se mostra desejável em democracias desenvolvidas. Nesse sentido, "a desobediência civil tem de permanecer em suspenso entre a legitimidade e a legalidade" (Habermas, 2015, p. 143). Pois só deste modo atos de desobediência civil lançariam luz sobre o fato de o Estado democrático de direito também apontar, com seus princípios constitucionais legitimadores, para além de todas as formas de configuração jurídico-positiva. Por *não fundar a legitimidade na mera legalidade* — tal é o núcleo do argumento — o Estado de direito não pode exigir de seus cidadãos obediência incondicional ao direito, mas apenas uma "obediência qualificada": "O Estado constitucional moderno só pode esperar de seus cidadãos a obediência às leis se e na medida em que se apoia em princípios dignos de reconhecimento, a cuja luz o que é legal pode justificar-se então como legítimo — ou, dado o caso, ser reprovado como ilegítimo" (Habermas, 2015, p. 136).

Portanto, Habermas atribui às ações de revolta e de protesto na esfera pública um papel central para a compreensão de nossas culturas políticas democráticas. A definição de Habermas para desobediência civil passa necessariamente pela capacidade de atuação de "contrapúblicos subalternos" e de suas tematizações alternativas, compreendendo-os como expressão social de "protesto contra decisões impositivas as quais são ilegítimas no entender dos atores, apesar de terem surgido legalmente à luz de princípios constitucionais vigentes" (Habermas, 1994, p. 462). Ou seja, a desobediência civil escancara a separação entre sistema político e expectativas dos contextos sociais de vida, mostrando que os cidadãos não aceitam simplesmente que as deliberações e as decisões políticas institucionalizadas se blindem diante das demandas e aspirações da esfera pública: "A desobediência civil se relaciona à sua própria origem na sociedade civil, que em casos de crise atualiza o conteúdo normativo do Estado democrático de direito no *medium* da opinião pública e se contrapõe à inércia sistêmica da política institucional" (Habermas, 1994, p. 463).

Torna-se claro, por seu turno, que se a legalidade não produz nem assegura a legitimidade, e apenas à sociedade civil compete assumir o papel de fonte de aspirações por legitimação, também a legitimidade permanece intrinsecamente atrelada às interpretações e, eventualmente, às disputas políticas, culturais e sociais que ocorrem na esfera pública. Isso significa que a legitimidade das ações políticas permanece vinculada em grande medida às opiniões e ideias partilhadas socialmente. O que pode levar a que certos atos (como as ocupações das escolas) sejam considerados legítimos ou ilegítimos, constituindo ou não desobediência civil (e não apenas legais ou ilegais, pois neste caso se trata de uma disputa no campo do direito positivo), dependendo da relação entre sociedade civil e esfera pública em cada contexto de conflito.

2. Comparação entre os estudos de caso

2.1. *Apoio às ocupações em São Paulo: um arranjo contra-hegemônico bem-sucedido*

Os estudantes paulistas foram razoavelmente bem-sucedidos em seu protesto, pois conseguiram suspender a "reorganização escolar" em grande parte pela mobilização e transformação da opinião pública (que já era contrária ao projeto) em uma densa rede de apoio às ocupações, tanto nas ruas — no cotidiano das escolas ocupadas — quanto nas redes — nas mídias sociais digitais. No final de outubro de 2015, antes da primeira escola ser ocupada, mas quando a "reorganização" já havia sido anunciada (e os estudantes já estavam agindo coletivamente para protestar[8] contra o projeto), mais da metade da população paulista (59%) era, segundo pesquisa Datafolha, contrária à proposta do governo estadual (Campos *et al.*, 2016, p. 257). No final de novembro, quando o movimento de ocupação de escolas já havia se massificado, uma quantidade praticamente igual de pessoas (55%) se declarou favorável aos secundaristas ocuparem suas escolas (Campos *et al.*, 2016, p. 266).

A cobertura da imprensa acerca da "reorganização" foi, de início, favorável às narrativas do governo estadual, como evidencia o uso retórico do termo "abertura de escolas" para se referir às unidades escolares que passariam a ter apenas um ciclo (por exemplo, somente Ensino Fundamental I) e a utilização insistente de aspas para se referir às escolas que seriam "fechadas". Além disso, o jornal *Folha de S. Paulo* decidiu adiar por mais de uma semana a publicização de pesquisa Datafolha sobre a popularidade do governador (Campos *et al.*, 2016, pp. 280-1). Posteriormente, essa pesquisa

---

[8] Antes da primeira escola ser ocupada (a Escola Estadual Diadema, em 9 de novembro de 2015), foram identificadas em levantamento na imprensa (nacional e local) ao menos 163 manifestações de rua, em mais de sessenta cidades espalhadas por todo o estado de São Paulo, durante seis semanas: da última semana de setembro à primeira de novembro (Campos *et al.*, 2016, pp. 41-3).

revelou que o índice de popularidade do governador teria atingido sua pior marca.

No entanto, esse posicionamento da cobertura mostra-se muito mais complexo e ambíguo ao se olhar mais de perto. *O Estado de S. Paulo*, por exemplo, entrou com pedido tendo como base a Lei de Acesso à Informação para forçar o governo estadual a apresentar as pesquisas que supostamente embasariam o projeto da "reorganização". Ao se liberar seu acesso, contudo, foi revelado que se tratava de um estudo bastante frágil e precário: uma análise univariada que sofreu críticas de especialistas em política pública e em estatística (Campos *et al.*, 2016, pp. 28-9). Já a *Folha de S. Paulo*, além de ter publicado no jornal impresso reportagem realizada por jornalista que esteve dentro da ocupação da Escola Estadual Fernão Dias enquanto esta foi cercada pela Polícia Militar, publicou no site da *TV Folha* um vídeo de quase dez minutos sobre o cotidiano das escolas ocupadas, bastante simpático ao movimento. Em poucos dias, o vídeo foi retirado do ar e editado, a fim de, supostamente, apresentar uma abordagem mais "equilibrada".

Passando da grande imprensa para a abertura institucional do estado ao movimento secundarista, as principais fissuras à atuação conjunta e fechada (burocrática e autoritária) das secretarias estaduais da Educação (SEE-SP) e da Segurança Pública (SSP-SP) foram a atuação (crescentemente articulada) do Ministério Público (MP) e da Defensoria Pública (DP) estaduais. De início, MP e DP agiram para garantir o direito de liberdade à manifestação das crianças e dos adolescentes. Conforme a Procuradoria-Geral do Estado de São Paulo pediu a reintegração de posse das duas primeiras escolas na capital paulista (E.E. Fernão Dias e E.E. Salvador Allende) e o juiz da primeira instância deferiu este pedido, ele foi parar na Central de Mandados. Por uma decisão individual deste segundo juiz, foi convocada uma audiência pública. Na nossa interpretação, este é um exemplo paradigmático de um "público forte" no sentido de Fraser (1997), pois implicou uma decisão final do juiz permeada pelo debate público entre diferentes atores sociais.[9] O juiz da primeira instância, ao entrar em contato com a realidade da escola ocupada, percebeu que a argumentação do governo estadual (inteiramente baseada na *deslegitimação* da ocupação, afirmando que os estudantes eram

---

[9] Esta tese bem como uma análise empírica interdisciplinar (mobilizando direito, sociologia e filosofia) da articulação entre argumentos jurídicos e esferas públicas no processo de reintegração de posse das escolas ocupadas na cidade de São Paulo podem ser encontradas em maior profundidade em Tavolari *et al.* (2018).

manipulados pelo sindicato dos professores da rede pública estadual, filiado à central sindical ligada a um partido político de oposição) não tinha base: o juiz voltou atrás e o pedido de reintegração de posse foi suspenso, reconhecendo juridicamente a *legitimidade* do direito de protesto de crianças e adolescentes (os quais devem receber, segundo o Estatuto da Criança e do Adolescente, tratamento especial). A solução repressiva inicialmente aventada pelo governo estadual, de desocupar a escola à força com a Polícia Militar, foi vetada temporariamente pelo Poder Judiciário (Campos *et al.*, 2016, pp. 95-9).

O Tribunal de Justiça de São Paulo (TJ-SP) continuou, em seguida, surpreendendo, ao realizar uma audiência pública também na segunda instância (algo relativamente raro de acontecer). Um novo "público forte" se formou, trazendo representantes de dezenas de escolas ocupadas da capital paulista a um auditório, com uma mesa composta por desembargadores, o secretário estadual de Educação, a presidente do sindicato dos professores e o promotor de justiça do GEDUC (Grupo de Atuação Especial de Educação do MP-SP). Uma defensora pública foi, no decorrer da audiência, se tornando uma espécie de mediadora informal do processo, ante a inexperiência do TJ-SP em se abrir à sociedade civil. Ao se tornar momentaneamente permeável às experiências e aos discursos dos secundaristas, o Judiciário se revelou mais poroso do que o Poder Executivo, que se mantinha intransigente na decisão de implementar a "reorganização escolar" a qualquer custo. Com base no debate público realizado, os desembargadores tomaram decisão unânime pela suspensão de todas as reintegrações de posse de escolas ocupadas na cidade de São Paulo com base no reconhecimento explícito da legitimidade da ocupação de escolas enquanto desobediência civil (Campos *et al.*, 2016, pp. 161-8).

Contudo, estas duas audiências públicas de conciliação realizadas no âmbito do TJ-SP não explicam sozinhas o processo de construção política da legitimação social da ocupação de escolas enquanto desobediência civil; é preciso considerar a formação paulatina de uma densa e intensa rede de apoio aos secundaristas na sociedade civil paulista.

Nas redes sociais da internet, por exemplo, circularam informações por páginas de Facebook de grupos políticos apoiadores (Não Fechem Minha Escola, O Mal Educado, Território Livre, UBES, UPES-SP, ANEL etc.), da mídia alternativa (Jornalistas Livres, Centro de Mídia Independente etc.) e das próprias escolas ocupadas (foi possível computar em torno de 150 páginas individuais das "Ocupas"), além de um grupo nesta rede social chamado "Sociedade Civil Pró Escolas Ocupadas". Além disso, campanhas virtuais foram criadas: #DoeUmaAula (uma plataforma com um formulário online para cadastrar e oferecer atividades e aulas a serem doadas para as ocupações), #DeGuardaPelasEscolas (um cadastro para receber mensagens por celular no caso de uma escola sofrer abusos ou violências) e #OcupaEstudante (inspirada na #AgoraÉQueSãoElas, convidava secundaristas a ocuparem sites e blogs de notícia[10] para narrar sua própria luta e experiência). Vídeos postados a partir das páginas das ocupações foram viralizados, como, por exemplo: 1) quando um menino confrontou um policial militar que havia entrado na ocupação de forma ilegal, pois não tinha em mãos um mandado judicial (Campos *et al.*, 2016, pp. 200-1); e 2) quando uma menina corrigiu um jornalista da Rede Globo, que havia chamado, de modo errôneo e estigmatizador, a ocupação de "invasão" (Campos *et al.*, 2016, p. 194). Estes são exemplos paradigmáticos de como a internet possibilita ou reforça o confronto com as autoridades constituídas, seja ela a PM ou a grande imprensa.

Não foi, contudo, apenas nas redes *online* que os estudantes ganharam apoio. Diversos advogados prestaram, individual e coletivamente, assessoria jurídica em momentos que os estudantes tiveram seus direitos ameaçados ou violados.[11] E o próprio cotidiano da escola ocupada foi transformado, tendo em vista que a ocupação era vitalizada dia após dia com oficinas doadas por diferentes atores: coletivos culturais organizavam saraus no interior das escolas ocupadas; estudantes e professores universitários doaram aulas e atividades as mais diversas; e, por fim, o tipo de atividade que mais foi registrado foram as oficinas sobre gênero e feminismo[12] doadas por coletivos feministas (muitos deles universitários) e, em geral, contando com a participação tanto de meninas quanto de meninos (Campos *et al.*, 2016, p. 138); esta articulação dos secundaristas com sujeitos sociais diversos transformou cada escola ocupada (em conjunto com suas páginas de Facebook) em ver-

---

[10] Alguns dos veículos alternativos que se abriram para os secundaristas ocuparem--nos com suas narrativas foram: "*Carta Capital*, *Brasil Post*, *Revista Fórum*, *Le Monde Diplomatique* (Brasil) e *Outras Palavras*, além de blogs, como Blogueiras Feministas e Periferia em Movimento" (Campos *et al.*, 2016, p. 259).

[11] Sobre um destes coletivos, o Advogados Ativistas (que inclusive produziu uma cartilha sobre os direitos dos secundaristas ocupantes), cf. Biral (2014).

[12] Para uma análise do protagonismo feminino e LGBT, além da centralidade da igualdade de gênero e da diversidade sexual para os movimentos de ocupação de escolas, cf. o capítulo 11 desta coletânea, de autoria de Marcielly C. Moresco.

dadeiros *contrapúblicos subalternos*. A presença de estudantes universitários como apoiadores também será registrado no caso do movimento paranaense; mas o movimento paulista provavelmente contou com uma pluralidade e complexidade maiores de atores, considerando, por exemplo, os movimentos culturais periféricos e também artistas e produtores culturais.

Outra singularidade da rede de apoio ao movimento secundarista em São Paulo foi justamente o grau de adesão de indivíduos do que pode ser chamado de *mainstream* da indústria cultural, como artistas e celebridades. Humoristas (Gregorio Duvivier, Monica Iozzi, Rafinha Bastos), atores e atrizes (Leandra Leal, Pascoal da Conceição), ao menos uma cartunista (Laerte) e uma chef de cozinha (Paola Carosella) famosas e, principalmente, dezenas de músicos (como Arnaldo Antunes, Arthur Freestyle, Barbara Eugênia, Cachorro Grande, Céu, Chico Buarque, Chico Cesar, Criolo, Dado Villa-Lobos, Daniel Black, Emicida, Fernando Anitelli, Fresno, Leo Cavalcanti, Luana Hansen, Karina Buhr, Maria Gadú, MC Soffia, Paulo Miklos, Pitty, Rael, Tetê Espíndola, Tico Santa Cruz, Tiê, Tulipa Ruiz, Vanguart, Vespas Mandarinas, Xis, Yzalú e Zélia Duncan, dentre outros) demonstraram apoio aos secundaristas, seja pelas redes sociais, seja por declarações à imprensa ou então visitando as escolas ocupadas. O ponto alto do que chamamos em outra ocasião de *mainstreamização* do apoio ao movimento foi a chamada Virada das Ocupações, organizada pela ONG Minha Sampa e realizada nos dias 6 e 7 de dezembro, contando com "cerca de 2 mil voluntários e oitocentos artistas" além de cerca de 20 mil espectadores (Campos *et al.*, 2016, pp. 263-4); os shows, que ocorreram de forma descentralizada, em vários palcos (como as escolas ocupadas ou então praças), acabaram funcionando como uma espécie de comemoração do recuo do Governo Alckmin, que havia anunciado em 4 de dezembro de 2015 a suspensão da "reorganização escolar".

Mais uma demonstração do grau de adesão e da disposição de apoio de uma ampla parcela da sociedade civil (paulista e principalmente paulistana) foi a participação de adultos e adolescentes sem vínculo direto com a escola pública. Ex-estudantes de escolas privadas ou então pais e mães cujos filhos frequentam escolas privadas buscaram diferentes formas de apoiar a mobilização secundarista. E também foi possível verificar a participação de adolescentes que estudavam naquele momento na rede particular de ensino — seja como apoiadores do movimento (visitando as escolas ocupadas, dialogando com os secundaristas da rede pública ou até mesmo dormindo eventualmente uma noite na ocupação), seja como ocupantes efetivos e participantes legítimos do movimento —, algo que, até o momento, não foi possível detectar em outros movimentos massivos de ocupação de escolas estaduais em outras regiões do país.[13]

Outros setores da sociedade civil que se mobilizaram para apoiar os secundaristas foram intelectuais públicos, organizações ligadas ao direito à educação e até mesmo torcidas organizadas. Também foi constituído um Comitê de Mães e Pais em Luta, o qual enviou, junto com a ONG Artigo 19, um dossiê compilando "violências e arbitrariedades cometidas pelas autoridades paulistas, policiais e governamentais contra os estudantes" para a Comissão Interamericana de Direitos Humanos da OEA (Organização dos Estados Americanos) (Campos *et al.*, 2016, p. 254).

É verdade que nem toda a população paulista se posicionou favoravelmente às ocupações secundaristas. O governo estadual, com o auxílio da juventude de seu partido (o PSDB), buscou de diferentes formas mobilizar pais e alunos contra as escolas ocupadas (Campos *et al.*, 2016, pp. 210-3). Foram verificadas reuniões convocadas por diretoras e abrigadas em paróquias nas regiões das escolas ocupadas (ao menos três destas reuniões foram identificadas — nas regiões central, leste e norte — em paróquias ligadas à Arquidiocese de São Paulo, cujo arcebispo é Dom Odilo Scherer); o roteiro destas reuniões consistia em impedir a participação dos ocupantes, caso estes soubessem da data e do local do encontro, e prometer aos pais que as aulas voltariam na manhã do dia seguinte ou que as notas seriam divulgadas ou então que as matrículas seriam realizadas; o plano premeditado era criar uma situação na qual um grande número de pais se dirigiria para a escola (que permanecia ocupada, ou seja: nada havia mudado neste sentido) e quando eles percebessem que a desocupação não tinha ocorrido, a expectativa era que se formasse um movimento de pressão e, eventualmente, de entrada violenta para forçar a desocupação (Campos *et al.*, 2016, pp. 219-26). Até onde foi possível verificar, este plano elaborado pela burocracia escolar não

---

[13] A mobilização das escolas privadas paulistanas se aprofundou e se autonomizou em 2017, quando professores (e estudantes) aderiram à greve geral de 28 de abril em pelo menos 233 colégios; cf. "Mais escolas particulares de SP aderem à greve geral; veja lista completa", *O Estado de S. Paulo*, 27/4/2017, disponível em: <http://educacao.estadao.com.br/noticias/geral,mais-escolas-particulares-de-sp-aderem-a-greve-geral-veja-lista-completa,70001755351>, acesso em 26/9/2017. Já em 2018, professores de escolas privadas da capital paulista protagonizaram uma das primeiras resistências aos efeitos deletérios da reforma trabalhista aprovada no ano anterior: cf. Thais Carrança, "Paralisação de professores atinge mais de noventa escolas em SP", *Valor Econômico*, 29/5/2018, disponível em: <http://www.valor.com.br/brasil/5556819/paralisacao-de-professores-atinge-mais-de-90-escolas-em-sp>, acesso em 6/6/2018.

foi, em geral, bem-sucedido. Muito provavelmente devido à *legitimidade* que o movimento secundarista já havia construído nas comunidades escolares e na opinião pública paulista como um todo.[14]

Ao final do mês de novembro de 2015, nova pesquisa Datafolha realizada revelou queda incomum de popularidade do governador Geraldo Alckmin. De outubro de 2014, passando por fevereiro de 2015 e chegando a novembro deste mesmo ano, o seu índice de ótimo/bom foi caindo sistematicamente: de 48% (na época da reeleição de Alckmin, já no 1º turno) para 38% e depois para 28%. Nunca antes na série histórica o seu índice de ruim/péssimo (de 30% em novembro de 2015) havia ultrapassado o índice de ótimo/bom. O único outro momento minimamente parecido com este foi logo após os protestos de junho de 2013, quando a popularidade de Alckmin despencou de 52% de ótimo/bom no início daquele mês para 38% (com o índice de regular ultrapassando pela primeira vez a sua aprovação). Ao analisar os dados desagregados, verifica-se que as avaliações "ótima" e "boa" caíram mais nos segmentos feminino, de maior idade e de menor escolaridade, o que levou Campos *et al.* (2016, pp. 266-7) a formular a plausibilidade da hipótese de que o governo perdeu legitimidade ante as mães e avós daqueles mesmos jovens que ocupavam exatamente naquele momento as suas escolas e sofriam investidas violentas, repressivas e criminalizadoras do poder público. É preciso lembrar que mães, vizinhos e comerciantes locais doaram durante vários dias alimentos e itens de limpeza e, eventualmente, dormiram nas ocupações para participar da sua segurança. O contato próximo com o cotidiano das escolas ocupadas deve ter prevenido as comunidades escolares de aderir e reproduzir a narrativa conservadora que estigmatizava e/ou criminalizava o protesto secundarista, transferindo a legitimidade não para os discursos e ações do poder público (seja acerca da sua proposta de reforma educacional, seja suas iniciativas repressivas) e sim para o movimento dos estudantes e seus apoiadores na sociedade civil.

O Datafolha só voltou a apurar a avaliação do Governo Alckmin no final de 2017, totalizando surpreendentes dois anos sem medir sua popularidade. Depois de seu pior momento em pleno ápice do movimento de ocupação de escolas paulistas, Alckmin praticamente recuperou os índices do início de 2015, atingindo em novembro de 2017: 34% de ótimo/bom, 38%

---

[14] Patta (2017) realizou um estudo de caso de uma escola ocupada na Zona Leste paulistana, no qual ele reconstrói a articulação de diferentes redes de poder (a burocracia escolar, a Polícia Militar, Igrejas evangélicas e famílias de estudantes) na tentativa de restaurar uma ordem conservadora contra a ocupação.

de regular e 25% de ruim/péssimo. Isto indica, por um lado, que seu segundo mandato (2015-2018) enfrentou índices mais baixos de avaliação do que o seu primeiro (2011-2014) e, por outro, que muito provavelmente foi o movimento secundarista o responsável pelo seu momento de maior impopularidade. A agudização dos conflitos e dos protestos no final de 2015 atingiram a legitimidade do governador paulista, a ponto da retirada do projeto da "reorganização escolar" passar a ser considerada, por conta da avaliação de que os desdobramentos da mobilização estudantil poderiam prejudicar as suas pretensões presidenciais para 2018 (Campos *et al.*, 2016, pp. 282-3).

Gráfico 1
AVALIAÇÃO GERALDO ALCKMIN (PSDB-SP)[15]

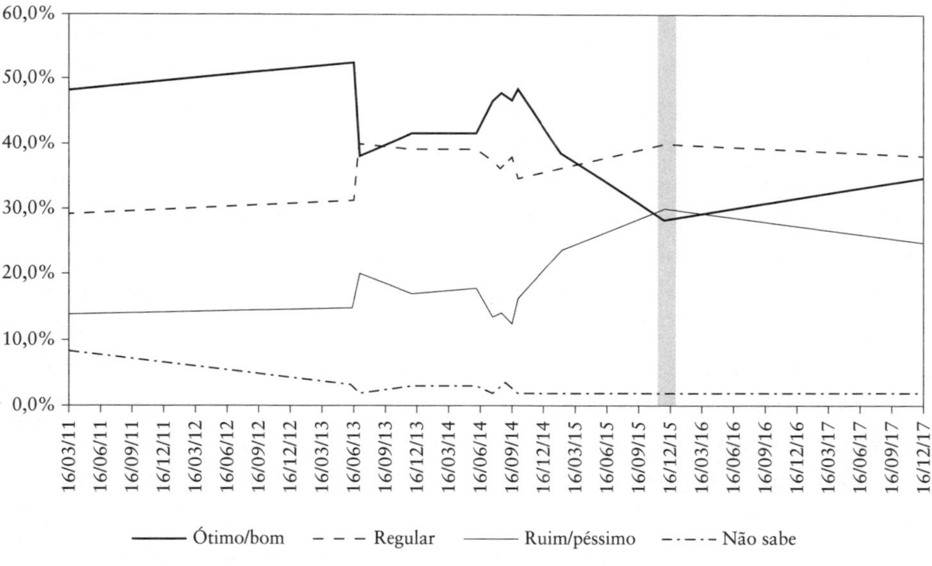

Fonte: Elaboração própria a partir de dados do Instituto Datafolha.

2.2. Assédio e reação em prol da desocupação das escolas no Paraná: polarização e hegemonia

O movimento de ocupação de escolas no Paraná foi o maior que o Brasil já viveu até o momento, tendo sido também o segundo maior da his-

[15] O retângulo vertical cinza destaca aproximadamente o período no qual ocorreu o movimento de ocupação de escolas.

tória mundial.[16] Contudo, mesmo com este grau de massificação do movimento (primeiro paranaense, depois nacional), a PEC do teto dos gastos e a MP da reforma do ensino médio passaram no Congresso entre o final de 2016 e o início de 2017; tentaremos iniciar o deciframento do enigma deste desencontro entre uma parcela significativa da sociedade civil brasileira, que se manifestou contrária a estas e outras medidas, e o sistema político, completamente alheio a estes protestos.

Um dado inicial ao qual temos acesso é uma pesquisa de opinião realizada no início de novembro de 2016 pelo Instituto Paraná Pesquisas acerca das percepções da população paranaense sobre este movimento massivo de ocupação de escolas. Embora a maioria dos paranaenses entrevistados tenha afirmado considerar válidas as reivindicações dos alunos (62,2% contra 27,9%), ser contra a reforma do ensino médio (51,2% contra 38,2%) e em uma proporção maior ainda contra a PEC do teto dos gastos públicos (64,7% a 29,6%), a maioria das pessoas desaprovava a ocupação dos colégios estaduais pelos estudantes (69,0% a 28,3%) e uma quantidade maior ainda achava que "Os estudantes deveriam desocupar as escolas e adotar outras formas de se manifestar" (84,2% a 13,1%). Estes dados demonstram que a população paranaense legitimava a pauta de reivindicações dos estudantes mas não reconhecia a legitimidade da tática adotada — a ação direta via ocupação de colégios estaduais — diferentemente da população paulista, cuja maioria se alinhava aos secundaristas tanto na demanda (59% eram contra o projeto da "reorganização escolar" em outubro de 2015) quanto na forma de ação coletiva (55% eram favoráveis às ocupações em novembro de 2015).

O discurso do governador paranaense Beto Richa (PSDB) buscava associar as escolas ocupadas a baderna, crimes e uso de drogas e álcool, além de tratar os secundaristas como incapazes de ação política autônoma, supostamente vítimas de "doutrinação ideológica" por parte de sindicalistas ligados ao PT e à CUT (Dombrowski *et al.*, 2017, pp. 5 e 8). Esta tentativa de apelar a um "discurso conservador", de criminalização e estigmatização das ocupações (muito similar à do Governo Alckmin em São Paulo), ganhou fôlego a partir da morte de um estudante secundarista dentro de uma escola ocupada. Toda a imprensa deu grande destaque ao episódio, repercutindo o

---

[16] O movimento paranaense perde apenas para uma mobilização secundarista ocorrida na Grécia entre 1990 e 1991 contra uma reforma educacional de caráter neoliberal, na qual foram ocupadas mais de 2 mil escolas, ao menos uma em cada cidade do país (cf. Giovanopoulos e Dalakoglou, 2011).

discurso do secretário estadual de Segurança Pública, que inicialmente disse "que o incidente foi um fato isolado e que não tinha qualquer relação com algum conflito no interior da ocupação, ou com pessoas contra o movimento"; mas ele também afirmou que seria uma "tragédia presumida", pelo que ele apontou como um "grande número de denúncias de tráfico e consumo de drogas no interior das instituições ocupadas" (*apud* Dombrowski *et al.*, 2017, p. 11). Contudo, quem visitou as escolas ocupadas, verificou como o consumo de álcool e outras drogas era proibido taxativamente (Dombrowski *et al.*, 2017, p. 16). O assassinato do jovem, no final de outubro de 2016, marcou uma guinada conservadora e reacionária contra as ocupações.

A intensidade de sua massificação e viralização abriu, inicialmente, algumas "fissuras" no estado paranaense. O Ministério Público Estadual emitiu ofício circular defendendo a liberdade de manifestação e orientando os demais órgãos públicos a defender os direitos da criança e do adolescente; isto teve como efeito a contenção, em um primeiro momento, da repressão e a neutralização da criminalização do movimento social (Dombrowski *et al.*, 2017, p. 6). A Defensoria Pública do Estado do Paraná "conseguiu derrubar uma liminar de reintegração de posse das escolas ocupadas no município de São José dos Pinhais" (Dombrowski *et al.*, 2017, p. 7). A ACTEP (Associação dos Conselhos Tutelares do Estado do Paraná) recomendou os conselheiros tutelares a garantir o direito de manifestação segundo o Estatuto da Criança e do Adolescente, o que também contribuiu para combater a repressão (Dombrowski *et al.*, 2017, p. 7). Assim como o Centro de Apoio Operacional das Promotorias da Criança e do Adolescente se manifestou contra ameaças perpetradas pelo governador Beto Richa, conectando a liberdade de pensamento, associação e protesto à missão constitucional da escola pública de preparar para o exercício da cidadania (Flach e Schlesener, 2017, p. 177). Algo similar às audiências públicas nas quais o TJ-SP se abriu aos discursos dos secundaristas paulistanos foi a fala[17] da estudante Ana Júlia no Assembleia Legislativa do Paraná (AL-PR). Seu discurso emocionado de dez minutos na tribuna, eventualmente interrompido por aplausos ou falas dos deputados estaduais ali presentes, viralizou nas redes sociais e foi repercutido pela imprensa nacional e internacional. Ela criticou a MP da reforma do ensino médio, a PEC do teto dos gastos públicos e o PL da "Escola Sem Partido", além de convidar os políticos a visitarem uma escola ocupada (Dombrowski *et al.*, 2017, p. 13).

---

[17] Seu discurso pode ser assistido no seguinte link: <https://www.youtube.com/watch?v=aNo8BjBObXY>.

Junto com aquela ofensiva estigmatizadora do governo estadual, corroborada pela imprensa, verifica-se a atuação do Movimento Brasil Livre (MBL). Ao se comparar o movimento de ocupações no Paraná em relação ao caso paulista, apesar de ter sido o maior movimento de ocupação de escolas até o presente, foi onde se verificou a emergência mais explícita de uma mobilização, na base da sociedade civil, contrária aos estudantes das escolas ocupadas, o que levou a uma espécie de polarização que reproduziu os conflitos políticos pró e anti-impeachment (da presidente Dilma Rousseff), e que foi chamado de "contraofensiva conservadora" (Flach e Schlesener, 2017, p. 176). O MBL integrou o movimento Desocupa Paraná, participando de reuniões com o estado, militando nas redes sociais e até mesmo utilizando da violência para tentar forçar desocupações de escolas e universidades. O "Desocupa" e o governo estadual de Beto Richa (PSDB-PR) ganharam "força e adesão" depois da morte do jovem dentro de uma escola ocupada. Segundo artigo sobre o Paraná, "As ações de agentes públicos e privados na contenção do movimento estudantil colaboraram, seja por meio da coerção ou do consenso, para que a hegemonia dominante se mantivesse, supostamente, inquebrável" (Flach e Schlesener, 2017, p. 184). O MBL promoveu uma campanha de "assédio e terror"; em um dos episódios, cinco homens liderados por um candidato a vereador derrotado tentaram arrombar e invadir uma escola ocupada em Curitiba (Dombrowski *et al.*, 2017, p. 11). Em outro colégio, também na capital paranaense, a comunidade escolar se viu obrigada a fazer um cordão de isolamento para proteger a escola, que o MBL tentava desocupar à força.[18] Em São Paulo, em 2015, houve tentativas similares, mas em

---

[18] Notícias de inúmeros órgãos da imprensa registram esta atuação do MBL na repressão civil e "paraestatal" às escolas ocupadas:

Estelita Hass Carazzai, "Sindicatos, partidos e MBL inflamam tensão em ocupação de escolas no PR", *Folha de S. Paulo*, 29/10/2016, disponível em: <https://www1.folha.uol.com.br/educacao/2016/10/1827500-sindicatos-partidos-e-mbl-inflamam-tensao-em-ocupacao-de-escolas-no-pr.shtml>, acesso em 7/6/2018;

Equipe Vice Brasil, "PM impede MBL de invadir escola ocupada no Paraná, *Vice*, 28/10/2016, disponível em: <https://www.vice.com/pt_br/article/78zaab/pm-impede-mbl--invadir-escola-ocupada>, acesso em 7/6/2018;

Rogério Galindo, "MBL e estudantes de ocupação entram em confronto. Caso vai parar na Delegacia da Mulher", *Gazeta do Povo*, 19/10/2016, disponível em: <https://www.gazetadopovo.com.br/blogs/caixa-zero/mbl-e-estudantes-de-ocupacao-entram-em--confronto-caso-vai-parar-na-delegacia-da-mulher/>, acesso em 7/6/2018;

Julio Cesar Lima, "MBL tenta desocupar colégios no Paraná à revelia da Justiça", *O Estado de S. Paulo*, 28/10/2016, disponível em: <https://educacao.estadao.com.br/no-

quantidade e intensidade muito menores, além de malsucedidas; nada comparável ao que se verificou no Paraná.

Por outro lado, não foi apenas uma rede de apoio aos governos estadual e federal e pela desocupação dos colégios que se formou na sociedade civil; também houve uma rede de apoio à mobilização secundarista. Assim como em São Paulo, foram doadas atividades e oficinas aos colégios ocupados; estudantes e professores universitários doaram aulas de preparação para o ENEM, assim como promoveram debates, palestras, oficinas e aulas sobre a MP da reforma do ensino médio e a PEC do teto dos gastos públicos (Dombrowski *et al.*, 2017, pp. 6 e 16). O intercâmbio com as universidades também se deu no plano do repertório da ação coletiva, no momento em que estudantes universitários se inspiraram nos secundaristas para ocupar suas faculdades, também em protesto contra a PEC. Dombrowski *et al.* (2017, p. 2) também registram a presença de bolsistas do PIBID da Unioeste em escolas que foram ocupadas na região do município de Cascavel-PR. Advogados ativistas também foram importantes no auxílio jurídico ao movimento secundarista (além da assessoria jurídica prestada pelo Ministério Público, Defensoria e conselheiros tutelares, como já nos referimos anteriormente), como, por exemplo, o movimento Advogados pela Democracia (Dombrowski *et al.*, 2017, p. 11), mas, provavelmente, em uma intensidade menor do que no caso de São Paulo.

As redes sociais digitais foram fundamentais para fomentar uma rede de apoio e combater as narrativas dos governos legitimadas pela imprensa. Além do uso do Whatsapp entre os secundaristas, páginas do Facebook[19]

---

ticias/geral,mbl-tenta-desocupar-colegios-no-parana-a-revelia-da-justica,10000085010>, acesso em 7/6/2018;

Redação RBA, "Secundaristas denunciam ação do MBL contra ocupação em Curitiba", *Rede Brasil Atual*, 28/10/2016, disponível em: <http://www.redebrasilatual.com.br/educacao/2016/10/secundaristas-denunciam-acao-mbl-contra-ocupacao-em-curitiba>, acesso em 7/6/2018;

Marina Rossi, "MBL monta contraofensiva para desocupar escolas no Paraná", *El País Brasil*, 31/10/2016, disponível em: <https://brasil.elpais.com/brasil/2016/10/29/politica/1477698231_566717.html>, acesso em 7/6/2018;

Renan Truffi, "Aliado de Temer, MBL tenta desarticular ocupações escolares no Paraná", *Carta Capital*, 28/10/2016, disponível em: <https://www.cartacapital.com.br/politica/aliado-de-temer-mbl-tenta-desarticular-ocupacoes-escolares-no-parana>, acesso em 7/6/2018.

[19] É interessante notar uma singularidade do movimento paranaense com relação a praticamente todos os demais movimentos estaduais: a ausência de páginas de Face-

como "Ocupa Paraná", "CWB Contra Temer" e "EE — De Estudante Para Estudante" foram relevantes para circular informações entre as ocupações e entre os secundaristas e seus apoiadores não só no estado do Paraná como por todo o Brasil. As redes sociais também foram utilizadas pela mobilização civil contra as ocupações, como atestam as páginas de Facebook "Desocupa Paraná" e "Mamãe Falei" (além da do próprio MBL nacional e do paranaense).

Um último fator importante para a compreensão dos potenciais e bloqueios da formação de uma rede de apoio aos secundaristas no Paraná diz respeito à atuação do sindicato dos professores da rede pública: a APP (o Sindicato dos Professores das Redes Públicas Estadual e Municipais no Paraná). Em 17 de outubro de 2016, o sindicato entrou em greve por questões salariais. O que poderia ser, inicialmente, algo positivo para apoiar as escolas ocupadas teve um efeito ambíguo, pois a greve dos professores acabou por ofuscar as ocupações secundaristas na cobertura da imprensa (Dombrowski *et al.*, 2017, p. 8). Conforme o governo autorizou o corte de salários dos grevistas, a APP encerrou a greve em 31 de outubro; muitos secundaristas estavam presentes na assembleia docente e receberam a notícia com choque: "uma estudante de uma das escolas ocupadas chorou enquanto criticava 'a traição' dos que votaram pela suspensão da greve" (Dombrowski *et al.*, 2017, p. 14). Neste momento, a campanha dos secundaristas paranaenses já tinha atingido seu ápice e passa a se tornar declinante.[20] Pouco antes, a OAB-PR tinha se pronunciado a favor das desocupações pois o movimento já teria cumprido seu objetivo de "chamar a atenção para o tema" (*apud* Flach e Schlesener, 2017, p. 179). E entre meados de outubro e o início de novembro, o governo é autorizado pelo Judiciário a realizar a reintegração de posse de várias das escolas.[21] Com as campanhas de criminalização e estigmatização, a retirada do sindicato docente da cena pública, a repressão militar autorizada pelo Judiciário e a repressão civil perpetrada pelo MBL e aliados,

---

book geridas pelas escolas individual e autonomamente (como se deu no caso em São Paulo, por exemplo); as páginas estavam, em geral, centralizadas por município e controladas por grupos políticos e entidades representativas em vez dos próprios estudantes ocupantes.

[20] Cf. o capítulo 8 desta coletânea para uma descrição da gênese, desenvolvimento e declínio das ocupações de escolas no Paraná.

[21] Cf. o capítulo 12 desta coletânea para uma análise dos processos de reintegração de posse das escolas ocupadas no Paraná.

o maior movimento de ocupação de escolas estaduais que o Brasil já viveu chegou surpreendentemente ao fim em meados de novembro de 2016.

Gráfico 2
AVALIAÇÃO BETO RICHA (PSDB-PR)

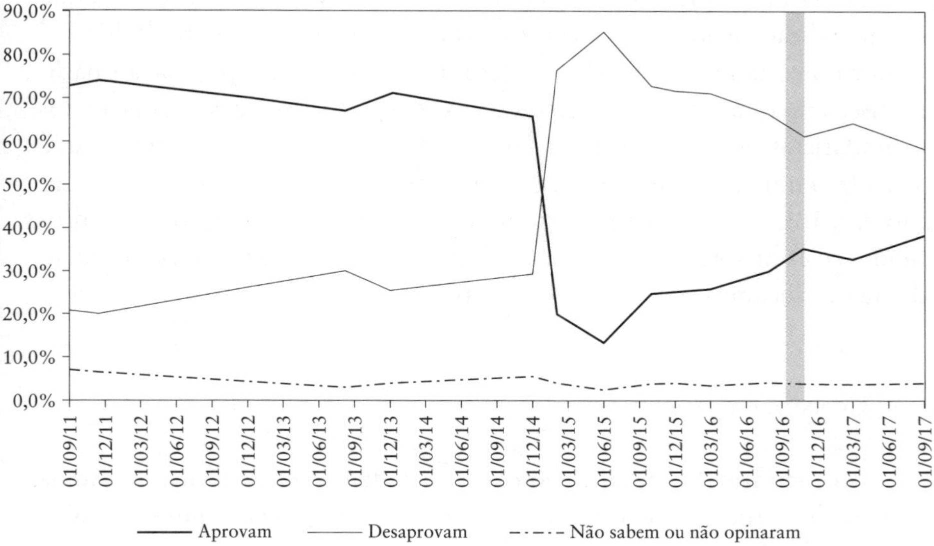

Fonte: Elaboração própria a partir de dados do Instituto Paraná Pesquisas.

Ao se comparar a trajetória da avaliação do governador paranaense com seu colega do PSDB de São Paulo, detectamos algumas singularidades. Beto Richa havia sido reeleito no primeiro turno (da mesma forma como Geraldo Alckmin), mas sua popularidade despenca assim que assume seu segundo mandato, por conta, inicialmente, do anúncio do pacote de ajuste fiscal e de reforma da Previdência dos servidores públicos estaduais e, em seguida, devido à violenta repressão (episódio que ficou conhecido como o "29 de abril") ao movimento dos professores da rede pública que se mobilizava contra aquelas medidas. A aprovação de Richa cai de 65,4% em dezembro de 2014 para 19,9% em fevereiro de 2015 e para 13,0% em junho, enquanto sua desaprovação sobe de 29,1% para 76,1% e, em seguida para estupendos 84,7%, minando a sua popularidade e legitimidade. Curiosamente, o governador paranaense passa a recuperar lentamente sua taxa de aprovação: depois de atingir o fundo do poço em pesquisa realizada em junho de 2015, ele atinge em novembro de 2016 seu melhor índice em um período de quase dois anos, justamente no momento em que começava o refluxo do movimento de ocupação de escolas: 35,0% de aprovação e 61,0% de reprovação (uma taxa ainda alta, mas 23,7% melhor do que em meados do ano anterior). Por um lado, trabalhamos com a hipótese de que a "terceirização" das desocupações para o MBL (o que estamos chamando de "violência civil" ou "paraestatal") precisa ser compreendida como uma estratégia resultante do aprendizado e dos constrangimentos posteriores ao 29 de abril de 2015.[22] E, por outro lado, retomando o início desta subseção, a população paranaense, apesar de aderir às reivindicações estudantis, ao recusar a opção dos secundaristas pela ação direta, não se voltou contra o governador — que articulava uma campanha de difamação e estigmatização, associada à atuação do MBL e a corroboração da imprensa local — permitindo a ele aprofundar sua trajetória de recuperação de alguma popularidade (na contramão do que verificamos no caso de Alckmin).[23]

Considerações finais

Ao contrário do padrão de interação Estado/sociedade civil, que grande parte da literatura de ciência política e sociologia buscou examinar nas últimas décadas (em especial no período pós-1988), é possível afirmar que es-

---

[22] Cf. o capítulo 8 desta coletânea para uma análise do impacto do 29 de abril.

[23] Para uma análise exaustiva do caso paranaense seria necessário considerar as interações complexas entre dois diferentes níveis: o *nacional* (já que as políticas públicas contra as quais os estudantes protestam eram iniciativas do governo de Michel Temer) e o *local* (os estudantes ocuparam escolas públicas estaduais, foi a Procuradoria-Geral do Estado que entrou no Tribunal de Justiça do Paraná com pedidos de reintegração de posse, assim como é nesta esfera estadual que se disputa mais diretamente a legitimidade do movimento, com a imprensa regional e com diversos setores da sociedade civil paranaense, favoráveis e contrários aos secundaristas). Neste sentido, seria preciso incluir na análise também a dinâmica da (im)popularidade e (i)legitimidade do governo federal. Trabalhamos com a hipótese de que haveria, principalmente após o impeachment de Dilma Rousseff, um "funcionamento disfuncional das instituições", um contexto no qual "Há poder de fato, mas não há poder legítimo" (Nobre, 2016, p. 135). Assim, o desacoplamento entre sistema político e sociedade civil, que já era preocupante, se agravou. É nesta conjuntura que são aprovadas, sem o devido debate público, reformas do Estado brasileiro (e de seu orçamento) e do ensino médio, de alcance histórico, uma vez que desde 1988 (com a Constituição), no primeiro caso, e desde 1971 (com a reforma da LDB implementada pela ditadura militar), no segundo, não se verificavam transformações tão profundas nestes dois âmbitos.

tamos diante de algo diferente quando se trata do ciclo de ocupações. As formas de ação coletiva privilegiadas pelos secundaristas em 2015 e 2016 são constituídas menos por meio da negociação e mais pelo confronto. Contudo, os sucessos destas ações não ocorreram em um "vácuo", pois dependeram em grande parte da construção de um apoio na sociedade civil em que foi possível fazer frente a uma nova hegemonia liberal consolidada pelo imbricamento entre políticas públicas concebidas autoritariamente (ou seja, sem consulta ou debate com a população atingida) e interesses privados, e sua legitimação por uma esfera pública altamente seletiva.

Neste capítulo, interpretamos as ocupações de escolas a partir de três conceitos: contrapúblicos subalternos, ação direta e desobediência civil. As escolas ocupadas constituíram contrapúblicos subalternos temporários, articulando atividades cotidianas *offline* (as assembleias horizontais, as comissões autogeridas e a aliança com indivíduos e coletivos que doaram oficinas) com redes sociais *online* (as páginas individuais das ocupações no Facebook, além dos meios de comunicação alternativos). E foram ações diretas, pois ocupar uma escola é uma forma de ação coletiva de caráter extrainstitucional com alguma influência e inspiração anarquista ou autonomista. Contudo, a possibilidade de transformar a ação direta em desobediência civil dependeu de disputas na esfera pública acerca da *legitimidade* de diferentes instâncias: o projeto governamental; o conteúdo da demanda estudantil; a forma da ação coletiva; e a repressão estatal (e, eventualmente, civil). O reconhecimento social (e possivelmente jurídico) da ocupação como desobediência civil dependeu principalmente da sua legitimação política e do esvaziamento da legitimidade do uso da força contra quem protesta. De um lado, os protestos secundaristas visaram denunciar a imposição das reformas educacionais como algo *ilegítimo* e expressar que a blindagem do sistema político contra a sociedade civil era inaceitável, o que justificaria publicamente a ação direta de ocuparem suas escolas. Por outro lado, o governo buscou continuamente *deslegitimar* esta ação direta por meio da estigmatização e da criminalização, buscando desocupar as escolas por meios formais — os pedidos de reintegração de posse no Judiciário visavam o reconhecimento jurídico que legitimaria o uso da força — ou informais — apelando para a agressão, verbal ou física, de atores militares (como a polícia), burocratas (como a direção escolar) ou civis (como os diferentes movimentos "Desocupa").

A articulação de contrapúblicos subalternos e esferas públicas intermediárias (como as universidades, os juristas, os movimentos populares e sindicais, as redes sociais digitais e até mesmo a indústria cultural) pôde resultar em arranjos contra-hegemônicos, mesmo que temporários, como no caso de São Paulo no final de 2015, onde uma aliança entre uma parcela das classes populares (como protagonista) e uma fração das camadas médias (como apoiadora)[24] impediu o fechamento de escolas. Se houve quase um consenso favorável tanto à reivindicação de barrar a "reorganização" quanto à tática das ocupações em São Paulo (uma situação crítica excepcional), possibilitado pela existência de uma sociedade civil complexa e diversificada, vimos que, no Paraná, a intensificação de um processo político de bipolarização — puxado pela aliança entre governo estadual e MBL — acabou reforçando a hegemonia, por meio de um consenso desfavorável à tática das ocupações (embora houvesse um apoio da população paranaense às pautas estudantis), legitimando o uso de violência "paraestatal" (uma necessidade ante a ilegitimidade da repressão estatal aos professores no dia 29 de abril de 2015).

Novas mobilizações secundaristas são previsíveis diante do aprofundamento da precarização da escola pública e de reformas educacionais liberais-econômicas, conservadoras ou autoritárias. Porém, novas ações diretas (sejam as ocupações de escolas, sejam outras formas) deverão necessariamente lidar com o aprendizado do aparato estatal e de atores civis que apoiam tais reformas. Parece ser desse modo que possivelmente será construída e disputada a legitimidade em torno de diferentes projetos para a educação pública brasileira.

Referências

BIRAL, Daniel. "Uma visão parcial como advogado ativista". In: MORAES, Alana *et al.* (orgs.). *Junho: potência das ruas e das redes*. São Paulo: Friedrich Ebert Stiftung, 2014, pp. 219-31.

CAMPOS, Antonia M.; MEDEIROS, Jonas; RIBEIRO, Márcio M. *Escolas de luta*. São Paulo: Veneta, 2016.

CELIKATES, Robin. "Rethinking Civil Disobedience as a Practice of Contestation: Beyond the Liberal Paradigm". *Constellations*, v. 23, nº 1, pp. 37-45, 2016.

[24] Indicativa desta adesão do que pode ser chamado de uma fração progressista das camadas médias é o apoio, anteriormente demonstrado, de um setor significativo do *mainstream* da indústria cultural de São Paulo bem como o engajamento de estudantes, ex-estudantes, mães e pais vinculados a escolas privadas da capital.

DOMBROWSKI, Osmir; MINUCELLI, Conrado Pereda; SANTOS, Jaqueline Aparecida Alves dos. "#OcupaParaná: a primavera paranaense". *18º Congresso Brasileiro de Sociologia*, Brasília, 26-29/7/2017.

FLACH, Simone Fátima; SCHLESENER, Anita Helena. "Análise de conjuntura sobre a ocupação de escolas no Paraná a partir do pensamento de Antonio Gramsci". *Educação Temática Digital*, Campinas, v. 19, nº 1, pp. 165-86, jan.-mar. 2017.

FRASER, Nancy. "Rethinking the Public Sphere: A Contribution to the Critique of Actually Existing Democracy". In: FRASER, Nancy. *Justice Interruptus*. Nova York/ Londres: Routledge, 1997, pp. 69-98.

GIOVANOPOULOS, Christos; DALAKOGLOU, Dimitris. "From Ruptures to Eruption: A Genealogy of the December 2008 Revolt in Greece". In: VRADIS, Antonis; DALAKOGLOU, Dimitris (orgs.). *Revolt and Crisis in Greece: Between a Present Yet to Pass and a Future Still to Come*. Londres/Atenas: AK Press & Occupied London, 2011, pp. 91-114.

GRAMSCI, Antonio. *Cadernos do cárcere*, 3ª ed. Rio de Janeiro: Civilização Brasileira, 2004.

HABERMAS, Jürgen. "Desobediência civil: a pedra de toque do Estado democrático de direito". In: HABERMAS, Jürgen. *A nova obscuridade*. São Paulo: UNESP, 2015, pp. 127-54.

_________. *Faktizität und Geltung*. Frankfurt am Main: Suhrkamp, 1994.

JANUÁRIO, Adriano; CAMPOS, Antonia M.; MEDEIROS, Jonas; RIBEIRO, Márcio M. "As ocupações de escolas em São Paulo (2015): autoritarismo burocrático, participação democrática e novas formas de luta social". *Revista Fevereiro*, São Paulo, nº 9, pp. 166-98, abr. 2016.

NOBRE, Marcos. "1988 + 30". *Novos Estudos CEBRAP*, São Paulo, nº 105, pp. 135-49, jul. 2016.

PATTA, Caetano. *Contestando a ordem: um estudo de caso com secundaristas da Zona Leste paulistana*. Orientador: André Singer. Dissertação (Mestrado em Ciência Política), FFLCH-USP, São Paulo, 2017.

PERLATTO, Fernando. "Seletividade da esfera pública e esferas públicas subalternas: disputas e possibilidades na modernização brasileira". *Revista de Sociologia e Política*, Curitiba, v. 23, nº 53, pp. 121-45, mar. 2015.

TAVOLARI, Bianca; LESSA, Marília; MEDEIROS, Jonas; MELO, Rúrion; JANUÁRIO, Adriano. "As ocupações de escolas públicas em São Paulo (2015-2016): disputas entre o direito à manifestação e o direito de posse". *Novos Estudos CEBRAP*, São Paulo, v. 37, nº 2, pp. 291-310, maio-ago. 2018.

Sobre os autores

Adriano Januário — Doutor em Filosofia pelo IFCH-Unicamp e pesquisador associado do NDD-CEBRAP (Núcleo Direito e Democracia do Centro Brasileiro de Análise e Planejamento), onde realiza pós-doutorado.

Antonia Malta Campos — Graduada em Ciências Sociais pela Universidade de São Paulo (USP), mestre em Sociologia pela Universidade Estadual de Campinas (Unicamp), doutoranda em Ciência Política também pela Unicamp e uma das autoras do livro *Escolas de luta* (2016).

Bianca Tavolari — Professora do Insper, pesquisadora do NDD-CEBRAP, doutora e mestre em Direito pela Faculdade de Direito da Universidade de São Paulo, com graduação em Direito e Filosofia, ambas pela USP.

Bruna Amaral Lanzillotti Barreto — Socióloga formada pelo Instituto de Ciências Humanas e Filosofia da Universidade Federal Fluminense (ICHF-UFF), Niterói, e pós-graduanda em Ciências Sociais e Educação Básica no Colégio Pedro II, no Rio de Janeiro.

Christian Pierre de Brito Gonçalves — Graduado em Psicologia pela PUC Minas/Betim.

Cristiana Losekann — Professora de Ciência Política da Universidade Federal do Espírito Santo (UFES).

Ellen Ribeiro Veloso — Mestre em Ciência Política pela Universidade Federal de Goiás (UFG) e doutoranda em Ciência Política na UnB.

Francisco Mata Machado Tavares — Professor da Universidade Federal de Goiás (UFG), onde atua no Programa de Pós-Graduação em Ciência Política e no Programa de Pós-Graduação Interdisciplinar em Direitos Humanos.

Francisco Uribam Xavier de Holanda — Professor do Departamento de Ciências Sociais da Universidade Federal do Ceará, tutor do PET-UFC de Ciências Sociais e autor do livro *O PT e a lenda do boto cor de rosa* (2013), entre outras publicações.

Gustavo Coelho — Mestre em História, doutorando em Sociologia pela UFRGS e professor na Rede Municipal de Porto Alegre.

Jonas Medeiros — Doutor em Educação pela FE-Unicamp, pesquisador associado do NDD-CEBRAP, onde realiza pós-doutorado, e um dos autores do livro *Escolas de luta* (2016).

Luiz Carlos Castello Branco Rena — Pedagogo e mestre em Psicologia Social pela UFMG e coordenador do Serviço de Atenção Psicossocial e Pedagógica da Associação Mineira de Desenvolvimento Humano.

Marcielly C. Moresco — Graduada em Comunicação Social pela Universidade Estadual de Londrina (UEL), mestre em Comunicação pela Universidade Federal do Paraná e doutoranda em Educação também pela UFPR, com foco nos feminismos, gêneros e sexualidades dissidentes.

Márcio Moretto Ribeiro — Doutor em Ciência da Computação pelo Instituto de Matemática e Estatística da Universidade de São Paulo, e desde 2013 professor da Escola de Artes, Ciências e Humanidades da USP, onde cocoordena o Grupo de Políticas Públicas para o Acesso a Informação (GPoPAI) e o Monitor do Debate Político no Meio Digital, e um dos autores do livro *Escolas de luta* (2016).

Marcos Nobre — Professor de Filosofia Política da Unicamp, pesquisador 1-B do CNPq, presidente do CEBRAP e codiretor do Mecila (Maria Sibylla Merian Centre Conviviality-Inequality in Latin America).

Maria da Glória Gohn — Doutora em Ciência Política, com pós-doutorado em Sociologia na New School University, professora titular da Faculdade de Educação da Unicamp, professora visitante sênior da UFABC e pesquisadora 1A do CNPq.

Rúrion Melo — Professor doutor de Ciência Política na FFLCH-USP e pesquisador permanente do NDD-CEBRAP.

Salomão Barros Ximenes — Professor de Direito e Políticas Públicas da Universidade Federal do ABC (UFABC), membro da Rede Escola Pública e Universidade e do Centro de Estudos Educação e Sociedade (CEDES), advogado *pro bono*, bacharel em Direito e mestre em Educação Brasileira pela Universidade Federal do Ceará (UFC), doutor em Direito do Estado pela Universidade de São Paulo (USP).

Samuel Barbosa — Professor da Faculdade de Direito da USP, pesquisador do CEBRAP e do Mecila.

Veridiana Vilharquide Firmino — Bacharel com licenciatura em História pela Faculdade de Filosofia, Letras e Ciências Humanas da Universidade de São Paulo.

Este livro foi composto em Sabon
pela Bracher & Malta com CTP e
impressão da Edições Loyola em
papel Pólen Soft 80 g/m² da Cia.
Suzano de Papel e Celulose para a
Editora 34, em outubro de 2019.